U0627634

世界传世藏书

【图文珍藏版】

地理知识大博览

赵征⊙主编

第五册

线装书局

第四章 世界城市

城市是地球人口聚居的地方，人口密集度高，土地金贵。由于城市文明的差异和发达程度不同，世界各地的城市建筑风格迥异，有各种各样的特色。

一、世界著名旅游城市

（一）美国 Honolulu 夏威夷檀香山

位于瓦胡岛的东南岸，是美国夏威夷州的首府，它在夏威夷语中称为“火奴鲁鲁”，“火奴”意为“连接两座山的一块低地”，“鲁鲁”意为“避风处”。市区面积217平方千米，景点有拉尼宫在市中心、夏威夷王国时代的王宫、华肖普展览馆、约拉尼宫等，这里2月平均气温22℃，8月26℃，年变化很小。常年盛吹东北风，年降水量600多毫米，山地达2000毫米以上。四季草木苍翠，风景幽美。

（二）美国 Anchorage 阿拉斯加安克雷奇

安克拉治是美国阿拉斯加州最大城市，位于中南阿拉斯加地区，安克雷奇是一个重要的港口，也是安克雷奇铁路的汇集地。主要的产业包括政府、军事、石油与旅游业。市内还拥有表演艺术中心，可以容纳超过3000位观众。奥斯卡—安德森博物馆、安克雷奇航空博物馆、威尔士—法高阿拉斯加图书馆暨博物馆、威尔士—法高阿拉斯加图书馆暨博物馆等著名建筑。

（三）加拿大 Vancouver 温哥华

人们为了纪念第一位到达此地的探险者，故将该市以温哥华来命名。温哥华已有

200 多年的历史。是加拿大的第三大城市，温哥华位于加拿大西岸入口，加、美边界北侧，靠山面海，气候温和，有“太平洋门户”之称。温哥华的港口和城市逐渐兴起，成为“通向东方的大门”。是北美洲太平洋沿岸的最大天然良港，市内有史丹利公园、狮门大桥、伊丽莎白皇后公园、格拉斯山、卡佩兰奴吊桥、唐人街等著名的景点。

（四）美国 SanFrancisco 旧金山

旧金山是美国与太平洋地区贸易的主要海港，素有“西海岸门户”之称。又称“圣弗朗西斯科”“三藩市”。美国加利福尼亚州太平洋岸海港、工商业大城市。位于美国加利福尼亚州西海岸圣弗朗西斯科半岛，面积 47 平方英里，市内有旧金山最有名的风景是渔人码头、缆车、金门大桥、海湾大桥、泛美金字塔和唐人街等。

（五）美国 Seattle 西雅图

它位于华盛顿州普吉特海湾和华盛顿湖之间的国王县，西雅图是一个表演艺术的中心。西雅图市的名称来自原住民酋长希尔斯，始建于 1869 年，是美国太平洋西北地区的最大城市，西雅图交响乐团有上百年的历史，是世界上出版唱片最多的交响乐团之一。西雅图歌剧团和太平洋西北芭蕾舞团也非常著名，西雅图歌剧团尤其以其威廉·理查德·瓦格纳的上演著称，市内有亨利艺廊、西雅图艺术博物馆、艾玛一富来尔艺术博物馆等著名的建筑。

（六）美国 LosAngeles 洛杉矶

1781 年在建镇，并把这里称为“天使女王圣母玛利亚的城镇”，后简称“天使之城”，1850 年洛杉矶正式建市。是美国加利福尼亚州最大城市，洛杉矶是全球文化、科技、媒体、经济、国际贸易中心城市之一。洛杉矶濒临太平洋东侧的圣佩德罗湾和圣莫尼卡湾沿岸，背靠圣加布里埃尔山，面积 1.2 万平方千米。是世界上宗教团体种类最为繁多的城市之一。市内有唐人街、小东京、迪斯尼音乐厅、柯达剧院、盖蒂艺术中心、洛杉矶纪念体育馆、洛杉矶艺术博物馆、中国戏院、好莱坞地标、好莱坞大道、洛杉矶市政厅、好莱坞露天剧场、华兹塔等著名建筑。洛杉矶拥有全球知名的各种专业与文化领域的机构，更是美国最重要的经济中心。

（七）加拿大 Aklavik 阿克拉维克

加拿大西北地区居民点。在马更些河三角洲的中心。以因纽特（爱斯基摩）人为主：附近有加拿大政府驯鹿饲养站。狩猎和皮革、皮毛交易为当地居民主要经济活动。

（八）加拿大 Edmonton 艾德蒙顿

艾德蒙顿，艾伯塔省的首府，是加拿大第五大城市，北萨斯喀彻温河横贯全城，也是北美大陆上最靠北的大城市之一，被称为“通向北方的门户”。艾德蒙顿市是加拿大阳光最为充足的城市之一，四季分明。艾德蒙顿市夏季气候凉爽，艾德蒙顿的西艾商场号称北美最大的购物中心，其规模在世界上首屈一指。文化方面，艾尔伯塔大学全国知名，艾尔伯塔博物馆、艾德蒙顿太空科学中心等也是重要的文化景点。

（九）美国 Phoenix 凤凰城

凤凰城于 1881 年设市，亚利桑那州首府，位于美国西南角，也位于著名的索尔特河谷西南部，冬季温暖晴朗，是避寒和疗养胜地。旅游业较盛。市内有城市会议和文化活动中心。

州议会大厦、州矿业大楼和全市最高建筑 40 层的银行大楼等。多旅馆、别墅和娱乐场所。城内有大峡谷大学和美国印第安人学院等 8 所高等学校。城郊有沙漠植物园和霍·卡姆印第安人遗迹。

（十）美国 Denver 丹佛

丹佛位于一片紧邻洛矶山脉的平原上，形成丹佛—奥罗拉大都会区的核心。丹佛的市中心位于南佩雷特河东岸，离山脚大约 15 英里远的地方。平均海拔 1610 米（约一英里），故有“一英里城市”之称。丹佛在历史上曾被称为草原上的女王城，丹佛气候宜人，市内多公园、绿地，环境优美，成为旅游胜地。主要文教设施有科罗拉多州历史博物馆、丹佛艺术博物馆、红岩室外圆形剧场及丹佛大学等。

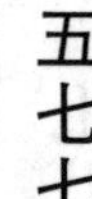

（十一）墨西哥 MexicoCity 墨西哥城

墨西哥位于北美洲的西南部，墨西哥首都、世界最大的都市之一墨西哥城，墨西哥城海拔 2259 米，面积 1500 平方千米，墨西哥城是世界著名的旅游城市。南北略长，东西略窄。

东北郊的特奥蒂瓦坎有著名的印第安文明古迹太阳金字塔和月亮金字塔，是举世闻名的旅游胜地。城市之中有众多的广场、纪念碑、雕像、纪念馆和文化娱乐场所。

（十二）加拿大 Winnipeg 温尼伯

位于加拿大中心位置，是加拿大中部地区的重镇，是加拿大马尼托巴省省会和最大城市，温尼泊市位于北美的正中心，是加拿大第八大城市，著名的红河和阿辛那波河交汇于该市，河汉地带风光旖旎。温尼泊湖在城市北部，风光美不胜收。

（十三）美国 Houston 休斯敦

休斯敦，创建于 1836 年，合并于 1837 年，是美国成长最迅速的大城市之一，也是全美最大的一个没有规划法的大城市。位于得克萨斯州东南、墨西哥湾平原的上部，是美国德克撒斯州的第一大城，全美国第四大城，墨西哥湾沿岸最大的经济中心。休斯敦以活跃的视觉艺术和表演艺术而著称，拥有美国第二大的剧院区，由于美国约翰逊航天中心位于得克萨斯州，素有“世界石油之都”之称的休斯敦，又获得了“太空城”的美誉。

（十四）新西兰 Chathamlsland 查塔姆群岛

是新西兰所属领土，由 40 千米范围内的约 10 个大小岛屿组成。是新西兰所属领土，由 40 千米范围内的约 10 个大小岛屿组成。群岛的两个主要岛屿，查塔姆岛和皮特岛上有人居住。其他小岛均无人居住并被限制通行，多为环境保护区。

（十五）美国 St. Paul 圣保罗

1838 年始建。1854 年设市。圣保罗市是美国明尼苏达州首府，靠近密西西比河的通航起始点和明尼苏达河河口。圣保罗与明尼艾波利斯在西边和西北边接壤，这两个大城市一起被人们称作“双子城”。圣保罗被称作美国中西部地区的波士顿——东部地区最年轻的城市，但是因为她保留了 19 世纪将欧洲闪闪发光的尖塔融合在一起的建筑物，似乎又像一座欧洲城市。

（十六）美国 NewOrleans 新奥尔良

建于 1718 年，为纪念奥尔良公爵菲利浦二世而命名，是美国路易斯安那州南部的一个港口城市。位于密西西比河三角洲北方，濒临墨西哥湾，新奥尔良是美国南方历史古城。新奥尔良城从 19 世纪末叶起，开始大规模的城市建设和改造，新城区街道宽阔整齐，高楼林立，有州、市主要行政办公机构组成的市政中心建筑群，国际贸易商业大楼等著名建筑，还有许多银行、办公大楼和饭店旅馆等。最壮观的是“路易斯安那超级圆顶体育馆”。

（十七）美国 Chicago 芝加哥

1833 年建市，别名有“第二城”“风城”“芝城”“世界屠猪城”等。位于美国中西部，地处北美大陆的中心地带，为美国最重要的铁路、航空枢纽。芝加哥同时也是美国主要的金融、文化、制造业、期货和商品交易中心之一。也成为具有世界影响力的大都市之一。芝加哥有 46 座博物馆、200 多家剧院。市区的芝加哥艺术博物馆、科学和工业博物馆、菲尔德自然博物馆、舍德水族馆和阿德勒植物园等均属世界一流。芝加哥艺术博物馆是美国四大艺术博物馆之一，市内有西尔斯大厦、海军码头、林肯公园动物园、云门等著名的建筑。

（十八）美国 Montgomery 蒙哥马利

蒙哥马利县的名字是为了纪念在美国独立战争中战死的第一个将军 Richard Montgomery 而命名的。美国亚拉巴马州首府，位于该州中部，面积 371 平方千米，是阿州第三大城市，蒙市在美国历史上比较有名，是美国内战和人权运动的发生地。

（十九）危地马拉 Guatemala 危地马拉

首都危地马拉城，始建于 1524 年。危地马拉是古代印第安人马雅文化中心之一。位于中美洲北部，与墨西哥、伯利兹、洪都拉斯和萨尔瓦多接壤。全国经济、文化中心。为中美洲最大城市。旅游中心有阿蒂特兰湖、老首都旧危地马拉、古老的马雅城市蒂卡尔和一些其他著名的城市，如克萨尔特南戈和奇奇卡斯德南哥。

（二十）萨尔瓦多 SanSalvador 圣萨尔瓦多

旧称“姆班扎刚果”。圣萨尔瓦多城是西班牙殖民者在 1525 年开始建立的，是萨尔瓦多共和国的首都，全国最大城市和经济、文化中心。位于圣萨尔瓦多山西南的阿玛卡斯河谷。

圣萨尔瓦多是一座美丽的城市，风景秀丽，气候宜人。市中心有一个巴里奥斯广场，广场周围有国家宫、国家剧院、中央大教堂等。市郊有许多风景名胜如：巴尔博亚公园、伊洛潘戈湖、拉古纳植物园、圣萨尔瓦多火山、革命纪念碑、绿山国家公园、希洛斯瀑布、阿特拉卡特纪念碑等著名建筑。

（二十一）洪都拉斯 Tegucigalpa 特古西加尔巴

特古西加尔巴又译为德古斯加巴，建立在 16 世纪，特古西加尔巴在印第安语中是“银山”的意思。位于洪都拉斯中部，是洪都拉斯的首都及第一大城，也是中美洲最富有的三大城市之一。乔卢特卡河从市区流过，河流将城市分为新城市和旧城，河的右岸是坐落在山麓丘陵上的老城区，为商业、行政中心，周围是居民区。老城区的街道比较狭窄，建筑物色彩柔和，河的左岸是新城，地势平坦，多为现代化高楼大厦，议会大厦、中央银行、总统府均在这里。

（二十二）尼加拉瓜 Managua 马那瓜

马那瓜一词来自印第安人的纳华尔语，其含义有两种解释，一是“墨西哥人的地方”，二是“水边”。马纳瓜是著名的尼加拉瓜手语的诞生地。1852 年被定为共和国首都。位于国境西部，地处马那瓜湖南岸，并由此得名。是一座风景秀丽的西班牙式城市，是中美洲地区第二大城市。这里没有街道名称，没有门牌号码，甚至连地图都没有，马那瓜的博物馆主要有 1900 年建立的尼加拉瓜国家博物馆和革命胜利后建立的扫盲博物馆。

（二十三）古巴 Havana 哈瓦那

古巴位于加勒比海的西部，建于 1510 年，南北美洲和墨西哥湾的入口处，得天独厚的地理位置，使古巴享有“墨西哥湾钥匙”的美称。哈瓦那是古巴政治、经济、文化、交通中心。哈瓦那也是保存其历史遗产最好的美洲城市之一。市内有很多古建筑如：拉富埃尔萨的城堡、莫罗城堡、拉卡巴尼亚堡、拉篷塔堡、王子堡、阿塔雷斯堡等使哈瓦那旧城成为加勒比地区最重要的历史中心，也是美洲大陆最有意义的历史中心之一。

（二十四）美国 Indianapolis 印地安纳波利斯

印地安纳波利斯市始建于1820年，1847年设市。是美国印第安州最大城市、美国第十三大城市，在中西部仅次于芝加哥和底特律，也是美国众多州府中的第二大州首府。印第安纳波利斯为中西部铁路货运枢纽，被称为“美国的十字路口”。市内有美国铁路公司的联合车站，为美国最老的联合车站之一，市内有印第安纳波里斯500赛车场、博物馆、国立印地安纳州沙丘湖岸区、密西根湖、印地安纳州洞穴区、胡者国家森林、印地安纳州立公园及旅馆、俄亥俄河、博物馆、雅米希小区、詹姆士狄恩陈列馆等著名建筑。

（二十五）美国 Atlanta 亚特兰大

亚特兰大是美国乔治亚洲首府和最大的工商业城市。亚特兰大位于美国东部，是美国三大高地城市之一。城市的面积是350多平方千米，它既是一座历史名城，也是一个新兴的工商业城市和文化、医疗卫生中心。旅游业发达，市内多博物馆和公园。亚特兰大有许多公园，市内的格兰特公园是最大的公园之一，还有亚特兰大植物园、乔州石头山公园、马格丽特米契尔之家、小马丁路得金恩历史遗迹、可口可乐世界、亚特兰大水族馆等。

（二十六）美国 Detroit 底特律

底特律源自法语，意为“海峡之河”，是美国密歇根州最大的城市，1701年由法国毛皮商建立，位于美国东北部，加拿大温莎以南、是重要的港口城市、世界传统汽车中心和音乐之都。底特律的城市建筑风格多种多样，是全美国1920年和1930年摩天楼和历史建筑保存最多的城市之一。代表作包括市区的守卫者大楼、韦恩州立大学、弗希尔大楼、凯迪拉克大楼、最为突出的建筑是全美第一家福克斯电影院、底特律歌剧院和底特律美术馆。再加上后现代主义风格的文艺复兴中心，共同构成了底特律的城市景观。

（二十七）美国 WashingtonDC 华盛顿哥伦比亚特区

华盛顿哥伦比亚特区位于美国的东北部，是美国的首都，美国华裔又俗称其为华府。作为美国政治、文化、教育的中心，美国国会（国会大厦）、总统府（白宫）、国务院、国防部（五角大楼）美国最高法院以及绝大多数政府机构均设在这里。

华盛顿有许多纪念性建筑。华盛顿纪念碑、国立博物馆、老国立美术馆、新国立美术馆以及乔治敦大学（建于 1789 年）、乔治—华盛顿大学（建于 1812 年）等文教机构。

（二十八）美国 Philadelphia 费城

著名历史古城，始建于 1681 年。1776 年十三州宣布独立，位于宾夕法尼亚州东南部，面积 334 平方千米。费城全称“费拉德尔菲亚”，意思为爱，所以费城也被称为“兄弟之爱之城”。这里是美国和美国民主的诞生地，也是第四大都市。费城是美国的古都，城内有艺术博物馆、罗丁博物馆、本杰明·弗兰克林纪念馆和菲斯天文馆、杜邦花园、自由钟、艾尔弗尼亚学院、宾夕法尼亚大学、宾州州立大学等重要文化设施。

（二十九）加拿大 Toronto 多伦多

多伦多是印第安的 Huron 族语，“会面之地”之意。多伦多是加拿大首都，原名约克，别称公猪之城、雾都、美好的多伦多、泥泞约克、北方好莱坞。位于大多伦多地区的中心地带，为加拿大大湖区重要港口城市，是北美洲第五大城市，是全球最多元化的都市之一。其丰富多彩的族裔特色，令这座城市缤纷绚丽，绽放无穷魅力。其中市中心著名的商业区有布鲁尔街、央街、约克威尔街以及伊顿购物中心等。还有著名的拖德摩登磨房博物馆、贝塔鞋类博物馆、卡萨罗玛古、加丁纳博物馆、吉布森老宅博物馆等建筑。

（三十）加拿大 Ottawa 渥太华

渥太华是加拿大首都，位于安大略省东南部与魁北克省交界处。是联邦政府的所在地，国会大厦成百上千的绿铜屋顶、皇家骑警、著名的郁金香花园，被国人视为自己国家的象征。面积 4662 平方千米。春天，整个城市布满了色彩艳丽的郁金香，把这座都城装扮得格外美丽，因此渥太华有“郁金香城”的美誉。渥太华每年约有8个月夜晚温度在零度以下，故有人称其为“严寒之都”。渥太华是加拿大的文化艺术中心。渥太华还有几个非常出色的博物馆如：加拿大国家博物馆、国家美术馆、渥太华人类博物馆、自然科学博物馆等著名建筑。渥太华寒冷的气候，冬季漫长，冰上运动十分发达。渥太华市的冰上运动水平在全国堪称一流，特别是冰球运动，享有盛名。加拿大素有“冰球之国”之称，渥太华则是“冰球之城”，现代化的室内冰球场遍及全市。

（三十一）巴哈马 Nassau 拿骚

拿骚这个城市的名字，是1695年英皇威廉三世为纪念他的父皇奥列治拿骚而命名的。始建于1660年，名“查尔斯敦”，1690年改现名，1729年设市，译为“拿骚”。拿骚是巴哈马的首都和港口，它位于西印度群岛最北部。也是全国政治、文化、交通、经济中心。巴哈马群岛景色美丽，旅游业发达，有著名的天堂岛、巴哈马群岛、比迷尼岛、海底公园、火湖等景观，还有拿骚是巴哈马的文化教育中心，这里有1974年建立的巴哈马大学，著名的西印度大学在这里有一个艺术系。此外，拿骚还有昆斯学院、圣奥古斯丁学院、圣约翰学院和圣安妮学院。

（三十二）秘鲁 Lima 利马

利马建于1535年，是南美洲国家秘鲁的首都，位于整个秘鲁西海岸线的中央，面积34.802平方千米。每年降雨量仅10到15毫米，故有“无雨之都”的称号。只在十二月到来年一月间，有浓湿雾形成的繁雾，是世界各国各都中降雨量最少的一个，市内建筑壮丽，多广场、教堂、博物馆（40座），有南美最古老的圣马科斯大学（建于1551年）和其他高等学校。

（三十三）牙买加 Kingston 金斯敦

金斯敦市建于1693~1703年，已有300多年的历史。面积约22平方千米，是全国行政、商业和文化中心、海上的交通枢纽。其位于牙买加岛东南部，是牙买加的首都，是世界第七大天然深水良港，旅游疗养胜地。城市空气清新，道路整洁，路旁棕榈树和开着鲜艳花朵的马合树成行，风景如画，因此有“加勒比城市的皇后”之誉。金斯敦是牙买加的文化中心。市中心有广场、议会大厦、圣托马斯教堂（1699年建）、博物馆等。北郊有其国家体育场，经常在这里赛马。附近为商业中心，并被称为“新金

斯敦”。

（三十四）哥伦比亚 Bogota 波哥大

是哥伦比亚第一大城市，位于蒙塞拉特山和瓜达罗普山脚下的山谷盆地中，城市建于 1538 年，总面积 1776 平方千米，波哥大文化事业发达，有“伊比利亚文化之都”之称。市区内有国家博物馆、现代艺术博物馆、自然博物馆等。举世闻名的黄金博物馆内陈列着古印第安人制作的金器和金饰手工艺品。

（三十五）美国 NewYork 纽约

纽约常被称为“大苹果”，便是取“好看、好吃，人人都想咬一口”之意。又被称为“不夜城”。纽约是美国最大城市及第一大港，纽约与英国伦敦、日本东京并称为世界三大国际都会。纽约也是世界第一大城市，位于美国大西洋海岸的东北部，纽约州东南部。因此被世人誉为“世界之都”。纽约市还是众多世界级博物馆、画廊和演艺比赛场地的所在地，使其成为西半球的文化及娱乐中心之一。著名旅游点有：百老汇、纽约时代广场、布朗克斯动物园、纽约中央公园、哈林在北曼哈顿、斯泰滕岛渡轮、林肯隧道、华尔街等著名景点。

（三十六）加拿大 Montreal 蒙特利尔

蒙特利尔最初被称为“玛利亚城”，蒙特利尔又译为满地可、蒙特利雨，位于魁北克省南部，是加拿大第二大城市。有“小巴黎”的美称，蒙特利尔也是世界最大的双语城市。蒙特利尔是一个繁荣的国际大都市，同时也是加拿大历史最悠久的城市，有许多古老的天主教教堂，如圣母院大教堂、圣约瑟夫大教堂等。现代建筑有蒙特利尔地铁和摩天大楼等建筑。

（三十七）美国 Boston 波士顿

波士顿是美国马萨诸塞州的首府和最大城市，创建于 1630 年，也是新英格兰地区的最大城市。位于美国东北部大西洋沿岸，是美国最古老、最有文化价值的城市之一。总面积为 89. 6 平方英里，拥有许多世界著名的文化艺术团体，波士顿的主要历史名胜和早期建筑有法诺尔厅、老科奈书店、老索斯会议定书厅、金斯教堂、克里斯特教堂、保罗礼堂等。还有波士顿大众公园、富兰克林公园、植物园、水族馆等 33 处公园和文化设施。

（三十八）多米尼加 SantoDomingo 圣多明各

圣多明各或圣多明哥，全名古斯曼的圣多明各，当地中国人又称之为多京，位于多米尼加共和国的国家特区内，为多米尼加共和国首都。是全国最大深水良港、拉丁美洲最古老的城市之一，位于海地岛东部奥萨马河河口。圣多明各有许多古老的、具有欧洲特点的建筑物。有建于 1503~1508 年的拉丁美洲第一所用砖瓦建造的圣尼古拉斯·德巴尼医院遗址，1523~1541 年建造的圣玛丽亚—拉梅诺尔大教堂，是拉美最古老的教堂之一，1538 年建造的最古老的大学之一——圣多明各大学以及一些 16 世纪的古堡遗迹等。

（三十九）玻利维亚 LaPaz 拉巴斯

"拉巴斯"城在西班牙语里意为"和平"之城，初建于 16 世纪中叶西班牙殖民统治时期，拉巴斯，位于玻利维亚高原东部，市中心海拔约 3700 米，是世界上地势最高的一个首都。

蒂亚瓦纳科公园是一座美丽的园林，园内有各种出土文物，其中有印加帝国古城遗址和美洲最驰名的古迹——太阳门。圣弗朗西斯科大教堂是拉巴斯最主要的教堂，外部装饰为巴罗克式，内部装饰有精美的绘画、雕刻、祭坛等。

（四十）委内瑞拉 Caracas 加拉加斯

加拉加斯又被称"卡拉卡斯"，加拉加斯始建于 1567 年，市区面积 1930 平方千米，是委内瑞拉的首都和联邦区首府，它既是全国的政治、经济、文化、金融中心，也是南美洲著名的历史古城。位于加勒比海之滨的阿维拉山南麓的一个三面环山的谷地。四季如春，被誉为"春城"。它风光秀丽，又被称为"天府之都"。市中心区有议会大厦，人们称之为"国会山"，不远处是著名的"金子楼"，各种首饰一应俱全。市内到处有街心花园，其中红木公园位于两条高速公路交叉的三角地带，园内的绿树、草坪和喷泉构成一景，附近有马库杜、阿苏尔、纳依瓜达和小加拉加斯海滩，是游览胜地。

（四十一）波多黎各 SanJuan 圣胡安

它位于波多黎各岛东北岸，圣胡安湾内，始建于 1508 年，在西班牙中语意为“富裕之港”。是美国自治领地波多黎各的首府和最大城市，也是岛上最大的港口。为大西洋和加勒比海间重要的海上交通枢纽。城内很多古老建筑，以圣何塞教堂（1532 年）、莫罗城堡（1539 年）、拉福尔塔莱萨宫（1533 年）、圣胡安大教堂（1540 年）最为著名。有波多黎各大学等高等学校，多所博物馆。旅游业甚盛。

（四十二）加拿大 Halifax 哈里法克斯

该市位于加拿大的大西洋海岸线，拥有世界上第二大自然深水港，哈里法克斯市是加拿大主要的港口城市，是加拿大通向欧洲的门户。哈里法克斯市有 250 年历史。主要的经济支柱包括信息产业、电影制作以及石油和天然气等。哈里法克斯还有着“加拿大的海洋乐园”之称，这里充满了异国文化的气息，是一个气候温和、干净、安全的小城镇，被称作“加拿大的海边娱乐场。”

（四十三）智利 Santiago 圣地亚哥

全名圣地亚哥·德，智利首都。圣地亚哥始建于公元 1541 年，并于 1818 年后成为智利首都。南美洲第四大城市，位于国境中部，坐落在马波乔河畔，圣地亚哥是智利的首都和最大城市，圣地亚哥的市区在历史上是以圣卢西亚山为中心发展起来的。是著名的风景游览区。有解放广场、宪法广场、巴格达诺广场和近郊的天主教堂、主教堂、市政厅、邮政大楼、智利大学、天主教大学、国民学院、国家图书馆、历史博物馆、美术馆等。

（四十四）巴拉圭 Asuncion 亚松森

亚松森是巴拉圭首都，建于 1537 年 8 月 15 日，是南美洲历史最悠久的城市，原名为升天的圣母，被称为南美洲的城市之母。是巴拉圭的主要港口和工业、文化中心，工业主要有食品工业、纺织工业和烟草工业。市区建设分为两部分，市区中心为现代建筑，沿河低地的建筑为殖民地时期的风格，有国立亚松森大学、圣母升天公教大学等高等院校。有大主教宫、大教堂、自然历史博物馆等著名建筑。

（四十五）加拿大 St. John´s 圣约翰斯

圣约翰斯是纽芬兰省的首府及最大城市、重要港口。圣约翰市面向大西洋，是北美洲最东端的城市。

（四十六）阿根廷 BuenosAires 布宜诺斯艾利斯

布宜诺斯艾利斯是阿根廷的首都，在西班牙语中意为“好空气”。它东临拉普拉塔河，西靠“世界粮仓”潘帕斯大草原，风景秀美，气候宜人。作为阿根廷首都和政治、经济、文化中心，享有“南美洲巴黎”的盛名。市内绝大多数广场、街道、公园、博物馆、纪念碑和塑像，都用重大历史事件和著名历史人物命名。南部的圣特尔莫和蒙特塞拉区街道狭窄，还保留着几个世纪以前的西班牙和意大利风格的古老建筑。

（四十七）乌拉圭 Montevideo 蒙得维的亚

“蒙得维的亚”的原意是葡萄牙语“我看到山了”。蒙得是“山”，维的亚为“我看到了”。蒙得维的亚始建于 1726～1730 年间，是乌拉圭的首都，位于拉普拉塔河下游，濒临南大西洋，面积为 530 平方千米，是全国唯一的大城市，海上门户，也是乌拉圭全国政治、经济、贸易、金融和文化中心，蒙得维的亚港拥有闻名于世界的构思独特的阳台，被誉称为“阳台王国”，

（四十八）巴西 Brasilia 巴西利亚

巴西首都巴西利亚，现代化新兴城市，位于巴西高原上，位于中部戈亚斯州境内，马拉尼翁河和维尔德河汇合而成的三角地带上。有“世界建筑艺术博物馆”的美称。巴西是一个宗教大国，除了天主教外，在巴西还有伊斯兰教、基督教、佛教等。巴西利亚是最年轻的人类文化遗产城，市内有位于巴西利亚的国会大厦、巴西联邦最高法院、巴西利亚的总统府、巴西利亚大教堂等建筑。

（四十九）巴西 SaoPaulo 圣保罗

圣保罗建市于 1554 年，是巴西也是南美最大的城市，圣保罗州首府，位于该州东

南部。面积超过1500平方千米，圣保罗市气候宜人，有“一年之中无四季，一日之中有四季”之说。圣保罗也是一座文化城市，市内有圣保罗大学、天主教大学、医科大学及其他各类高等学府和专科学院，拥有藏书逾百万册的圣保罗图书馆。南美洲最大的城市、最大的工业中心，圣保罗州首府，世界4座最大的都市之一。位于国境东南部马尔山脉大崖壁边缘海拔800多米的高原上，圣保罗也是一座文化城市，市内有圣保罗大学、天主教大学、医科大学及其他各类高等学府和专科学院，拥有藏书逾百万册的圣保罗图书馆。圣保罗主要旅游景点：天主教大教堂、伊比拉普埃拉公园、东方街等著名建筑。

（五十）巴西 RiodeJaneiro 里约热内卢

巴西东南部一州，濒临大西洋，面积4.36万平方千米。里约热内卢州不仅是巴西乃至南美的重要门户，同时也是巴西及南美经济最发达的地区之一，素以巴西重要交通枢纽和信息通讯、旅游、文化、金融和保险中心而闻名。巴西是世界10大旅游创汇国之一，里约热内卢的海滩举世闻名，其数目和延伸长度为世界之最，全市共有海滩72个，其中两个最有名的海滩是：科帕卡巴纳海滩和依巴内玛海滩。主要名胜有耶稣山、面包山、尼特罗伊大桥、马拉卡纳体育场、巴西最大的公园、植物园等。

（五十一）冰岛 Reykjavik 雷克雅未克

雷克雅未克地处北极圈附近，拥有许多温泉和喷气孔，传说公元9世纪人们来此定居时，远远就看到岸上升起袅袅“白烟”，便误把温泉里蒸腾的水气认作烟雾，称此地为“雷克雅未克”，冰岛语意为“冒烟的城市”。雷克雅未克一语在冰岛语里有冒烟的海湾之意，雷克雅未克是冰岛首都和第一大城市。冰岛首都，城市建于874年，1786年正式建城，位于冰岛西部法赫萨湾东南角、塞尔蒂亚纳半岛北侧，是冰岛最大的港口城市。这里主要的景点有：旧城区、托宁湖、亚柏亚露天民族博物馆、温泉区、雷克雅未克大教堂等建筑。

（五十二）葡萄牙 Lisbon 里斯本

名字原是腓尼基语，意思是“良港”。是南欧国家葡萄牙的首都，位于伊比利半岛的特茹河河口，是典型的海洋城市。里斯本是葡萄牙最大的旅游城市，里斯本有许多纪念塔和纪念碑，如：贝伦塔、航海纪念碑、庞包尔广场等古老的建筑，市内有高等技术学院、音乐学院、艺术学院等。里斯本国家图书等文化设施。

（五十三）摩洛哥 Casablanca 卡萨布兰卡

城市原名“达尔贝达”，卡萨布兰卡得名于西班牙语，意即为“白色的房子”。是摩洛哥第一大城市，最大港口城市，最重要的经济中心，这里集中了全国大部分工业和金融业，有摩洛哥“经济首都”之称。这里有世界著名的清真大寺哈桑二世大清真寺，还有伊斯兰图书馆、会议和演讲厅、博物馆等建筑。

（五十四）爱尔兰 Dublin 都柏林

都柏林的现代爱尔兰名 BaileÁ；thaCliath（意为“芦苇障碍做成的浅滩之城”）则是指在黑色池塘旁边的定居地。都柏林是爱尔兰共和国的首都。濒临爱尔兰岛东岸的都柏林湾，是爱尔兰最大的城市，由于很多高技术企业聚集，所以有欧洲的硅谷之称。面积 250 多平方千米，市内有爱尔兰主教大学、国家图书馆、博物馆以及都柏林皇家学会等著名建筑。

（五十五）英国 London 伦敦

伦敦市区因常常充满着潮湿的雾气，因此有“雾都”的别名。英国首都，位于英格兰东南部的平原上，是第一大城及第一大港，也是欧洲最大的都会区之一，兼世界四大城市之一，伦敦是世界文化名城。集中了英国和世界各国许多的古代文物。有大英博物馆、希腊和罗马文物馆、东方文物馆、金币徽章馆等著名的建筑。

（五十六）西班牙 Madrid 马德里

西班牙首都，全国第一大城市，全国经济、交通中心，马德里省首府。市区面积 607 平方千米，海拔 670 米，是欧洲地势最高的首都。因历史上因战略位置重要而素有“欧洲之门”之称。西班牙首都马德里是欧洲著名的历史古城，城内有著名的马德里皇宫、马德里阿尔卡拉门、马德里隐逸公园、马德里格兰维亚大道、堂吉诃德的故乡等古建筑。

（五十七）西班牙 Barcelona 巴塞罗那

巴塞罗那是西班牙巴塞罗那省省会、加泰罗尼亚自治区首府，西班牙第二大城市，第一大工商城和港口。也是西班牙最重要的贸易、工业和金融基地，位于西班牙东北部，巴塞罗那城是加泰罗尼亚文化的发祥地，是享誉世界的地中海风光旅游目的地和世界著名的历史文化名城，是一座美丽的城市。市内罗马城墙遗址、中世纪的古老宫殿和房屋与现代化建筑交相辉映，有古老的圣家族教堂、巴塞罗那费格拉斯公寓、蒲特耀之家，市内有现代艺术博物馆、弗雷德里克·马塞斯陈列馆、毕加索博物馆、海洋博物馆等 20 多所博物馆等文化建筑。

（五十八）法国 Paris 巴黎

巴黎处于法国北部，古代就被称作“法兰西岛”，是法国的首都和最大城市，地处法国北部，塞纳河西岸，城市本身距巴黎盆地中央，属温和的海洋性气候，是法国的政治文化中心，巴黎大都会为欧洲最大的都会区之一。巴黎是欧洲历史上第一个对城市的宝贵自然财产——树木进行有效保护的城市。巴黎是法国的文化中心，拥有 50 个剧场，200 个电影院，15 个音乐厅。有世界上面积最大的歌剧院，巴黎是一座世界历史名城，名胜古迹比比皆是，埃菲尔铁塔、凯旋门、爱丽舍宫、凡尔赛宫、卢浮宫、协和广场、巴黎圣母院、乔治·蓬皮杜全国文化艺术中心等。

（五十九）尼日利亚 Lagos 拉各斯

拉各斯的原名是“埃科”或者“尤扣”，“营棚”的意思，在约鲁巴人的语言中又是“农园”的意思。在葡萄牙语里，“拉各斯”的意思是“咸水湖”。是尼日利亚旧都和最大港口城市。在国境西南端，几内亚湾沿岸。由奥贡河河口地 6 个小岛和大陆部分组成。面积 74 平千米，是著名的海滨疗养地、旅游中心。

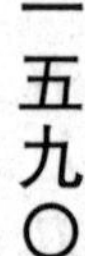

（六十）阿尔及利亚 Algiers 阿尔及尔

阿尔及利亚首都，是 10 世纪的时候由阿拉伯人和柏柏尔人建立起来的，是地中海南岸最大海港城市之一，位于阿尔及利亚北部沿海，面临地中海的阿尔及尔湾，背靠阿特拉斯山脉的布拉查利亚群山。城市依山建筑，气候温和，终年绿草如茵，林木茂盛，花开不断，站在高处俯视全城，近处郁郁葱葱，远处水天相接，景色优美迷人，素有“花园城市”之称，它的古老部分在山上，现代化部分在山下。主要的旅游景点有：西迪·阿布德拉赫曼清真寺、西迪·穆罕默德清真寺、贾马·杰伊德清真寺（16世纪）、教堂、国家博物馆、巴尔杜博物馆、古文物博物馆、国家美术馆等。

（六十一）比利时 Brussels 布鲁塞尔

比利时的首都，是比利时最大的城市，也是欧洲联盟的主要行政机构所在地。位于布鲁塞尔首都区的布鲁塞尔市，布鲁塞尔的建筑物，带有浓郁中世纪风格和后现代艺术意味的欧盟建筑群，布鲁塞尔最著名的建筑包括布鲁塞尔大广场、布鲁塞尔市政厅、圣弥额尔圣古都勒主教堂、以巨大的玻璃温室著称的拉肯皇家城堡等。

（六十二）荷兰 Amsterdam 阿姆斯特丹

阿姆斯特丹是荷兰王国的首都，荷兰最大的城市和第二大港口，被称作为北方威尼斯。荷兰是一个著名的旅游国度，它被称为“风车王国”“花卉之国”，它由风车、木屐、郁金香所串起的如织美景，带给人们无数的梦幻与想象。主要的景点：赞斯堡、西教堂、王宫、阿姆斯特丹历史博物馆、性博物馆、梵高美术馆等。

（六十三）瑞士 Geneva 日内瓦

日内瓦是瑞士境内国际化程度最高的城市，是瑞士第三大城市，位于西欧最大的湖泊——日内瓦湖之畔西南角，日内瓦是瑞士有名的游览胜地，有许多名胜古迹。有著名的宗教改革国际纪念碑、圣—皮埃尔大教堂、大剧院、艺术与历史博物馆、日内瓦大学等。

（六十四）瑞士 Zurich 苏黎世

苏黎世是苏黎世州的首府，瑞士主要的商业和文化中心，位于苏黎世湖西北端、利马特河两岸。面积 1.729 平方千米。苏黎世在 2008 年被评为世界上“生活质量最好的城市”，苏黎世是一座充满中世纪风情的历史古城。市政厅是苏黎世最漂亮的建筑之一，还有圣母教堂、水教堂、大教堂、瑞士国家博物馆、莱特博格博物馆、车站街等建筑物。

（六十五）德国 Frankfurt 法兰克福

德国重要工商业、金融和交通中心，黑森州最大城市。黑森州的法兰克福位于美因河畔，全称为美因河畔的法兰克福，位于中部莱茵河的支流美因河下游两岸。法兰克福不仅是德国的经济中心，同时它又是一座文化名城。这里是世界文豪歌德的故乡，法兰克福有 17 个博物馆和许多的名胜古迹，古罗马人遗迹、棕榈树公园、黑宁格尔塔、尤斯蒂努斯教堂、古歌剧院、歌德故居罗马贝格广场、棕榈公园、法兰克福大教堂、现代艺术美术馆、施特德尔美术馆、古代雕塑品博物馆、德国电影博物馆等古建筑和文化设计。

（六十六）挪威 Oslo 奥斯陆

奥斯陆原意为“上帝的山谷”，又一说为“山麓平原”。挪威首都奥斯陆，建于 11 世纪，旧称“克里斯蒂安尼亚”，位于国土南部，坐落在奥斯陆峡湾北端的山丘上，是全国第一大都市，全国政治、经济、交通、文化中心。城内残存部分十四世纪的古城遗迹，卡尔约汉斯大道、奥斯陆大教堂、福洛格纳、国立剧场、阿克胡斯城堡、国立美术馆、佛拉姆号博物馆等著名的古建筑和文化设施。

（六十七）丹麦 Copenhagen 哥本哈根

哥本哈根在丹麦文中就是“商人的港口”或“贸易港”的意思。丹麦首都，位于丹麦西兰岛东部，它是丹麦政治、经济、文化的中心，全国最大和最重要的城市，是北欧最大的城市，也是著名的古城。哥本哈根共有二十多个可供人们参观的博物馆和十多个大大小小的公园。其中最美丽的是哥本哈根朗厄里尼港湾畔的海滨公园。在那里的一块巨大的岩石上，有一尊世界闻名的“美人鱼”铜像。还有阿美琳堡王宫、提弗利公园、佛德利克堡、哥本哈根国立美术馆、罗森堡宫等建筑。

（六十八）意大利 Rome 罗马

意大利首都罗马，全国第一大城，全国政治、经济、文化和交通中心。位于台伯河下游的丘陵平原上，已有 2500 余年历史。总面积为 1507.6 平方千米，是有着辉煌历史的欧洲文明古城，由于它建在 7 座山丘之上并有悠久的历史，故被称为“七丘城”

和“永恒之城”。罗马被喻为全球最大的“露天历史博物馆”。世界八大名胜之一的古罗马露天竞技场，也称斗兽场。罗马气候温暖，四季鲜明，是著名的旅游城市，主要有许愿池、西班牙广场、威尼斯广场、万神殿、拉特兰圣约翰大教堂、科洛塞竞技场、卡比托利欧广场、真理之口、新宫、波各赛美术馆等建筑和文化设施。

（六十九）德国 Berlin 柏林

德国首都，也是德国最大的城市，位于中欧平原，施普雷河注入哈佛尔河口处。柏林是世界重要的文化学术交流场所之一，有柏林爱乐乐团、柏林电影节，还有音乐剧目“巴黎圣母”和众多国际著名的展览和博物馆。柏林的建筑多姿多彩，蔚为壮观。一座座古老的大教堂、各式各样的博物馆。主要有勃兰登堡门、博物馆岛、柏林大教堂、圣黑德维希主教座堂、御林广场、柏林爱乐厅、欧洲被害犹太人纪念碑等古老的建筑和文化设施。

（七十）捷克 Prague 布拉格

捷克共和国的首都和最大的城市，是捷克共和国的政治、经济和文化中心，位于该国的中波希米亚州、伏尔塔瓦河流域。欧洲最美丽的城市之一。地处欧洲大陆中心，分布在7座山丘上，布拉格的面积为496平方千米，城堡始建于公元9世纪。布拉格是一座著名的旅游城市，市内拥有为数众多的各个历史时期、各种风格的建筑，各类古建筑物1700多处，故有“世界建筑艺术博物馆”之称。伏尔塔瓦河将城市分为两部分，河上建有十几座不同时期的桥梁，最著名的是查理桥。市区有圣尼古拉教堂、胜利之后圣母堂和圣多马教堂等，因布拉格有“百塔之城”之称。在阳光照耀下，“百塔”显得金碧辉煌，因而又被称为“金色的布拉格”。

（七十一）克罗地亚 Zagreb 萨格勒布

克罗地亚首都，政治、经济、文化中心。位于克罗地亚的西北部，面积1.291平方千米，萨格勒布是中欧历史名城，建于11世纪。萨格勒布是中欧历史名城，整个城市由三部分组成：由教堂、市政厅等古建筑组成的老城，由广场、商业区、歌剧院组成的新区，最著名的教堂是建于中世纪的圣·马克教堂、圣·史蒂芬大教堂、萨格勒布古城门、特尔萨克塔等著名建筑。

（七十二）奥地利 Vienna 维也纳

维也纳是世界名城，奥地利首都，是中世纪欧洲最大的三座城市之一，以“音乐之都”闻名遐迩，位于奥地利东北部阿尔卑斯山北麓维也纳盆地之中，四周环绕着著名的维也纳森林，靠近阿尔卑斯山北麓多瑙河畔，是一座典雅、美丽、清洁的花园城市。面积 414.65 平方千米，维也纳还是多瑙河第一个流经的大城市，因此有多瑙河的女神之称。罗马帝国和奥匈帝国时代留下了不计其数的雄伟建筑，如：阿尔贝蒂娜博物馆，史蒂芬大教堂，霍夫堡皇宫，美泉宫，维也纳艺术史博物馆，维也纳国家歌剧院等著名建筑。

（七十三）瑞典 Stockholm 斯德哥尔摩

斯德哥尔摩英语里意为“木头岛”。城市始建于公元 13 世纪中叶。是瑞典首都，也是第一大城市。面积 186 平方千米，由于地处波罗的海和梅拉伦湖交汇处，在北欧三国中，斯德哥尔摩算得上是岛屿最多的城市了。有 24000 个岛屿，被称为“北方威尼斯”。斯德哥尔摩是阿尔弗雷德·诺贝尔的故乡，斯德哥尔摩既有典雅、古香古色的风貌，又有现代化城市的繁荣。斯德哥尔摩最古老的部分是老城，它主要建造在 Stadsholmen 岛上。它保留了中世纪的街道系统，有最著名文化古迹德国教堂、贵族院、德宁翰宫和斯库格墓地等。

（七十四）匈牙利 Budapest 布达佩斯

布达佩斯是匈牙利首都，是中欧的一个重要中继站。其城市面积有 525 平方千米，位于国境中北部，是该国主要的政治、商业、运输中心和最大的城市，连接起布达与佩斯的是九座气势雄伟、风格迥异的大桥。其中最著名最古老最壮美的是链子桥，布达佩斯最重要的名胜都位于多瑙河畔。在西岸布达边岩石陡峭的山上树立着自由碑和城堡。山下有布达佩斯温泉浴，城堡北面的山上有布达皇宫。

（七十五）塞尔维亚 Belgrade 贝尔格莱德

贝尔格莱德是塞尔维亚首都和最大的城市，位于塞尔维亚北部，萨瓦河与多瑙河合流处。贝尔格莱德是塞尔维亚的经济、文化、教育和科技中心。贝尔格莱德每年举办多个文化节日，包括贝尔格莱德电影节、贝尔格莱德戏剧节、贝尔格莱德音乐节、贝尔格莱德书展和贝尔格莱德啤酒节。此外，城内还有大量文化设施如：贝尔格莱德国家大剧院、南斯拉夫戏剧院、塞尔维亚理科与文科学院和塞尔维亚国家图书馆等。贝尔格莱德的古建筑和历史街道有很多，其中包括塞尔维亚国家博物馆、贝尔格莱德国家大剧院、泽蒙、尼古拉·帕希奇广场、卡莱梅格丹堡垒、塞尔维亚国会大厦、圣萨瓦寺、约瑟普—布罗兹—铁托墓等。

（七十六）波兰 Warsaw 华沙

波兰首都、历史名城。城市初建于十三世纪中叶，1596 年成为首都。是波兰的首都和最大的城市。它位于维斯拉河两岸，面积 450 平方千米，华沙是波兰的政治、经济、文化中心。城市中有许多著名的古建筑，这里有素称“波兰民族文化纪念碑”的古城堡——昔日皇宫，以及许多中世纪和文艺复兴时期的古建筑。克拉辛斯基宫、瓦津基宫、圣十字教堂、圣约翰教堂、罗马教堂、俄罗斯教堂等建筑。

（七十七）南非 CapeTown 开普敦

开普敦是南非立法首都，始建于 1652 年，是南非第二大城市，重要港口，好望角省首府。全市面积 24.5 万平方千米。原为东印度公司供应站驻地，是西欧殖民者最早在南部非洲建立的据点，故有“南非诸城之母”之称，开普敦市背山面海迤逦展开，市内多殖民时代的古老建筑。有桌山、好望角，开普半岛的顶端、维多利亚艾尔法特海滨购物城、罗本岛、开普敦海滩、讯号山等著名旅游景点。

（七十八）保加利亚 Sofia 索菲亚

古称“塞迪卡”。全国第一大城，城市跨伊斯克尔河及其支流，14 世纪开始因圣索菲亚教堂而最后定名为索菲亚。面积 167 平方千米，是全国政治、经济、文化中心，位于保加利亚中西部，是闻名世界的花园城市。建筑物大都为白色或浅黄色，市区著名建筑很多，有圣乔治教堂、圣索菲亚教堂、波亚那教堂、德拉格勒夫茨修道院、议会大厦、国家歌剧院、索菲亚大学、考古博物馆、人种学博物馆等。

（七十九）希腊 Athens 雅典城

建于公元前 5 世纪，雅典是用智慧女神雅典娜的名字命名的历史古城。它矗立在高山之巅，被视为西方古典建筑物的佼佼者，是世界上最古老的城市之一，记载它的历史就长达3000多年。雅典是希腊经济、财政、工业、政治和文化中心。是哲学的发源地，雅典自古有“西方文明的摇篮”之美誉。后来人们就把雅典视为“酷爱和平之城”。雅典是驰名世界的文化古城，历史上曾创造了辉煌的古代文化，许多珍贵的文化遗产遗传至今，构成世界文化宝库的一部分。

（八十）爱沙尼亚 Tallinn 塔林

古称“科累万”，后称“烈韦里”。爱沙尼亚首都、最大城市和经济、文化中心。位于爱西北部波罗的海芬兰湾南岸的里加湾与科普利湾之间，是爱沙尼亚共和国首都。历史上曾一度是连接中、东欧和南、北欧的交通要冲，被誉为“欧洲的十字路口”，面积158.3平方千米，塔林三面环水，风景古朴，是北欧唯一的一座保持着中世纪外貌和格调的城市。塔林老城区又分为上城和下城，上城是上流社会、宗教阶层和封建权贵的聚集地，著名城堡托姆别阿就坐落在上城。下城是商人和手工业者的居住地。

（八十一）芬兰 Helsinki 赫尔辛基

赫尔辛基，芬兰的首都。公元1550年创建的，芬兰这个名称就是瑞典语“新发现的地方”，芬兰人自称为“苏米”人，是一座古典美与现代文明融为一体的都市，被世人赞美为“波罗的海的女儿”。在赫尔辛基的海港市场上，有一尊名叫“波罗的海的女儿”的铜像，是赫尔辛基的象征。2009年19届桑巴节作为文化之城，赫尔辛基有全国最大的图书馆和几个大博物馆。有雅典娜美术博物馆、雷巴瓦拉美术馆、露天人文博物馆、铁路博物馆、风俗博物馆、战争博物馆、邮电博物馆、教会博物馆、动物学博物馆以及齐相亲画廊等。

（八十二）罗马尼亚 Bucharest 布加勒斯特

在罗马尼亚语中音为“布库尔什蒂”，意为“欢乐之城”（“布库尔”是欢乐的意思）。位于瓦拉几亚平原中部，多瑙河支流登博维察河畔，是罗马尼亚首都和政治、经济、文化、交通中心。布加勒斯特是罗马尼亚第一大城市。市区面积605平方千米，布加勒斯特的美丽环境十分迷人，全市有大小公园50多个，仅市区就有10多个大型公园，另外还有许多喷水池、纪念碑和雕塑像。

（八十三）白俄罗斯 Minsk 明斯克

1938年设州，地处白俄罗斯中部，面积4.08万平方千米。是白俄罗斯共和国的首都和政治、经济、科技和文化的中心，明斯克地区的地理环境适于发展畜牧业，是苏联牛奶、油类、亚麻和马铃薯的主要产区之一，明斯克人称马铃薯为“第二面包”，明斯克的历史至今已有近千年了，城市有胜利广场、泪岛、圣灵主教大教堂、别洛韦日国家森林公园等著名景点。

（八十四）南非 Johannesburg 约翰内斯堡

建于1886年，约翰内斯堡面积约269平方千米，位于东北部瓦尔河上游高地上，原是一个探矿站，随金矿的发现和开采迅速发展为南非最大城市和金融中心。也是世界上最大的产金中心。素有“黄金之城”之称。主要的旅游景点有：金矿城、兰德精炼厂、克鲁格国家公园、东部郊区、内都市郊区等。

（八十五）土耳其 lstanbul 伊斯坦布尔

伊斯坦布尔省省会。全市面积254平方公里，地跨欧亚两洲的伊斯坦布尔，是土耳其最大的城市、最大的港口、工商业中心和主要的旅游胜地。作为古代三大帝国——罗马帝国、拜占庭帝国以及奥斯曼帝国首都的伊斯坦布尔，保留了辉煌的历史遗产，也是土耳其人民值得骄傲的。伊斯坦布尔确实由于丰富多彩的文化遗迹，其中有：托普卡普宫殿、蓝色清真寺、圣索菲亚大教堂、波斯普鲁斯、金角湾、阿合麦特广场、梅利堡垒、克兹塔、伊斯坦堡城墙尬拉他塔、新皇宫、大巴扎等景观。

（八十六）乌克兰 Kyiv 基辅

基辅，乌克兰首都，始建于5世纪下半叶，有“俄国城市之母”之称。位于乌克兰中北部，第聂伯河中游。经济、文化中心。面积777平方千米，公元988年全市改宗东正教，往后两个世纪通过欧亚贸易逐渐繁荣起来，被称为第聂伯河上的“帝王之城”。全市分为10个行政区。市中心是旧城区，如著名的索菲亚大教堂11世纪建成（现为博物馆）等。旧城内外还有许多博物馆、剧院、公用楼、大百货商店等。

（八十七）乌克兰 Odesa 敖德萨

位于乌克兰南部的黑海湾沿岸，始建于古希腊，是敖德萨州首府。城市面积 160 平方公里，由于天然海港常年不冻，在水路运输占有重要地位，敖德萨是座被誉为“黑海明珠”的港口城市。市内有戏剧和芭蕾歌剧院、历史博物馆、城市图书馆等文化设施。

（八十八）津巴布韦 Harare 哈拉雷

在肖纳语中，哈拉雷有“不眠之城”的意思。旧称“索尔兹伯里”，位于津巴布韦东北部高原，建于 1890 年，津巴布韦首都。是世界最大的烟草集散市场之一。哈拉雷气候宜人，终年草木葱郁，百花盛开。街道纵横，形成无数个“井”字，其中有名的索尔兹伯里公园中有模拟“维多利亚大瀑布”的人工瀑布，奔腾澎湃，一泻而下。市内还有维多利亚博物馆，内藏有早年土著人的绘画以及从“大津巴布韦遗址”出土的珍贵文物。另外还有大教堂、大学、鲁法罗体育场和美术馆等。

（八十九）埃及 Cairo 开罗

古埃及人称开罗为“城市之母”，阿拉伯人把开罗叫作“卡海勒”，意为征服者或胜利者。埃及的首都，横跨尼罗河，气魄雄伟，风貌壮观，是整个中东地区的政治、经济和商业中心。是埃及和阿拉伯世界最大的城市，也是世界上最古老的城市之一。开罗是世界文化古都，西亚及北非地区文化中心。最大的是法提米德城、国家图书馆、伊斯兰艺术博物馆与阿布丁宫博物馆等。

（九十）土耳其 Ankara 安卡拉

土耳其共和国首都，安卡拉省省会。地处欧亚之交的国家，它位于小亚细亚半岛上安纳托利亚高原的西北部，是政治、经济、宗教和文化中心。存有古堡等遗迹，素有“土耳其的心脏”之称。在老城区的一个山坡上，建有一座赫蒂博物馆，里面陈列着许多浮雕、青铜器等。安卡拉建有许多清真寺。这些清真寺是伊斯兰文化的重要组成部分。

（九十一）以色列 Jerusalem 耶路撒冷

位于近东黎凡特地区，在地理上位于犹大山地，介于地中海与死海之间，耶路撒冷历史悠久，是以色列自 1950 年以来的首都。该市市内拥有 1204 座犹太会堂、158 座教堂和 73 座清真寺，耶路撒冷是犹太教、基督教和伊斯兰教三大亚伯拉罕宗教（或称“三大天启宗教”）的圣地。

（九十二）黎巴嫩 Beirut 贝鲁特

贝鲁特源自腓尼基语“贝利图斯”，意为“多井之城”，黎巴嫩首都，位于地中海边狭长的平原上，是地中海东岸最大港口城市，也是以其独特建筑风格与气候环境并美而闻名的海滨城市。城市面积 67 平方公里。属地中海气候，年平均气温 21℃，贝鲁特被人们称为西亚、中东的“旅游中心”。贝鲁特市内保存有罗马时期的城墙、庙宇、水池的遗址和奥斯曼帝国时期的清真寺。

（九十三）约旦 Amman 安曼

位于该国北部，是约旦的首都，也是约旦最大的城市，因坐落在七个山头之上，故有“七山之城”之称。安曼气候宜人，景色秀丽，是一座熔传统与现代为一炉的城市，有众多古迹和新建的现代化建筑，如古罗马剧场、拉格丹皇宫、阿卜杜拉国王清真寺、约旦大学、皇家科学协会、侯赛因医学城、侯赛因青年体育城、国家博物馆等。色调和谐，别具一格。

（九十四）苏丹 Khartoum 喀土穆

首都喀土穆意为“大象鼻子”，青、白尼罗河在喀土穆交汇向北流去，颇似大象鼻子，喀土穆也因此而得名。苏丹是非洲面积最大的国家，也是世界上最热的国家之一，喀土穆有“世界火炉”之称，气候炎热干燥，年平均气温为 28.7℃，最高气温达 47.2℃，到了 7、8 月份雨季，偶尔倾盆大雨，大雨过后，没有下水道的整个城市到处积水，成为“水乡泽国”。

（九十五）肯尼亚 Nairobi 内罗毕

内罗毕在当地马赛语的意思是“冰凉的水”，是肯尼亚首都和最大城市。位于肯尼亚中南部的高原地区，面积 648 平方千米，是全国政治、经济和文化中心。内罗毕坐落在海拔五千五百尺的高原上，风光优美，气候宜人。有内罗毕国家公园，每年来自世界各国的游客达数十万人。

（九十六）俄罗斯 Moscow 莫斯科

莫斯科面积 1081 平方千米，市区东西长 30 千米，南北长 40 千米。莫斯科建城于 1147 年，迄今已有 800 余年的历史。现俄罗斯联邦首都，也是俄罗斯政治、经济、科学文化及交通中心。莫斯科州位于奥卡河和伏尔加河之间，莫斯科是一座历史悠久和具有光荣传统的城市，始建于 12 世纪中期。古有“第三个罗马”之称。主要的景点有：红场、克里姆林宫、新圣母公墓、博罗季诺战役全景博物馆、列宁墓、无名烈士墓和亚历山大花园等。

（九十七）埃塞俄比亚 AddisAbaba 亚的斯亚贝巴

按当地提格雷语，亚的斯亚贝巴意思是“新鲜的花朵”。埃塞俄比亚首都，坐落在中部高原的山谷中，海拔 2350 米，是非洲海拔最高的大城市。城市主要的文化设施有埃塞俄比亚国家图书馆，埃塞俄比亚人类学博物馆（前身是皇宫）、亚的斯亚贝巴博物馆、埃塞俄比亚自然历史博物馆、埃塞俄比亚铁路博物馆、埃塞俄比亚邮政博物馆。

（九十八）伊拉克 Baghdad 巴格达

巴格达一词来源于古波斯语，意为“神赐的地方”，旧译“报达”“八哈塔”。位于伊拉克中部、横跨底格里斯河两岸，面积 860 平方千米，是伊拉克政治、经济、宗教和文化中心。巴格达历史悠久，阿拔斯王朝第二代哈里发曼苏尔选定巴格达为首都后，并命名为“和平之城”。该城的中央是曼苏尔的“金宫”，金宫四周是皇家及显赫人物的亭台楼阁。

因城市建在圆形城墙内，故又称为“团城”。

（九十九）也门 Aden 亚丁

也门的古城亚丁，位于阿拉伯半岛的西南端，扼守红海通向印度洋的门户，素有欧、亚、非三洲海上交通要冲之称，最早的亚丁城是现在的亚丁半岛东部的“克雷特区”。“克雷特”原意为“火山口”，历史上的亚丁城恰好修建在沙姆桑山的死火山的山口上。亚丁新城位于“老亚丁”西面，靠着深水港湾，由于处在火山口附近，因而这座城市又被称为“火山口上的城市”。亚丁也是世界著名的港口。

（一〇〇）沙特阿拉伯 Riyadh 利雅得

坐落在阿拉伯半岛中部哈尼法谷地平原上，在阿拉伯文中，利雅得是“花园”的意思。是全国第一大城市，是沙特阿拉伯的首都和中央省首府。因为利雅得四周是一片绿洲，有广阔的椰枣林、棕榈树和清澈的泉水，如莽莽的沙漠中的庭院伸境，令人神往。由于滚滚的石油资源，沙特阿拉伯可称为世界上最富裕的国家，其国民收入在世界上也是名列前茅。

（一〇一）马达加斯加 Antananarivo 塔那那利佛

旧称“阿纳拉曼加”。建于 17 世纪，坐落在马达加斯加中部高原一个马蹄形的山脊上，塔那那利佛又称为安塔那那利佛，是印度洋岛国马达加斯加的首都。马达加斯加语之意为千人勇士城，安城位于马达加斯加岛中东部的高原，属于热带高原气候。那那利佛是一座具有亚、非、欧三大洲混合风格的城市，塔那那利佛有一个公园，被人称为“革命公园”，这是马达加斯加人民为捍卫民族独立和国家主权进行不懈斗争的象征。

（一〇二）一科威特 KuwaitCity 科威特城

位于波斯湾西岸，风光明媚、绚丽多姿，是阿拉伯半岛一颗明珠。是科威特首都，全国政治、经济、文化中心和重要港口，也是波斯湾海上贸易的国际通道。面积 80 平方千米。市内到处都是具有伊斯兰风格的高楼大厦，以国家元首办公的剑宫、法蒂玛清真寺、议会大厦、新闻大楼、电报大楼最为著名。

（一○三）伊朗 Tehran 德黑兰

“德黑兰”一词是古波斯语“山脚下”的意思。是伊朗的首都，面积 658 平方千米，它不仅是伊朗最大的城市，也是西亚最大的城市。作为古老国家的首都，德黑兰市拥有许多博物馆。市内有许多知名博物馆、艺术中心、宫殿和文化中心。花岗岩的新式建筑、前巴列维国王的夏宫，在王朝推翻后，已改为“人民宫殿博物馆”，并向公众开放。作为一个伊斯兰国家的首都，德黑兰还拥有一千多座清真寺，每到祷告时间，各清真寺的宣礼之声彼此应和，庄严肃穆。

（一○四）阿拉伯联合酋长国 AbuDhabi 阿布扎比

阿布扎比又称阿布达比，阿拉伯语作 AbuDhabi。位于阿拉伯联合酋长国的中西边海岸，位于波斯湾的一个 T 字形岛屿上。是阿拉伯联合酋长国阿布扎比酋长国的首府，也是阿拉伯联合酋长国的首都。

（一○五）阿富汗 Kabul 喀布尔

它位于阿富汗东部，兴都库什山南麓，是阿富汗的首都，喀布尔省省会和阿富汗的最大城市。是全国的政治、经济、文化中心，也是个历史上的英雄城市。它是一座有三千多年历史的名城，喀布尔河从市中心流过，将喀布尔市一分为二，南岸为旧城，北岸为新城。市内多宫殿，较为著名的有古尔罕纳宫、迪尔库沙宫、萨拉达特宫、蔷薇宫、达尔阿曼沙希杜沙姆施拉寺、巴卑尔陵墓、国王穆罕默德—迪纳尔—沙阿陵墓、国家博物馆、考古博物馆等。

（一○六）巴基斯坦 Karachi 卡拉奇

位于印度河三角洲西北部，濒临阿拉伯海，面积 591 平方千米，巴基斯坦第一大城市和最大的海港和军港，全国工商业、贸易和金融中心，也是往来东南亚和中东、非洲、欧洲的国际航空站。一年大部分时间气候宜人，卡拉奇地势平坦，四周环绕许多沙洲、岛屿，市内有两条季节河流过，拥有天然良港，景点有“巴基斯坦国立博物馆”旅游景区、“裘宽迪”旅游景区、“真纳墓”旅游景区、“哈埋矶湖”旅游景区。

（一〇七）乌兹别克斯坦 Tashkent 塔什干

塔什干在乌兹别克语中意为“石头城”，因地处山麓冲积扇一带，有巨大卵石而得名。是乌兹别克斯坦首都，也是塔什干州的首府。是中亚地区第一大城市和重要的经济和文化中心。这座古城是古代东西方贸易的重要中心和交通要冲，著名的“丝绸之路”曾经过这里。

塔什干地处中亚心脏地带，骄阳之下，沙浪滚滚，故素有“荒原”之称。塔什干有新、旧城之分，清真寺、陵墓等古迹大都集中在旧城。

（一〇八）巴基斯坦 slamabad 伊斯兰堡

全名为伊斯兰堡首都特区，是巴基斯坦的首都，伊斯兰堡始建于 1961 年 10 月，1965 年巴基斯坦首都从拉瓦尔品第迁此，位于该国东北部，紧邻拉瓦尔品第，位于波特瓦尔高原上，是全国政治中心。伊斯兰堡是一座年轻的城市，市区内设有文物古迹，著名的“玫瑰和茉莉公园”，以栽培玫瑰花、茉莉花而闻名。茉莉花是巴基斯坦的国花，象征着美丽和纯洁。费萨尔清真寺，是全国最大的清真寺之一。

（一〇九）巴基斯坦 Lahore 拉合尔

位于国境东北部富饶的旁遮普平原拉维河西岸，巴基斯坦的第二大城市，属亚热带大陆性气候，雨水充足。市内树木葱茏，芳草如茵，群花争艳，叠翠飘香，素有“花园城市”之称。主要古迹有大清真寺、古堡、夏利玛公园和博物馆、莫卧儿王朝的古堡皇宫、贾汉吉皇陵、帕底·夏希清真寺等最著名。拉合尔巴是巴基斯坦历史文化名城，素有“巴基斯坦灵魂”之称。

（一一〇）印度 Mumbai 孟买

孟买的名称起源于印度教女神孟巴的马拉地语名称。面积 450 平方千米，是印度马哈拉施特拉邦的首府，是印度西岸大城市和全国最大海港。孟买地理位置濒临阿拉伯海，是天然良港，被称为印度的“西部门户”，是印度海军的重要基地，在印度的政治、经济、金融、军事及文化等各方面都占有重要地位。

（一一一）印度 NewDelhi 新德里

是印度的首都。位于印度西北部，坐落在恒河支流依亚穆纳河西岸，面积 1485 平方千米，是全国的政治、经济和文化中心。主要语言为英语、印地语、乌尔都语和旁遮普语。旧德里的名胜古迹很多。在城东北角有一著名的古迹，这就是印度的“紫禁城”德里皇宫。因其围墙是用红色砂岩建成，故被称为“红堡”。另一座白色大理石建成的殿宇，叫枢密宫，是红堡最豪华的建筑，有“尘世天堂”之誉。在众多的文物古迹中，还有新德里东南的莫卧尔第二代皇帝胡马雍的陵墓，市南郊还有 12、13 世纪的库瓦特·乌尔·伊斯兰清真寺的遗迹等。

（一一二）基里巴斯 Kiritimati 圣诞岛

是太平洋的一个珊瑚礁，太平洋上最大环礁，位于莱恩群岛，圣诞岛是地球上最小的岛之一，陆地面积为 363 平方千米，在 1777 年圣诞节前夕由詹姆斯·库克船长发现，所以此岛名为圣诞岛。圣诞岛上风光绮丽，四周为珊瑚礁所环绕，岛上森林繁茂，苍翠欲滴，遍地是挺拔的槟榔、叶大如伞的热带山芋和香蕉、菠萝、面包树等热带树种。

（一一三）尼泊尔 Kathmandu 加德满都

加德满都建于 723 年，原名康提普尔，意为“光明之城”。16 世纪改称加德满都，尼泊尔语为“独木庙”之意。位于加德满都谷地，巴格马提河和比兴马提河的汇口处，尼泊尔首都。四周群山环抱，四季如春，素有“山中天堂”的美称。加德满都是一座已有一千多年历史的古老城市，这里修建了数目众多的宫殿、庙宇、宝塔、殿堂、寺院等，佛塔、庙宇 250 多座，全市有大小寺庙 2700 多座，真可谓“五步一庙、十步一庵”，因此，有人把这座城市称为“寺庙之城”“露天博物馆”。

（一一四）孟加拉 Dhaka 达卡

位于恒河三角洲布里根加河北岸。面积 324 平方千米。孟加拉国首都，是全国最大工业中心和全国最大的商品集散地。市内和郊区到处是香蕉树、芒果林和其他各种各样的树木。

市内多古建筑和清真寺，市内有 800 多座清真寺，主要有星清真寺、巴伊特乌尔一穆卡拉姆清真寺、萨甘布清真寺、七顶清真寺等。达卡被称为“清真寺之城”。

（一一五）缅甸 Yangon 仰光

地处缅甸最富饶的伊洛瓦底江三角洲，是缅甸联邦的原首都（2006 年迁都内比都），是缅甸的政治、经济、文化中心，有“和平城”的美称。仰光属海洋性气候，平均气温 25℃，半年晴朗，半年多雨，气候宜人。仰光有着无数或镀金或白石的佛塔，佛塔中最著名的是驰名世界的大金塔，缅甸人称大金塔为“瑞大光塔”，在缅语里，“瑞”是“金”的意思，“大光”是仰光的古称。

（一一六）泰国 Bangkok 曼谷

泰国首都曼谷，被誉为是“佛教之都”。泰国人称曼谷为“军贴”，意思是“天使之城”。是东南亚第二大城市，主要港口和政治、经济、文化中心。面积 290 平方千米，气候湿热，年平均气温 27.5℃，曼谷佛教历史悠久，东方色彩浓厚，佛寺庙宇林立，建筑精致美观，以金碧辉煌的大王宫、镏金溢彩的玉佛寺、庄严肃穆的卧佛寺、充满神奇传说的金佛寺、雄伟壮观的郑王庙最为著名。曼谷众多的寺院中，玉佛寺、卧佛寺、金佛寺最为著名，被称为“泰国三大国宝”。市内河道纵横，货运频繁，有“东方威尼斯”之称。曼谷港，是泰国和世界著名稻米输出港之一。

（一一七）越南 Hanoi 河内

位于越南民族发源地红河平原的中部，是越南的首都。也是越南最大的城市之一，河内是一个历史悠久的城市。公元 10 世纪以前，先后名为“龙编”“紫城”“宋平”“罗城”“大罗城”。有著名的旅游胜地胡志明陵、巴亭广场、主席府、胡志明故居、还刻湖、西湖、独柱寺、文庙、医庙、玉山寺、镇武观、镇国寺、金莲寺，河内是越南主要的旅游城市，终年树木常青，鲜花盛开，风光秀丽，有“万花春城”之称。

（一一八）印尼 Jakarta 雅加达

雅加达位于爪哇岛西部北岸，在芝里翁河口，是印度尼西亚首都，也是东南亚第一大城市，世界著名的海港。市内的最高建筑——独立纪念塔，是雅加达的象征印尼的独立精神。雅加达属于热带雨林气候，年平均气温为27℃。土地肥沃，植物四季常青，鲜花盛开不衰。主要景点：伊斯蒂赫拉尔清真寺、雅加达独立广场、印度尼西亚缩影公园、民族纪念碑、中央博物馆、安佐尔梦幻公园等。

（一一九）马来西亚 KualaLumpur 吉隆坡

马来西亚（或简称为大马）的首都，是马来西亚最大的城市，吉隆坡的英文简称“KL”亦广泛应用。主要的旅游景点有：独立广场、阿布瑟曼酋长故居、国家回教堂、共和联邦岭与住宅楼、苏丹阿都沙末大厦、国家剧场、蝴蝶园、东协雕塑公园、国家英雄纪念碑、国家皇宫等。

（一二〇）新加坡 Singapore 新加坡

新加坡共和国旧称星嘉坡或新加坡，原意为“狮城”（俗称星洲或星国），位于马来半岛南端，马六甲海峡南口。是东南亚的一个城市岛国，由一个本岛和63个小岛组成。所处的地理位置是世界的十字路口之一。总面积为682.7平方千米，新加坡温度变化不大，雨水充沛，是一个亚洲热带岛国。主要的旅游景点有：圣淘沙、新加坡动物园、福康宁山、肯特岗公园（旧称鸦片山）、鱼尾狮公园等。

鱼尾狮公园

（一二一）中国 HongKong 香港

香港中华人民共和国香港特别行政区，地处华南沿岸，在中国广东省珠江口以东，由香港岛、九龙半岛、新界内陆地区以及262个大小岛屿（离岛）组成。香港经济和社会迅速发展，不仅成为“亚洲四小龙”之一，也是全球最富裕、经济最发达和生活水准最高的地区之一。香港是亚洲重要的金融、服务和航运中心，以廉洁的政府、良好的治安、自由的经济体系以及完善的法治闻名于世。有“东方之珠”美誉的国际大都会。

（一二二）澳大利亚 Perth 珀斯

珀斯是西澳洲的首府，位于澳大利亚西南角的斯旺河畔，市区面积 5400 平方千米，澳大利亚第五大城市。珀斯也是黑天鹅聚集的地方，有“黑天鹅城”之称，由于地理位置的原因，珀斯和中国的北京时间没有时差。珀斯的气候宜人，四季尚算分明。珀斯是旅游度假胜地，市内有天主教大教堂、四所大学、州议会大厦等。

（一二三）中国 Beijing 北京

北京是中华人民共和国的首都，位于华北平原北端，东南局部地区与天津市相连，其余为河北省所环绕。面积 16.8 万平方千米。是全国政治、经济、交通和文化中心。北京有着 3000 余年的建城史和 850 余年的建都史，是全球拥有世界文化遗产最多的城市，也是历史文化名城和中国八大古都之一。具有丰富的旅游资源，有世界上最大的皇宫紫禁城、祭天神庙天坛、皇家花园北海、皇家园林颐和园和圆明园，还有八达岭长城、慕田峪长城以及世界上最大的四合院恭王府等名胜古迹。全市共有文物古迹 7309 项。

（一二四）菲律宾 Manila 马尼拉

位于菲律宾最大岛屿吕宋岛西岸，是菲律宾首都。它是全国政治、经济、文化的中心，也是全国最大的交通枢纽和贸易港口。面积达 626.58 平方千米，年平均气温 28℃，马尼拉市容整洁，是一座风光绮丽的热带花园城市，到处可见洁白如玉的菲律宾国花——萨巴基他茉莉花，散发着馨人的香味。城内建有马尼拉最大的教堂——马尼拉大教堂、圣·奥古斯丁教堂暨博物馆、卡撒马尼拉博物馆、圣地亚哥城堡、黎刹纪念馆等。

（一二五）中国 Shanghai 上海

中国四个中央直辖市之一，是中国最大的经济、金融、贸易和航运中心。位于我国大陆海岸线中部的长江口，拥有中国最大的工业基地、最大的外贸港口。上海素有

"美食天堂""购物乐园"之称，拥有世界各国的饮食文化和经典时尚的购物激情。目前拥有3万多家中式、西式、休闲型、快餐连锁型餐饮企业。上海的文化被称为"海派文化"。有著名的人民广场、上海自然博物馆、上海博物馆、上海大剧院、上海城市规划展示馆、外滩、豫园、孙中山故居、宋庆龄故居、鲁迅纪念馆、中共一大会址、中共二大会址、新天地、上海美术馆等景观。

（一二六）中国 Taipei 台北

台北市位于台湾岛北部，台北盆地的中央，全市面积272平方千米，是全台的政治、经济、文化和教育中心，为台湾第一大城市。台北市是台湾北部的游览中心，除阳明山、北投风景区外，还有省内最大、建成最早占地8.9万平方米的台北公园和规模最大的木栅运物园。名胜古迹颇多，其中台北城门、龙山寺、保安宫、孔庙、指南宫、圆山文化遗址等。

（一二七）韩国 Seoul 首尔（汉城）

位于市中心的摩天大楼鳞次栉比，是韩国的首都。首尔（旧译"汉城"）是韩国政治、经济、文化和教育的中心，也是全国陆、海、空交通枢纽。首尔，作为首都已有近600年的历史，首尔是规模最大、最古老的王官之一景福宫，还有韩国的总统府青瓦台，《大长今》的取景地之一昌德宫等旅游景点。

（一二八）日本 Tokyo 东京

东京为位于日本本州岛东部的都市。明治维新后即成为日本的实质首都所在地至今，同时也是日本政治、经济、文化、交通等的中心。东京都的总面积为2162平方千米，主要的旅游景点有：东京迪士尼度假区、明治神宫、彩虹大桥、调色板城大摩天轮、东京国际展览馆等。

（一二九）澳大利亚 Darwin 达尔文

达尔文是澳大利亚唯一地处热带的大城市，是澳大利亚北部地区的首府，因英国生物学家达尔文于1839年曾到此考察，故以他的名字而命名。达尔文市气候炎热多雨，东、西、北三面环绕着美丽的金色沙滩。达尔文并且拥有众多的艺术馆和国家公园。

（一三〇）俄罗斯 Vladivostok 符拉迪沃斯托克（海参崴）

海参崴名字来源于满语，汉译为“海边的小渔村”。1860 年之前本为中国清朝吉林辖地。今天是俄罗斯滨海边疆区首府，位于俄中朝三国交界之处，三面临海，拥有优良的天然港湾，是俄罗斯远东第二大港口城市，比较经典的旅游特色商品是俄罗斯套娃、伏特加酒、巧克力、铝、银制品等。

（一三一）澳大利亚 Brisbane 布里斯班

位于布里斯班河下游两岸，是澳大利亚第三大城市，全国最大海港，昆士兰州首府。年平均气温 20.5℃。有许多植物园和公园，如女王花园、维多利亚公园、考拉动物园等，布里斯班是个旅游城市，风光奇特的黄金海岸、大堡礁、昆拉德财富赌场、龙佩恩袋熊禁猎区、布里斯本河、龙柏野生动物园、天阁路玛野生海豚度假村、海底世界、大菠萝园等。布里斯班是著名的“树熊之都”，故又有“艳阳之都”的美誉。

（一三二）澳大利亚 Melbourne 墨尔本

墨尔本是澳大利亚第二大城市，是有“花园之州”美誉的维多利亚州的首府，也是澳大利亚的工业重镇。墨尔本以浓厚的文化气息、绿化、时装、美食、娱乐及体育活动而著称。墨尔本的气候属于亚热带与温带交叉型气候，是闻名世界的“花园之都”，这里的主要景点有：墨尔本皇家展览馆、唐人街、旧国会大厦、哥摩大宅、大洋路、企鹅岛等。

（一三三）澳大利亚 Canberra 堪培拉

堪培拉是澳大利亚的首都，堪培拉坐落于格里芬湖岸边，是澳大利亚政府、国会及很多外国使馆的所在地。由于四周森林环绕、绿意盎然，使其享有“天然首都”的美誉。堪培拉的平均最高气温为 19.7℃，平均最低气温为 6.9℃，这里的景点大都以“国”字开头：国会大厦、国家艺术馆、国家动物园及水族馆、战争纪念馆等。堪培拉每年九月都举办花节，以数十万株花迎接春天的到来，被誉为“大洋洲的花园城市”。

（一三四）澳大利亚 Sydney 悉尼

位于澳大利亚东南海岸，悉尼气候宜人，夏季平均气温 21℃，冬季平均气温 12℃。是澳洲最大的金融中心，新南威尔士州首府，澳大利亚最大、最古老的城市，曾被称为海港城市。悉尼是国际主要的旅游目的地，以海滩、歌剧院及港湾大桥等闻名。悉尼亦举办多项体育盛事，包括 1938 年大英国协运动会、2000 年夏季奥运会及 2003 年橄榄球世界杯。

（一三五）澳大利亚 Adelaide 阿德莱德

位于澳大利亚大陆南部圣文森特湾东岸，是澳大利亚南澳洲的首府，阿德莱德以宗教自由、政治开明和市民自由著称，并被称为教会城，南半球的雅典。阿德莱德是一个旅游胜地，阿德莱德是有“节庆之州”美誉的南澳的首府，以威廉四世的王后阿德莱德命名的，是无数个著名的葡萄酿酒场，阿德莱德赌场、袋鼠岛、原住民文化等文化景点，在这里能欣赏到原汁原味的澳洲土著文化。

（一三六）俄罗斯 Kamchatka 堪察加半岛

位于亚洲东北部，西临鄂霍次克海，东濒太平洋和白令海，长 1.25 千米，面积 472.30 平方千米。堪察加半岛是俄罗斯最大的半岛，半岛四周为火山群（有 160 座火山，其中 29 座为活火山），属于全球火山活动最频繁的地区：半岛上的冷热喷泉很多，热喷泉就有 85 处，还有罕见的间歇泉，以克罗斯基自然保护区内为多。间歇泉中以“巨人泉”最为壮观，其中 19 座为世界自然遗产。

（一三七）俄罗斯 Anadyr 阿纳德尔

阿纳德尔是俄罗斯楚科奇自治区首府，位于阿纳德尔河流入白令海的位置。原名新马林斯克，地处北冰洋航线要道，有鱼类加工厂。附近开采煤炭及多种有色金属。设有地志博物馆。

（一三八）斐济 Suva 苏瓦

苏瓦始建于 1880 年，面积约 20 平方千米。苏瓦，在当地语中意为“土堆、土墩”，苏瓦是斐济的首都和主要港口，位于斐济群岛维提岛的东南沿海，临苏瓦湾。苏瓦三面环水，一面靠山，市中心靠海。有著名的植物园和博物馆，斐济博物馆是全市引以为傲的建筑，被誉为南太平洋最重要的历史文化博物馆，博物馆内陈列着斐济人早年使用过的独木舟、生产工具和武器等。

（一三九）新西兰 Wellington 惠灵顿

惠灵顿，早期译为威灵顿，新西兰首都，全国政治中心，是世界最佳深水港之一。面积 266. 25 平方千米，惠灵顿三面青山环绕，一面临海，整个城市依山建筑。一年之中大部分日子都刮风，因而有“风城”之称。新西兰国会大厦建筑群、议会大厦、政府大楼、汤布尔图书馆、植物园、旧圣保罗教堂、多明尼恩博物馆、国立美术馆、维多利亚山、惠灵顿动物园等著名的景点。

二、世界十大最富城市

（一）香港

位于中国东南端，地理条件优越，是发展日渐迅速地东亚地区的枢纽。香港总面积达 1103 平方千米，香港是全球第十一大贸易体系、第六大外汇市场及第十二大银行中心。香港股票市场规模在亚洲排名第二。

（二）纽约

美国第一大都市和第一大商港，纽约位于纽约州东南哈得孙河口，濒临大西洋。它由五个区组成：曼哈顿、布鲁克林、布朗克斯、昆斯和里士满，面积 780 平方千米，是美国的金融中心，也是全世界金融中心之一。

（三）伦敦

位于英格兰东南部的平原上，跨泰晤士河，距离泰晤士河入海口 88 千米。伦敦的行政区划分为伦敦城和32个市区，伦敦城外的12个市区称为内伦敦，其他20个市区称为外伦敦。西伦敦是英国王宫、首相官邸、议会和政府各部所在地，东伦敦是工业区和工人住宅区，南区是工商业和住宅混合区，港口指伦敦塔桥至泰晤士河河口之间的地区，整个大伦敦市面积1580平方千米。伦敦城是金融资本和贸易中心。

（四）洛杉矶

濒临浩瀚的太平洋东侧的圣佩德罗湾和圣莫尼卡湾沿岸，背靠莽莽的圣加布里埃尔山，总面积10567平方千米。如今的洛杉矶，已成为美国石油化工、海洋、航天工业和电子业的最大基地。它是美国科技中心之一，拥有科学家和工程技术人员的数量位居全美第一，享有“科技之城”的称号，其中著名的硅谷也坐落在这里。

（五）芝加哥

美国第三大城市，位于伊利诺伊州东北部，密歇根湖西南端。大市区由库克等6县组成，包括周围许多卫星城镇以及印第安纳州西北滨湖地区诸城，面积12061.6平方千米。是五大湖地区最大工业中心。

（六）首尔

韩国的首都，面积为605平方千米，占全国总面积的0.61%，首尔共有25个区，522个洞，是直接受中央管辖的地方自治团体“特别市”。是韩国政治、经济、文化中心。

（七）多伦多

加拿大安大略省的省会，面积632平方千米。位于加拿大心脏地区，接近美国东部工业发达地区。汽车工业、电子工业、金融业及旅游业在多伦多经济中占有重要地位，加拿大最大的汽车制造厂设在此地。其高科技产品占全国的60%。加拿大有名的大银行总部，如皇家银行、帝国银行、蒙特利尔银行等全部汇集于此，90%的外国银行驻加分支机构设在多伦多。多伦多是加拿大第一大城市。

（八）大阪

它位于本州西南，面临大阪湾，面积204平方公里，以大阪为中心的四大工业区之一——阪神（神户）工业地带，周围大约有30个卫星城市，如东大阪、大阪吹田等，以及高科技企业集中的大阪经济园区。

（九）墨西哥城

位于墨西哥高原南部特斯科科湖的湖积平原上，30多年来，市区面积不断扩大，形成一个大都市区，包括墨西哥城和附近的17个城镇，面积约2018平方千米。居世界之首，增长速度也在世界大城市中占第一位。墨西哥城是墨西哥的政治、经济和文化中心。

（十）东京

位于本州关东平原南端，下辖23个特别区、27个市、5个町、8个村以及伊豆群岛和小笠原群岛，总面积2155平方千米，是一座现代化的国际城市。

三、世界十大污染城市

（一）乌克兰切尔诺贝利

切尔诺贝利是世界上污染最大的城市。1986年4月26日，位于乌克兰北部、距基辅140千米的切尔诺贝利核电站发生了世界上最严重的核事故，使电站周围6万多平方千米土地受到直接污染，320多万人受到核辐射侵害，成为人类利用核能史上的一大悲剧。这个城市在其放射性污染达到顶峰时期竟然是长崎、广岛原子弹爆炸所引起的污染的100倍之多，铀、钚、放射性碘、铯137、锶和其他重或放射性金属都有在这里排放。导致当地居民患上了无数的呼吸性疾病、不孕症和出生缺陷，许多儿童还患上了甲状腺癌。

（二）俄罗斯捷尔任斯克

俄罗斯的捷尔任斯克有30万常住人口，同时这里也是俄罗斯冷战时期的化学武器生产基地。这里储备了大量的未处理完的有毒物质。这些成吨计算的有毒物质全排放到生活用水里，捷尔任斯克男子人均寿命仅为42岁，死亡率一直高于出生率2.6倍，远低于俄罗斯58岁的全国人均寿命。

（三）多米尼加共和国海纳

海纳被称为“毒城”，这是一个仅有8.5万人口的小城市但是却已“电池回收”地而出名。每年许多国家消费过的废旧电池都运到这个没人管理的地方做简单处理，导致这里受到严重的铅污染。

（四）赞比亚卡布韦

卡布韦是赞比亚第二大城市，拥有25万人口。是一个铅锌丰富矿区。其中铅锌矿最多，由于当地的儿童经常在遭受铅污染的泥土中戏耍或在受污染的水中洗澡，使得这些儿童身体血液铅含量严重超标，差不多是美国环保署规定的5到10倍，几乎达到了致命的程度。

（五）中国山西临汾

山西是一个产煤大省，临汾也是煤矿资源丰富的地方。由于临汾煤矿业繁盛，致使空气遭受煤尘严重污染，目前临汾400多万居民都面临着严重的空气污染问题和砷污染的饮用水问题。据美国铁匠研究所报道，临汾当地大量的地方卫生医疗场所都面临着支气管炎、肺炎和肺癌患者日益剧增的问题。进而使得临汾在全球受污染最严重地区排行榜中榜上有名。

（六）秘鲁拉奥罗亚

秘鲁拉奥罗亚小镇位于安第斯山脉，人口3.5万。拉奥罗亚小镇所有儿童的血液中铅含量数据都高得惊人，达到了一个十分危险的程度。同时，由于金属冶炼所产生的二氧化硫以酸雨的形式降落到地面，致使这一地区的植被几乎被毁灭殆尽。由于总部位于美国密苏里州的 DoeRun 公司在该地兴建了金属矿物冶炼厂，从而导致当地居民 85 年来暴露于重金属如铅、铜和锌的威胁之下。秘鲁政府将拉奥罗亚列入了环境整治的名单之中。

（七）吉尔吉斯斯坦梅鲁苏

梅鲁苏称得上是一个放射性物质的垃圾厂，这里有近 200 万立方米的放射性铀矿等废弃物，甚至威胁到整个费尔干纳盆地。尽管那里曾发生过剧大的爆炸，这可能消去一些放射性物质。但是如今仍旧存在着 196 万立方米的放射性废物。

（八）俄罗斯诺利尔斯克

俄罗斯最北端的主要城市诺利尔斯克年排放镍与钴等污染物超过 200 万吨，这座城市的矿业开采和冶炼兴起于上世纪 30 年代，目前这座有着 13.4 万人口的城市是世界上最大的重金属冶炼基地，这里的人们的平均寿命要比俄罗斯居民的平均寿命至少短 10 年。人们经常在空气中可以嗅到硫磺的味道，这里的儿童很多出现严重的呼吸和咽喉疾病。而这也标志着其在全球受污染最严重城市排行榜上占有一席之地。

（九）印度拉尼贝特

拉尼贝特有 300 万人口，这里是印度五个制革中心之一。皮革废弃物中的铬和其他化学物质污染了地下水源，据悉每年都有 150 万吨有毒物质排放到水里，如今这里的水已经严禁沐浴和饮用。

（十）俄罗斯鲁德纳亚

鲁德纳亚是俄国的一个巨型熔炼基地，这里的铅污染导致儿童血液中的铅含量水平超过美国环保署规定的正常水平的 20 倍。几乎这个地球上有的东西都曾在这个仅有 9 万人的城市里熔炼处理过。据说已经没有植物能在这里生长了。

四、世界四大赌城

（一）拉斯维加斯

世界四大赌城之首，是美国最老的赌城——拉斯维加斯。赌城所在内华达州是一片热气灼人、草木稀疏的大沙漠，州政府财政拮据，便立法开赌。赌业使这个沙漠小镇财源滚滚、兴旺发达。

赌城的标志性建筑是赌场酒店。此类建筑一座比一座豪华气派，一座比一座奇特怪异。如金殿酒店赌场门口，有一座巨大的活火山模型，每隔 15 分钟自动喷爆一次，喷出熊熊的火焰，成为赌城一大奇景。金殿赌场的老板就是史蒂夫·韦恩（Steve Wynn）。

（二）大西洋城

位于美国新泽西州，未开赌场前，大西洋城是一个不出名的海滨小镇。20 世纪 70 年代后期，大西洋城进入蓬勃发展期，不到 10 年时间就成为拉斯维加斯强有力的竞争对手，并且大有后来者居上之势。

赌场酒店全部集中在滨海大道上，有 40 多座之多。最著名的建筑是“泰姬·玛哈”，整个赌场光老虎机就有 7000 台、大型轮盘赌台 250 台，其他赌式应有尽有。这座巨大建筑的主人就是唐纳德·杜普林（Donald Trump）。

（三）蒙地卡罗

与其说蒙地卡罗是个赌城，不如说它是个赌国，因为赌城占有摩纳哥大半国土。

摩纳哥公国原是法国的殖民地，1911 年独立，成为一个君主立宪国家。它的主要财源来自海岸观光旅游和赌博业，长期以来，“蒙地卡罗”就是挥金如土的代名词。

（四）澳门

澳门乃弹丸之地，没有美国两大赌城开阔宏大的气势，却比摩纳哥要大 10 多倍。

澳门的赌场，绝大部分集中在澳门半岛上，共有八大赌场：葡京、海上皇宫、金碧、凯悦、回力球场、假日钻石、置地广场、文华东方，另还有赛马场、赛狗场。其中葡京大酒店是澳门赌城的标志建筑，也是最大的赌场。

五、世界著名城市广场

（一）越南河内：巴亭广场

位于首都河内市中心，广场周围有胡志明的陵墓、故居、博物馆。广场是为纪念越南第一次抗法运动于清化省巴亭爆发而得名。1945 年 9 月 2 日越南主席胡志明在此宣布越南民主共和国成立。这里的树木四季常青，是一座百花春城。

（二）法国南锡：斯坦尼斯瓦夫广场

维克多·雨果说过："这是我所见过的最美丽、最令人愉快、最完美的广场，一个宏伟的广场。"这个广场是 1755 年斯坦尼斯瓦夫为了庆祝他女婿路易十五的战绩而设计的。20 世纪 70 年代，当地市政府和法国历史纪念馆不惜重金细致地修复和装饰了广场建筑，让这里宛然变成一个庞大而精细的艺术品。

（三）匈牙利布达佩斯：英雄广场

英雄广场是为纪念匈牙利民族定居 1000 周年而建，始建于 1896 年，完工于 1929 年。广场中央矗立着著名的"千年纪念碑"。广场中间以高耸云霄的大石柱碑为中心，两侧是匈牙利艺术画廊和美术馆，后面是弧形柱廊。气势恢宏的大型雕塑群展示出匈牙利民族的勇敢和崇高。

（四）比利时布鲁塞尔：布鲁塞尔广场

位于布鲁塞尔市中心，有六百多年历史，已被列入《世界遗产名录》。与欧洲其他广场相比，布鲁塞尔广场虽是中世纪产物，但风格迥异且没有多少宗教氛围，在 17 世

红场

纪就是各行各业的会所办公聚集地，凸出了广场的人民化特征。

（五）俄罗斯莫斯科：红场

红场即美丽的广场，位于莫斯科市中心，是俄罗斯和莫斯科庆祝重要节日活动的地方。地面由条石铺成，古老而神圣。红场南边是瓦西里大教堂，北侧是国家历史博物馆，西南方是列宁墓，西北一座无名战士纪念碑。这些都是莫斯科的标志性建筑和地点。1995 年为纪念二战胜利 50 周年，红场北面又立起了二战英雄朱可夫元帅的雕像。

（六）梵蒂冈：圣彼得广场

圣彼得广场是“国中之国”梵蒂冈的标志建筑。它是全罗马最大的广场。广场两旁气势雄伟的柱廊，由著名建筑、雕塑大师贝尔瓦尼设计。广场西边的圣彼得教堂是世界上最大的天主教堂，是米开朗基罗和拉斐尔等大师历时 120 年之久的共同杰作。广场中央矗立着一座埃及方尖石碑，这原是古埃及的文物。作为世界天主教的中心，每年都有 2000 多万的朝拜者和旅游者来到这里。

（七）巴西利亚：三权广场

三权广场大道以气势恢宏、宽敞博大著称，其总面积达 200 万平方米，相当于一个中型机场，可以修建 280 个足球场。三权是指国会、总统府和最高法院，三大建筑群环绕在广场周围。议会大厦是巴西利亚全城的制高点，是最高权威的象征。议会大

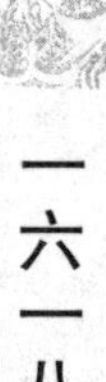

厦两旁的两个碗状建筑，碗口向上的是众议院，寓意广纳民意，碗口向下的是参议院，寓意集中决定。广场北侧是总统府普拉尔托宫，南侧是联邦法院大厦，司法宫门前的正义女神塑像，表示法律铁面无私。

（八）英国伦敦：特拉法加广场

特拉法加广场是为纪念 19 世纪特拉法加角海战而建。广场中央高大的圆柱纪念碑是纪念在海战中英勇牺牲的英国著名海军上将霍雷肖·纳尔逊。每年 10 月 21 日，总会有许多人到特拉法加广场来举行特拉法加海战纪念仪式，悼念牺牲的纳尔逊将军和士兵。特拉法加广场也以鸽子多而著称，亦称“鸽子广场”。很多居民和游人都自带食物到广场来喂鸽子，场面非常和谐。广场的北邻英国最大的国家画廊，东北角是著名的马丁教堂，马克思领导的第一国际 1864 年曾在这座教堂举行成立大会。

（九）意大利罗马：威尼斯广场

每年 4 月 21 日的罗马庆典，意大利人民就高举母狼哺乳两个男孩的标记物相聚广场，以纪念救了他们国王的母狼。1921 年为纪念为国牺牲的英雄，在纪念碑基座下增建了无名英雄墓。纪念碑和无名英雄墓又称“祖国祭坛”，祭坛上方用拉丁文字刻着“祖国统一、人民自由”，纪念碑前宽阔的石阶两旁的铜像，左方代表“思想”，右方代表“行动”。

每年意大利国庆，意大利共和国总统都要亲自主持向无名英雄献花圈。到意大利访问的各国首脑，通常都要到这里来献花圈致意。另外，威尼斯广场每年有几次被海潮的潮水漫过，堪称奇观，潮水如一面巨镜，倒映出周围的建筑。

（十）阿根廷布宜诺斯艾利斯：五月广场

位于阿根廷布宜诺斯艾利斯市中心区。广场中心有一座乳白色的、高达 13 米的金字塔“五月纪念碑”，是为纪念 1810 年反殖民主义斗争殉难烈士而修建的。五月广场东侧是政府宫，宫墙呈玫瑰色、粉红色，故称玫瑰宫。宫前是五月革命领导人之一的贝尔格拉诺将军英姿勃勃的骑马铜像，他不仅是阿根廷人民的英雄，还是国旗的设计人。广场西侧是布宜诺斯艾利斯市最早的市议会，现在是卡维尔多历史博物馆。广场东面还有罗萨达宫，是总统和内政部的办公处。西部有著名的科隆大剧院、社会福利部和一些银行大楼。千万只鸽子一起嬉戏是五月广场一大特色。

（十一）意大利罗马：西班牙广场

是 1495 年查理八世命法国人建造的，阶梯共有 137 阶，电影“罗马假日”拍摄于此。阶梯下左侧墙壁上记有：1821 年诗人济慈于此亡故。

西班牙广场上的咖啡馆是雪莱、拜伦、济慈等文人最爱去的场所。CafeGreeo 是罗马最古老的咖啡馆，也是诗人、艺术家的聚集地，如大文豪歌德、意大利雕刻家卡诺瓦、丹麦雕刻家杜巴森、作家戈果里、音乐家肖邦、李斯特等。所以这里也被誉为罗马艺术家气息最浓厚的广场。

（十二）伊朗德黑兰：自由广场

位于德黑兰厄尔布尔士山南麓。广场上的德黑兰纪念塔建于 1971 年，为纪念波斯帝国的创始人居鲁士逝世 2500 周年。纪念塔的底部是博物馆和小型电影院。电影院可容纳四、五百名观众，一般会放映关于伊朗悠久的历史文化，山川名胜等影片。

（十三）中国北京：天安门广场

天安门广场是世界上最大的广场，面积约 44 万平方米，建于明朝永乐十五年（1417 年），那时叫承天门。天安门城楼东西宽 9 间，南北进深 5 间，“九五”的排列暗示帝王的尊严。中国明清和近代史上有很多重要的历史事件发生在这里。1949 年 10 月 1 日毛泽东主席在城楼上庄严宣告中华人民共和国成立，天安门从此成为新中国的象征，是中外游客在北京旅游必到的胜地。

（十四）美国：时报广场

原名朗埃克广场，又称为“世界的十字路口”。

（十五）德国：慕尼黑广场、迪特福市政厅广场

1867~1908 年建成。

（十六）埃及：雷蒙塞斯广场

是 5000 多年前古埃及的首都。

（十七）法国：协和广场

始建于 1755 年，原名为“路易十五广场”，斯坦尼斯瓦夫广场 1755 年建造，广场是以斯坦尼斯瓦夫一世的名字来命名的。

（十八）摩洛哥：佛纳广场

于 1062 年，因为满城都是红色的房子，又叫红城。

（十九）墨西哥：三种文化广场

建于 1964 年 9 月，占地面积 12.5 万平方米。

（二十）尼泊尔：通迪凯尔广场

1975 年比兰德拉国王加冕时修建，广场南北长 800 米，东西宽 260 米。

（二十一）哥伦比亚：玻利瓦尔广场

是为了纪念玻利瓦尔而建。

（二十二）玻利维亚：穆里略广场

1562 年建成的。

（二十三）保加利亚：9 月 9 日广场

1944 年的 9 月 9 日苏维埃政权夺取了被德国侵占的国土，9 月 9 日广场因此得名。

（二十四）圣马力诺：皮亚涅洛广场

1884~1894 年修建。

（二十五）印度尼西亚：雄牛广场

最有特点的是一座高达 137 米的大理石石塔，它也是世界上独有的“金塔尖”。雄牛广场是为了纪念印尼人民推翻殖民统治而命名的广场。

（二十六）西班牙：太阳门广场

因为它面向太阳升起的东方，所以取名为太阳门。广场于 1853 年从原来 5000 平方米的面积扩建为 1.2 万平方米，哥伦布广场是为纪念航海家哥伦布而建的。西班牙广场位于意大利罗马三一教堂所在的山丘下。

（二十七）捷克：瓦茨拉夫广场

广场有 600 年的历史，是布拉格的政治中心。

（二十八）古巴：兵器广场

又称卡洛斯—曼努埃尔—德—塞斯佩德斯广场。

（二十九）荷兰：达姆广场

达姆广场又称作阿姆斯特丹市中心水坝广场。

六、世界“古怪”建筑

（一）屋顶触地的135角楼

屋顶触地的135角楼没有正式的名字，其墙体与地面成135度角，其中玫瑰色的屋顶有一边是触地的，并且屋顶上还有一个浅黄色的可爱小烟囱，整体造型具有令游客感到迷惑的视觉效果。

（二）“八”字形实验大厦

威尔逊大厦建于1971年至1974年，位于美国伊利诺斯州芝加哥市的郊外，中间呈梯形，远看两边楼体好像汉字“八”。这栋楼里有许多实验室，可满足约1500名科学家的工作需求。

（三）裂开两半的博物馆

里普利大楼位于美国奥兰多市，建于1998年，在美国颇有名气。这栋建筑故意建造成楼身遭遇地震后发生断裂的样子，目的是为了纪念发生在1812年的一次大地震。

（四）会跳舞的房子

跳舞房子是捷克首都布拉格最受争议的建筑之一。它建于1992年至1995年，由V·米卢尼奇和F·格里两位建筑师设计，扭曲的造型使这栋房子看起来像是在跳舞。因此被称为“跳舞的房子”，左边是玻璃帷幔外观的“女舞者”，上窄下宽就像舞裙的样子，右边圆柱状的则是“男舞者”，所以又有人以著名的双人舞者金姬·罗杰斯及弗雷德·阿斯泰尔将大楼命名为“金姬和弗雷德”，两栋建筑物像极了他们舞影婆娑的样子。

（五）机器人大楼

机器人大楼是位于泰国首都曼谷的亚洲银行大楼，建于 1985 年。它的外形酷似一个白色的机器人，有一双圆圆的“大眼睛”，顶楼的避雷针则像极了“机器人”的两根天线，它酷似机器人的外观，被认为是现代社会中银行的象征。

（六）醉态可掬的扭曲房子

位于波兰索波特市，是一家生意兴隆的购物中心的附属建筑，已成为当地著名旅游景点。建于 2004 年，楼身呈扭曲的褶皱形，就像一栋喝醉酒后醉态可掬的卡通房子。由于房子的外观俏皮奇特，索波特市市长杰克·简奴斯基，将其命名为“扭曲的房子”。

（七）三角形摩天大楼

三角形摩天大楼在世界各地摩天大楼中，它的三角状外观显得格外独特。就仿佛一座现代的金字塔直指云霄。

（八）楼层可移动的啤酒

阿斯特拉楼曾是德国汉堡的一家啤酒厂。这栋奇怪的大楼楼层可以升降，可惜它现在已经被拆毁了。

（九）底朝天倒着盖的博物馆

位于美国佛罗里达州，远远望去，整个欧式建筑看上去像是底朝天倒了个个儿——屋顶在下，地基在上，歪倒在另一栋建筑物上，大门的招牌字 Wonderworks（奇迹工作楼）也是倒着写的，目的就是为了营造摇摇欲坠的效果，房子还会发出吱吱哑哑仿佛老旧木门开合断裂的声音。大楼里面是一个声光互动博物馆，有大约 100 个古怪的互动展览，参观者可以自己设计过山车，然后再亲自试坐，还可以体会地震、飓风等自然灾难的真实效果。

（十）树形酒店

位于日本东京的索非特酒店，其建筑灵感来自日本的传统寺庙和生命树，两边的楼体就像一节一节往上长的树枝，层次突出。酒店内共有 70 多间客房、11 套套房和 5 个配有高科技设备的会议室。

七、世界怪镇

（一）香地

位于湖南洞口县山门镇清水村有一块面积 50 平方米的奇特香地，一年四季香味扑鼻，使人神清气爽。春、夏檀香味，秋、冬桂花香，早晨露水未干时，香味显得格外香，太阳似火的中午，则变得微香，黄昏、天阴或雨后天晴时，香味会渐渐变浓。越出香地范围，就闻不到香味。这种香味可能是由这里地下所存在的一种微量元素引起的，当这一微量元素放射出来后，同空气接触就会形成一种带有香味的特殊气体。这种香味有使人神志清醒、消除疲劳的功效。

（二）巨物城

巴西圣保罗附近的伊杜镇有“巨物城”之称，这里以推销“巨型商品”而闻名于世。这里有高达 8 米的电话，长达 30 厘米的香烟和 2 米长的圆珠笔。据说，巨物城的市长认为这可以象征巴西的疆土辽阔和人民的创新精神。

（三）扑克城

德国的阿尔切布克市，是当今世界著名的“扑克城”。全市分东西南北四部分，依次是红桃、黑桃、方块、梅花四个区。在繁华的市中心广场上，耸立着四根冲天立柱，上面分别支撑着红桃、黑桃、方块、梅花四个五十米高的塑像，这就是扑克城阿尔切布克市的市徽。

（四）胡须城

“嘴上无毛，办事不牢”这句话，在加拿大的卡姆林市得改成“嘴上无毛，娶妻不成”了。在这座著名的“胡子城”，凡年满 18 岁的男性公民都要开始留胡子以示成年，在姑娘们找对象时，第一条件就是看男方有无胡须，没有胡须的男人甭想找到意中人。如果你想用假胡须蒙骗她们，可得小心，诡计败露后等待你的不仅仅是公众的谴责，还会有法律的制裁。

（五）胖人城

美国韦尔斯堡是座有名的“胖人城”，全城多数居民都是大胖子。为此，他们当中不少人因过度肥胖而患各种疾病。这座胖人城的各种设施都是经过特别加工的，如椅子要加宽加长，椅腿要加粗，升降机要增大荷载量等。现在，所有胖子都同意减肥，并拟定减肥计划，决心在两年内去掉“胖人城”这一不雅称号。

（六）无婚镇

意大利的蒙塞汉西奥城坐落在阿尔卑斯山山坡上，是全球最小的城市。在这里注册的居民只有 32 人，常住居民实际上只有 4 男 6 女，其余 22 人在冬季来临时会搬到别的地方去住。它仅靠一条小路与外界联系。小城已经很小，但还面临着人口不断下降的严峻问题，因为这里已有 25 年没有发生男婚女嫁的事情了。

（七）棋镇

德国的特连别克镇里有许多房顶上画有放大的棋盘，镇上的男女老少都是棋迷。外地的小伙子进镇求婚，要先得下棋，看能赢几盘象棋。外地人想当镇长，得先下赢六盘棋。

（八）笑客镇

美国的爱荷华州有一个小镇波卡特洛。心情不好的时候，请勿到小镇来，因为该处有一条古怪法令，不准人愁眉苦脸，否则便是犯法。

（九）无盗镇

北大西洋的斜尔沃岛，有一个叫罗萨里沃的小镇，镇上居民的生活方式很特别，他们共同劳动，共同享受劳动成果，相互无欺，极少有犯罪的事情发生，虽然有监狱但无人看守，形同虚设。全岛的金银财宝都集中在岛上的教堂内，门上有锁，钥匙就挂在门上，谁想去祈祷随时都可以进教堂，而教堂内的财宝却从未丢失过，人们过着相安无事的生活。

（十）失眠镇

北欧挪威的北部有一个小镇，每到冬三月的时候，镇上有 3/4 的人都会患有严重的失眠症，因而被称为“失眠镇”。原来这里的冬三月白天也见不到太阳。失眠的原因是因为缺乏阳光的缘故。

（十一）无房镇

爱尔兰附近有个小岛，岛上有个小镇，令人奇怪的是，镇上没有一幢房屋，居民们都住在 70 艘破旧的船里。

（十二）五人镇

美国南部有一个叫鲁区顿的小镇，镇上居民少得可怜，仅仅只有 5 个，且平均年龄为 70 岁，他们居住的房屋也是破旧不堪，东倒西歪的不像样子。

（十三）马戏镇

在美国佛罗里达州的吉森顿镇，其居民 7000 多名，全是杂技表演艺人，他们会变戏法、驯兽、踩钢丝绳等，居民家里或院子里到处都摆满了巨型表演车悬空钢绳等。

（十四）烟斗镇

法国圣克洛城附近有个小镇，镇上几乎家家户户都制作烟斗，烟斗商店毗邻林立，

专门供应各地来往的游客。

（十五）地下水晶宫

奥地利的洞穴景观享有盛名，而奥地利的冰洞更是世界闻名。它长年坚冰不化，蔚为奇观。萨尔茨堡冰洞是世界上最长的冰洞，洞长 42 千米，被称为“巨大的冰世界”。

（十六）铁链锁住的山

英国位于国威尔斯谷口村，村外有座小山。山上有一间酒店、两家快餐店、两个咖啡馆、一个书店。由于风吹雨打日晒，小山不时落下石块，威胁着顾客和村民的安全。村民决定锻造一条巨大的粗铁链，把整座小山锁起来。一锁就被锁了 60 年。小山再也没有崩下石头，也没有倒塌。但到了 1982 年，本村的年轻人对这种古老的锁山方法产生了怀疑，研究一个防止山塌的新方法。1983 年 4 月，苏格兰一家专门治理有倒塌危险山石的公司接受了任务，该公司耗资 100 万英镑，搭起了 250 英尺高的棚架，在山石上钻了数百个小孔，筑起了 20 个山石固定网。这些铁链和铁网，就像一副护身盔甲一样，把摇摇欲坠的小山牢牢围住。1984 年 7 月 19 日早晨 8 点，强烈的地震摇动了整个谷口村。当时发生的是 5.5 级地震，村民以为小山必倒无疑，结果它却岿然不动。从此以后，谷口村外的那座用铁链锁住的小山便远近闻名，竟成了英国一个旅游点，吸引了无数好奇的游客。

（十七）日出最早、日落最晚的地方

吉尔伯特群岛处于太平洋中西部环礁群，位于东经 173 度至 175 度，马绍尔群岛东南、所罗门群岛东北，横跨赤道，正处在美国和澳大利亚的海上交通线中间。吉尔伯特群岛属于岛国斐济的领土，这里接近赤道与国际日期变更线交叉点的中心范围，即属于北半球，又有一部分属于南半球，如果在国际日期与赤道交叉点地方有人伸臂仰卧，上半身在北半球，下半身在南半球，左手和左脚是昨天，右手和右脚是今天。

（十八）监狱岛

位于美国旧金山海湾，有一座奇特的小岛。它正对着雄伟壮观的金门桥，是出入旧金山海湾的门户。占地二十二英亩，1775 年，西班牙探险家 JuanManueldeAyala 来到旧金山海湾，发现了这个独居海湾中央、四面临海的小岛，便把它取名为 Alcatraces，意思是“塘鹅”，后来美国人沿用英语习惯把它称为 Alcatraz。1850 年起，此岛被当成军事用地。美国政府在岛上修筑了一个要塞，用以保护旧金山海湾的门户。然而，1909 年，要塞被拆除。若干年之后，在它原有的地基上建起了一座监狱，从此此岛便有了“监狱岛”的俗称。

（十九）会“走路”的海岛

加拿大东部大西洋上的塞布尔岛，每年都要向东移动 100 多米。200 年来，它已经向东“走”了 20 千米。在巴西福尔摩索湖里，也有一座浮岛，每年都在一定的时期从湖的一边漂向另一边，满一年后再按原路返回，行程将近 15 千米。据说，一个多世纪以来，这座浮岛一直在湖内来回往返。

（二十）寡妇城

印度首都新德里附近的维伦达文是一个著名的“寡妇城”，至今已有 400 多年的历史，目前至少有 5000 名寡妇住在这里。她们多半是来自西孟加拉邦的穷寡妇。印度女人死了丈夫之后，不得再婚，不能戴首饰，甚至不准吃鸡、鱼和猪肉。穷人家多一个人吃饭就多一份负担，所以女人死去丈夫后，便很快被送到“寡妇城”等死，“寡妇城”因此而得名。

（二十一）鸟粪之国

鸟粪国位于太平洋中部、赤道线附近，有一个梨状的小岛，那就是世界上最小的岛国瑙鲁。瑙鲁共和国属热带雨林气候，国内没有河流，日平均气温约 30℃。瑙鲁靠鸟粪立国，千万年来，有数不清的海鸟来到这个小岛上栖息，在岛上留下了大量的鸟粪，经年累月，鸟粪起了化学变化，成为一层厚达 10 米的优质肥料，人们称之为“磷酸盐矿”。这个国家 80%的土地富含这种矿藏，瑙鲁人就靠磷酸盐矿成了“富翁”。

（二十二）男人国

希腊东北部有一座神秘的圣山半岛，数百年来聚居着各地修道士，由于严禁女性甚至雌性动物上岛，该岛被希腊人称为“男人国”。

（二十三）裸体城

法国南部有一座自然主义者小城开普。在这座被称为“裸体之城”的海滩和游泳池边，穿衣服的人随时有遭到拘捕的危险。身上的物品只是一条细细的表带和一双凉鞋，在城里的银行、饭店以及超市，也极少有人穿着衣服。

（二十四）双胞胎城

位于英国距伯明翰 50 英里处有一个小镇叫莱姆斯特。全镇居民 8000 余人，以种植果园、菜园和从事畜牧业为主。令人称奇的是，这个小镇上的 3 所幼儿园里，就有 27 对双胞胎，

它是世界上双胞胎最集中的城市，故以双胞胎之城闻名于世。美国俄亥俄州的一个小镇也被世人称为“双胞胎城”（又称“孪生子城”）。100 多年前，这个小镇上住着一对孪生兄弟摩西和艾伦·威尔科克斯。他们与一对同胞姐妹成婚，并于 1829 年 9 月 24 日同一天辞世，然后被安葬在同一墓穴中。为纪念这对同生同死的孪生兄弟，人们经常在 8 月的第一个周末举办孪生子节。

（二十五）希望城

位于阿根廷博琴顿河岸的一个小城里，有一条人人都要遵守的规则，任何到这座小城居住的男性，终生不得娶妻。这里的人认为，没有结婚的男人做事才会专心，事业才会有成功的希望。因此小城取名为“希望城”。

第五章　世界地理之最

（一）领土面积最大的国家

俄罗斯全称为俄罗斯联邦，它地跨欧亚两大洲，面积为1707万平方千米，占地球陆地面积的1/8，是世界上国土面积最大的国家。其领土大体呈长方形，陆疆与14个国家接壤，濒临12个海，面向3个大洋。由于纬度较高，这里的冬季漫长而寒冷。莫斯科东部广大地区人烟稀少，冬季冰雪茫茫；西部则有大片肥沃的平原和丰富的自然资源。

俄罗斯虽然地跨欧亚两大洲，但由于其国土的欧洲部分是俄罗斯民族和俄罗斯国家的发源地，从古至今一直是俄罗斯的政治、经济和文化中心，俄罗斯的首都也位于欧洲部分，因此，俄罗斯是一个公认的欧洲国家。广阔的领土使俄罗斯显得地广人稀，人口平均密度还不到世界的一半。人口分布也不均匀，欧洲部分人口比较稠密，亚洲部分则人烟稀少，其中西伯利亚地区平均每平方千米还不到1人。

俄罗斯首都莫斯科是一座美丽的国际大都会，是俄罗斯政治、经济、金融、艺术中心。莫斯科城布局合理，以红场为中心，十几条大街向四面八方呈放射状展开，几条环城大街又一层层地把市中心围住。全市有9个客运火车站，5个飞机场，8条地铁。地铁线路网呈辐射状和环状遍布全市，总长近200千米，承担市内客运量的40%以上。莫斯科市内街道宽敞、整洁，树木高大、葱郁，绿化面积占全市总面积的40%，包括11个自然森林区，89个公园、400多个小公园和100多个街心花园。

（二）领土面积最小的国家

梵蒂冈的总面积只有0.44平方千米，总人口也只有1000人左右，当推世界最小的国家。

梵蒂冈是一个特殊形态的政教合一的国家，国家元首即为天主教教皇，他自命为世界天主教会的“精神领袖”“上帝在人间的代言人”。

梵蒂冈城位于罗马市内台伯河西岸，四周为罗马市区所围绕。先后建于中世纪和文艺复兴时代的城墙起讫于东南角圣彼得广场，它共有 6 个出口，其中 3 个对公众开放，即圣彼得广场、圣彼得大教堂正面钟门、朝北的梵蒂冈博物馆大门。城墙内是一个微型国家，这里最宏伟的建筑物是始建于 4 世纪、改建于 16 世纪的圣彼得大教堂。梵蒂冈城有自己的电话系统、邮政局和广播电台，有瑞士卫队百余人，还有自己的银行、货币、商店和药房。

梵蒂冈的历史可追溯到公元 756 年，当时法兰克王丕平把罗马城及四周区域送给了教皇。此后教皇权势日涨，在意大利中部出现了一个以罗马为首都、以教皇为君主的教皇国，直辖领土广达 4 万多平方千米。1870 年意大利统一，收复了教皇占领的罗马及其他地方，教皇被剥夺了世俗权力，被迫退居一隅之地的梵蒂冈，但他一直不承认教皇国的灭亡。

教皇在城内拥有绝对的行政、立法和司法权。教皇任命梵蒂冈政府机关的官员，政府机关与教廷不相隶属。梵蒂冈虽小，但在精神上却影响着世界上的大约 9 亿人口，在国际事务中有着广泛的影响。目前它同 120 多个国家和地区建有正式外交关系，并向其中的 110 多个国家和地区派驻了“圣使”（相当于大使）或“代理圣使”（相当于公使）。

梵蒂冈还是一个庞大的国际金融托拉斯，在许多国家投资约几百亿美元，所拥有的地产和不动产数目也非常巨大。

（三）最小的岛国

瑙鲁是世界上最小的岛国，面积仅为 22 平方千米。它位于太平洋西南部，夏威夷西南 4000 千米处，全岛略呈椭圆形，四周全为珊瑚礁环绕。海岸地带是一片银白色的沙滩，由此向内地面逐渐升高。岛中央高地海拔 30 米~60 米，由鸟粪淤积成的磷酸盐岩覆盖。高地下面一片狭窄平坦的肥沃地带环绕该岛，是主要的居住区。沙滩外面有一圈靠近海岸而与海岸并行的珊瑚礁。

瑙鲁的人口不多，绝大部分聚居在环岛地带的村落中。其中当地人占半数以上，其次是基里巴斯人、图瓦卢人以及少数华人、欧洲人等。一条长 19 千米的公路沿着曲折的海岸建造而成，还有一个机场和一段运装矿石的窄轨铁路。国家行政中心设在岛的西北部，学校、医院和商业中心主要分布在西部和西南部。别看瑙鲁国小、人少，却是世界上最富有的国家之一。瑙鲁所产的磷酸盐矿的含磷酸盐量属全世界最高之列。该国的国民生产总值是太平洋地区最高的，在世界范围内也属最高者之列。

（四）领土最狭长的国家

世界上各个国家的领土轮廓差异很大，最奇特的大概要算南美洲的智利了。它像一支又瘦又长的毛笔，从北到南长达4270千米，东西平均仅宽约177千米。东西宽只是国土长度的1/24，堪称世界上领土最狭长的国家。

智利自然环境的显著特点就是对比非常鲜明。它的东部是连绵高耸的安第斯山脉，许多山峰都在6000米左右，站在海滨常可看到一座座峥嵘雪峰浮现于云端之上；而智利的西面却是太平洋中著名的智利海沟，距海岸几十公里的地方深度就超过7000米。由于智利夹在这高山和深渊之间，地壳很不稳定，成为世界上地震最多的国家之一。

智利是个矿产资源很丰富的国家，其铜矿之多，举世无双。当地有个民间传说，说上帝创造世界之后，还剩下最后一块宝贵的泥土没有用掉，就把它从北到南抹在南美洲的西部，就是今天的智利。这就是对智利领土为什么这样狭长、矿产又如此丰富的奇妙解释。

（五）高峰最多的国家

尼泊尔北部与中国西藏接壤，以喜马拉雅山脉为界，东、南和西三面与印度交界。在这里云集了世界上大部分海拔最高的峰峦，其中海拔在6100米以上的高峰多达240余座，海拔在7620米以上的高峰有50余座。尤为惊人的是，世界上名列前茅的10座超过8000米的高峰大部分都在这里，如世界最高峰——珠穆朗玛峰、干城章嘉第一峰、马卡鲁第一峰、乔奥约峰、道拉吉里第一峰、马纳斯卢第一峰和安纳普尔纳第一峰，其高度均超过8040米。其中，干城章嘉峰高8585米；马卡鲁峰高8470米；乔奥约峰高8153米；道拉吉里峰高8175米；马纳斯卢峰高8157米；安纳布尔纳峰高8090米。看那一座座高峰像倚天宝剑，直插天际，峰间一条条冰川若银蛇玉龙，姿态万千；山腰间，白云缭绕、林木苍翠、流水潺潺。来尼泊尔旅游的人，多数是为了一睹这些世界上最高山峦的雄姿。

尼泊尔还是举世闻名的登山胜地。那林立的高峰，像磁石一样，吸引着世界各国不畏艰险的登山队员。从1949年第一个外国登山队访问尼泊尔以来，至今已经有300多个登山队在尼泊尔的群峰上印下了他们的足迹。居住在珠穆朗玛峰麓昆布溪谷的尼泊尔少数民族——舍尔巴人是登山队的得力助手。

尼泊尔境内的气候变化多样，德赖平原为亚热带季风气候，喜马拉雅山脉属高山气候。德赖平原东部年降水量为1800毫升~1900毫升，尼泊尔西部地区则为760毫升

~890 毫升。尼泊尔主要的自然资源之一是森林，约占国土面积的 1/6。林区可提供珍贵的木材、薪柴和草药。

（六）最大的玫瑰产地

保加利亚是世界上最大的玫瑰产地。北部边界主要以多瑙河为界，东临黑海，南与希腊和土耳其接壤，西与塞尔维亚和马其顿为邻。

这里的气候属典型的巴尔干半岛气候：北部及西北部属温和的大陆性气候，东南部及梅斯塔与斯特鲁马河谷属地中海型气候。中部山区及黑海沿岸属过渡性气候。冬季平均气温为-1℃，夏季约为 21℃。除高地地区平均降水量可高达 1200 毫米外，全国其他地区平均降雨量均在 530 毫米~685 毫米之间。保加利亚的土地有近 2/5 为可耕地，其中有 1/4 得到灌溉。国土有 1/5 为牧草地，1/3 为林地。其中玫瑰是保加利亚的主要产品。

玫瑰被认为是保加利亚的象征，年产玫瑰油 1200 千克，在世界玫瑰油市场上独占鳌头。玫瑰油是由玫瑰鲜花瓣经蒸汽蒸馏而得，可用以制作高级香水。由于玫瑰花瓣的出油率很低，平均约为 0. 02%~0. 05%（其中红玫瑰花比白玫瑰花高 1 倍），即生产 1 千克玫瑰油需要 2000 千克~5000 千克的花瓣；而要收集这么多的花瓣，就得采摘数以百万计的花朵，可以想象这项工作是多么的繁重。“物以稀为贵”，玫瑰油的身价也因此而提高，据说它的价格可与黄金相比。

（七）海拔最高的国家

莱索托全称莱索托王国，旧称巴苏陀兰。这是一个山川秀丽、风景独特的小国。国土长约 240 千米，东西最宽为 240 千米，全国的每寸土地都在海拔 1000 米以上，是世界上海拔最高的国家，因而以“空中王国”而著称于世。一座锯齿形的山峰和一片片绿茵茵的草地使莱索托赢得了“非洲瑞士”的美称。

莱索托是一个面积不过 3 万平方千米、人口约 130 万的小国。因为它整个国土都坐落在南非境内，所以遭受了部分南非白人种族主义者在政治、经济、军事等各方面的重重包围和封锁，是一个类似于梵蒂冈的“国中之国”。

莱索托的地势向西逐渐降至山麓地带，再向西则是人口稠密的肥沃低地，这里的海拔介于 1500 米~1800 米之间，该地区沿卡利登河形成一条宽 40 千米的狭长走廊。西北偏中的马洛蒂山为南非两条最大河流的发源地，包括向东流动的图盖拉河和向西流动的奥兰治河。莱索托人引以为豪的是他们的教育事业与旅游业。这里是南部非洲教

育事业办得最好的国家，人民文化水平较高，全国实行 7 年制免费教育，学龄儿童入学率达 95%。全国 10 个行政区还设（5 年制）高中、大学以及职业和业余教育。莱索托风景如画、气候宜人，有壮丽的瀑布、深涧，有雄伟的山峰、古堡，有令人赏心悦目的丁香花，还有当地人用的奇异的草帽和艳丽的披毯……所有这一切使莱索托成为一个别有一番情趣的旅游胜地。加之人民的文化素质普遍提高，所以这里的旅游业发展得很快，旅游业的收入约占财政收入的 12%。

莱索托不仅是个旅游胜地，同时还有丰富的水利、矿产和地下的钻石、陶土、铀矿等资源，其中最重要的是天然矿物钻石。

（八）地势最低的国家

地势最低的国家是荷兰。荷兰的正式国名是尼德兰王国，简称尼德兰。它位于欧洲西部，西、北两面濒临北海，莱茵河在这里入海。荷兰地势非常低平，有 27%的国土低于海平面，1/3 的土地海拔不足 1 米。

在荷兰人民中流传着这样一句自豪的谚语："世界是上帝创造的，但荷兰是我们创造的。"确实，荷兰人民世世代代同大海搏斗，向大海争地，一点一点地开拓国土，取得了不少值得称道的成就。如今，在西部和北部沿海有长达 1800 千米的拦海大坝，构成了层层防线，将汹涌的海水"拒之坝外"。从 13 世纪以来，荷兰人通过围海造田，开垦了 7100 多平方千米的土地，这几乎相当于荷兰今天陆地面积的 1/5。在荷兰许多治水造田工程中，须德海工程是规模最宏伟的一项。

在荷兰又有两个明显不同的区域。东部和南部是较高地区，主要由起伏的平原和几处平均海拔不超过 107 米的山岭构成。最东南端的瓦尔瑟山为该国最高点。西南、西、西北及北部的低地区占该国家的大部分，由莱茵河、默兹河及斯海尔德河三河的三角洲组成。荷兰沿海地区几乎全低于海平面，大部分地区是夺自海洋的土地，依靠精心设计的水流管理、排水设施与填海造地而成。

自 12 世纪以来，荷兰土地约有 1/5 是填海造地。蒸汽、柴油及电力的水泵已代替风车为堤坝围垦地排水。沿岸沙丘由人工筑起的绵亘高堤进行加固，围住堤坝围垦地，保护大部分低地区免遭海水浸袭。最大的北部围海造地区在艾瑟尔湖（原为须德海的一部分），这是 20 世纪 30 年代建起防水坝围成的；而南部的土地（涉及莱茵河、默兹河及斯海尔德河的河口）则是由三角洲大坝工程于 20 世纪 80 至 90 年代挡住西南部的泽兰省入海口而围成的。

（九）接待游客最多的国家

据世界旅游组织报道，法国是世界上接待游客最多的国家。法国人口仅有 6000 万，但是每年接待的外国游客人数竟达 7000 万。为了满足如此巨大的旅游需求，法国拥有 8000 处野营地，890 个度假村，2 万座旅馆，4.1 万座农村及市镇客店。

法国位于欧洲大陆西部，大部分领土都处于平原和丘陵之上，美丽的塞纳河从心脏地带流过，滋润了巴黎盆地广阔的土地，也孕育了伟大的法国历史和文明。在历史上，法国曾经是多次革命和运动的中心，极大地影响了欧洲历史的进程；文化上，直至现在，法国在人类文明史上依然占据着无可替代的重要地位。这个将浪漫和艺术写进灵魂的国家，总是在不经意间散发出迷人的气息，使人无限向往。

法国首都巴黎是世界上人口最多、最繁华的大都市之一，素有“世界花都”之称。众所周知，法国是一个以浪漫而闻名的国度，而首都巴黎更是将这份古典与浪漫发挥到了淋漓尽致。巴黎在古代的欧洲即享有盛誉，至今仍是世界最繁华的城市之一，它横跨在塞纳河两岸，默默流淌的河水记录了法国多少个世纪文化的传承。巴黎著名的文化古迹数不胜数，埃菲尔铁塔、凯旋门、协和广场、巴黎圣母院、卢浮宫、圣心大教堂、荣军院……一个个熟悉的名字已经成为不可磨灭的经典，成为世界各地旅游者魂牵梦萦的地方。多少年来，巴黎以其迷人的艺术气质和兼容并包的胸怀，吸引着世界各地的人们来到这里追寻自己的梦想。

（十）水最昂贵的国家

科威特是位于波斯湾西北角上方的国家。该国的西、北与伊拉克接壤，南与沙特阿拉伯交界，东临波斯湾。在它的首都科威特城的海岸上，高耸着三座结构奇特的尖塔，这些尖塔其实都是水塔，那几个圆球分别贮存着 3000 多吨淡水。

科威特是世界上著名的石油王国，几乎没有可耕作的土壤，该国唯一的资源是广袤的油田和天然气田。在 20 世纪末，其石油储量约占世界石油总储量的 10%，仅次于伊拉克和沙特阿拉伯，居世界第三位。该国的天然气储量约占世界储量的 1%。但是这里却非常缺水。全国没有河流，也没有湖泊。大部分国土被沙漠覆盖。科威特属亚热带气候，夏季和冬季之间有明显差别。夏季几乎没有降雨，4 月和 9 月的平均气温为 44℃，有时高达 54℃。这里年降雨量在 25 毫米~180 毫米之间，几乎全部集中在冬季，这对该地区游牧民来说是十分宝贵的淡水。冬季最凉爽的月份平均气温为 16℃，时常刮风，6 月和 7 月间常有强烈的尘暴发生。

科威特人民用水全靠沿海的一些浅井，所以每打成一口淡水井都会轰动全国。例如，1905 年打成一口出水较多的“哈瓦里”井，这一年出生的许多婴儿都取了“哈瓦里”这个名字。后来人口增加，井水越来越供不应求，只得用船前往外国运水回来。特别是从 1946 年起，科威特开始生产石油，人口激增，用水更成了大问题。在这种情况下，科威特只得采用海水淡化的办法来解决供水问题。

到 1975 年，科威特全国海水淡化能力达到每日 28 万吨，约占全世界 1/10。尽管这时全国人口已达 100 万人，但是仍可充分供应淡水。海水淡化的成本是很高的，每产 1 吨淡水，要耗电 3 度，成本为 30 美分，加上分配和销售，费用更高，科威特也就成了世界上水价最昂贵的国家。有趣的是，科威特的石油生产成本在世界上可算得上最低的，同淡化海水的成本基本相近。因此，科威特是名副其实的“滴水贵如油”的国家。

（十一）养羊最多的国家

澳大利亚是养羊业最发达的国家，据统计，1978 年养羊 1.3 亿只，平均每人约 9 只。这里每年的羊毛产量超过 10 亿千克，约占世界羊毛产量的 1/3，居世界第一。

澳大利亚是世界上面积最大的国家之一。它东北隔托雷斯海峡与巴布亚新几内亚相望；东北又隔大堡礁与珊瑚海群岛区相对；东南与新西兰有塔斯曼海相隔；南隔印度洋与南极洲相对。澳大利亚处在南纬 10°47′~43°39′之间，南回归线横贯它的中部，大部分地区属热带和亚热带。这里年降雨量不足 425 毫米，最冷月（7 月）平均气温在 10℃以上，而且大陆气候较干燥。这种干燥温凉的气候为绵羊生长提供了适宜的条件，因为过分潮湿，易得瘟病；炎热又会降低羊毛品质。养羊业自从 1788 年传入澳大利亚以后，由于天时地利而得到发展。当时的英国正值工业革命，毛纺织工业蓬勃向上，对羊毛的需要量与日俱增。为了取得大量优质而廉价的羊毛，英国人在澳大利亚大力发展养羊业，而澳大利亚的自然条件又极适合美利奴细毛羊的生长。

澳大利亚的羊有 75% 是美利奴羊。这种羊产毛多、毛细质软。一只美利奴羊可剪 5000 多克羊毛。

近年来，安卡拉山羊在澳大利亚发展很快。它的毛细长柔软、收缩率低，是和化学纤维混纺的优质毛料。在澳大利亚，养羊最多的是新南威尔士州，而且这里的羊毛毛质特好；维多利亚州的墨尔本和季隆地区的羊毛也很有名。在昆士兰产杂交种羊毛及西澳和南澳的绵羊，都生活在干旱多风环境，很大一部分羊毛中粘有红色细砂，称为“赤毛”；塔斯马尼亚州羊毛产量不多，但以繁殖美利奴羊而闻名。

悉尼是澳大利亚最大的羊毛出口港，也是世界上最大的羊毛拍卖中心。

（十二）养牛最多但不吃牛肉的国家

印度是世界上养牛头数最多的国家。自 1980 年，印度大约拥有 2.437 亿头牛，占世界养牛总头数的 18%。

印度虽有这么多的牛，可是牛乳、牛肉的产量却很低，这是因为印度约有 80%的人口信奉印度教。在这些教徒的心目中，恒河被视为“圣河”，牛则被他们视为神物，代表着幸福和吉祥。印度教教规严禁宰杀牛和食用牛肉，即使是老弱病残牛，也仍被保留和养活着。在印度亿万头牛中，这类老弱病残的牛占有不小的比重，它们饱食终日，无所事事，四处游荡，自生自灭。甚至在城市的大街小巷也能随时看到三五成群的牛在悠闲地散步，汽车和行人见到它们也不得不刹车、止步。印度人对牛的珍爱，是世界上罕见的。

逢年过节或上市赶集，农民们总要把牛打扮一番，双角涂上金色，脖子上挂着铜铃；一到冬天，印度人还给牛身上披上麻布服装。

（十三）生产椰枣最多的国家

椰枣树是一种生长于热带、亚热带干燥地区的植物，形如椰子树，枝叶四季常青。

提到椰枣人们总是与伊拉克联系起来，因为在那里，椰枣树已有 5000 多年种植历史，无论在树的数量还是在椰枣的产量和出口量方面，都占世界第一位。全国 18 个省中，有 12 个省种椰枣，总数达 3300 多万株，约占世界椰枣树数量的 1/3。1981 年伊拉克的椰枣产量是 40.5 万吨，约占世界总产量 2/5；其中一半以上供出口，出口量占世界的 80%。椰枣含糖量很高，香甜如蜜，营养丰富。伊拉克人的祖先把椰枣汁和牛、羊乳拌在一起喝，当作佳肴。传说伊斯兰教的创始人穆罕默德在斋月开斋的第一顿饭上吃的第一样食物就是椰枣，这已沿袭为一种风俗。

（十四）产椰子最多的国家

菲律宾是个物产丰饶、风景秀丽的热带岛国。高大的椰子树遍布于河畔、海滨。高大的椰树，摇曳多姿，成了菲律宾热带风光的典型写照。菲律宾因此得到了“椰子之国”的美称。

菲律宾属热带海洋气候，湿度大，因此植物资源十分丰富。菲律宾素有“花园岛”的美称，拥有上万种热带植物，其中最著名的是椰子树。它不仅姿容秀丽，而且经济价值很高。全国现有椰子树 3.4 亿棵，它们占地达 270 万公顷，每年可采摘椰果 100 亿颗，占全世界产量的 1/4 以上。如果这些椰果按全国人口平均分配，每人可得 200 颗。椰子在菲律宾国民经济中一向占有突出地位，估计全国有将近 1/3 的人口直接或间接地以椰子加工业为生。

（十五）产丁香最多的地方

桑给巴尔是坦桑尼亚的港口城市，是该岛的主要港口和商业中心、优良的天然深水港，也是世界上产丁香最多的地方。

19 世纪时，该城作为阿拉伯人和欧洲人在东非的活动基地日趋繁荣，也因从事奴隶贸易而臭名昭著。随着达累斯萨拉姆和蒙巴萨（位于非洲大陆东岸）的港口在大量贸易活动中取代桑给巴尔，该城的地位有所下降。但该港仍是出口丁香、椰子、柠檬和其他热带作物的重要港口。

桑给巴尔的丁香种植面积达 3 万多公顷，所产丁香占世界丁香市场供应量的 4/5。这里的丁香颗粒均匀，色泽好，气味浓郁芬芳，在国际市场上享有良好声誉。

丁香又称“公丁香”，性温味辛，功用温胃降逆，主治呃逆及胸膜胀闷疼痛，还有驱虫作用。公丁香就是丁香花蕾，它所提取的丁香油是名贵的香料，能做高级糖果、食品和香烟调味料，或高级化妆品的原料。

桑给巴尔的数百万棵丁香树有 4/5 集中在丘陵起伏的奔巴岛上。那里温热的气候、肥腴的土壤非常适宜于丁香树的生长。从飞机上俯瞰，被密密的丁香树覆盖的奔巴岛就像镶嵌在碧海中的绿色宝石，美丽极了。奔巴岛的丁香树不是灌木，而是高达三四米至七八米的常绿乔木，每年到了一二月开始结蕾，雨季（3 月~6 月）过后，成串的花蕾挂满枝头，7 月花蕾由翠绿变红，含苞欲放，这正是采摘的时候。坦桑尼亚人将晒干的丁香花蕾运往桑给巴尔港以供出口。

（十六）最早种植咖啡的国家

咖啡被全世界约 1/3 的人口所饮用，是除茶以外消耗量最大的饮料。提起咖啡的产地，人们总是首先想到南美洲的巴西，因为它是当今世界上最大的咖啡生产国。

巴西的气候变化不大，年平均气温约 26℃。大部分地区年降雨量在 2000 毫米~3000 毫米。这种气候条件比较适合咖啡的生长。但是最早种植咖啡的国家并不是巴西，而是非洲的埃塞俄比亚。埃塞俄比亚人说，咖啡是他们送给世界的一件礼物。早在 4000 多年以前，当世界上还不知道咖啡是什么东西的时候，埃塞俄比亚西南部高原的阿高族人，已经种植和饮用咖啡了。

13 世纪，到埃塞俄比亚经商的阿拉伯人，把咖啡树苗带到了阿拉伯半岛，逐渐培育出优良的“阿拉伯咖啡”。16 世纪初，咖啡在中东地区已相当流行。17 世纪，咖啡被输往欧洲各国，但欧洲的气候并不适宜咖啡的生长，所以只能种植在植物园里。到 18 世纪初，据说有一艘法国殖民者的辎重船要到美洲去，在开航前，船长向巴黎植物园要了 3 株咖啡苗，把它带到了美洲。现在咖啡已在亚、非、拉 50 多个国家被广泛种植，成为一种世界性的大众化饮料了。

（十七）最大的储金国

金是人类最早发现和利用的金属之一。由于它的稀有和能保持耀眼的光泽，所以主要用以制作货币和装饰品。自古以来，它一直是人类财富的象征。

目前，国外有开采价值的金储量不过 3.1 万吨，其中南非的金属量竟占了 60%～65%，是世界上最大的储金国。南非采金业的大规模发展始于 1886 年，那时在约翰内斯堡附近发现了巨大的金矿床。从 1898 年起，南非的金产量就一直高居世界首位。1970 年曾经达到年产黄金 1000 吨的最高纪录。20 世纪 70 年代以来，因矿石的含金品位下降，产量逐年减少，到 1981 年，产量为 656 吨，但仍然占世界总产量的 2/5，远远超过当时世界第二大产金国苏联。南非现有 40 座大型金矿，其中克鲁格斯多普矿区的乌尔尼夫斯金矿，年产量达 66 吨，堪称世界最大的金矿。

约翰内斯堡附近的中兰德矿区已有近百年的开采历史，过去一直是南非最大的产金区，但近几十年来开采条件逐渐恶化，矿井愈凿愈深，它在南非居首位的地位已被其他新矿区取代。在约翰内斯堡以西 69 千米处，有一个深度已达：3962.4 米的矿井，这也可以说是南非采金业的一项世界纪录。每天有 1.2 万多名黑人矿工和近千名的白人矿工，乘坐时速约 60 多千米的升降机至矿井底部，然后冒着生命危险，在纵横交错的低矮隧道里和 56℃的高温中进行采矿，平均日产金量约 119 千克。

南非的其他矿产资源也十分丰富，有煤、石棉、铜、锰、铬铁矿、铀、铂、铁、金刚石和天然气。

（十八）产钨最多的地方

钨是最难熔的金属，具有重要的工业用途。钨以碳化钨的形式、用于制造很硬而又有韧性的模具、工具、量具和钻头。大量的钨用于生产钨钢，一部分钨在航天工业中用于制造火箭发动机喷嘴喉管和重返大气层航天器的前缘表面。

近些年来，钨还加入尖端科学技术领域，用来制造火箭的燃料喷管，能经受3300℃的高温。

世界上哪一个国家的钨储量最大、产量最多呢？那就是我们中国。中国早在10世纪就发现了钨矿，当时称为“重石”。钨矿在中国分布很广，如中南、华北、西北和西南都有产出，尤其在西起广西，经湖南、广东、江西三省，东到福建的南岭一带的钨矿最多。

（十九）储藏钛铁矿最多的国家

中国是世界上钛铁矿最多的国家。在1983年，有关资料表明，中国比世界其他各国已探明的钛铁矿储量总和超出一倍以上。钛铁矿是很重要的铁黑色金属氧化矿物，它是钛的主要来源。

钛矿石以钛铁矿及金红石为主，比重4.54，低于铁，是高熔点轻金属（熔点为1675℃）。钛是一种新型的结构材料，用熔融的镁在惰性气体中使用氯化钛还原而得。钛及其合金具有比重小、强度高、耐高温、耐超低温、耐腐蚀等优良性能，是制造飞机、火箭、船舰、潜艇等的重要金属。同时，钛在冶金、化工、轻工、制盐、制碱等民用工业方面也有着广泛的前途。

（二十）名字最长的首都

泰国首都曼谷，以其寺庙佛塔和灿烂的泰国文化著称于世。曼谷地处湄南河三角洲，离泰国湾约40千米，是泰国最大的城市，也是东南亚最重要的港湾城市之一。曼谷原先分为两个市，昭坡耶河东岸是功贴，西岸是吞武里，由一些桥梁连接。1971年，二者合并组成一个府级京都市，由单一的市政府管理。1972年，曼谷市称为“功贴玛哈那空”，意为“大京都”，即大曼谷市。在这里最重要的文化特色是泰式庙宇，这是代表泰式建筑的典型范例。

但是，你可知道，曼谷还是世界上名字最长的首都。今天统治泰国的是却克里王朝的第九代君主普密蓬·阿杜德国王，也称拉玛九世。该王朝的开创者昭·披耶·却克里在1782年取得王位。他把首都从吞武里迁至湄南河东岸的曼谷，并给新首都起了个很长的名字，用泰文表示共有167个字母，全称音译成拉丁文字，则有142个字母。据说，按最完整的音译，应有175个字母。把这些字母译成中文，应读作：“共台甫马哈那坤奔他哇劳钦希阿由他亚马哈底陆浦欧叨辣塔尼布黎隆乌冬帕拉查尼卫马哈洒坦……”其意思是“神仙城、伟大的城市、玉佛的宿处、坚不可摧的城市、被赠予九块宝石的世界大都会、幸福城……”与其说它的名字长，倒不如说它的称号多。这样长的名字既不好写也不好念，所以泰国人把它简称为“共台甫。”而外国人则称为“曼谷”，就是“天使之城”的意思。

（二十一）海拔最高的首都

玻利维亚的首都拉巴斯是该国最大的城市，在其境内群山丛集，地势高峻。玻利维亚的法定首都是一个名叫苏克雷的小城市，但除最高法院以外，所有的政府机关都设在全国第一大城拉巴斯，使它成为国家实际上的首都。

拉巴斯坐落在玻利维亚高原北部一条狭窄的河谷中，地面海拔高度达到3500米~3700米，是世界上海拔最高的首都。阿尔蒂普拉斯山间高原中430米深的拉巴斯宽阔峡谷中部，因高山阻隔，可免受冷风吹袭。在拉巴斯周围几十公里范围内，高耸着许多终年积雪的山峰，其中西北部的伊延普山和东南部的伊伊马尼山都高达6900米左右。

拉巴斯具有典型的大陆性气候，总的特点是干而冷，寒暑变化剧烈。夏季几乎天天下雨，其他月份都是天气晴朗、阳光灿烂。由于地势高，这里气压很低，初来乍到的人一时很难适应。

全城以拉巴斯河东岸的穆里约广场为中心，有现代大教堂、政府和立法机构、大厦、狭窄陡斜的老式街道和许多摩天大楼。拉巴斯在西班牙语中是“和平”的意思。西班牙殖民主义者阿隆索·德·门多萨被封为丘基萨卡的总督，选择在这狭长的大峡谷建城，以便躲避高原上吹来的酷寒烈风。

拉巴斯现已成为全国首屈一指的经济文化中心和交通运输的总枢纽。

（二十二）独一无二的跨洲名城

土耳其是一个地跨亚、欧两大洲的国家，这里有一个举世无双的跨洲名城——伊斯坦布尔。

在2500多年中，伊斯坦布尔有时作为桥梁，有时作为屏障，立于宗教、文化和王权各种冲突的波涛之间。在那些年代，伊斯坦布尔是世界上最令人垂涎欲得的城市之一。作为亚、欧两大洲分界线的博斯普鲁斯海峡在该城中间通过，市区沿海峡两侧和马尔马拉海滨伸展长达40千米。海峡西岸的欧洲部分被一条伸入内地的狭长海湾（金角湾）分为两个区，北为贝约卢区，南为旧城区；海峡东岸的亚洲部分称于斯屈达尔区。全市总面积约220平方千米。城市多次毁于大火、地震、骚乱和外族入侵。

伊斯坦布尔有“千年故都”之称。1000 多年的都城历史，给它留下了丰富多彩的文物和古迹。这里到处可见古代的宫殿和城堡，一座座庄严肃穆的伊斯兰清真寺，一派古色古香的风采。

伊斯坦布尔控制着出入黑海的门户，正扼欧亚陆上交通的要冲，海峡两岸有铁路和公路分别通向欧、亚各地。

（二十三）最南的城市

乌斯怀亚是阿根廷的港口之一，也是世界上最南端的城市。这里是个依山傍海的港市，历史不长。乌斯怀亚的主要经济活动是鱼类加工和转运本区出产的木材、羊毛等。但是，它特有的地理位置，使之作为通往南极洲的门户而驰名世界。

乌斯怀亚距南极洲只有 800 千米。从澳大利亚、新西兰等地乘船往南极洲，至少要 1 周时间；而由乌斯怀亚起航，越过德雷克海峡，两天便可到达。因此，前往南极洲探险和考察，乌斯怀亚是一个理想的起航地和补给基地。

中国第一次赴南极洲考察的船队，从上海出发，经过 27 天半的航行，于 1984 年 12 月到达乌斯怀亚。可以预见，随着南极探险和考察活动日趋频繁，这个世界最南的城市将会得到较快的发展。

（二十四）最东的城市

苏瓦是斐济的首都、主要港口和商业中心，位于南太平洋维提岛东南岸。苏瓦于 1849 年创建，现为南太平洋诸岛屿最大的都市，也是世界上最东的城市。

为什么说苏瓦是地球上最东的城市呢？我们知道，地球是个不规则的椭圆球体，为了确定地球上海洋、大陆、城市的位置和划分时区，地理学家们在地球仪上，假设了平行赤道的纬线和连接南北两极垂直赤道的经线，赤道是纬度 0°，将地球分为南北两半球。1884 年，国际经度会议决定通过英国伦敦格林尼治天文台的经线作为本初子午线，全球经度以此作为零点，本初子午线以东称为东经（E），从 0°E~180°E，赋以东方的概念；西侧称为西经（W），从 0°W~180°W，东、西 180°重合在太平洋中。这也就是地球上东、西的分界线。苏瓦位于东经 178°，它是地球上一天中最早迎来旭日东升的城市。

1970 年斐济独立，苏瓦城建起了漂亮的住宅区，种植了常年盛开的热带花草，使整个城市构成了一座整洁、清新，富有热带特色的天然公园。这里的经济以旅游和轻型制造业为主，如卷烟、肥皂、椰干、面包和酒等。该市的报刊和广播使用斐济语、

印地语和英语，说明了市民民族的多样化。苏瓦是个靠近国际日期变更线的国家，当人们在苏瓦登上飞机，一起飞，就得变更日期。如果您继续向东飞行的话，那就得把时间推迟 24 小时，否则就会搞错日期。

（二十五）桥梁最多的城市

威尼斯是世界上著名的水上城市，它位于亚得里亚海西北端，坐落在离大陆 4 千米的拉古纳湖中的 118 个小岛上，这里的自然环境、建筑、历史都很独特。

现在它在亚得里亚海北部仍然是意大利的一个主要港口，并且是威尼斯省的省会和威尼托区的首府。威尼斯是世界上最古老的旅游和文化中心之一。市内及其周围交错环绕着 177 条人工或天然的河道，其中有的宽达 70 米，而大多数则只有三四米宽，总长度达到 45 千米。

威尼斯

威尼斯最佳的水上交通工具就是一种名叫“贡得拉”的小船。如果说水是威尼斯的血液，那么贡得拉就是它的灵魂。这种威尼斯特有的、船头船尾高高翘起的黑色平底小船，轻盈纤细、造型别致，像一片片柳叶漂浮在水面上。乘坐已有千年历史的贡得拉游弋在威尼斯的运河上，碧绿的河水在身边流淌，岁月仿佛千百年来都没有改变。

为了连接城市各个部分，在这里修建了 400 座各式各样的桥梁，是世界上桥梁最多的城市。在众多桥梁中，许多传统的大理石拱桥仍旧保留着，但是 19 世纪时许多旧桥已被锻铁结构所取代。

大运河上有 3 座桥。最引人注目的一座是著名的里亚尔托桥，由一位名叫安东尼奥·达·庞特的人所设计。另两座桥为较近期所建：在火车站那座大理石的桥，建于 1932 年；还有一座阿卡代米亚桥，是木质高拱结构，看似临时性的，但也通行了半个世纪。

（二十六）离赤道最近的城市

基多是南美洲厄瓜多尔的首都，位于皮钦查火山山麓的一个狭窄的安第斯山谷地中。基多是一座著名的赤道山城，地球的赤道线离它的北部边境仅有 24 千米，因而成为世界上距离赤道最近的首都。

基多是所有南美大陆首都中最古老的城市，保留着很多殖民时代的风貌。许多教堂塔楼与环绕基多盆地的火山群峰交相辉映。市内有宁静的广场、喷泉、陡狭的街道和僻静的花园。

1535 年建立的艺术学校是南美洲同类学校中最古老的。基多是全国主要工业中心之一，盛产纺织品，以及用皮革、木头和金银制成的工艺品。这里以纳波省油田为起点的横贯厄瓜多尔输油管穿过基多通到埃斯梅拉达斯城，另一条油管从基多通到西南部的瓜亚基尔。紧挨赤道、又在盆地之中的基多城气候并不炎热，这主要是因为它的海拔高达 2819 米的缘故。

基多城四季如春，各月平均气温都在 13℃ 左右，为世界上气温年度变化最小（0.8℃）的城市之一。但是那里昼夜天气变化却很大。日间太阳直射，光线强烈，气温可升至 25℃ 左右。中午经常突然乌云密布、大雨滂沱，有时还夹杂着冰雹。到了夜间，气温骤降，甚至出现接近 0℃ 的低温，在住宅里需要安装壁炉，烤火取暖。

（二十七）最大的群岛

马来群岛由印度尼西亚 1.3 万多个岛屿和菲律宾约 7000 个岛屿组成，它是世界上最大的群岛。该群岛的其他政治单位有东马来西亚（沙巴和沙捞越）、文莱、巴布亚新几内亚。马来群岛沿赤道延伸 6100 千米，南至北最大宽度 3500 千米。群岛位于太平洋和印度洋之间。从结构上说，群岛分为三个部分。除菲律宾北部以外，各岛都在赤道 10 度以内，平均气温 21℃。年降雨量自 8100 毫米以上（苏门答腊坡地及爪哇）至不足 500 毫米（西西里伯斯和小巽他群岛等地区），大部分地区平均年降雨量超过 2000 毫米。

马来群岛是连接亚洲和澳大利亚的桥梁，这里农村和农业经济占绝对优势。农村居民绝大多数为定居耕种者，种植的主要作物为水稻，也有玉米、甘薯和木薯等经济作物。

石油为马来群岛主要矿产，在苏门答腊、印度尼西亚加里曼丹、文莱、伊里安查亚等地开采。印度尼西亚新及岛、邦加岛、勿里洞岛的锡产量约为世界产量的 10%。这里的制造业不发达，最主要的有手工业和供出口的农产品和矿产品的初级加工。

（二十八）最大的洋

世界上有 5 个大洋：太平洋、大西洋、印度洋、北极周围的北冰洋和南极周围的南冰洋。太平洋是其中最大的一个。它的面积达 1.8 亿平方千米，占地球面积的 35%，整个世界海洋总面积的 50%，超过了世界陆地面积的总和。

1520 年 11 月底，葡萄牙航海家麦哲伦率领船队进入一个新的大洋。由于一路始终风平浪静，天气晴好，麦哲伦认为这个大洋很“太平”，就取名为太平洋。其实，太平洋并不太平。它的周边是地球上火山地震最频繁的地带，在南纬 40 度的地方，终年西风肆虐，风急浪紧，被称为“狂吼咆哮的西风带”。

太平洋是世界上最温暖的大洋。海面平均水温为 19℃，而全世界海洋平均温度为 17.5℃。这主要是因为白令海峡很窄，阻碍了北冰洋寒冷的水流入。

太平洋中有许多海洋生物，目前已知浮游植物 380 余种，底栖植物由各种大型藻类和显花植物组成。太平洋中盛产鲑鱼、鲱鱼、金枪鱼、海豹、鲸和磷虾等。秘鲁、美国、加拿大、日本北海道、中国的舟山群岛等沿海，都是世界著名的渔场，产量占世界一半。此外，太平洋的许多海洋生物具有开发利用价值，成为水产资源最丰富的洋。太平洋也有丰富的矿产资源。目前，矿产资源勘探开发工作主要集中在大陆架石油和天然气、滨海砂矿、深海盆多金属结构等方面。

（二十九）最小的洋

北冰洋的面积仅为 1478 万平方千米，不到太平洋的 1/10，只占地球上海洋总面积的 4.1%，是地球上最小的大洋。它大致位于北极圈内，被亚洲、欧洲和北美洲环抱。

由于它位于地球最北端，因此每年都会有极昼和极夜现象出现。每年的夏半年（4 月至 9 月）为“长昼”，冬半年（10 月到次年 3 月）为“长夜”。经过一“昼”一“夜”，就是一年。在漫长的极夜期间，绚丽多彩、变幻无穷的极光将北冰洋妆点得分外迷人。但极光之美，无法掩饰北冰洋恶劣的气候。这里终年飘雪，气候严寒。

在冬季，80%的北冰洋洋面都会被冰封住；即使是夏季，也有多半海面结冰。但在这样的冰天雪地中，仍生存着许许多多顽强的生命。在北冰洋里，有生机勃勃的海藻，也有成群的鱼畅快地游来游去；海豹、海象出没于冰水之间；北极熊则是北冰洋的霸主。善于用冰雪造屋的爱斯基摩人，过着自由自在的游猎生活。土著人、因纽特人世世代代在这里生存、繁衍，至少已有 4000 多年的历史。随着时代的推移，因纽特人已经开始接受现代文明，生活方式也发生了巨大的变化。

（三十）面积最大的淡水湖

在北美洲中东部的大湖群，包括苏必利尔湖、密歇根湖、休伦湖、伊利湖、安大略湖。五大湖形成美国同加拿大间的自然边界，总面积约 245660 平方千米，是世界上最大的淡水水域。五大湖流域约为 766100 平方千米，南北延伸近 1110 千米，从苏必利尔湖西端至安大略湖东端长约 1400 千米。

湖水大致从西向东流，注入大西洋。其中面积最大的淡水湖是苏必利尔湖，它位于加拿大的安大略省与美国的明尼苏达州、威斯康星州和密歇根州北部交界处，是最靠北和最靠西的湖，可看作是该水系的源头。它在五大湖中最大、最深。湖面海拔 183 米，通过圣玛丽斯河注入休伦湖。

苏必利尔湖东西长 616 千米，南北最宽处 257 千米，湖的集水面积 127700 平方千米，最大深度 405 米。有近 200 条河流注入，以尼皮贡和圣路易斯河为最大。主要岛屿有罗亚尔岛、阿波斯特尔群岛、米奇皮科滕岛和圣伊尼亚斯岛。沿岸风景秀丽，人口稀少，多林地。季节性渔猎和旅游为当地娱乐业主要项目。同时这里还蕴藏有多种矿物，如铁、银、镍和铜。主要港口有加拿大的桑德贝和美国的塔科尼特、图哈伯斯、阿什兰、汉考克、霍顿和马凯特等，全年通航期为 8 个月。该湖 1622 年最早为法国探险家发现。湖名取自法语，意为“上湖”。1679 年湖区贸易频繁。1763 年~1783 年间为英国人所控制。1817 年以后美国毛皮公司接管加拿大边界以南地区。

苏必利尔湖的湖水纯净。湖中最大的岛屿罗亚尔岛现已辟为美国国家公园。

（三十一）吞吐量最大的海港

荷兰的鹿特丹市，是荷兰第二大城市，距北海约 30 千米，一条名为新水道的运河使之与北海相通。鹿特丹市位于莱茵河北部支流新马斯河两岸，以世界第一大港而闻名全球。港口的年吞吐量已超过 5 亿吨，港区面积达 100 平方千米，码头岸线长达 90 千米，有泊位 656 个，深水港可停靠最大的货轮。

鹿特丹一名首见于 1283 年，当时为鹿特河河口的一小块围垦地。这里从一个渔村发展起来，1328 年成为自治市。1340 年该城获准挖掘一条通向斯希的运河，并成为该省的主要港口。17 世纪通向东印度群岛航线的发现极大地刺激了荷兰的商业和航运业，鹿特丹扩建了沿马斯河的港口和旅店。至 17 世纪末，它已成为荷兰继阿姆斯特丹后的第二商业城市。

1877 年，这里修筑横跨马斯河的铁路，将该城与荷兰南部连接起来。与此同时修建的横跨马斯河的大桥，更开发了马斯河南岸地区，这一地区在 1892 年~1898 年间新建了许多大型港口设施，并向西延伸。鹿特丹的经济仍然几乎完全以航运为基础。其港口位于伦敦、巴黎和德国鲁尔区构成的人口稠密和工业发达的三角区中心，并且处在两条重要河流的河口处，同时它也向世界上航运最繁忙的北海开放。经鹿特丹港及其外港厄罗波特海运货物的数量位列世界前几名，其中大部分为原油或石油产品。这里也是欧洲大陆上最大的谷物和一般货物进出的港口之一。

（三十二）最大的海

面积最大的海是位于南太平洋的珊瑚海。因为海中生活着成群结队的鲨鱼，所以又被称为“鲨鱼海”。

珊瑚海总面积达 479.1 平方千米，相当于半个中国的国土面积。它的西边是大洋洲，南连塔斯曼海，东北面被新赫布里群岛、所罗门群岛、新几内亚岛（又名伊利安岛）所包围。从地理位置看，它是南太平洋最大的一个属海。由于珊瑚海地处赤道附近，因此全年水温都在 20℃以上，最热的月份甚至超过 28℃。

珊瑚海的海水清澈透明、水下光线充足，同时海水的含盐量一般在 27%~38%之间，这都是珊瑚虫生活的理想环境。因此，在珊瑚海中的大陆架和海边的浅滩上，到处有大量的珊瑚虫生殖繁衍。久而久之，逐渐发育成众多形状各异的珊瑚礁。这些珊瑚礁在退潮时，会露出海面，形成一道热带海域所独有的绚丽奇观。“珊瑚海”便因此而得名。

大堡礁是珊瑚海中最大的珊瑚礁。它如同一个巨大的彩环漂浮在海水中。礁石的周围有许许多多色彩鲜艳、种类繁多的生物，与色彩斑斓的珊瑚礁相映衬，呈现出一个光怪陆离的童话世界。

（三十三）最小的海

马尔马拉海是土耳其的内海，位于土耳其亚洲和欧洲部分分界线之间，是欧亚大陆之间断层下陷而形成的。它的东北经博斯普鲁斯海峡与里海沟通，西南经达达尼尔海峡与爱琴海相连。它的面积仅 1.1 万平方千米，是世界上最小的海。

马尔马拉海长 280 千米、宽 80 千米，平均深度约 494 米，中部最深处达 1355 米，呈椭圆形。这种深度是中国黄海和渤海所望尘莫及的。其中著名的古城伊斯坦布尔位于马尔马拉海北岸博斯普鲁斯海峡的入口处，它扼守着亚、欧两大洲之间海陆交通的枢纽之地，具有重要的战略意义。目前，通过马尔马拉海进出黑海的船舶每年有将近 2 万艘。

马尔马拉海在地质上是一个很年轻的海，形成至今大约只有 100 万年。当时这里的陆地沿着一条老断层线发生大规模沉陷，才造成马尔拉马海及其两侧的海峡，使黑海得以同地中海沟通；而在此以前，黑海是长期与外界隔绝的。由于地壳运动、地震这些原因，使原来的一些山岭随断裂沉陷后，山顶露出水面，形成了马尔马拉海中的许多小岛和海岬。

（三十四）最淡的海

最淡的海——波罗的海面积约 42 万平方千米，是世界上含盐最低的咸水水域。其中外海的含盐量为 20‰；中部海域为 6‰～8‰；北部和东部只有 2‰，同淡水差不多了。

波罗的海位于欧洲大陆和斯堪的纳维亚半岛之间，四面几乎全为陆地环抱，仅在西面有 3 条又窄又浅的海峡通向大洋，十分近似于一个内陆海。正因为海域封闭，同外海的海水交换很少，外面含盐度高的海水很难进来。加之流入波罗的海的河流有 250 条，它们带来的大量淡水，平均每年有 472 立方千米之多。而当地气候又比较凉湿，海面蒸发很微弱，只勉强与海面降水相抵消，于是形成了含盐度低的特点。由于含盐度低，波罗的海的海水是灰绿色的，一些海湾里则呈现棕黄色，只有中部海域在晴天时才能看到一点蔚蓝色。

波罗的海在冬季比较容易结冰，它给海上运输带来不便。当波罗的海冰期结束时，斯堪的纳维亚湾的海水融化，最浅处为大陆架，其上有丹麦的群岛，最深处（457 米以上）在瑞典东南海岸的尼雪平镇与哥得兰岛之间的海域及在瑞典与奥兰群岛之间奥兰海的波的尼亚湾。沿芬兰湾，大部分为深水水道。波罗的海的海底有许多由浅陆棚隔开的海盆。由于含盐度低也影响了海洋生物的生长，水产种类大大减少，个体明显减小，如鳕鱼只有大西洋的 1/5 大小。另一方面，含盐度低使得一些淡水动物能在波罗的海栖息，如鲈鱼、鳊鱼、狗鱼等。

20 世纪 30 年代附在船底而来的中国螃蟹也在此大量繁殖。这都是其他海洋所少见的。

（三十五）最大的陆间海

地中海是世界上最大的陆间海，也是世界上最脏的海。它位于南欧、北非与西亚之间，面积约为 25.12 万平方千米。西端通过直布罗陀海峡与大西洋沟通，最窄处仅 13 千米，航道相对较浅。东北部以达达尼尔海峡—马尔马拉海南岛—博斯普鲁斯海峡连接黑海。东南部经苏伊士运河与红海沟通。地中海有记录的最深点是希腊南面的爱奥尼亚海盆，为海平面下 5121 米。

西西里岛与非洲大陆之间有一海岭将地中海分为东西两个部分。西地中海中有 3

个由海岭隔开的主要海盆，由西向东分别为：阿尔沃兰海盆、阿尔及利亚海盆和第勒尼安海盆。地中海东部为爱奥尼亚海盆和勒旺海盆。地中海气候冬季温和多雨，夏季干燥炎热，除其南岸的突尼斯东部以外，气流经过山脉间隙进入地中海。北非沿岸大部分地区年降雨量很少超过 250 毫米，而在克罗地亚崎岖的达尔马提亚海岸，有些地区年降雨量为 2500 毫米。由于海水中所含海洋生物必需的磷酸盐、硝酸盐比较贫乏，地中海鱼类资源不很丰富。有小规模的捕渔业。最重要的鱼类有：鳕鱼、比目鱼、鲽鱼、大比目鱼、沙丁鱼等。亦出产贝类、珊瑚、海绵和海藻。在这里海生动植物的过量捕收仍为严重问题。

在西班牙、西西里、利比亚和突尼斯沿岸发现了石油，亚得里亚海发现了天然气。该地区特产为橄榄、柑橘、葡萄和软木。旅游业为地中海沿岸许多国家的重要收入来源。

为什么又说地中海是最脏的海呢？因为每年倒入地中海的废水达 35 亿立方米，固体垃圾 1.3 亿吨。最为严重的是邻海 18 个国家 58 个石油港口装卸石油时给海水带来了严重的石油污染。

（三十六）落差最大的瀑布

安赫尔瀑布又称丘伦梅鲁瀑布，在委内瑞拉东南部的圭那高原，卡罗尼河支流丘伦河上，落差 979 米，底宽 150 米，为世界上落差最大的瀑布。在圭亚那高原的奥扬特普伊山顶部东缘，河水沿着陡峻的崖壁和多层石级，飞泻直落深渊，其气势之磅礴可想而知。但是，这个令人神往的瀑布，却隐藏在森林密布、高山耸立的峡谷之中，陆地上根本无路可通，好像有意叫人可望而不可即。

1935 年美国探险家吉米·安赫尔驾机飞过时偶然发现了这个瀑布。1937 年 10 月 9 日，安赫尔在这里对瀑布进行考察时不幸坠机。为了纪念安赫尔，委内瑞拉政府将瀑布命名为“安赫尔瀑布”。如果想看一眼安赫尔瀑布那神秘的雄姿，只有乘飞机作“冒险”旅行。在那一瞬间，可以看到一条从蓝天白云里飘然而出的水帘从眼前一掠而过，飞机很快钻出峡谷，又腾空向上。这时每位乘客可以得到一张印刷十分精致的“证书”，成为已经探索过安赫尔瀑布的“勇敢的探险者”。

（三十七）最宽的瀑布

伊瓜苏瀑布是伊瓜苏河上的大瀑布，在阿根廷和巴西边界上该河与巴拉那河汇合点上游 23 千米处。它为马蹄形瀑布，高 82 米、宽 4000 米，是北美洲尼亚加拉瀑布宽度的 4 倍，比非洲的维多利亚瀑布还要宽一些。悬崖边缘有许多树木丛生的岩石，使伊瓜苏河由此跌落时分作约 275 股急流或泻瀑，高度 60 米~82 米不等。

每到汛季，水量大增，汇成一道宽达 4000 米的巨大水幕，水雾弥漫、声震数千米，蔚为瀑布奇观。伊瓜苏河向西流，然后向北流，形成宽阔河面，从巴拉那高原边缘落入一个狭窄的峡谷，形成此瀑布。上方大小岛屿将水流分成多支，旋又重新汇合，泻入被称作“鬼门关”的峡谷，其景象在巴西一侧和阿根廷一侧都能看到。一些瀑布在中途被突出的岩石边缘击破，使水流偏转、水花飞溅升腾，产生如彩虹幔帐般的景色。从瀑布底部向空中升起近 150 米的雾幕，与彩虹辉映，蔚为奇观。

圣马丁岛坐落在伊瓜苏河阿根廷一侧，从岛上可以很好地眺望瀑布的阿根廷境内部分。1897 年巴西军官巴罗斯设想在伊瓜苏瀑布建一个国家公园。这个公园的建立是为了保护与瀑布有关的植物、野生动物和景观。现在这里吸引着成千上万的国内外游客前来观光。

（三十八）最深的湖泊

贝加尔湖在俄罗斯境内，位于东西伯利亚高原南部。它是世界上最深的湖泊，最深处达 1620 米，面积为 3. 15 万平方千米。贝加尔湖的蓄水量达 2. 3 万立方千米，相当于北美洲五大湖蓄水量的总和，约占全世界淡水湖总蓄水量的 1/5，称得上是世界最大的淡水湖。同时注入贝加尔湖的河流大大小小共有 336 条。其中湖东南的色楞格河独占入湖总水量的一半以上；而从贝加尔湖流出去的河流却只有湖西南的安加拉河的一条。湖水顺着阶梯状陡降的河床奔腾急流，即使在干旱的夏季也能保持巨大的流量和流速，水力蕴藏相当丰富。

贝加尔湖位于一个很深的构造山谷地带，四周高山围绕，有的高出湖面 2000 米。湖底沉积层厚达 6100 米。在这里地壳运动尚在继续，地壳断裂处不断有新的热矿泉产生。1862 年的一次地震淹没了色楞格河的三角洲北部约 200 平方千米的土地，贝加尔湖出现了一个称为普罗瓦尔的新湾。

贝加尔湖最令人感兴趣的还是它奇特的生物群。在不同深度共有 1200 多种动物，在水面或接近水面有约 600 种植物，其中约 3/4 是贝加尔湖特有的品种，如这里特有 50 种鱼，分属 7 科，最多的是杜父鱼科的 25 种杜父鱼。贝加尔湖的大马哈鱼捕获量很大，茴鱼、鲱型白鲑和鲟鱼也很多。有一种贝加尔特产湖鱼名叫胎生贝湖鱼，属胎生贝湖鱼科，由母鱼直接产下仔鱼。唯一的哺乳动物是贝加尔海豹，为这里所特有。

1966 年在贝加尔湖南岸修建了一座纸浆造纸厂，因其废水污染湖水环境，引起苏联科学家和作家的强烈抗议。1971 年苏联政府通过并实施了一项保护湖水不受污染的法令。

（三十九）最大的天然沥青湖

在拉丁美洲的加勒比海上，有一个美丽的岛国——特立尼达和多巴哥。那里山青水碧，风景如画，然而使它闻名遐迩的却是一个充满传奇色彩的沥青湖。沥青湖坐落在特立尼达岛的西南海岸，面积约36公顷，湖最深处约83米，蕴藏量为1200万吨，是世界上最大的天然沥青湖。

这个湖不是由水而是由天然沥青构成，是一个露出地面的天然沥青矿床。天然沥青湖的沥青质地优良，具有高度的机构稳定性和很强的粘合力。整个湖像一个巨大而精致的黑色漆器盆镶嵌在大地上。湖面沥青干硬，不但人可以在上面行走，而且可以行车。

关于这个湖的形成还有一个美丽的传说。相传在几百万年前，这里生活着一个强悍的加勒比族部落。一次，全部族人齐心协力地战胜外敌之后，举行了隆重的祝捷盛宴。一个族人酒酣兴起，竟猎取了岛上的“神鸟”——蜂鸟来佐餐助兴。不料，此举触怒了天公。他立即命令大地崩裂。刹那间，乌黑的岩浆滚滚涌出，顿时吞没了整个部落，从此就形成了这个沥青湖。

这个天然沥青湖的神奇之处在于：取之不尽，用之不竭。从1870年以来，沥青湖年年开采，可湖面却几乎没有下降。这到底是怎么回事呢？黑幽幽的沥青湖显得深不可测，吸引了无数探奇寻奥的游客与考察者。

科学的发展使人们逐渐揭开了沥青湖形成的秘密。由于古代地壳变动，岩层断裂，地下的石油和天然气源源不断地涌出，与泥沙等物质化合成为沥青，在湖床上逐渐堆积硬化，从而形成了如今的天然沥青湖。

（四十）海拔最高的湖

的的喀喀湖是世界上最高的可通行大船的大湖，也是南美洲第二大湖。它位于秘鲁和玻利维亚边境的安第斯山脉。令人惊叹的是，这个面积8300平方千米的大湖竟然位于海拔3812米高的地方，真是个奇迹。

湖盆从西北向东南延伸190千米，最宽处80千米。狭窄的蒂基纳水道，将湖体分为两部分：东南部较小的在玻利维亚称维尼亚伊马卡湖，在秘鲁称佩克尼亚湖；西北部较大的在玻利维亚称丘奎托湖，在秘鲁称格兰德湖。的的喀喀湖周围群山环绕、峰峦重叠，有很多高达6400米的山峰。的的喀喀湖平均水深140米~180米。湖底向玻利维亚岸边倾斜，东北角索托岛外最深处达 280 米。有 25 条河川流注入湖，最大一支是自西北注入的拉米斯河，它提供了湖水补给总量的 2/5。的的喀喀湖湖水的矿化度比较高，但仍然可以饮用，湖中鱼虾也很丰富。这一地区是古代印第安人著名的印加文化发祥地之一，留有许多神话传说。

目前居住在湖区的阿伊马拉印第安人，仍以传统的渔业和畜牧业为生，由于湖的周围不产树木，他们就用生长在湖中的芦苇和蒲草编织成一种名叫“托托拉”的小船，用于捕鱼和贸易。这种两头尖翘、轻巧灵便的草船航行在湖光山色之中，构成了的的喀喀湖上的独特风貌。

（四十一）最咸的湖泊

死海位于亚洲西部，巴勒斯坦和约旦交界处南北走向的大裂谷的中段。它的南北长 80 千米，东西宽约 5 千米～17 千米，海水平均深度 300 米，最深的地方大约有 400 米。虽名为“海”，它实际上只是一个内陆咸水湖。死海水中的含盐量高达 250‰～300‰，是世界上最咸的湖泊。

由于水中含盐量太高，又严重地缺氧，因此除个别的微生物外，死海中几乎没有任何动植物可以生存，甚至连海边也寸草不生。当滚滚洪水流来之期，约旦河及其他河流中的鱼虾会被冲入死海，但它们同样难逃死亡的厄运。这大概就是“死海”得名的原因吧。然而，奇怪的是，人们在这无鱼无草的海水里竟能自由自在地游弋；即使是不会游泳的人，也能自然漂浮在水面上，不用担心会被淹死。

相传，公元 70 年，罗马军东征统帅狄杜命人将几个被俘的奴隶投入死海中淹死。但这些奴隶被扔下海后并不下沉，而是漂浮在水面上，很快又被冲到了岸边。狄杜勃然大怒，下令再次将他们扔进海里，这次奴隶们依旧安然无恙。狄杜大惊失色，认为是有神灵保佑这些奴隶，于是就赦免了他们。

后来，人们才逐渐揭开了这种怪现象产生的奥秘：是大量的矿物质使死海产生了巨大的浮力。据统计，死海水中含有多种矿物质：13546 亿吨氯化钠（食盐），637 亿吨氯化钙，20 亿吨氯化钾，另外还有溴、锶等物质。各种盐类加在一起，占死海全部海水质量的 1/4 还多。这就使海水的密度大于人体的密度，人一到海里就会自然漂浮起来。

由于死海水中含有多种矿物质，因此具有良好的医疗保健功效。据说，埃及女王克里奥佩特拉（埃及艳后）就曾用死海水疗伤。古希腊哲学家亚里士多德也曾在他的著作中提及过死海水的功用。

死海地区气候炎热，年平均气温在 25℃左右，海水蒸发量极大，造成水面上总是

弥漫着一层柔柔的水雾，朦朦胧胧，远山依稀，水天一片，让人感到迷离与神奇。而死海的海水碧透如玉，水平如镜，两边的山岩倒映在水中，如诗如画。

为了开发利用它的资源，如今死海旁边已出现了一些现代化的游泳池、高级旅馆和游乐场所。死海的空气是地球上最干燥、最纯净的，比一般海面上的含氧量高出10%，加上溴和紫外线形成独特的自然景观和医疗功效，吸引着世界各地的游客纷至沓来，使死海出现了不少生气。

那么，死海是怎么形成的呢？其实，死海的形成是自然界变化的结果。死海的源头主要是约旦河，河水含有很多的盐类。河水流入死海，不断蒸发，盐类沉积下来，经年累月，越积越浓，便形成了今天世界上最咸的咸水湖——死海。但是，由于死海的蒸发量大于约旦河输入的水量，造成水面日趋下降。据专家统计，最近10年来，每年死海水面下降40厘米~50厘米。长此以往，在不久的将来，南部较浅的地方，海水将会消失；较深的北部，数百年后也可能干涸。也许到那时，死海真的要死了。

（四十二）潮差最大的地方

芬迪湾是世界上潮差最大的地方，在湾内东侧一个名叫诺尔的小海湾里，最大潮差曾达到18米。

芬迪湾湾口宽约100千米，向里逐渐收缩，最后分叉成两个狭长的小海湾，总长度达到170多千米。芬迪湾潮差特别大的原因同中国杭州湾是类似的。这是由于海湾外部宽而深，里面窄而浅，开口又正对着潮流进出的方向，愈往里去，涨潮时的能量就愈集中，致使水位大幅度上涨，而形成特大的潮差。

芬迪湾由于潮差特大，而成为世界上潮汐发电潜力最大的地方。据研究，以每天发电6小时计，整个发电站可提供1.5亿千瓦的动力。但实际上这么大的能源是不可能全部开发的。加拿大研究了在芬迪湾修建潮汐发电站的计划。规模之大预计要超过目前世界上最大的潮汐发电站的20倍。

芬迪湾内有戈格岛、拉万萨里岛和科特林岛。芬迪湾的自然风光也很优美。自1948年，加拿大把海湾及其东侧属于本国的一部分陆地，辟为国家公园，人们可以在海上驾艇、钓鱼，还可以观赏涌潮。

（四十三）干流流经国家最多的河

多瑙河在欧洲仅次于伏尔加河，是欧洲第二大河，被人赞美为“蓝色的多瑙河”，它像一条蓝色飘带蜿蜒在欧洲大地上。多瑙河发源于德国黑林山的东坡，向东依次流经奥地利、捷克、斯洛伐克、匈牙利、克罗地亚、罗马尼亚、保加利亚和乌克兰等国家，最后分成3条支流，流入黑海。它流经9个国家，是世界上干流流经国家最多的河。它全长2980千米，流域面积达81.7万平方千米。有支流300多条，其中的一些支流还流经意大利、波兰、瑞士和阿尔巴尼亚4国。多瑙河流域包括了12个欧洲国家的全部或部分领土。

多瑙河从源头到奥地利境内的一段是上游。这一段河道狭窄、河床坚硬、水流也较湍急。自斯洛伐克的布拉迪斯拉发至罗马尼亚和塞尔维亚交界处的铁门峡谷是中游。这一段经过的大多是平原和低地，水量较大，是重要的航道。铁门峡谷，长107千米，最窄的地方只有150米~200米宽，水下岩石倾斜，河水落差大。1972年，罗马尼亚和当时的南斯拉夫已在这里合建了一座发电能力为210万千瓦的水电站。电站的拦河大坝长1200米，高达75.5米，有25层楼房那样高。

多瑙河是东南欧重要的交通大动脉。它缓缓穿过奥地利的首都维也纳市区。这座具有悠久历史的古老城市，山清水秀、风景绮丽，优美的维也纳森林伸展在市区的西郊，郁郁葱葱、绿荫蔽日。

多瑙河中游流经的地区都是各国的经济中心，其中重要的城市是匈牙利的布达佩斯，它被称为“多瑙河上的明珠”。它是由西岸的布达和东岸的佩斯两座城市组成，通过多瑙河上8座美丽的桥连为一体的。人们说，多瑙河是布达佩斯的灵魂，而布达佩斯是匈牙利的骄傲。

（四十四）最长的河流

尼罗河是全世界最长的河流，源出赤道以南的高原，向北流经东北非，注入地中海。尼罗河约占非洲大陆面积的1/10左右，分为东非湖区高原、山岳河流区、白尼罗河区、青尼罗河区及尼罗河三角洲等7个大区。最远的源头是布隆迪东非湖区中的卡盖拉河，该河北流，经过坦桑尼亚、卢旺达和乌干达，从西边注入维多利亚湖。它全长6671千米，从维多利亚湖口算起，则为5588千米。

尼罗河的形成至今不过二三万年的历史，因此说，它还是一条非常年轻的河流。

尼罗河流域大部分地区受信风影响，这是流域普遍干旱的原因。在土壤条件允许时，河岸及邻近土地靠灌溉进行耕作，因而使一些居民得以维生。从阿斯旺向北至开罗，河两岸是肥沃冲积土形成的泛滥平原，宽度逐渐增加到19千米左右，全靠灌溉种植。过了这一段，两岸都是沙漠。尼罗河流域以外的沙漠地区从地中海向南延伸至苏丹中北部的阿特巴拉。这一地区大部分无雨水，无植被，而南面是真正的稀树草原和雨林。

（四十五）最长的洞穴

世界上有许多地下洞穴，它们形形色色、千姿百态，宛如地下的迷宫。这些洞穴绝大部分都分布在石灰岩地区，其中最长的是美国肯塔基州的猛犸洞。它长252千米，由255个溶洞组成，共分为5层，上下左右都可以相通，使洞群成了一个曲折幽深的地下迷宫。洞里共有77个地下大厅，最著名的有“中央厅”“酋长殿”“大蝙蝠厅”“星辰厅”“婚礼厅”等。其中“酋长殿”是最大的一个厅，长163米，宽87米，高38米，可以容纳几千人。星辰厅的顶部有许多白色的石膏结晶，从下仰望，仿佛是星光灿烂的天穹。洞内有7个自然瀑布，水声隆隆、水珠飞溅。还有一个地下湖，深邃宁静，像一面巨镜。

在猛犸洞中，各种各样的石笋和石钟乳随处可见。它们五光十色，形态各异，若与人或动物比拟，惟妙惟肖。有一个地方，石灰溶液凝固以后，从洞顶垂挂下来，看上去很像一道白色的瀑布。有人就给它起了个名字：“冰冻的尼亚加拉”。除了石灰溶液形成的“瀑布”外，猛犸洞中还有7个流水形成的真瀑布。它们分布在3条地下暗河流经的地方，水花飞溅、水势澎湃，构成一座座名副其实的“水帘洞”。人们还能乘小船在暗河上旅行，去领略地下行舟的乐趣。在暗河里可以捕到不少小鱼，它们长期生活在地下的黑暗世界中，眼睛已完全退化，被人们称为无眼鱼。猛犸洞由于深入地下，洞内温度始终保持在12℃，而且空气非常洁净，对人的健康十分有益。

在古代，猛犸洞是当地印第安人的公共场所，洞内曾发现有火把和其他东西的遗迹。

（四十六）最大的岩洞

世界上最大的岩洞是美国新里西哥州的卡尔斯巴德岩洞群的大岩洞。它位于卡尔斯巴德洞窟国家公园内，长550米，高25米~27米，面积56万平方米。在蜿蜒的迷宫般的地下洞穴中，其洞室与通道的总长迄今仍未查清；已探明的主要洞穴长约为48千米，其中5000米向游人开放。

洞分三层：最深层在地下312米，第二层为253米，电梯可送游客至230米深的一层。洞窟由地下水溶解石灰岩而成，许多洞室中有钟乳石和石笋，其中有发光的幔帐状造型。其中大洞长610米，宽335米，拱顶高78米。每年夏季有数百万只蝙蝠栖息于部分洞穴之中，称为蝙蝠洞。每天傍晚时分，它们从洞穴呼啸飞出，在天空中形成一条长几千米的黑色“长蛇阵”，惊心动魄。蝙蝠数量之多，蔚为世界一大奇观。到第

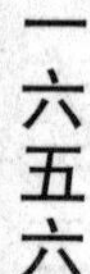

二天清晨，蝙蝠又陆续飞返洞中。现在洞窟地表为植物与野生动物保护区。

（四十七）最大的岩石

艾尔斯石是世界上最大的一块岩石，它位于澳大利亚大陆中部维多利亚大沙漠中。它由砾岩构成，呈椭圆形，长 3.6 千米，宽 2 千米，高出周围荒漠平原 335 米。

艾尔斯石有一个奇异的特性，当阳光从不同角度照射时，它会出现不同的颜色。每天早晨，随着天际露出的一丝曙光，艾尔斯石开始明亮起来，它由漆黑变成深紫，渐渐显出轮廓。岩石的颜色整日都在变，由金黄、淡红、转变为深红、绯红，以至嫣紫。傍晚落日余晖将其色谱上的所有颜色都一一显示，这时它最为壮观，为沙漠奇观之一。

艾尔斯石底部有一些浅洞穴，被某些土著部族视为圣地，洞内有雕刻和绘画。1985 年艾尔斯岩的正式所有权和管理权授予土著人，土著人则将该岩石及其周围的乌卢鲁国家公园租借给政府，为期 99 年。现在每年有五十多万人到艾尔斯石观光。游客们步行绕石一周约需 4 个小时，因此一些体力较差的游客也可选择坐在摩托车后座上绕石观光。

（四十八）最大的冰库

地球上最大的“冰库”在地球的最南端，即南极洲。整个大陆几乎全被冰雪所覆盖，冰层的平均厚度约 1700 米，最厚的地方达 4200 米，冰盖面积与总冰量分别占全球的 87%和 90%。有人估计，如果这些冰全部融化，将使全球海面升高 70 米左右。巨厚的冰层使南极洲的平均海拔高度达到 2600 米，高原和山脉林立的亚洲，平均海拔高度也只及它的 1/3。

南极洲所以会变为巨大的“冰库”，主要是由于地处高纬，绝大部分位于南极圈之内。夏半年虽有几个月全是白昼，但太阳只是在地平线上盘旋，所获热量极少；冬半年太阳则隐没在地平线之下。而且这里的降水以冰霰为主，由于气温低、蒸发弱、积雪终年不化，越积越多，相互挤压，凝结成坚固的结晶体。天长日久，终于形成了巨大的冰原。

（四十九）最长的裂谷

裂谷是相对倾向滑动或者相对断层之间的地壳部分发生沉降运动所形成的狭长谷。

这种断层是地球表面的一种断裂，它使断层的上盘岩石相对于下盘岩石产生向下的位移。裂谷通常呈狭长状，一般长达数百千米，其中规模最大的大陆裂谷是东非裂谷带。该裂谷带往北一直延伸到红海、往东一直延伸到印度洋，是世界上最大的裂谷带。

东非大裂谷是地球表面最大裂谷的一部分。它从约旦向南延伸，穿过非洲，止于莫桑比克，总长6400千米，平均宽度48千米~64千米。北段有约旦河、死海和亚喀巴湾。向南沿红海进入埃塞俄比亚的达纳基勒洼地，然后进入肯尼亚的鲁道夫湖、奈瓦沙湖和马加迪湖。坦桑尼亚境内一段东缘因受侵蚀已不太明显。裂谷后向南经希雷谷到达莫桑比克贝拉附近的印度洋沿岸。西面一岔裂谷从尼亚萨湖北端呈弧形延伸，经过鲁夸湖。在这里有世界第二深湖坦噶尼喀湖和基伍湖、爱德华湖和艾伯特湖等众多湖泊。裂谷湖泊多深而似峡湾，有些湖底大大低于海平面。

（五十）最大的珊瑚礁

大堡礁是世界上最大的珊瑚礁，它绵延2000余千米，由2900个岛礁组成，面积达348698平方千米。珊瑚礁石是由前代珊瑚虫死后留下遗骸，又由新一代继续发育繁衍，像树木抽枝发芽一样，向高处和两旁发展。如此年复一年，日积月累，连同藻类、贝类等海洋生物残骸胶结一起，堆积成一个个珊瑚体。

珊瑚礁群落内环境各异，其深度、温度、清晰度、宁静度及食物的种类随位置而改变，因此成千上万种生物都能在这里找到所需生存环境，它是地球上已知的最多样化的生态系统。

珊瑚礁以多样性的鱼类而闻名，在大堡礁附近约有鱼类1500种，当鱼群四处疾游时就会呈现变化多端的色彩和图案。

大堡礁也是一座巨大的天然海洋生物馆。在辽阔澄碧的海面上，点缀着一个个色彩斑斓的岛礁，大礁套小礁，礁外波涛汹涌、礁内湖平如镜。礁上海水淹不到的地方已发育了较厚的土层，椰树、棕榈挺拔，郁郁葱葱，一派绮丽的热带风光。

（五十一）世界“热极”

世界上最热的地方，不在赤道地区，而是在热带沙漠地区。撒哈拉大沙漠由于炎热和干燥，有“世界火炉”之称。

早在1879年7月，在阿尔及利亚的瓦格拉就测到了53.6℃的最高温度，这是19世纪的世界“热极”。此后30多年里没有新的突破。可是到了1913年7月，在美国加利福尼亚州的岱斯谷中，测得了56.7℃的纪录，“热极”从非洲跑到了北美洲。不到

10 年，1922 年 9 月，利比亚的加里延，盛吹“吉卜利”热风，出现了 57.8℃的高温，当地的人们竟能在墙上烙饼吃，于是“热极”这一称号又从北美大陆搬回了非洲。事隔 11 年，在墨西哥的圣路易斯也测得了 57.8℃的最高温度，因此它可以和利比亚的加里延共享世界“热极”的称誉。

由于这些地方都是地球上的副热带地区，有十分稳定的副热带高压。在这个高压控制之下，空气稳定、少云、干旱，再加上阳光强烈，因而成为孕育世界“热极”之地。

（五十二）世界“旱极”

世界上有些地方，雨下得非常少，在那里，水比黄金还宝贵。在南美智利北部沙漠里，有一个不知名的地方，从 1845 年~1936 年整整 91 年里，没有落过一滴雨。

智利的安第斯山脉正好位于副热带高压长年坐镇不动的地区，而靠近智利的海洋，又是秘鲁寒流流经之处。由于寒流的温度较低，使那里的空气十分稳定，尽管它离海很近，有取之不尽的水，却形成了阿塔卡马沙漠，成为世界上最干旱的地方，被称为世界的“旱极”。

（五十三）日照时间最长的地方

阳光普照大地，使地面富有生气，花开果熟、万物生生不息。现在人们正在想方设法利用太阳能这个宝贵的资源。为了利用太阳能，人们需要了解哪里的阳光照射时间长。在 20 世纪 60 年代，人们认为南美的波多黎各是世界上日照时间最长的城市。科学家在那里连续观测了 6 年，只有 17 个阴天，每年有 362 天阳光普照。到了 70 年代，气象观测站增多了，人们发现撒哈拉大沙漠东部是日照时间最长的，一年有 97%的时间是阳光普照，年平均日照时数达 4300 小时；也就是说，每天大约有 11 小时 45 分钟能见到光辉灿烂的太阳。

撒哈拉大沙漠是世界上最干燥的地方，没有能遮住阳光的云层；加上这里纬度较低，因而成了世界上日照时间最长的地方。

（五十四）雨天最多的地方

智利南部有个巴伊亚菲利克斯的地方，那里雨天之多，一年 365 天中竟占 325 天。为什么这里一年里能降这么多天的雨呢？原来，它正处于南半球西风带的控制下，强劲的西风几乎天天从太平洋带来大量的水汽，加上地形的抬升作用，水汽便升向高空，凝成雨滴，降落至地面，从而使它成了世界上雨天最多的地方。而在中国贵州省，全年降雨天数大约有 220 天左右。其中的遵义市，全年降雨日多达 240 天。人们用“天无三日晴”概括了当地多雨的气候特点。

（五十五）风力资源最多的地方

世界上风力资源最多的地方是世界第七大陆—南极洲。在那里终年冰雪覆盖，冰面上摩擦力极小，有世界风库之称。一般的风速是 17 米/秒～18 米/秒，最大风速可达 75 米/秒以上。但是，南极的最大风速并不是世界上的最大风速。

1934 年 4 月，美国华盛顿市测到了 103.2 米/秒的风速，这才算是世界上最大的风速。在这里出现这么大的风速，是由一次龙卷风过境造成的。龙卷风虽然范围小，能量却极大，它经过时出现 100 米/秒以上的大风是不稀罕的。

1956 年 9 月，中国上海东部受过一次强大的龙卷风影响。龙卷风竟把浦东江边一个 11 万千克重的空油桶举到半空，扔到了 120 多米远的地方，可见龙卷风的威力有多大。

（五十六）雷雨最多的地方

雷鸣电闪，伴以滂沱大雨，这种自然现象是大气垂直对流而形成的。雷雨多出现在低纬度区，如印度尼西亚、非洲中部、墨西哥南部、巴拿马、巴西中部等。其中印度尼西亚的爪哇是世界上雷雨最多的地区之一，平均年雷雨日数有 220 天；而该岛西部的茂物市地处赤道附近，雅加达以南 56 千米处的山间盆地中，海拔 265 米，年雷雨日数更多，1916 年～1919 年之间曾出现平均每年 332 天的雷雨日，占全年的 88%左右。这里几乎天天雷声隆隆、电光闪闪，打雷次数在数千次以上，不愧为世界“雷都”。

茂物雨多但很少有阴雨连绵的天气，常常是雨过天晴，这也是赤道天气的一大特征。这里的常年气温一般为 25.4℃，是赤道地区的避暑胜地。这里的天气变化很有规律。上午一般天气晴朗；近午，天空积雨云层积厚；午后，积雨云势如排山倒海，瞬时便雷电交加，暴雨倾盆；雨后，空气特别清新，不久全城又沐浴在赤道的骄阳之下，行人身上被淋湿的单薄衣服也就很快晒干了。

（五十七）最罕见的闪电

闪电是一种常见的自然现象，全世界每秒钟约发生 100 次闪电。我们常见的闪电叫线状闪电，明亮耀眼的闪电通道，犹如枝杈丛生的一根树枝，蜿蜒曲折，在隆隆的雷声中从云中伸向地面。除了线状闪电之外，还有其他类型的闪电，例如带状闪电、球状闪电和联珠状闪电。球状闪电一般发生在线状闪电之后。它是一个直径为 20 厘米左右的火球，发出红色或橘黄色的光，偶然发出美丽的绿色光。球状闪电一般维持几秒钟，会发出嘶嘶的声响，当它行将消失时会发出震耳的爆炸声。

在各种闪电中，最罕见的闪电是联珠闪电，世界上绝大多数人都未曾见过这种闪电。它形如一串发光的珍珠从云底伸向地面。人们估计亮珠有 32 颗，每颗的直径有 5 米，亮珠之间的连线隐约可见。之后，亮珠逐渐缩小，形状变圆；最后，亮度愈来愈暗，终于完全熄灭。由于联珠状闪电出现的机会极少，维持的时间也很短，因此，人们对这种闪电的成因研究的很少，形成的原因尚不清楚。

（五十八）世界最长的山脉——安第斯山脉

安第斯山脉属于科迪勒拉山系，从北到南全长 8900 余千米，是世界上最长的山脉，纵贯南美大陆西部，素有“南美洲脊梁”之称，且本地区矿产资源丰富。

世界上最长的山脉，几乎是喜马拉雅山脉 3 倍半长，属美洲科迪勒拉山系，是科迪勒拉山系主干。南美洲西部山脉大多相互平行，并同海岸走向一致，纵贯南美大陆西部，大体上与太平洋岸平行，其北段支脉沿加勒比海岸伸入特立尼达岛，南段伸至火地岛。跨委内瑞拉、哥伦比亚、厄瓜多尔、秘鲁、玻利维亚、智利、阿根廷等国，全长约 8900 千米。一般宽约 300 千米，最宽处在阿里卡至圣他克卢斯之间，宽约 750 千米。整个山脉的平均海拔为 3660 米，有许多高峰终年积雪，海拔超过 6000 米，由一系列平行山脉和横断山体组成，间有高原和谷地。海拔多在 3000 米以上，超过 6000 米的高峰有 50 多座，其中汉科乌马山海拔 7010 米，为西半球的最高峰，地质上属年轻的褶皱山系。地形复杂，南段低狭单一，山体破碎，冰川发达，多冰川湖；中段高度最大，夹有宽广的山间高原和深谷，是印加文化的发祥地；北段山脉条状分支，间有广谷和低地。多火山，地震频繁。安第斯山最高峰是位于阿根廷内的阿空加瓜山，海拔 6962 米，是世界上最高的火山，也是最高的死火山。此外安第斯山脉中的哥多伯西峰是世界最高的活火山之一，海拔 5897 米。南美洲诸多重要河流发源于此。

气候和植被类型复杂多样，森林资源以及铜、锡、银、金、铂、理、锌、铋、钒、钨、硝石等重要矿藏丰富。山中多垭口，有横贯大陆的铁路通过。泛美公路沿纵向谷地和海岸沟通安第斯山区各国。

安第斯山区的主要矿藏有有色金属、石油、硝石、硫黄等。有色金属矿多与第三纪、第四纪火山活动和岩浆侵入有关，特别是以矿脉和岩脉形式侵入到上层的岩浆体，如安山岩、闪长岩、玢岩等。最突出的是铜矿，矿区从秘鲁南部至智利中部，为世界最大的斑岩型铜矿床的一部分，世界最大的地下铜矿采矿场就在此山脉中，在地底深达1200米，采矿坑道总长超过2000多千米。石油主要分布在安第斯山北段的山间构造谷地或盆地中。

（五十九）欧洲第一山脉——阿尔卑斯山脉

阿尔卑斯山脉是欧洲最高大、最宏伟的山脉。位于欧洲中南部，是一条不甚连贯的山系中的一小段，该山系自北非阿特拉斯延伸，穿过南欧和南亚，直到喜马拉雅山脉。阿尔卑斯山脉从亚热带地中海海岸的法国尼斯附近向北延伸至日内瓦湖，然后再向东一东北伸展至多瑙河上的维也纳。阿尔卑斯山脉遍及下列6个国家的部分地区：法国、意大利、瑞士、德国、奥地利和斯洛文尼亚；仅有瑞士和奥地利可算作真正的阿尔卑斯型国家。阿尔卑斯山脉长约1200千米，最宽处201千米以上，是西欧自然地理区域中最重要的景观。

虽然阿尔卑斯山脉并不像其他第三纪时期隆起的山脉，如喜马拉雅山脉、安第斯山脉和落基山脉等，那样高大，然而它对说明重大地理现象却很重要。阿尔卑斯山脊将欧洲隔离成几个区域，是许多欧洲大河（如罗讷河、莱茵河和波河）和多瑙河许多支流的发源地。从阿尔卑斯山脉流出的水最终注入北海、地中海、亚得里亚海和黑海。由于其弧一般的形状，阿尔卑斯山脉将欧洲西海岸的海洋性气候带与法国、意大利和西巴尔干诸国的地中海地区隔开。

经过多少世纪演变出来的与众不同的阿尔卑斯型畜牧经济，自19世纪以来已有改变，这里以当地原料和发展水电为基础已兴办起工业。阿尔卑斯山脉已经成为数百万欧洲人和其他世界各地观光客的夏季和冬季游乐场。阿尔卑斯山脉脆弱的自然和生态环境受到如此巨大的人流冲击，已成为世界上受威胁最严重的山脉之一。

阿尔卑斯山脉平均海拔3000米左右，最高峰勃朗峰海拔4810米。山势雄伟，风景优美，许多高峰终年积雪。晶莹的雪峰、浓密的树林和清澈的山间流水共同组成了阿尔卑斯山脉迷人的风光。欧洲许多大河都发源于此，水力资源丰富，为旅游、度假、疗养胜地。

阿尔卑斯山脉的气候成为中欧温带大陆性气候和南欧亚热带气候的分界线。山地气候冬凉夏暖。大致每升高200米，温度下降1℃，在海拔2000米处年平均气温为0℃。整个阿尔卑斯山湿度很大。年降水量一般为1200~2000毫米，海拔3000米左右为最大降水带。边缘地区年降水量和山脉内部年降水量差异很大。海拔3200米以上为终年积雪区。阿尔卑斯山区常有焚风出现，引起冰雪迅速融化或雪崩而造成灾害。山地河流上游，水流湍急，水力资源丰富，有利于发电。此外，此地栖息着各种动物，代表有阿尔卑斯大角山羊、山兔、雷鸟、小羚羊和土拨鼠等。

这条耸立在欧洲南部的著名山脉，西起法国东南部的尼斯附近地中海海岸，呈弧形向北、东延伸，经意大利北部、瑞士南部、列支敦士登、德国西南部，东止奥地利的维也纳盆地，总面积约 22 万平方千米。

山脉主干向西南方向延伸为比利牛斯山脉，向南延伸为亚平宁山脉，向东南方向延伸为迪纳拉山脉，向东延伸为喀尔巴阡山脉。阿尔卑斯山脉可分为 3 段。西段西阿尔卑斯山从地中海岸，经法国东南部和意大利的西北部，到瑞士边境的大圣伯纳德山口附近，为山系最窄部分，也是高峰最集中的山段。在蓝天映衬下洁白如银的勃朗峰（4810 米）是整个山脉的最高点，位于法国和意大利边界。中段中阿尔卑斯山，介于大圣伯纳德山口和博登湖之间，宽度最大。有马特峰（4479 米）和蒙特罗莎峰（4634 米）。东段东阿尔卑斯山在博登湖以东，海拔低于西、中两段阿尔卑斯山。

阿尔卑斯山脉所处的位置，以及各山脉的海拔和方位大不相同，不仅使这些不同的小山脉之间，而且使某一特定小山脉范围内的气候极端不同。由于阿尔卑斯山脉地处欧洲中部，它受到四大气候因素的影响：从西方流来大西洋比较温和的潮湿空气；从北欧下移有凉爽或寒冷的极地空气；大陆性气团控制着东部，冬季干冷、夏季炎热；南边有温暖的地中海空气向北流动。差别悬殊的气温和年降水量都与阿尔卑斯山脉的自然地理有关。谷底之所以特别引人注目，是因为谷底较周围高地温暖而干燥。海拔 1524 米以上的地方，冬季降水差不多全都是雪，一般雪深 3~10 米或 10 米以上，在海拔 2012 米处，积雪约从 11 月中旬延续到次年 5 月底，通常高山的山口被积雪封锁。在地中海沿岸的山中，谷底的 1 月平均温度为-5℃~4℃，甚至高达 8℃，7 月平均温度为 15℃~24℃。温度逆增很寻常，尤其在秋、冬季期间很常见；山谷常常是一连好几天布满了浓雾和呆滞沉闷的空气。这些时候，在海拔 1006 米以上的地方可能要比低洼的谷底较温暖、较阳光明媚。刮风可能在当天天气和当地气候中发挥明显的作用。

（六十）世界最大的盆地——刚果盆地

刚果盆地位于非洲中部，大部分在刚果民主共和国境内，小部分在刚果共和国境内。面积为 337 万平方千米，是世界上最大的盆地。盆地南北均为高原，东部为东非大裂谷，缺口在西部即刚果河下游和河口地段。赤道线从盆地中部通过。刚果盆地包括了刚果河流域的大部，平均海拔 400 米，有大片沼泽。周围的高原山地海拔超过 1000 米。刚果河的许多支流都到盆地内汇进干流，因此，这里水系发达。盆地气候属于热带雨林气候，年平均气温 25℃~27℃，降水量 1500~2000 毫米以上。这里是一片郁郁葱葱的热带森林，有多种珍贵树种和热带作物。盆地边缘矿产丰富，盆地中水资源充沛，因此，人们称刚果盆地为“中非宝石”。

刚果盆地位于下几内亚高原、南非高原、东非高原及低小的阿赞德高原之间，大部在扎伊尔境内，西部及北部包括刚果及中非的部分领土。这是个构造盆地，底部是基本上未受扰动的厚层沉积岩，形成平坦单调的地形，只有断层作用造成的一些零星分布的不高的陡崖在一定程度上打破这种单调的景观。沉积岩是在内湖沉积的。后来由于地壳上升，原始的刚果河（扎伊尔河）切穿盆地西缘，内湖才逐渐消失。现在盆地西南部的两个大湖就是它的残迹。盆地周围是相邻高原的边坡，其基底结晶岩广泛出露。

刚果盆地拥有仅次于亚马孙河盆地的世界第二大热带雨林，会聚了极其丰富的物种，包括 1 万多种植物，400 多种哺乳动物，1000 多种鸟类，200 多种爬行动物。这里的大森林被称为地球最大的物种基因库之一。刚果（金）东部有三大自然保护区被列入世界自然遗产，但它们都因为战乱而伤痕累累。在南基伍省的卡胡兹·别卡自然保护区，非法武装集团疯狂采挖当地的钽铌矿，致使森林植被遭到严重破坏；在东方省的喀朗巴自然保护区，各派武装人员盗猎大象等野生动物，1999 年这里还生活着 25 头左右的珍稀白犀牛；在北基伍省的维隆佳自然保护区，武装集团十几年来在这里安营扎寨，混战不休，而无数的难民也在这里寻找栖身之地。2004 年，在不到两个月的时间里，就有 15 平方千米的森林被破坏。这个国家可以开采的森林集中在赤道省、东方省和班顿杜省沿刚果河一带。但异常落后的基础设施严重制约了刚果（金）发展林业。相关人士指出，森林资源的开发其实并不局限于采伐木材，热带雨林所拥有的生物多样性是人类发展医药的希望。

（六十一）世界最厚之地——钦博拉索山

南美洲厄瓜多尔的钦博拉索山，从地心到山峰峰顶为 6384.1 千米。钦博拉索峰位于安第斯山脉西科迪勒拉山，海拔 6310 米，是厄瓜多尔最高峰。曾长期被误认为是安第斯山脉的最高峰。它是一座休眠火山，有许多火山口，山顶多冰川，在约 4694 米以上，终年积雪。1880 年，英国登山运动员 E·怀伯尔首次登上峰顶。这里是厄瓜多尔中部的高原地区，当地主要以农牧业为主，主要有羊、奶牛、谷物、马铃薯、水果和纤维植物等。

这里说的最厚是指从地心到峰顶的距离，之所以最厚，是因为地球的赤道半径最大，比极半径大近 21 千米，而钦博拉索峰位于赤道，就地心到峰顶的距离的距离来说，比珠穆朗玛峰要大。珠穆朗玛峰是世界最高峰，人们也许就认为它的顶峰也是距离地心最远的一点，事实上却并非如此。这个特殊的点属于南美洲的钦博拉索山。

通过人造地球卫星测定，地球既不是标准的球形，也不是标准的椭圆球形，而是一个南大、北小、中间鼓的“梨形”！如果从地心算起，赤道地区相对其他地区要厚一点。南美洲厄瓜多尔的钦博拉索山的顶峰才是距离地心最远的一点。钦博拉索山是一座圆锥形的死火山，海拔 6272 米，由于距离赤道近，顶峰距地心的厚度为 6384. 10 千米，而珠穆朗玛峰距地心的距离仅为 6381. 95 千米，比钦博拉索山少 2. 15 千米。

“厄瓜多尔”是西班牙语“赤道”一词的音译，因而厄瓜多尔也被称为“赤道之国”。1802 年，德国著名地理学家洪德堡在厄瓜多尔考察，曾经登到距离顶峰海拔差只有 150 米的高度。他被这座壮丽的雪山震撼住了，在洪德堡看来，钦博拉索山是一座“世界上最巍峨的山峰”。当然，以现代的衡量标准，6272 米的钦博拉索山还算不上极高的雪山，然而以它距离地心最远的特殊性，足以使它位列世界最著名的雪山之列。

（六十二）喷发次数最多的活火山——埃特纳火山

埃特纳火山是欧洲最高的活火山。位于意大利的西西里岛东岸，南距卡塔尼亚 29 千米。周长约 160 千米，喷发物质覆盖面积达 1165 平方千米。主要喷火口海拔 3323 米，直径 500 米；常年积雪。周围有 200 多个较小的火山锥，在剧烈活动期间，常流出大量熔岩。海拔 1300 米以上有林带与灌丛，500 米以下栽有葡萄和柑橘等果树。山麓堆积有火山灰与熔岩，有集约化的农业。埃特纳火山位于地中海火山带，是亚欧板块与非洲板块交界处。火山周围是西西里岛人口最稠密的地区。地质构造下层为古老的砂岩和石灰岩，上层为海成泥炭岩和黏土。

埃特纳火山下部是一个巨大的盾形火山，上部为 300 米高的火山渣锥，说明在其活动历史上喷发方式发生了变化。由于埃特纳火山处在几组断裂的交汇部位，一直活动频繁，是有史记载以来喷发历史最为悠久的火山，其喷发史可以上溯到公元前 1500 年。近年来埃特纳火山一直处于活动状态，距火山几千米远就能看到火山上不断喷出的气体呈黄色和白色的烟雾状，并伴有蒸气喷发的爆炸声。

粗看起来，埃特纳火山与一般的山峰没什么两样，因其海拔较高，山顶还有不少积雪，仔细看就会发现，地下的火山灰就像铺了一层厚厚的炉渣，凝固的熔岩随处可见。站在火山之巅，人们能感觉到脚下的火山正在微微地颤抖，那感觉很奇妙，好像随着火山的脉搏一起跳动，这就是典型的火山性震颤。据当地火山监测站人员观测发现，每日午后 2 点左右火山震颤达到最高峰。埃特纳山上还不时地发出沉闷的声响，那是气体喷出的声音。火山的热度通过地表传到游人脚上，只觉得脚底也是温热的。在火山口的侧壁上，还可以清楚地看见一个直径约两三米的大圆洞，形状很规则，就像是人为挖的洞一样，里面还不时地逸出气体。山上遍布各种大小的喷气孔，硫质气味很浓，喷气孔旁边常有淡黄色的硫黄沉淀下来。山顶上还分布着几条大裂缝，宽 20 ~50 厘米，可能是地下岩浆上隆时地表发生变形造成的。这些现象都说明埃特纳火山的活动性是很强的。一阵风吹来，火山喷出的有毒气体就迅速弥漫开来，只觉得一阵浓浓的硫黄味飘过，浓烟很快包裹了山上的一切，呛得游人胸闷甚至窒息。

据文献记载，埃特纳火山已有 500 多次爆发历史，被称为世界上喷发次数最多的火山。它第一次已知的爆发是在公元前 475 年，距今已有 2400 多年的历史。而最猛烈的爆发则是在公元 1669 年，持续了 4 个月之久，滚滚熔岩冲入附近的卡塔尼亚市，使整个城市成为一片火海，2 万人因此而丧生。18 世纪以来，火山爆发更加频繁，20 世纪已喷发 10 余次。1950~1951 年间，火山连续喷射了 372 天，喷出熔岩 100 万立方米，又摧毁了附近几座市镇。1979 年起，埃特纳火山的喷发活动持续 3 年，其中 1981 年 3 月 17 日的喷发是近几十年来最猛烈的一次，从海拔 2500 米的东北部火山口喷出的熔岩夹杂着岩块、砂石、火山灰等以每小时约 1 千米的速度向下倾泻，掩埋了数十公顷的树林和众多葡萄园，数百间房屋被摧毁。据统计，自埃特纳火山喷发以来，累计造成的死亡人数已达 100 万。

（六十三）世界上最高的死火山——阿空加瓜山

世界最高的死火山是阿空加瓜山，位于阿根廷境内，海拔 6959 米，公认为西半球最高峰。山峰坐落在安第斯山脉北部，峰顶在阿根廷西北部门多萨省境，但其西翼延伸到了智利圣地亚哥以北海岸低地，绰号“美洲巨人”。

阿空加瓜峰，海拔 6959 米，是南美洲最高峰。位于南纬 32°39′、西经 70°01′，属于科迪勒拉山系的安第斯山脉南段，在阿根廷与智利交界的门多萨省的西北端。

阿空加瓜峰由第三纪沉积岩层褶皱抬升而成，同时伴随着岩浆侵入和火山作用，主要由火山岩构成。峰顶较为平坦，堆积安山岩层，是一座死火山。东、南侧雪线高 4500 米，冰雪厚达 90 米左右，发育有现代冰川，其中菲茨杰拉德冰川长达 11.2 千米，终止于奥尔科内斯河，然后泻入门多萨河。山顶西侧因降水较少，没有终年积雪。山麓多温泉，附近著名的自然奇观印加桥为疗养和旅游胜地。起自阿根廷首都布宜诺斯艾利斯的铁路，穿越附近的乌斯帕亚塔山口，抵达智利首都圣地亚哥。楚布里根于 1897 年首次登上顶峰。

（六十四）世界最大的沙漠——撒哈拉沙漠

撒哈拉沙漠约形成于250万年前，乃世界第一大沙漠，撒哈拉沙漠位于阿特拉斯山脉和地中海以南（约北纬35°线），约北纬14°线（250毫米等雨量线）以北，西起大西洋海岸，东到红海之滨。

它横贯非洲大陆北部，东西长达5600千米，南北宽约1600千米，总面积约9065000平方千米，约占非洲总面积的32%，可以将整个美国本土装进去。“撒哈拉”这个名称来源于阿拉伯语，是从当地游牧民族图阿雷格人的语言引入的，在其语言中就是“沙漠”的意思。这块沙漠大约形成于250万年以前。

撒哈拉沙漠分为三部分：西撒哈拉；中部高原山地（包括位于阿尔及利亚的阿哈加尔高原），位于尼日尔的艾尔高原和位于乍得的提贝斯提高原；东部是最为荒凉的区域，为特内雷沙漠和利比亚沙漠。撒哈拉沙漠的最高点为位于提贝斯提高原中的库西山，海拔为3415米。

撒哈拉沙漠将非洲大陆分割成两部分——北非和南部黑非洲，这两部分的气候和文化截然不同，撒哈拉沙漠南部边界是半干旱的热带稀树草原，阿拉伯语称为“萨赫勒”，再往南就是雨水充沛、植物繁茂的南部非洲，阿拉伯语称为“苏丹”，意思是黑非洲。撒哈拉，阿拉伯语意为“大荒漠”。撒哈拉沙漠起非洲北部的阿特拉斯山脉，南至苏丹草原带，宽1300~2200千米。西至大西洋边东达红河沿岸，长4800千米，面积达770多万平方米。

撒哈拉沙漠约在500万年之前就以气候型沙漠形式出现，即在上新世早期（530万~340万年前）。自从那时起，它就一直经历着干、湿情况的变动。

地形特色包括，浅而季节性泛滥的盆地和大绿洲洼地，高地多石，山脉陡峭，以及遍布沙滩、沙丘和沙海。沙漠中最高点为3.415米的库西山顶，位于查德境内的提贝斯提山脉；最低点为海平面下133米，在埃及的盖塔拉洼地。

有几条河源自撒哈拉沙漠外，为沙漠内提供了地面水和地下水，并吸收其水系网放出来的水。尼罗河主要支流在撒哈拉沙漠汇集，河流沿着沙漠东边缘向北流入地中海；有几条河流入撒哈拉沙漠南面的查德湖，还有相当数量的水继续流往东北方向重新灌满该地区的蓄水层；尼日河水在几内亚的富塔贾隆地区上涨，流经撒哈拉沙漠西南部然后向南流入海。从阿特拉斯山脉和利比亚、突尼斯、阿尔及利亚以及摩洛哥的沿海高地流入的溪流和乾河床（季节性溪流）提供了额外的水量。尤其引人注目的是与提贝提斯山脉相关的乾河床、湖泊、池塘组成的综合网络，以及塔西利·恩·阿耶和阿哈加尔山脉的类似网络，如塔曼拉基特河。撒哈拉沙漠的沙丘储有相当数量的雨水，沙漠中的各处陡崖有渗水和泉水出现。

撒哈拉沙漠的土壤有机物含量低，且常常无生物活动，尽管在某些地区有固氮菌。洼地的土壤常含盐。沙漠边缘上的土壤则含有较集中的有机物质。

撒哈拉沙漠气候由信风带的南北转换所控制，常出现许多极端。它有世界上最高的蒸发率，并且有一连好几年没降雨的最大面积纪录。气温在海拔高的地方可发生霜冻和冰冻，而在海拔低处有世界上最热的天气。

年平均日气温的年幅度约20℃，平均冬季气温为13℃。夏季极热。利比亚的阿济济耶最高气温曾达到创纪录的58℃。年降水量为760毫米，多数降水发生在12月至次年3月期间。另一降水高潮是8月，以雷暴形式为其特征。这种暴雨可导致巨大的暴洪冲入无降雨现象的区域。撒哈拉沙漠干旱热带区域年平均日温差为17.5℃。最冷月份平均温度与北部副热带地区基本相同，但是日温差没有那么大。春末夏初很热，50℃的高温并不稀罕。在北部，这类降雨多数都是以雷暴方式发生。年降水量平均约1250毫米，中部山丘有时降雪。沙漠西边缘的冷加那利洋流降低了气温，从而减少了对流雨，但湿度加大还时而出现雾。撒哈拉沙漠南部的冬季是吹哈麦丹风期，这是带沙和其他小尘粒的干燥东北风。

（六十五）最大的宗教建筑群——吴哥窟

吴哥窟，古高棉国的首都，高棉人曾经的精神中心，建于公元802年，后没落，直到1861年才被法国植物学家亨利·莫哈特偶然发现。吴哥窟至今还留存着超过600座建筑和45平方公里的建筑群落。直到现在，对它的整理和修复工作还在继续。

1861年一个普通的一天，法国植物学家亨利·莫哈特同往常一样在森林里面寻找标本，当他走到一处林荫下时，突然看见长满了青苔和藤蔓植物的石台上面，出现了一道通天石阶，周围的建筑物上都雕刻着精美的佛像。当时的他并不知道，自己在无意之中敲开的神秘大门在考古学上具有如此重要的意义。

这便是9—15世纪柬埔寨的王都——吴哥窟。吴哥窟始建于公元802年，经历了400年的艰苦建设才初具规模。也正是南于400年的光阴，才打磨出如此巨大的建筑群。世界范围内的宗教建筑群很多，比如中国五台山的佛教建筑群、印尼的婆罗浮屠、圣城麦加的伊斯兰教建筑群，但没有一处能够达到600多座宗教建筑和45平方公里的面积，吴哥窟是当之无愧的世界之最。

公元802年，此时的吴哥王朝统治了东至越南、西到孟加拉湾、南到中南半岛、北临中国的土地，是整个在东南亚最大、最繁荣的王朝。不过好景不长，暹罗人的入侵使吴哥窟被遗弃，曾经无比繁华的王都从此就消失了在遮天蔽日的丛林里。据说这里曾经在坚固的城墙和养殖了很多鳄鱼的护城河，但现在只能看见残垣断壁，只有个别城门得以幸存，让我们见证了这个王朝曾经的伟大和强盛。

吴哥窟

这里的巴戎寺、巴方寺、绯明纳卡寺等都让人叹为观止，最大的巴戎寺是当时的国寺。

曾经的皇宫已经坍塌了很多，出入都依靠高高的台阶，现在这些石阶上都长满了青苔，行走很困难，个别的地方可以通过木梯拾级而上。皇宫原有的金顶也都不见了。台阶原来每层都有 2 个石头狮子，现在保留下来的已经不多，因此弥足珍贵。

吴哥窟是吴哥古迹中唯一面向西边的寺庙，周长约 5000 米，四周环绕着护城河和城墙，同时还有藏经楼和荷花池。主建筑外还有一道内院墙，环环相扣，森严环绕，可以和皇宫媲美；其中心有 3 个须弥座，分别代表国王、婆罗门与月亮、毗湿奴。回廊中有很多佛像和浮雕，生动地再现了当时的生活场景。据说这里的每个佛像都好像带着笑，因此这里也被称为“高棉的微笑”。

留存下来的 2 个浴池真实地再现了当时的生活场景。这 2 个浴池都是砂制的，一个很大，一个很小，据说大的是男浴池，小的是给女人孩子用的，当年的高棉人每天都要洗几次澡。而“癞王台”这个奇怪的名字也引起了游客的好奇，传说当时的很多皇帝患有麻风病，所以皮肤很粗糙，被戏称为“癞王”。此地浮雕精美异常，让人浮想联翩；台阶下面的墙上雕刻着仙女、佛像、神兽、修罗、阿修罗……实在让人目不暇接，因此被推断为皇家的火葬场。

柬埔寨人至今都笃信佛教，每个男人都会去当一段时间的和尚，这是对信仰的捍卫，也是心灵的洗礼。

（六十六）最大的半岛——阿拉伯半岛

阿拉伯半岛，阿拉伯半岛面积为 322 万平方公里，是世界上最大的半岛。位于亚洲的西南部，处于亚、欧、非 3 个大洲之间，地理位置十分重要。阿拉伯半岛气候火热，大部分的面积为沙漠，但部分地区有绿洲。这里经济繁荣，人口众多，驼铃叮当，风沙很大。盛产椰枣、咖啡、羊毛、皮革，最珍贵的矿产是石油。

阿拉伯半岛处于亚、欧、非 3 个大洲之间，濒临阿拉伯海。南北长约 2240 公里，总面积约 322 万平方公里，是世界上最大的半岛。河流稀少，十分干旱，但整个半岛环水，水路交通十分方便。在这里分布着阿曼、卡塔尔、科威特等国家，最大的国家是沙特阿拉伯。

这是一块富庶的土地，广袤的沙漠之下蕴藏着被称为黑色黄金的石油，所以它被形容为“富得流油”。这里的国家依托得天独厚的石油资源，经济也十分繁荣。半岛上农产品很少，海湾会有些渔业。这里的骆驼因为个大体健而闻名遐迩。这里有 7 个国家没有河流，用水只能依靠地下水。

这是一块炎热的土地，“阿拉伯”一词在阿拉伯语中是沙漠的意思，半岛上大部分面积都是广袤的沙漠。穿行其中的驼队是美丽的风景，叮当的驼铃声从很远的地方传过来，让人在广袤无边的沙海中感受到温暖和希望。这里还有健壮的阿拉伯马，古阿拉伯马因为能够长时间行走在丝绸之路上而大受欢迎，现在阿拉伯马已经很珍贵。

干旱的土地上因为炎热和昼夜温差大，形成了很多独特的物种。这里的纳季德的马、哈萨的驴、阿曼的驼都闻名世界，当地被称为树王的椰枣树也极受欢迎。这里白天炎热、晚上风大，而又时常有洪水，所以枣子长得很大，而且味道甘甜，外形也十分美艳迷人，是食用和馈赠的佳品。

在波斯湾沿岸，有着全世界最丰富的石油和天然气资源，这些“黑色黄金”带给当地居民巨大的经济收入。半岛上大部分的居民都信奉伊斯兰教，因此他们的食物和装束都带有教义的特征。很多地方的妇女都蒙着面纱出行，部分男人也是。如果你来到这些地方，一定要尊重他们的风俗习惯。

在这里，水是珍贵的资源，因此和水有关的活动都价钱昂贵。这里天气很热，洗澡却不容易。如果主人想请你洗澡，这是他们接待贵客的“厚礼”。有的时候一桶水比一桶油还要昂贵。这里有不少清真寺，你可以进去参观，瞻仰他们对教义的虔诚。

这里的居民喜欢干净，穿素色和式样简单的衣服，不喜欢喧哗，也不吵闹。在这个神秘的半岛上，他们与世无争。如果你造访这些神秘的国家，你尽可以在海岸上欢叫奔跑，但是看到当地人在街上行走的时候，一定注意慢步轻声，不要打扰了他们平静的生活。

（六十七）最大的流动沙漠——鲁卜哈利沙漠

鲁卜哈利沙漠，世界上最大的流动沙漠。在阿拉伯语中，“鲁卜哈利”意为“空旷的四分之一”，因其面积达整个阿拉伯半岛的四分之一而得名。整个沙漠横跨沙特阿拉南部、阿联酋、也门以及阿曼大部分把钱域。海拔 100~500 米之间，分布有沼泽、盐湖等。鲁卜哈利沙漠是典型的热带沙漠气候，降水十分稀少，温度最高可达80℃。

神秘、广袤，极目的金黄，高大的骆驼，炙热的阳光，步履匆匆的商队……或许，这是大多数人对于沙漠的印象。鲁卜哈利沙漠也不例外。

鲁卜哈利沙漠是世界上最大的流动沙漠。其面积达650000平方公里，将近2个日本的国土面积。其流动就是由季风引起的沙丘移动，并受季风的风向和主流风的影响，形成不同的形状。正是因为沙漠流动主要是受气候、地形、地理等自然因素的影响，人类对于它的影响不明显，才使得鲁卜哈利沙漠蒙上了一层神秘的面纱。

鲁卜哈利沙漠位于阿拉伯半岛，优越的地理位置带来了丰富的自然资源。石油资源是阿拉伯半岛最主要的能源。有“石油王国”之称的沙特阿拉伯，便是位于鲁卜哈利沙漠的北部。如果说石油是沙特的名片，那么圣地麦加便是这张名片上的烫金文字。

在阿拉伯半岛上，大多数人信奉伊斯兰教。每年，圣城麦加都会举行大型的朝觐活动。对于所有的穆斯林来说，能去麦加朝圣是毕生的愿望。麦加大清真寺是伊斯兰教第一大圣寺，整座寺庙都是用象征圣洁的白色大理石建成，具有典型的伊斯兰建筑风格。在阳光下，白色的建筑耀眼夺目；夜幕降临，装饰寺庙的千盏水银灯同时点亮，将寺庙照耀得如同白昼，景色十分壮丽。

鲁卜哈利沙漠中世代生活着贝都因人，他们是典型的游牧民族。过去以饲养骆驼、阿拉伯马和绵羊生活。但是沙漠中有着众多的毒虫蚁兽，蝎子的毒刺会使幼儿丧命，沙漠眼镜蛇含有剧毒……自然条件的恶劣以及现代经济的发展，使得多数人已经迁往城市，只有小部分游牧民还在沙漠中生活。他们通过各种宗教活动、经济贸易等进行交流，其中宗教活动是他们参与的主要活动。

（六十八）最高的人工建筑——迪拜塔

迪拜塔，又称哈利法塔，位于阿拉伯联合酋长国的迪拜。它总高828米，共162层，总造价15亿美元，由美国建筑师阿德里安·斯密斯设计，是世界上最高的塔。

说到迪拜，大多数人都会想到“奢华”。不错，迪拜就是用张扬的奢华，向世界展示了中东除石油外最有魅力的一面。其中世界最高人工建筑迪拜塔是迪拜市的标志。

1966年，石油的发现让迪拜人在人迹罕至的沙漠中。挖出了世界上面积最大的人工深水港——杰贝·阿里港，并建立了杰贝勒阿里自由贸易区。但是迪拜人对于梦想没有极限，于是，全世界最高的人工建筑——迪拜塔，以其惊人的姿态出现在世人眼前。

迪拜塔又叫哈利法塔，整个塔高828米，相当于2个台北101大楼、3个埃菲尔铁塔的高度，是名副其实的世界第一高塔。它修建于2004年，历时6年完成，楼的外观是一个“Y”字形，以螺旋式旋转至楼顶，十分具有伊斯兰风格。在塔内共有162层，37层以下是酒店、餐厅等公共设施；45~108层是高级公寓；123层是观景台，在此可以将整个迪拜市的风光尽收眼底。塔内有56部电梯，最高速度可达每秒17.4米，让你瞬间到达123层的观景台。就是这样一座直指苍穹的建筑，为迪拜的前进梦想注入了新的活力。

与哈利法塔同为迪拜代名词的是帆船酒店。作为全球唯一的七星级酒店，帆船酒店汇集了所有的奢华。酒店建在人工岛上，通体为白色的船帆造型，犹如即将扬帆起航的小船，在碧绿的海上格外引人注目。店内以黄金为主打，到处都是金光闪闪的，即使是便笺纸都镀满了黄金，完全就是一座金碧辉煌的宫殿。然而酒店虽遍布黄金，却没有让人感觉俗气的地方，设计师在每一个细节上都做到了雅致，让人一眼就能沉醉其中。夜幕降临，整个迪拜市都位于霓虹灯中，姹紫嫣红的灯光，将酒店映照得更加梦幻迷大。

哈利法塔和帆船酒店是迪拜最美的风景线，街道上五颜六色的民族服饰，成就了一道七色的彩虹。阿拉伯男子穿着白色的长袍，衣袂飘飘好似神仙般逍遥；信奉锡克教的印度男子，自出生起就不剪发、不剃须，他们用布将长长的头发、胡须编成辫子藏在头顶，就像顶了一个大包袱在大街上晃悠；来自非洲的游人，穿着花花绿绿的民族特色服装游走在各个地方；来自中国的女子，则会穿上端庄典雅的旗袍，展示婀娜多姿的中国风情……

选一个阳光正好的午后，在繁华的街边找一个露天咖啡座，点上一杯咖啡，身边是枣椰树的身影，远处是碧蓝的海水和奢华的建筑，眼前是人潮汹涌的大街，整个人都沉醉在浓郁的异国情调中。

（六十九）最大的三角洲——恒河三角洲

恒河三角洲，位于南亚次大陆东部，大部分在孟加拉国境内。面积105000平方公里，是世界上最大的三角洲。该三角洲汇集了恒河、布拉马普行拉河、梅格纳河三大水系，河道众多，盛产甘蔗、水稻、黄麻等。因其是世界上土地最肥沃野的地区，因而被冠以“绿色三角洲”的美称。

从地图上可以看到，在孟加拉国和印度的交界处，有一个弓形的绿色地带，那便是世界上最大的三角洲——恒河三角洲。恒河三角洲有着发达的水系，广罗密布的河道像藤蔓一样延伸至各处，却又似利爪一样紧紧地嵌在土地中，给三角洲流域带来了充沛的水资源和富饶的自然资源。

恒河三角洲是世界上最大的三角洲，它占地面积105000平方公里，相当于2个长江三角洲。外形呈弓形。它主要是由冲积土构成，土壤中含有大量的营养矿物质，故而成为世界上土壤最肥沃的地区。

恒河三角洲的大部分位于孟加拉国境内。在三角洲南部，有着世界上最大的红树林“松达班”。一望无际的树林中有着雄伟壮观的瀑布群，清澈的湖面上荡漾着小船，令人心旷神怡。松达班是天然的野生动物王国，展现了大自然的神奇魅力。这里有近600平方公里的沼泽地，是梅花鹿、鳄鱼、猎豹等众多野生动物的栖息地，也是孟加拉虎的故乡。而另一处景点库卡塔，则保留了原始的自然景观，在这里可以同时欣赏到日出和日落，这在亚洲是绝无仅有的。在兰格马蒂，有着亚洲最大的人工湖，可供游客乘船览景，或是泛舟垂钓。在希莱特的山谷中，遍布茶园、橘园、菠萝林等，拥有世界上最大的茶园。

恒河三角洲孕育了整个古印度文明，是古印度文明的发源地。印度已知的历史可以追溯到公元前2000年，那时雅利安人开始大规模移民。到了公元前1000年，已经遍布印度的雅利安人创作了《梵经》《罗摩衍那》等古典梵语文献；公元前6世纪末，印度建立了第一个帝国政权——孔雀王朝。

恒河三角洲见证着印度王朝的兴盛与衰败。当这一切都已化作历史，只有那些古老的建筑还在守望着昔日的荣耀。古老的佛塔、刻有法令的王柱、石碑、浪漫悲情的泰姬陵、庄严圣洁的胡马雍陵、巍峨雄壮的摩羯菩提寺、象征王权的法特普尔西克里王宫、雕刻精美的埃洛拉石窟、埃勒凡塔石窟……历史与爱情的唯美交织，宗教与文明的交融，谱写了恒河三角洲壮丽多姿的文化气息。

（七十）世界上最深的海峡——德雷克海峡

德雷克海峡位于南美南端与南设得兰群岛之间，长300千米，宽900~950千米，平均水深3400米，最深处4750米。德雷克海峡是世界上最宽的海峡，其宽度竟达970千米，最窄处也有890千米。同时，德雷克海峡又是世界上最深的海峡，其最大深度为5248米。如果把两座华山和一座衡山叠放到海峡中去，连山头都不会露出海面。表层水温冬季为0.5℃~3.0℃，浮冰可漂浮至南美南端；夏季为3.0℃~5.5℃，无浮冰。表层水富含磷酸盐、硝酸盐和硅酸盐，自北向南递增。这里是世界上已知的营养盐丰富、有利于生物生长的海区之一。

在1914年巴拿马运河通航以前，德雷克海峡对19世纪和20世纪初叶的贸易起过重要作用。由于巨型油轮的出现和巴拿马运河的日益拥挤，德雷克海峡有可能再度成为重要航道。实际上第一次通过这一海峡的是1615年斯科顿率领的佛兰芒探险队。而英国航海家德雷克只是通过麦哲伦海峡到达火地岛。海峡上空盛行西风，北半部风力尤强。北部年平均气温为5℃，南部为-3℃。7月最低气温为-20℃。夏季（2月）峡内没有冰冻，9月冰冻面积最大。但海峡内在任何季节都可能出现漂浮的冰山。峡内海水从太平洋流入大西洋，是世界上流量最大的南极环流的一个组成部分，流量达1.5亿立方米/秒。表层水温自北部的6℃到南部的-1℃。在南纬60°温度发生显著变化，这个地区叫作南极辐合带或极锋，副极地表层水和更冷的南极表层水以此为界。在500~3050米深处，有较暖和盐度较大的环极深水环流。就整个德雷克海峡而论，海水盐度和含氧量均从南向北递增。海底摄影显示这里有很多海生动物，最多是海胆和海星，也有海绵，浮游生物也相当丰富，南部盛产磷虾。

德雷克海峡位于南美洲最南端和南极洲南设得兰群岛之间，紧邻智利和阿根廷两国，是大西洋和太平洋在南部相互沟通的重要海峡，也是南美洲和南极洲的分界线。德雷克海峡是世界各地到南极洲的重要通道。由于受极地旋风的影响，海峡中常常有狂风巨浪，有时浪高可达一二十米。从南极滑落下来的冰山，也常常漂浮在海峡中，这给航行带来了困难。

海峡两侧气压差12毫巴，促使南极大陆的干冷空气与美洲大陆相对湿暖的气流南北交换。南极辐合带在南纬60°附近通过海峡中部，东风环流和西风环流在此汇合。德雷克海峡以其狂涛巨浪闻名于世——由于太平洋、大西洋在这里交汇，加之处于南半球高纬度，因此，风暴成为德雷克海峡的主宰。海峡内似乎聚集了太平洋和大西洋的所有飓风狂浪，一年365天，风力都在8级以上。即便是万吨巨轮，在波涛汹涌的海面，也被震颤得像一片树叶。这片终年狂风怒号的海峡，历史上曾让无数船只在此倾覆海底。于是，德雷克海峡被人称之为“杀人的西风带”“暴风走廊”“魔鬼海峡”，是一条名副其实的“死亡走廊”。

（七十一）最长的海峡——莫桑比克海峡

莫桑比克海峡是西印度洋的一条水道，是世界上最长的海峡，东为马达加斯加岛，西为莫桑比克。科摩罗群岛横列海峡北端，印度礁和欧罗巴岛位于海峡南口。

早在10世纪以前，阿拉伯人就经过莫桑比克海峡，来到莫桑比克地区建立据点，进行贸易。莫桑比克海峡是从南大西洋到印度洋的海上交通要道，波斯湾的石油有很大一部分要通过这里运往欧洲、北美，成为世界上最繁忙的航道之一，战略地位十分重要。特别是苏伊士运河开凿之前，它更是欧洲大陆经大西洋、好望角、印度洋到东方去的必经之路。苏伊士运河开凿以后，一些巨型油轮不能通过苏伊士运河而需从该海峡通过。海峡两端宽中间窄，平均宽度为450千米，北端最宽处达到960千米，中部最窄处为386千米。峡内大部分水深在2000米以上，在北端与南端超过3000米，中部

约2400米，最大深度超过3500米，深度仅次于德雷克海峡和巴士海峡。因为莫桑比克海峡既宽又深，所以能通过巨型轮船。从波斯湾驶往西欧、南欧和北美的超级油轮，都是通过这条海峡，再经好望角驶往各地，因此它是南大西洋和印度洋之间的航运要道。

莫桑比克海峡地处热带，莫桑比克暖流从北向南流，终年炎热多雨，海中多珊瑚礁。海峡北口中部的科摩罗群岛和西南岸的马普托港（属莫桑比克），都是船运的战略要地。

据地质学家研究，约在1亿多年以前，马达加斯加岛是和非洲大陆连在一起的。后来在东非地壳运动时发生断裂并与非洲大陆分离，岛的西部下沉，形成巨大地堑海峡。海峡两侧陆架狭窄，陆坡陡峭。海底由戴维海岭、莫桑比克海盆、马达加斯加边缘台地和科摩罗海盆组成。戴维海岭纵贯海峡中部，海岭的西南面为莫桑比克海盆，因有戴维海岭的屏障，海盆北部沉积物较厚，南部则较浅。海峡底部的沉积物随地形而不同。东西两侧陆架以沙为主，从陆架往外到2000米等深线处，以粉沙为主，中部2000米以上的深海主要为粉沙质黏土。

莫桑比克海峡全长1670千米（一说1760千米），呈东北斜向西南走向。峡内海水表面年平均温度在20℃以上，炎热多雨，夏季时有因气流交汇而产生的飓风。由于水深峡阔，巨型轮船可终年通航。海峡盛产龙虾、对虾和海参，并以其肉质鲜嫩肥美而享誉世界市场。为东非重要航道，两岸港口有马任加、图莱亚尔、马普托、莫桑比克和贝拉。莫桑比克海峡地处热带，莫桑比克暖流自北向南流，终年炎热多雨，海峡两岸地形复杂。马达加斯加岛的西北岸为基岩海岸，蜿蜒曲折，穿插着珊瑚礁和火山岛。莫桑比克北部海岸，为犬齿形侵蚀海岸。由此往南，海峡两岸都为沙质冲积海岸，发育着沙洲和河口三角洲。唯独赞比西河口两侧，为红树林海岸。

海峡地区冬季盛行东北风，夏季时盛行东南风。在偏东风作用下，印度洋的南赤道暖流西流遇非洲大陆后自北而南沿东非海岸浩浩荡荡流进莫桑比克海峡，称莫桑比克暖流，海流主要受莫桑比克海流控制，流到非洲大陆东岸后转向南，并沿莫桑比克海岸南下，流速为51~67厘米/秒。南赤道流的另一分支，从马达加斯加东岸南下，过了圣马里角后转向西，又分为两支：主流与莫桑比克海流相汇合，成为厄古勒斯海流；另一支流沿海峡中轴北上，流速为36~57厘米/秒，到海峡北口，又与南赤道流—莫桑比克海流汇合，形成逆时针方向环流。12月至次年6月，这支北上海流，在马达加斯加西岸形成一系列逆流，成为季节性的马达加斯加西沿岸流。由于莫桑比克海流的存在，海峡表层，终年有一条高温水舌沿大陆海岸由东北伸向西南。月平均水温，2~3月最高，大部分水域在28℃以上；8月最低，由南向北，约在22℃~25℃。水温的垂

直结构有明显的层化现象，温跃层随季节而变。4月，跃层深度为50~200米，温度梯度为0.1℃/米；到10月，深度增至400~700米，梯度减弱为0.02℃/米。海峡中部受两岸径流的影响，表层盐度较低，约35.1‰~35.4‰。深层以200米层为最高，南端可达35.6‰以上。因而，在50~100米层出现较强的密度跃层。透明度中部较大，达40米。南北两端较小，各为25米和35米。

潮汐属正规半日潮。潮差南北两端较小，东西两岸较大。大潮潮差，南北两端均3米左右，东岸的马任加和西岸的莫桑比克分别为5.2米和4.8米。平均海平面以南半球的夏、秋季最高，冬季最低，振幅约8~10厘米。

溶解氧以600米层为最高（在5.0毫升/升以上），表层次高（约5毫升/升）。1200米层最低，南部为0.40毫升/升，北部不到2.5毫升/升。相反，磷酸盐中的磷和硝酸盐中的氮，以1200米处最高，各为2.2~2.6微克-原子/升和30~35微克-原子/升，表层和近表层最低，各为0.2微克-原子/升和低于10微克-原子/升。但有机磷多集中于近表层。

浮游植物的主要种类是硅藻，以努贝西岛附近为最多。其次是甲藻和颗石藻，后者多分布于海峡的南北两端。浮游动物的生物量，7~9月一般不超过10毫升/米（以0~200米垂直网每平方米计算），10~11月海峡中部和西北部为10~20毫升/米。主要种类有桡足类和端足类甲壳动物、磷虾、有壳翼足类和腹足类软体动物。底栖生物的生物量，北部多于南部，各为15~20克/米和3~5克/米。莫桑比克海峡全为远洋性鱼类渔场，东北部为近岸鱼类渔场。金枪鱼产量为印度洋最高产区之一。

（七十二）最曲折的海峡——麦哲伦海峡

在南美大陆和火地岛之间，有一条十分迂回曲折的海峡。它的西段呈西北—东南走向，中段南北走向，东段又从西南折向东北，自西至东，拐了一个直角弯。中、西段的海岸也很曲折。两岸陡壁耸立，海岬、岛屿密布。峡中风大多雾，潮高流急，多旋涡逆流，海上时有浮冰，不利于航行。所以这里一直是一个人迹罕至的海域，大西洋和太平洋被分隔在海峡两边。因航海家麦哲伦于1520年首先由此通过进入太平洋，故名麦哲伦海峡。

麦哲伦海峡东端与阿根廷相接，余部全在智利领海内。东起大西洋畔的维尔赫纳斯角与圣埃斯皮里图角，西至德索拉西翁岛皮勒角抵太平洋。海峡主要港口阿雷纳斯角在伯伦瑞克半岛，为智利羊肉集运港。葡萄牙人麦哲伦于1520年10月21日至11月28日在该海峡航行，并终于完成第一次环球航行。

麦哲伦海峡位于南美洲大陆南端和火地岛、克拉伦斯岛、圣伊内斯岛之间。由地壳断裂下陷而成，长约563千米，宽3.3~32千米，海峡内寒冷多雾，并多大风暴，是世界上风浪最猛烈的水域之一。巴拿马运河通航前，是沟通大西洋和太平洋的重要航道。东连大西洋，西通太平洋，东西长580千米，南北宽3.3~33千米。海峡被中部的弗罗厄得角分成东西两段。西段海峡曲折狭窄，入口处宽度48千米，最窄处仅3.3千米，水深较深，最深处达1170米。主航道大部分航段水深都在30米以上，部分航段水深达几百米，能够满足大型船舶通行。航道的浅水区域位于海峡东部第一狭水道向西南端延伸10海里至Banco Triton海域，此航段南北两侧有诸多浅点存在，水深20米以上的航道宽度仅有0.9海里，船舶吃水超过13.7米的船舶经过此航段时必须获得海事当局的许可。主航道内大部分海域无碍航物存在，但在近岸仍有许多图注的浅点和礁石，由于测量资料出于1974年，不排除存在没有标注的碍航物存在，特别是在20米等深线以内的海域。

海峡两侧岩岸陡峭、高耸入云，每到冬季，巨大冰川悬挂在岩壁上，景象十分壮观，每逢崩落的冰块掉入海中，会发出雷鸣般巨响并威胁船只航行。东段开阔水浅，主航道最浅处只有20米，两岸是绿草如茵的草原景观，海峡处于南纬50°多的西风带，强劲而饱含水汽的西风不仅给海峡地区带来低温、多雨和浓雾，而且造成大风、急浪，是世界闻名的猛烈风浪海峡，不利于航运发展，但在巴拿马运河开通前，麦哲伦海峡是南大西洋和南太平洋间的重要航道。

（七十三）最年轻的海峡——利姆水道

利姆水道，旧译“利姆海峡”。丹麦的峡湾，呈西南—东北向，位于北欧日德兰半岛的北部，把北部地区同丹麦大陆分开，原是北海和卡特加特海的两个峡湾，形成海峡仅100多年历史。长180千米。水道有许多不规则形的分汊，中段形成宽24千米的湖泊。最深处原仅15米，后为航行方便，已加浚深。西部原有许多淡水湖，湖水东注入卡特加特海峡。因与北海相通，形成咸水和淡水动植物区系的特殊结合。

该海峡不但有航运之利，也以出产牡蛎和贻贝闻名，而周围地区的灰末和黏土可用于制作很轻的建筑用砖。最大的岛屿是莫斯岛，主要港口是奥尔堡、勒格斯特、齐斯泰兹等。

（七十四）通过船只最多的海峡——英吉利海峡

英吉利海峡，又名拉芒什海峡，是分隔英国与欧洲大陆的法国、并连接大西洋与北海的海峡。

英吉利海峡（包括多佛尔海峡）实际上是分割大不列颠岛和欧洲大陆的狭窄浅海，也是欧洲最小的一个陆架浅海。原欧洲大陆和大不列颠岛相连，海峡是在阿尔卑斯造山运动中发生断裂下沉，被海水淹没而成。时至今日，海峡地区仍在缓慢沉降。海峡两岸平直陡峭，多岛屿。海底多是河流带来的沙砾沉积物和岸壁崩落的碎石。有些地段是裸露的白垩纪和更晚年代的致密岩层。多佛尔海峡两侧海岸都由白垩系岩层组成，岸壁陡峭，极其险峻。两岸岩石受海水冲刷，使岸壁崩落，海岸后退。据统计，海峡宽度每 100 年约增加 1 米。

英吉利海峡是大西洋的狭长海湾，分隔英格兰南部海岸和法国北部海岸。法语名（意为“袖子”）指其形状，自西向东渐窄，最宽处约 180 千米，最狭处 34 千米，位于英国多佛和法国加莱之间。东北与北海相通，西南与大西洋相连。面积 8. 99 万平方千米，呈东北（狭窄）—西南（宽阔）走向，形如喇叭。多佛尔海峡和英吉利海峡总长约 600 千米，大体上以法国的塞纳河口到英国南岸的朴次茅斯为界。前者东窄西宽，平均宽约 180 千米，最宽处达 220 千米；后者最窄处为英国多佛尔到法国加来以西的灰鼻岬，仅 33 千米，英吉利海峡平均深度为 60 米，最深处 172 米，多佛尔海峡的平均深度为 30 米，最浅处仅 24 米。

英吉利属于温带海洋气候，海峡区气候冬暖夏凉，气温年较差小，常年温湿多雨雾，降雨均匀，日照甚少。1 月气温最低，平均约为 4℃ ~6℃；7 月最高，约 17℃。在多佛尔海峡的法国海岸一侧，全年有 200 多个雨日，年降水量约 800 毫米；在英国海岸一侧年降水量要少些，每周雨日也有 3 天。海峡地区多雾，经常灰雾茫茫，加上白浪滔滔，严重影响舰船的航行。

该海峡地处西风带，又是大西洋与北海进行水交换的主要通道。主要的海流为北大西洋暖流的支流。该支流使大西洋海水，自西南通过海峡区流入北海；而东北风，会引起西南向流，使部分北海水流入海峡内。温、盐特性具有明显的时空变化。冬末（2 月）表层盐度最高而水温低，海峡西侧为 35. 3‰，9℃ ~10℃；东侧为 35. 0‰，6℃ ~6. 5℃。夏季（8 月），表层盐度约降低 0. 1‰~0. 3‰，而水温却升至 15℃ ~17℃。在西经渡以东海区，由于强潮混合作用，温、盐垂直分布终年均匀；而在西经 3 度以西区域，有明显的强跃层存在，使这里夏季底层水温不超过 10℃ ~11℃。某些年份夏季的大风作用，可导致跃层消失。

英吉利海峡资源丰富，蕴藏有石油、天然气，盛产青鱼、鲱鱼、鳕鱼和比目鱼等。海洋潮能约有 8000 万千瓦，约占世界海洋潮能（10 亿~30 亿千瓦）的 3%~8%，是世界海洋潮汐动力资源最丰富的地区。1966 年，法国在朗斯河口建成当时世界上最大的潮汐电站时，总容量为 24 万千瓦，年发电量为 5. 44 亿度。

潮差较大，有丰富的潮汐动力资源，潮汐以半日潮为主，但浅水分潮（主要是1/4日潮）亦较显著。潮波具有前进波特性；以开尔文波的形式从大西洋向海峡推进。由于地球自转效应和地形的影响，海峡南侧（法国西北岸）的潮差大于北侧（英国南岸），前者一般为5~6米，后者仅2~3米，其中法国沿岸的圣马洛湾和索姆河口，以潮差大而著称。大潮时潮差约为9~12米，最大潮差可达13.5米。在奥尔德尼水道，大潮时的涨潮流速达5.0米/秒。

英吉利海峡是不列颠岛天然的防御关键，它允许欧陆国家介入国内一些事务，同时又不让来自欧陆的冲突对其产生足够的威胁。历史上著名的威胁有在拿破仑执政时期的拿破仑战争，第二次世界大战期间的纳粹等。

英吉利海峡也是为数众多的入侵行动或意图入侵的重要场景。包括了罗马入侵不列颠，1066年诺曼人入侵，1588年西班牙无敌舰队，1944年诺曼底登陆等。发生在海峡上的重要海战则有1652年古德温暗沙战争，1653年波特兰战争，1692年拉乌格战争。

在大部分和平时期，海峡则扮演着连接大众文化以及政治的枢纽，尤其在1135~1217年安加望帝国统治时期特别明显，近千年来，海峡也提供了凯尔特地区及语言上的连接。

英吉利海峡和多佛尔海峡是世界上海洋运输最繁忙的海峡，战略地位重要。国际航运量很大，目前每年通过该海峡的船舶达20万艘之多，居世界各海峡之冠。历史上由于它对西、北欧各资本主义国家的经济发展曾起过巨大的作用，人们把这两个海峡的水道称为“银色的航道”。

（七十五）最重要的洲际海峡——马六甲海峡

马六甲海峡位于马来半岛和苏门答腊岛之间。因马来半岛南岸古代名城马六甲而得名。海峡西连安达曼海，东通南海，呈西北—东南走向。它的西北端通印度洋的安达曼海，东南端连接南中国海。海峡全长约1080千米，西北部最宽达370千米，东南部最窄处只有37千米，是连接沟通太平洋与印度洋的国际水道，也是亚洲与大洋洲的十字路口。

从地质上看，马六甲海峡是巽他大陆架的组成部分，在第四世纪开始阶段（大约160万年前）是一片延绵的低地，自第三世纪后期（大约700万年前）至今似未曾受到过地壳运动的影响，目前的轮廓是因后冰期高纬地区的陆冰融化而上涨的海水浸泡而成。

马六甲海峡的南部水深很少超过37米，一般约为27米，越向西北海底越深，到与安达曼海盆汇合处水深约达200米。海峡南口有许多小岛，有些小岛的边缘上有岩礁和沙脊，因此阻碍了马六甲海峡南入口的航行。已确定沙脊是由来自苏门答腊的河水中夹带的物质淤积而成。

马六甲海峡的两岸常可看见海岸沼泽，沿苏门答腊东部的海岸便有一处面积很大、地势低洼的沼泽林。海峡两岸均泥沙淤积，大河口附近泥沙淤积外展程度不等，在马来亚沿海，每年泥沙淤积外展幅度约为9米，而到苏门答腊东部沿海则约为200米。马六甲海峡地区气候湿热，冬季盛行东北季风，夏季盛行西南季风，年平均降雨量由1941毫米到2565毫米不等。北半球冬季，北印度洋海区的季风洋流整体上由东向西流，导致马六甲海峡水整体上由东南向西北流动的；北半球夏季，北印度洋海区的季风洋流整体上由西向东流，使马六甲海峡海水整体上由西北向东南流动。海峡东部海水表面温度为30.5℃~31℃；西部海水表面温度则可比东部水温低约15.5℃。由于紧接陆地又有几条大河注入海峡，造成马六甲海峡水含盐度低。

马六甲海峡处于赤道无风带，全年风平浪静的日子很多。终年高温多雨，风力很小，海峡底质平坦，多为泥沙质，水流平缓。年均气温25℃以上，年均降水量2000~2500毫米，马六甲港等地达3000毫米，甚至更多。一年中绝大部分时间风力微小，4~5月、10~11月可能出现猛烈的暴风雨，但一般历时短暂，不过数十分钟，对船舰航行阻碍不大，世人称马六甲海峡是风平浪静的航行海峡。

马六甲海峡有悠久的历史。约在公元4世纪时，阿拉伯人就开辟了从印度洋穿过马六甲海峡，经过南海到达中国的航线。他们把中国的丝绸、瓷器，马鲁古群岛的香料，运往罗马等欧洲国家。公元7~15世纪，中国、印度和阿拉伯国家海上贸易船只，都要经过马六甲海峡。

16世纪初，葡萄牙航海家开辟了大西洋至印度洋航线。

1869年，苏伊士运河贯通，大大缩短了从欧洲到东方的航路。马六甲海峡的通航船只急剧增多。

马六甲海峡是连接太平洋与印度洋的重要航道，是环球航线的重要环节，每天平均通过的船有200多艘，每年通过8万多艘，成为仅次于多佛尔海峡—英吉利海峡的世界最繁忙的海峡之一。海峡现由新加坡、马来西亚和印度尼西亚三国共同管理。东端的世界大港新加坡，海运繁忙，吞吐量为世界第四。港内码头岸线长达三四千米，可同时容纳30余艘巨轮停泊。拥有40万吨级的巨型船坞，能修理世界最大的超级油轮，每年约有10万艘船只（大多数为油轮）通过海峡。日本从中东购买的石油，绝大部分都是通过这里运往国内的。

然而海峡宽度较窄，其中还有沙滩和沙洲，浅于23米的地方就有37处，再加上过去的沉船等有碍巨型油轮通行，因而不时发生巨轮搁浅事件，载重 20 万吨以上油轮只得绕道印尼的龙目海峡，多航行 2000 多千米。同时两岸泥沙不断向海峡内淤积，海岸线每年大约向前伸展 60～500 米。如按此淤积速度，马六甲海峡 1000 年内就会消失，因而加强航道疏浚和综合治理是一项艰巨的任务。

（七十六）最大的海湾——孟加拉湾

孟加拉湾（取名于印度蒙古邦）总面积为 217. 2 万平方千米，总容积为 561. 6 万立方千米，平均水深为 2586 米，最大深度为 5258 米。

它是世界第一大海湾。孟加拉湾在印度半岛、中南半岛、安达曼群岛和尼科巴群岛之间，深度在 2000～4000 米，南半部较深。有恒河、布拉马普特拉河等河流注入。

沿岸的重要港口有加尔各答、马德拉斯、吉大港等，是太平洋与印度洋之间的重要通道。沿岸重要港口有印度的马德拉斯、加尔各答和孟加拉国的吉大港等。孟加拉湾的陆架，宽为 161 千米，以北部和东部的恒河三角洲、安达曼群岛和尼科巴群岛附近较宽，向海一侧陆架的平均深度为 183 米。陆架大部分由砂组成，向海一侧多为黏土和软泥，有好几处被一些海底峡谷切割。其中有恒河峡谷，位于恒河—布拉马普特拉河三角洲的外方，深达 732 米；安得拉、克里希纳和马哈德范等峡谷分布于该湾的西部边缘。

沿岸国家包括印度、孟加拉国、缅甸、泰国、斯里兰卡、马来西亚和印度尼西亚。印度和缅甸的一些主要河流均流入孟加拉湾，著名的大河有：恒河、布拉马普特拉河、伊洛瓦底江、萨尔温江、克里希纳河等。孟加拉湾中著名的岛屿包括斯里兰卡岛、安达曼群岛、尼科巴群岛、普吉岛等。孟加拉湾沿岸贸易发达，主要港口有：印度的加尔各答、马德拉斯、本地治里，孟加拉国的吉大港，缅甸的仰光、毛淡棉，泰国的普吉，马来西亚的槟榔屿，印度尼西亚的班达亚齐，斯里兰卡的贾夫纳等。

孟加拉湾位于印度洋南部，印度洋的自然资源相当丰富，矿产资源以石油和天然气为主，主要分布在波斯湾，此外，澳大利亚附近的大陆架、孟加拉湾、红海、阿拉伯海、非洲东部海域及马达加斯加岛附近，都发现有石油和天然气。波斯湾海底石油探明储量为 120 亿吨，天然气储量 7100 亿立方米，油气资源占中东地区探明储量的 1/4。

20 世纪 60 年代以后，波斯湾油气产量大幅度上升，年产石油约 2 亿吨，天然气约 500 亿立方米，石油的储量和产量都占世界首位。印度洋海域是世界最大的海洋石油产区，约占海上石油总产量的 1/3。印度洋的金属矿以锰结核为主，主要分布在深海盆底部，其中储量较大的是西澳大利亚海盆和中印度洋海盆。此外，在印度半岛的近海、斯里兰卡周围以及澳大利亚西海域中还发现相当数量的重砂矿。

20 世纪 60 年代中期，曾在红海发现含有多种金属的软泥，它含有氧化物、碳酸盐和硫化物，包括铁、锌、铜、铅、银、金等多种金属，其中铁的平均含量是 29%，锌的富集度最高可达 8.9%。红海的金属软泥是目前世界上已发现的具有重要经济价值的海底含金属沉积矿藏。

印度洋的生物资源主要有各种鱼类、软体动物和海兽。印度洋中年捕鱼量约有 500 万吨，比太平洋、大西洋少得多。印度洋中以印度半岛沿海捕鱼量最大，主要捕捞鱼类有：鲭鱼、沙丁鱼和比目鱼，非洲南岸还有金枪鱼、飞鱼及海龟等。在近南极大陆的海域里，还有鲤鲸、青鲸和丰瓦洛鲸。此外，在波斯湾的巴林群岛、阿拉伯海、斯里兰卡和澳大利亚沿海还盛产珍珠。

（七十七）世界最大的风浪区——好望角

“好望角”的意思是“美好希望的海角”，但最初却称“风暴角”，是位于非洲西南端非常著名的岬角，位于 34°21′S，18°30′E 处，北距开普敦 52 千米。但从此通往富庶的东方航道有望，故改称好望角。苏伊士运河通航前，来往于亚欧之间的船舶都经过好望角。现今特大油轮无法进入苏伊士运河，仍需取此道航行。好望角多暴风雨，海浪汹涌，位于来自印度洋的温暖的莫桑比克厄加勒斯洋流和来自南极洲水域的寒冷的本格拉洋流的汇合处。1939 年，这里成为自然保护区，好望角东方 2 千米处，设有一座灯塔。

好望角正位于大西洋和印度洋的汇合处，即非洲南非共和国南部。强劲的西风急流掀起的惊涛骇浪长年不断，这里除风暴为害外，还常常有“杀人浪”出现。

好望角为什么有那么大的巨浪呢？水文气象学家探索了多年，终于揭开了其中的奥秘。好望角巨浪的生成除了与大气环流特征有关外，还与当地海况及地理环境有着密切关系。好望角正处在盛行西风带上，西风带的特点是西风的风力很强，11 级大风可谓家常便饭，这样的气象条件是形成好望角巨浪的外部原因。南半球是一个陆地小而水域辽阔的半球，自古就有“水半球”之称；好望角接近南纬 40°，而南纬 40°至南极圈是一个围绕地球一周的大水圈，广阔的海区无疑是好望角巨浪生成的另一个原因。此外，在辽阔的海域，海流突然遇到好望角陆地的侧向阻挡作用，也是巨浪形成的重要原因。因此，西方国家常把南半球的盛行西风带称为“咆哮西风带”，而把好望角的航线比作“鬼门关”。

好望角又是一个植物宝库，这里拥有全世界最古老、完全处于原生态的灌木层，有从来没有受过人类干扰的原始植物群，拥有研究植物进化不可多得的原始条件。

达尔文在《物种起源》里曾经描述：在许多情形下，我们对于花园和菜园里栽培悠久的植物，已无法辨认其野生原种。我们大多数的植物改进到或改变到现今于人类有用的标准需要数百年或数千年，因此我们就能理解为什么无论澳大利亚、好望角或十分未开化人所居住的地方，都不能向我们提供一种值得栽培的植物。

拥有如此丰富物种的这些地区，并非由于奇异的偶然而没有任何有用植物的原种，只是因为该地植物还没有经过连续选择而得到改进……1836 年 6 月 3 日，达尔文专程来到好望角，考察这里的植物资源及物种进化情况，并拜访了居住在这儿进行天文研究的约翰·赫歇尔，因为正是赫歇尔，作为一个天文学家，在深入的天文研究的同时，早已敏感地意识到了物种进化问题。好望角是一个来过一次便会为之着迷的地方。

人们钟情好望角，关注好望角，同时也为好望角的未来担忧。尽管人们对好望角提供了最严格的保护——这里除观光游览车以外，任何汽车禁止入内；这里的一草一木一砂一石都是自然遗产，哪怕带走一段枯树枝、一枚小石子都是违法的。但人们同时也看到，好望角的自然生态环境是如此脆弱，有时又无法避免人类不经意的折腾。

在一次国际会议上，专家们经过研究论证后明确指出，随着南极大陆冰山融化，海平面上涨，温室效应加剧，十年之后，好望角有可能变成一片荒漠。

（七十八）海洋最深深度——马里亚纳海沟

马里亚纳海沟位于北纬 11°20′，东经 142°11. 5′，即于菲律宾东北、马里亚纳群岛附近的太平洋底，亚洲大陆和澳大利亚之间，北起硫黄列岛、西南至雅浦岛附近。其北有阿留申、千岛、日本、小笠原等海沟，南有新不列颠和新赫布里底等海沟。全长 2550 千米，为弧形，平均宽 70 千米，大部分水深在 8000 米以上。最大水深在斐查兹海渊，为 11034 米，是地球的最深点。这条海沟的形成据估计已有 6000 万年，是太平洋西部洋底一系列海沟的一部分。

如果把世界最高的珠穆朗玛峰放在沟底，峰顶将不能露出水面。不少的登山家成功地征服了珠穆朗玛峰，但探测深海的奥秘却是极其困难的。1957 年苏联调查船测到 10990 米深度，后又有 11034 米的新纪录。1960 年美国海军用法国制造的“的里雅斯特号”深海潜水器，创造了潜入海沟 10911 米的纪录。海沟底部高达 1100 个大气压的巨大水压，对于人类是一个巨大的挑战。深海是一个高压、漆黑和冰冷的世界，通常的温度是 2℃（在极少数的海域，受地热的影响，洋底水温可高达 380℃）。令人惊奇的是，在这样深的海底，科学家们竟然看到有一条比目鱼和一只小红虾在游动。有的理论认为深海海沟的形成主要原因是地壳的剧烈凹陷。

主海沟底部有较小陡壁谷地。一般认为海洋板块与大陆板块相互碰撞，因海洋板块岩石密度大，位置低，便俯冲插入大陆板块之下，进入地幔后逐渐熔化而消失。在发生碰撞的地方会形成海沟，在靠近大陆一侧常形成岛弧和海岸山脉。这些地方都是地质活动强烈的区域，表现为火山爆发和地震。

（七十九）最低的活火山——塔尔火山

塔尔火山，世界上最低的活火山，它位于菲律宾的吕宋岛，相对高度仅 200 米，但曾经喷出火山灰却高达 1500 米；在 1965 年，1970 年、1976 年都曾喷发过，是一个典型的活火山。塔尔火山十分特别，在它的火山湖中，又形成了一个小火山，就像是它孕育出的爱子，因此它们又被称为“母子火山”。

一提到火山，人们总会联想到巍峨、壮丽、荒凉、毁灭等词语，全世界也不乏具有这些属性的火山，比如日本的富士山、非洲的乞力马扎罗山、吞噬了庞贝古城的意大利维苏威火山、夏威夷的冒纳罗亚火山……然而，坐落在菲律宾吕宋岛的塔尔火山却颠覆了众人对火山的印象。这座火山被波光粼粼的湖水环绕着，湖水清澈碧蓝，加上蓝天白云和火山的倒影，形成一种独具风韵的美。不仅如此，与上述诸多火山相比，塔尔火山走向了另一个极端—全世界最袖珍的活火山。塔尔火山的相对高度仅 200 米，在菲律宾 50 多座火山中是地势最低的一座火山，也是全世界最低的活火山。

仿佛要印证“浓缩就是精华”这句话一般，四五百年来，这座火山已爆发过 40 多次。在 1976 年的爆发中，烟雾缭绕，火光冲天，那飞溅的火山灰腾空而起，竟达到了 1500 米的高度，十分壮观。然而，最奇特的是，在这座火山的中间又有一个微型的火山湖，面积大约只有 1 平方公里，湖中又形成了一个小火山，名叫“武耳卡诺”，就像被袋鼠妈妈护在怀里的小袋鼠，因此被人们合称为“母子火山”。此外，湖中还有一个数十米的微型小岛，形成了湖中有山、山中有湖、湖中有岛的奇特景观，也因此让塔尔湖成为菲律宾的避暑和旅游胜地。

据考察，塔尔火山形成于地质年代的第四纪，已有几百万年的历史了，而“孩子”武耳卡诺则形成于 1911 年，那是自有文字记载以来最壮烈的一次火山爆发。山体震动，发出巨大的轰隆声，金红色的火球从山口喷发出来，炙热的岩浆滚滚流淌，像是从炼钢熔炉里溢出的红色铁水，炙热壮观！就在那一次爆发中，武耳卡诺“呱呱”坠地，人们为它取名“武耳卡诺”；意为“燃烧的山”。武耳卡诺和它母亲一样脾气暴躁，经常喷发，顶端的几个火山口不时冒出烟雾。预告着它不甚晴朗的心情。而最奇特的是，其中一个喷火口又蓄积着不少水，形成一个小巧玲珑的湖……这种山中有山、湖中套湖的景象是只有大自然才能创造出来的奇迹，吸引着来自世界各地的游客，也让位于此地的大雅台闻名遐迩。

在海拔600米的大雅台上，能够俯瞰整个塔尔湖和塔尔火山。这里气候凉爽，风景优美，两旁茂密的森林让人呼吸着雨后清新的空气，仿佛走入了魔幻的森林，一会儿云雾缭绕，一会儿又阳光普照。乘着船畅游在塔尔湖中，身边是碧蓝晶莹的湖水，倒映着蓝天白云，格外美丽。向远处看去，塔尔火山的峰顶隐没在云雾之中，旁边是一排排养殖场，身后则是同样被笼罩在云雾中的大雅台，恍若云中仙境……

在湖边下船后，由马夫引领，人们花20比索租一顶草帽，可以悠闲地骑在马上，享受清新的空气和明朗的阳光。沿途还不时能看到2人共乘一匹马的情形：骑术纯熟的马夫拉着马缰绳，将不会骑马的人用双臂圈住，几乎是半搂在怀里。

登上山顶，只觉得眼前豁然开朗，整个人置身于大湖中央的最高点，只见山被波光粼粼的湖水包裹着，山上又镶嵌着玲珑精致的小湖，绿色的湖面像一面镜子，映着岩壁上氤氲腾起的热气，有奇异魔幻的感觉，让人忘却了今夕何夕……

（八十）轮廓最完整的火山——马荣火山

马荣火山，位于菲律宾吕宋岛的东南部，有着近乎完美的圆锥形山体，被世人称为“最完美的圆锥体”。它自1616年以来总共喷发了30多次，是一座著名的活火山，它完美的山体和优美的景色，吸引了无数摄影爱好者。

火山喷发时，金红的岩浆四处崩裂，沿着笔直的锥形山体流淌，形成一条条金黄交织的“河流”，穿过泛着黑烟的浓雾四处弥漫，妖艳而旖旎……这样的景象，对于摄影爱好者来说简直是妙不可言。位于菲律宾的马荣火山就是这样一座活火山，让世界各地的摄影爱好者不顾危险也要一睹火山喷发的完美景象。

马荣火山位于菲律宾吕宋岛的东南部，海拔2462米，是一座著名的活火山。它位于亚欧板块和菲律宾板块的交界处，在板块挤压的作用下，形成了强大的压力和高热，从而形成岩浆。在火山整个山体的上半部分没有一棵树木，下半部分则是茂密的森林。远远望去，马荣火山好似一个棱角分明的几何图形，以山顶为中心点，向四周笔直地画下山体线，锐利刚劲的线条如刀削斧劈一般，构造了火山华丽对称的轮廓，被世人冠以“最完美的圆锥体”之美誉。马荣火山那完美的圆锥体，源于火山灰和熔岩的多次喷发和累积的结果。在将近400年中，马荣火山总共喷发了50次，最近一次是在2013年，至今仍可看到火山口漂浮的白色烟雾和时隐时现的红色岩浆。

因为高度频繁的火山喷发威胁到了民众的人身安全，菲律宾政府疏散了当地的居民，并禁止游客和村民进入火山周围8公里以内。但仍挡不住人们对火山旖旎风光的向往，每年依旧有很多游客前来火山脚下的莱加斯皮市欣赏火山风景，享受黑色沙滩的美妙体验。到了夜晚，莱加斯皮市更加迷人，五光十色的霓虹灯交相辉映，海边倒映着璀璨的灯光和休憩的渔船。登上高楼或山顶远眺马荣火山，火山口的浓烟若隐若现地漂浮着，金红色的岩浆在夜幕遮掩下的山体上蜿蜒，显得格外妖娆……

火山带来的旅游业，使吕宋岛在菲律宾众多旅游胜地中脱颖而出，成为最受游客青睐的旅游地。吕宋岛是菲律宾面积最大、人口最多、经济最发达的岛屿。自宋元时期，就有中国的商船来此通商。随着时间的推移、时代的发展，吕宋岛逐渐成为菲律宾旅游的精华区，除了唯美奇幻的火山景观之外，以急流和瀑布著称的北染瀑布，直径达 1000 米的塔尔湖，有着“夏都之称”的碧瑶，都是游客到菲律宾时不可错过的旅游景点。

（八十一）最大的人工岛——朱美拉棕榈岛

朱美拉棕榈岛，位于阿联酋的迪拜，耗资 140 亿美元打造，是阿联酋首个棕榈叶形状的岛屿，也是世界上最大的人工岛。它由一个像棕榈树干形状的工人岛、17 个棕榈树叶形状的小岛以及围绕它们的环形防波岛 3 部分组成，岛上有豪华的亚特兰蒂斯酒店和各种商场、游乐场所，每年吸引着上千万游人前来观光，被誉为“世界第八大奇迹”。

从高空俯瞰，一棵巨大的棕榈树漂浮在迪拜蔚蓝色的海面上。它有着一个“树干”和 17 个“枝桠”，巨大而壮观。然而，仔细一看就会发现，原来那棕榈树竟然是由一个个错落有致、大大小小的岛屿构成。它们的造型美丽壮观。圆形的外堤包围着巨大而微微翘首的叶梗，露出边上黄色的陆地，其余的则是一片片碧蓝的海水。大片的私人别墅坐落在叶梗上，连成一条条弯曲翘起的弧线，就像棕榈树随风飘动的叶片，这便是朱美拉棕榈岛。

朱美拉棕榈岛修建于 2001 年，耗资 140 亿美元，在 14000 多名工人历经 5 年夜以继日地工作后，第一阶段完工，随即便有 4000 位岛民首批入住。建造这一伟大工程的迪拜王子谢赫·穆罕默德·本·拉希德·阿勒马克图姆说，迪拜虽然有丰富的石油可以致富，却没有可以持续发展的产业，他希望通过建立这个世界第一大人工岛，让它成为能与香港、新加坡竞争的世界商业港，成为世界休闲中心和旅游胜地。朱美拉棕榈岛完全用沙子和岩石搭建而成，整个岛屿面积 12 平方公里，伸入阿拉伯湾 5 5 公里，由 4 个岛屿群组成，其规模之庞大，在太空都能看到，是世界上最大的人工岛屿，被称为“世界第八大奇迹”。

迪拜似乎是一个完美的旅游地，有一年四季普照的阳光，有湛蓝的海水、洁白优美的沙滩，每年吸引着数万名游客前来休闲观光。而随着朱美拉棕榈岛的建成，迪拜更成了旅游胜地，那被誉为“世界第八大奇迹”的人工岛像一棵具有魔力的棕榈树，成为众人心里不得不去窥探一眼的奇迹。岛上共有1.2万栋私人住宅和1万多所公寓，连成一片片弧线优美的“叶片”，就像在海水中浮动的绿叶。岛上还建有水下酒店、一栋世界上最高的摩天大楼、室内滑雪场、一个与迪拜城市大小相当的主题公园……人们在私人海滩上晒着日光浴，或穿上潜水服一览缤纷的海底世界，享受最惬意的快乐时光。

在“棕榈树”叶子的最顶端，矗立着一座最豪华的酒店——亚特兰蒂斯酒店。就像帆船酒店引领迪拜一样，亚特兰蒂斯就是棕榈岛的灵魂，它巨大、豪华、壮观。棕红色的亚特兰蒂斯酒店呈现出完美的左右对称形，像一只展翅的蝴蝶停靠在棕榈岛的尽头。亚特兰蒂斯酒店耗资15亿美元，占地113亩，共有1539个房间，如同古巴比伦建筑的装潢仿佛让人跨越了时空，回到那个有着“空中花园”之称的灿烂古文明国度。古典的日式餐厅、充满热带风情的西班牙餐厅、优雅浪漫的法式餐厅，无不向人展示着它的奢华。那巨型水族缸里有多达6.5万尾各种海洋鱼类，它们或巨大或小巧，或通透或斑斓，快乐地悠游其中，仿佛一个缩小版的海洋。而在巨大的海豚馆中，数十条海豚是专程从南太平洋所罗门群岛海域花30多个小时空运而来的，令人叹为观止。徜徉在“失落的空间”，特色鲜明的主题走廊带你去寻找遗落在海底的“亚特兰蒂斯”，想象着探寻神秘的亚特兰蒂斯遗迹，和那在海底深处隐藏了几千年的秘密。奢华的酒店、滨海的栖所、洁白的沙滩、惬意的水疗、斑斓的水底世界、一流的美食、精品店铺……在这里，你将领略到一个充满幻想、乐趣与奢华的炫彩世界。

（八十二）非洲之最

最高山峰：乞力马扎罗山

最大的海湾：几内亚湾

最深的湖泊：坦葛尼喀湖

最大的盆地：刚果盆地

最大的湖泊：维多利亚湖

分布面积最大的气候：热带草原气候

最大的半岛：索马里半岛

南部最发达国家：南非

最大的岛：马达加斯加岛

最后独立的国家：纳米比亚

非洲第一大城市即阿拉伯国家人口最多的城市：开罗

（八十三）欧洲之最

欧洲最长的河流：伏尔加河（3600 千米，注入里海）

欧洲流经国家最多的河流：多瑙河（流经 9 个国家）

欧洲经济实力最强的国家：德国

欧洲最大的农产品出口国：法国（工农业都发达）

欧洲最大的城市：伦敦

欧洲最大的太阳能发电站位于法国比利牛斯山脉东部山麓

（八十四）唯一没有海岸的海——马尾藻海

马尾藻海，又称萨加索海，葡萄牙语中“葡萄果”的意思，是大西洋中一个没有岸的海，大致在北纬 20°~35°、西经 35°~70°，覆盖大约 500~600 万平方千米的水域。马尾藻海围绕着百慕大群岛，与大陆毫无瓜葛，所以它名虽为“海”，但实际上并不是严格意义上的海，只能说是大西洋中一个特殊的水域。马尾藻海是一个“洋中之海”，它的西边与北美大陆隔着宽阔的海域，其他三面都是广阔的洋面，所以它是世界上唯一没有海岸的海，因此也没有明确的海陆划分界线。

马尾藻海最明显的特征是透明度大，是世界上公认的最清澈的海。马尾藻海远离江河河口，浮游生物很少，海水碧青湛蓝，透明度深达 66. 5 米，个别海区可达 72 米。因此，马尾藻又是世界上海水透明度最高的海。一般来说，热带海域的海水透明度较高，达 50 米，而马尾藻海的透明度达 66 米，世界上再也没有一处海洋有如此之高的透明度。所谓海水透明度，是指用直径为 30 厘米的白色圆板，在阳光不能直接照射的地方垂直沉入水中，直至看不见的深度。每当晴天，把照相底片放在 1000 余米的深处，底片仍能感光。这是所有其他海区所望尘莫及的。马尾藻海还是一个十分奇特的海区，它所处的地理位置正是大西洋副热带高压中心，沿着高压中心的边缘经行的顺时针大洋环流形成了它的“海岸”，西、北纬墨西哥湾暖流，东为加那利寒流，南为北赤道暖流，中间围成了一个面积达 645 万平方千米、平均深度为 4500 米以上的海区。

在马尾藻海的海面上，布满了绿色的无根水草——马尾藻，仿佛是一派草原风光。在海风和洋流的带动下，漂浮着的马尾藻犹如一条巨大的橄榄色地毯，一直向远处伸展。除此之外，这里还是一个终年无风区。在蒸汽机发明以前，船只只得凭风而行。那个时候如果有船只贸然闯入这片海区，就会因缺乏航行动力而被活活困死。所以自古以来，马尾藻海被看作是一个可怕的“魔海”。1492 年 8 月 3 日早晨，意大利航海家哥伦布率领的一支船队，就在这里被马尾藻包围了。他们在马尾藻海上航行了整整3个星期，才摆脱了危险。

在第二次世界大战中，英国奥兹明少校曾亲自去了马尾藻海，海上无风，“绿野”发出令人作呕的奇臭，到处是毁坏了的船骸。海藻表面有极大的黏性，吸住人的手后，竟留下了血痕。到了晚上，海藻像蛇一样爬上船的甲板，似乎要将船裹住不放。为了航行，他只好把海藻扫掉，可是海藻越来越多，像潮水一样涌上甲板。经过一番搏斗，精疲力竭的他侥幸得以逃生。

在航海家们眼中，马尾藻海是海上荒漠和船只坟墓。在这片空旷而死寂的海域，几乎捕捞不到任何可以食用的鱼类，海龟和偶尔出现的鲸鱼似乎是唯一的生命，此外就是那些单细胞的水藻。在众口流传的故事中，马尾藻海被形容为一个巨大的陷阱，经过的船只会被带有魔力的海藻捕获，陷在海藻群中不得而出，最终只剩下水手的累累白骨和船只的残骸。而百慕大三角作为这一海域上最著名的神秘地带，则将这些传说推向了极致。

在海洋学家和气象学家的共同努力下，马尾藻海“诡异的宁静”和船只莫名被困的原因被找出来了。原来，这块面积达300万平方千米的椭圆形海域正处于4个大洋流的包围中。西面的湾流、北面的北大西洋暖流、东面的加那利寒流和南面的北赤道暖流相互作用的结果，使马尾藻海以顺时针方向缓慢流动，这就是这里异乎寻常“平静”的原因。正是因为这种原因，才会使古老的依赖风和洋流助动的船只在这片海域踟蹰不前。由此，马尾藻海盐分偏高、海水温暖、浮游生物众多的问题，也都纷纷迎刃而解。虽然马尾藻海中的海藻被证实了并非是阻挡船只前进并吞噬海员的魔藻，但笼罩在它头上的神秘光晕却并未因此而消失。

马尾藻海中生活着许多独特的鱼类，如飞鱼、旗鱼、马林鱼、马尾藻鱼等。它们大多以海藻为宿主，善于伪装、变色，打扮得同海藻相似。最奇特的要算马尾藻鱼了。它的色泽同马尾藻一样，眼睛也能变色，遇到“敌人”，能吞下大量海水，把身躯鼓得大大的，使“敌人”不敢轻易碰它。

（八十五）轮廓最完整的火山锥——马荣火山

马荣火山是位于菲律宾吕宋岛东南部的活火山，它那近乎完美的圆锥形山体，号称“最完美的圆锥体”，是世界上轮廓最完整的火山。

马荣火山方圆130千米，耸立阿尔拜湾海岸上2421米，多登山客和露营者，是马荣火山国家公园（面积55平方千米）的中心。较低坡有大片蕉麻种植园。

在地质学上，菲律宾位于欧亚板块和菲律宾板块的交界地带，因为板块挤压作用，

较重的海洋板块把较轻的大陆板块往上推，推挤过程中强大的压力及高热使得板块熔化，产生岩浆。因此菲律宾有多达22座活火山，全部分布在环太平洋火山带上。

马荣火山是一个活跃的层状火山，作为世界上“最完美的火山锥”，它完美对称的圆锥体是火山灰和熔岩多次喷发并累积的结果。自有记录以来，马荣火山第一次喷发发生于1616年。近400年来，菲律宾阿尔拜省的居民已经习惯了马荣火山喷发所带来的威胁。在这近400年中，马荣火山共喷发了40多次。最近一次活跃期是2006年，共持续4个月之久。当时，大约有3万当地居民被安全转移。马荣火山最具毁灭性的一次爆发发生于1814年，熔岩流掩埋了整整一座城镇，导致1200多人死亡。此外，马荣火山还于1993年爆发过一次，致79人死亡。

日本富士山仅次于它，经常被人拿来和日本的富士山相媲美，是菲律宾著名的旅游景点，近来的多次濒临喷发，虽然菲律宾政府疏散了附近居民，却反而吸引了许多欲一睹完美火山爆发景象的火山爱好者及摄影爱好者。

（八十六）最大的暖流——墨西哥湾暖流

墨西哥湾暖流，简称湾流，是大西洋上重要的洋流，是世界大洋中最强大的暖流，也是最大的暖流。起源于墨西哥湾，沿北美大陆东岸向东北流击，至北纬40°附近进入西风带开始折向东流，并呈扇形展开，称北大西洋暖流。南赤道暖流因受巴西大陆之阻而分出的北支——圭亚那暖流，经墨西哥湾流出变为佛罗里达暖流，与北赤道暖流北上的安的列斯暖流汇合，组成强劲的湾流。该暖流因绕经炎热的墨西哥湾后而流出，因此规模很大，水温很高。在佛罗里达出口处宽60~80千米，出口后加宽到150千米，深度达800米，流速每日130~150千米，表层水温度27℃~28℃。湾流及北大西洋暖流所经之地水温和气温大幅度升高，在强大西风吹送下向东北可直达北极圈以北的巴伦支海，使欧洲西北部也成为温暖湿润的温带海洋性气候，1月平均气温比同纬度的亚洲东岸和北美东岸气温要高出15℃~20℃，位于北极圈以北的俄罗斯北冰洋沿岸港口摩尔曼斯克港成为不冻港。墨西哥湾暖流之所以能成为世界上最强大的暖流，除上述北赤道暖流、安的列斯暖流加上南赤道暖流北上的圭亚那暖流外，还有墨西哥湾接受了由信风不断赶入的暖水，使墨西哥湾成了巨大的“热蓄水库”。从佛罗里达海峡流出的强大而高温、高速的佛罗里达洋流，与从东南来的安的列斯暖流汇合后，声势更大。

墨西哥湾暖流规模十分巨大，它宽100多千米，深700米，总流量每秒7400万~9300万立方米，流动速度最快时每小时9.5千米，200米深处流动速度约每小时4000米。总流量大约相当于所有河流径流量的40倍。湾流水温很高，特别是冬季，比周围的海水高出8℃。刚出海湾时，水温高达27℃~28℃，它散发的热量相当于北大西洋所获得的太阳光热的1/5。它像一条巨大的、永不停息的“暖水管”，携带着巨大的热量，温暖了所有经过地区的空气，并在西风的吹送下，将热量传送到西欧和北欧沿海地区，使那里成为暖湿的海洋性气候，将原本冰冷的地区变成温暖、适合居住的地区。它是维持英国温和气候的关键。如果没有来自大西洋中部的温水，大不列颠群岛气温将下降4℃~6℃。

（八十七）最大的寒流——南半球西风漂流

西风漂流，位于南北纬40°~60°西风带的海域内，因受强大的西风推动，海水自西向东连续不断的流动而形成的洋流。

广义的西风漂流是指在盛行西风的吹送下，海水自西向东大规模流动所形成的洋流。在北半球，西风漂流是日本暖流和墨西哥湾暖流的延续，分别称为“北太平洋暖流”和“北大西洋暖流”。由于这两股暖流的海水是从大洋西部的低纬度流来的，故属暖流性质。在南半球，各大洋的西风漂流连在一起，形成了横亘太平洋、大西洋和印度洋的全球性环流，但其性质却为寒流。

按洋流的性质分类从水温较低的洋面流向水温较高洋面的洋流叫作寒流。它通常是从纬度较高的海区流向纬度较低的海区，而西风漂流则是在盛行西风的吹拂下在南纬40°~60°附近广阔的洋面上自西向东作纬向流动，确具有寒流的性质，这是为什么呢？南极大陆的影响起了决定性的作用。

1. 南半球的西风漂流是环绕南极大陆流动的，南极大陆气候终年酷寒，地面上常年覆盖着很厚的冰雪；在极地冰原气候的影响下使南大洋海水温度较同纬度北半球要低。

2. 从南极大陆延伸出来的冰舌，进入海面后形成了漂浮的冰山，这些浮冰融化时吸收大量的热能，从而使海水温度降低。据统计，重量在10万吨以上的冰山约有218300座，总体积17900万立方千米。这些浮冰在南大洋大量吸收海水热量，使海水温度进一步降低。

3. 南极大陆的强劲而干冷的极地东风使高纬度的海水北流，加剧了海水的降温。

4. 西风漂流分布在南纬40°~60°的海域，纬度较高，太阳高度角小，年太阳辐射总量少。其次，又由于西风漂流正好在南半球温带多雨带，多锋面雨、气旋雨，阴雨天气较多，削弱了到达地面的太阳辐射，使到达地面的太阳辐射年总量进一步减少，据统计，仅为80~120千卡/平方厘米。

5. 夏季（1月），地球位于公转轨道的近日点附近，公转角速度较快，夏季时间较短，即使是夏季海水温度也不超过10℃。因此，西风漂流具有寒流的性质。

西风漂流接驳了大西洋、太平洋、印度洋盆地，并同时作为三者交流的主要渠道。此环流会受到地形及水底测绘特征的强烈限制。由南美洲开始，西风漂流流经南美洲与南极洲间的德雷克海峡，接着在斯科舍岛弧分割，微弱的温暖分支向北形成福克兰洋流，较强的分支则穿过岛弧在向东流。经过印度洋时，西风漂流在印度洋的克革伦高原被分割，大部分流量转移向北。到达新西兰南部时，环流依照坎贝尔高原的轮廓流动，首次向南大幅转向然后再次转回向北。西风漂流转向亦可以在其经过东南太平洋中洋脊时出现。

西风漂流包括多个锋。西风漂流的北方边界定义在亚热带锋。这标记了温暖、盐度高（盐度通常大于34.9‰）的亚热带水与较冷、盐度较低的副极地水边界。向南有亚南极锋，携带了西风漂流的大部分流量，其定义为水面下出现盐度最低或是最初出现厚厚不成岩层的亚南极模态水的纬度。再南有极锋，标记了极冷、相对淡，表面为南极表层水。更南有南面分界锋，其定义点为密集的深海带上升流到达水面下几百米。大部分的流量由位于中部的两个锋携带。西风漂流在德雷克海峡的总流量估计为135百万立方米/秒（即斯维尔德鲁普，Sv），亦即约为全球河流流量总和的135倍。在印度洋有较少的水量加入西风漂流，在塔斯曼尼亚南部的水量为147Sv，西风漂流在此处为全球最大水量的地点。

南极洲环流在中新世形成，当时将来会成为南极洲及南美洲的冈瓦那大陆终于有足够的分裂地带给德雷克海峡在2300万年前形成。由于南极洲与温暖洋流受到阻隔，南极洲变得越来越冷，冰川开始在原本是森林的大陆上形成。

（八十八）最南的火山——埃里伯斯火山

埃里伯斯火山，南极洲上的一座活火山。在罗斯海西南的罗斯岛上，即南纬77°35′、东经167°10′处。1900年和1902年都曾有过火山活动，喷火口广约800米，深约300米，四壁甚陡。火山口内外都有随时活动的喷气孔。另有两个熄灭的喷火口，硫黄储量大。

罗斯的船队在后来被称为罗斯岛的岛屿上，发现了一座活火山。这座高山上，冒出了大量火焰和烟尘，景色非常壮观。在如此冰天雪地的世界里，竟能看到一座热气腾腾的活火山，这是人们未曾想到的。惊奇之余，罗斯以他的一艘船的名字，命名其为“埃里伯斯火山”。

这是一座奇特的火山，是地球最南端的火山。火山海拔高达3794米，基座直径约30千米，山体和富士山相似。主火山口呈椭圆形，四壁很陡，里面有一个已形成多年的熔岩湖。

对任何一个到该地区旅游的游客来说，罗斯岛上的埃里伯斯火山就像一座灯塔。毫无疑问，登山也是早期探险家和登山运动员的一个目标。在欧内斯特·沙克尔顿的1907~1909年的尼姆罗德探险期间，一行六人，由50岁的埃克沃思·戴维教授率领首次攀登该山。1908年5月10日他们到达了3794米高的顶峰。在那里他们发现一个直径805米、深274米的火山口，火山口底部是一个小熔岩湖。该湖至今仍然存在，埃里伯斯是拥有历史久远的熔岩湖的世界仅有的三大火山之一。在1974~1975年期间，一个新西兰地质队走进主火山口，并在那里建造了一个营地，但是火山喷发的狂烈性阻止他们深入火山口内部。1984年9月17日火山再一次喷发，把火山熔岩弹抛出主火山口。至今它仍然是研究强地质现象的对象。

但是，埃里伯斯火山吸引来的不仅仅是地质学家。现代探险家也挡不住给该山拍摄各种色调照片的诱惑。而早期的探险家只能把其美景交付给水彩画。这些画中的最佳者当属参加过两次“斯科特号”船探险的医生和博物学家爱德华·威尔逊的作品。植物学家们对高耸于该山两侧的特拉姆威山脊有特殊的兴趣，在那里的火山喷气孔区暖湿地上滋生着丰富的植物。

南极洲有许多火山，其中有一些火山在最近200年内都是活火山，特别是南大洋的一些岛屿火山。由于该区人烟稀少，多次喷发并无目击者，致使喷发结束前后均无记载。只有在迪塞帕雄岛的火山危险半径内设有科考站。墨尔本山正位于从罗斯岛越过麦克默多海峡处，其埂峰有喷气活动。水蒸气和零下的温度相结合，形成了许多细细的冰柱。

（八十九）最大的自流盆地——澳大利亚大盆地

大自流盆地亦称“澳大利亚大盆地”，是世界第三大盆地，也是世界上最大的自流盆地。盆地位于澳大利亚大陆中部偏东，即中央低地区北部1/3的地区范围内。介于东部高地与西部高原之间，自卡奔塔利亚湾向南，直至达令河上源和艾尔湖盆地，包括昆士兰州的1/3地区、新南威尔士州和南澳大利亚州的大部以及北部地方的一部分区域，面积175万平方千米。为一大浅碟形凹陷盆地，地下广布着承压水层。东部边缘大致以大分水岭西麓为界，地势较高，西、北、南三边较低。在澳大利亚岩层上，覆盖着不透水层，东部多雨，形成受水区，地下水流以每年11~16米的速度流向西部少雨地区。承压水透过钻井或天然泉眼等涌出地表，自流盆地因此而得名。

大自流盆地的东侧是大分水岭，由于受来自太平洋的东南风的影响，降水较多，丰富的雨水沿着隙水的岩层向低洼处渗透在盆底底部凿井，到蓄水层，中部盆地的地面低于地下贮水层水面，再加上水本身的压力，水就可以自动喷出地面了。

澳大利亚的畜牧业发展得益于这种得天独厚的地形。第一个人工钻井于1878年在新南威尔士州的伯克附近钻成，井深44米。此后钻井深度随地下含水层深度而异，有很多不到60米的浅井，也有个别可达2000米以上的深井。1970年前后，共有自流钻井4500孔，另有需使用抽水机的半自流钻井2万孔，20世纪70年代末，前者已减为约2900孔。地下水的矿化度一般是离东部受水区越远就越高。大部分地区地下水的钠离子含量太高，不宜于农业灌溉，但大部分尚可供牲畜饮用，有些井的水温很高，须待降温后方能使用。

地下水到达地面的水量不大，全盆地年总涌流量仅1.99亿立方米，但对干旱半干旱地区畜牧业作用极大。地跨昆士兰、南威尔士和南澳大利亚3州。包括达令河和埃尔湖两集水区的大部分。向北延伸至卡奔塔利亚湾。面积175万平方千米，占全澳大利亚国土总面积的1/5。地下水位差异极大。最深的自流井达2100米，日平均涌水量达13亿升，经明渠和塑料管道输往当地农田、牧场和居民点。

大自流盆地丰富的内陆水系资源是大洋洲水资源的基础，它提供了整个洲22%的水源，并是澳大利亚内陆4个州的采矿业、旅游业和畜牧业的唯一水源。

（九十）最大的熔岩高原——德干高原

印度南北长3119千米（伸入印度洋部分约长1600千米），东西宽2977千米，海岸线长6083千米。按其地形特征，全国大致可以分为5个部分：北部喜马拉雅高山区、南部德干高原区、中部恒河平原区、西部塔尔沙漠区和东西海域岛屿区。

德干高原是讷尔默达河以南的印度整个南部半岛，中央为很高的三角形台地。高原的东、西两侧为东、西高止山脉，相会于高原的南部顶端。北部的终端为萨德布尔山脉。德干高原的平均海拔约600米，地势西高东低，北宽南窄，呈倒三角形从亚洲大陆南伸入印度洋。高原东缘是东高止山脉，西缘是西高止山脉，两山之间的高原面久经侵蚀，支离破碎，多残丘、地垒和地沟。西北部约占高原面1/3的广大地区为熔岩所覆盖。主要河流哥达瓦里河、克里希纳河及高韦里河均从西高止山向东流入孟加拉湾。

德干高原是世界上最大的熔岩台地，是一个庞大的前寒武纪的古陆块，它是构成次大陆的核心，是冈瓦那古陆的一部分。其形成应该在喜马拉雅山之前，喜马拉雅山是新生代的，德干高原是在中生代的（印支、燕山造山带）。

白垩纪末，在德干高原的西北部曾有大规模玄武岩溢出，覆盖面积达40万平方千米，构成世界上最大的熔岩台地。德干高原的巨量玄武岩是在板块分裂过程中形成的，类似于今天东非大裂谷两边的玄武岩。

具体地说，就是导致印度板块从冈瓦那古陆分离出来的那次板块分裂运动，在德干高原上留下了这些玄武岩。大洋中脊、大陆裂谷都是从一些热点首先裂开的，那么，导致印度板块从冈瓦那古陆分裂的那个大裂谷，是由哪个热点开始的呢？现在已经查明，这个热点是一个仍然在强烈活动的热点，就是现在的西南印度洋上留尼汪岛的热点。

尽管该热点还在强烈活动，但是从其活动规模来看，似乎还不足以在德干高原上形成如此巨量的玄武岩，这是怎么回事呢？

原来，在距今6850万~6650万年这一段时间内，这个热点出现了一次超强活动，它剧烈的活动导致了印度板块的快速分裂和大量玄武岩溢出。

关于这次剧烈活动的原因现在仍然没有定论。目前有假说认为恐龙的灭绝和这次剧烈运动有关，其中一种说法是，正是这次剧烈运动中，大量的有毒物质喷出导致了恐龙灭绝（不但喷出有毒气体，也喷出大量的铱，从而使得这一时期全球地层中都富含铱，人们正是通过这一特征确定了德干高原的玄武岩来自留尼汪岛热点）；另一种说法是，坠落在墨西哥尤卡坦半岛的那颗巨型陨石导致了留尼汪岛热点的猛烈喷发，理由是该热点正好是陨石坠落点的对拓点，某种动力机制导致了在对拓点的强烈岩浆上升活动，而陨石坠落对恐龙造成巨大打击之后，巨型火山活动喷出的有毒物质则起了雪上加霜的作用。

不过以上两种说法都是假说，没有得到更多的证明，留尼汪岛热点突然剧烈活动的谜，还有待进一步的研究。如果说德干高原的玄武岩熔岩是6600万年前从地壳中喷发出来的，那么这个时间恰与中生代白垩纪（中生代的最后一个纪，约开始于1.37亿年前，结束于6700万年前）和新生代第三纪（地质年代第五个代，也是最新的一个，从6700万年前至今，分为第三纪和第四纪）的交替时间相吻合，而恐龙等巨型爬行动物就是在这一时期灭绝的。

德干高原地处低纬度地区，属典型的大陆性季风气候，除东西两侧雨量较丰富外，高原内部高温少雨，缺乏高大茂密的森林，而以灌木和高草为主，呈现出一派热带草原的景观。夏季，印度各地气温可高达40℃，德干高原可高达49℃~50℃。年降水量自东至西递增，由1000毫米以下增至3000毫米以上。在高原的河谷盆地中，年降水量仅450毫米，成为半干燥的荆棘草原。

原因在于：高原东缘是东高止山脉，西缘是西高止山脉，阻挡了来自印度洋的水汽的深入，在东西两侧降下丰富的地形雨；高原中部有北回归线穿过，受到副高的控制，盛行下沉气流，不易形成云雨而降水。而随着太阳直射点的运动，全球的气压带和风带也会随着变动，因此，此地在夏季时，由于东北信风带随着太阳直射点北移至此，会带来丰富的降水。

德干高原地势比较平坦，利于农耕，在高原地区，因古代有大规模的玄武岩喷发，经过风化形肥沃的黑土，适宜种植棉，又称为黑棉土，是印度重要的棉花产区。在中南部地区，降水较少，是印度旱作物——花生、玉米的产地，高原的东北部是印度的主要矿产区，矿产资源有铁矿、锰矿、煤、云母等矿产。铁矿石大量出口日本等国家。

（九十一）最大的高原——巴西高原

在南美洲巴西境内，有块面积占巴西国土一半以上的大高原，叫巴西高原。巴西高原的面积有500多万平方千米，除了南极洲的冰雪大高原，它是世界上最大的高原。位于南美洲中东部，介于亚马孙平原和拉普拉塔平原之间。海拔300~1500米，地面起伏平缓，向西、北倾斜。花岗岩、片麻岩、片岩、千枚岩、石英岩等古老基底岩系出露地表。其中东部岩性坚硬的石英岩、片岩部分，表现为脊状山岭或断块山，凸出于高原之上；西部即戈亚斯高原和马托格罗索高原，具有桌状高地特征。高原边缘部分普遍形成缓急不等的崖坡，河流多陡落成为瀑布或急流，切成峡谷。

巴西高原和寒冷的西藏高原不同。它的地势南高北低，山岳、地岗、高台地之间起伏平缓，大多在海拔600~800米，称为“桌状高地”。在南纬20°以南的巴拉那河流域，地面上覆盖着大面积熔岩。大部分地区属热带草原气候。雨季，草原上一片葱绿，是良好的天然牧场。一年中有四五个月是旱季。在干旱较严重的地方，生长着一种南美洲特有的植物——巴萨尔木。这种树中间粗、两头细，像纺锤一样，因此叫“纺锤树”。它特别轻，有抗旱的本领，一棵10米高的纺锤树只要一个人就能举起来。

巴西高原位于南美大陆东部，介于南纬5°~30°，北邻亚马孙平原，西接安第斯山麓，南与拉普拉塔平原相连，东临大西洋。巴西高原为一古老高原，发育于巴西陆台，古老的基底岩系由花岗岩、片麻岩、片岩、千枚岩和石英岩等组成。地表起伏比较平缓，地势向北和西北倾斜，大部分具有上升准平原特征，海拔在300~1500米。由于各部分构造的具体情况、升隆程度及岩性等不同，在地形特征上具有明显差异。东部（圣弗朗西斯科河以东）属大西洋地盾，曾经受元古代的褶皱运动及新第三纪的断裂上升作用。经过长期的侵蚀和准平原化过程，形成了现今的波状起伏高原。在岩性特别坚硬的石英岩、片岩等出露的地段，表现为脊状山岭或断块山。圣弗兰西斯科河东侧的爱斯宾哈索山是较典型的脊状山岭，大西洋沿岸的曼提凯腊山和马尔山则是断块山的代表。西部（托坎斯廷河与马代腊河之间）属巴西地盾，缺乏显著的山岭，为一片广阔的高原。该区中东部的戈亚斯高原，广泛出露着古老的结晶岩，表现为波状起伏的上升准平原；中西部是具有桌状高地特征的马托格罗索高原，地上覆有几乎呈水平

层次的白垩纪砂岩。巴西高原的中部，在构造上为陆台的凹陷地带，其后期沉积由于层次平展，岩性坚硬，在地形上均具有桌状高地或方山特征；巴拉那谷地的辉绿岩高原，是世界上面积最大的熔岩高原之一。巴西高原由于近期上升的结果，其边缘普遍形成缓急不等的崖坡，河流流经其间多陡落成为瀑布或急流，并切割成峡谷，高原多森林、草原，矿产及水力资源非常丰富。

（九十二）通航里程最长的河流——密西西比河

密西西比河是世界第四长河，也是北美洲流程最长、流域面积最广、水量最大的河流，位于北美洲中南部，注入墨西哥湾。“密西西比”是英文的音译，“密西”和“西比”分别是“大、老”和“水”的意思，“密西西比”即“大河”或“老人河”。干流发源于苏必利尔湖以西，美国明尼苏达州西北部海拔501米的、小小的艾塔斯卡湖，向南流经中部平原，注入墨西哥湾。

密西西比河

密西西比河全长6020千米，若以发源于落基山脉东坡的最大支流密苏里河的源头起算，长6262千米，名列世界第四。流域北起五大湖附近，南达墨西哥湾，东接阿巴拉契亚山脉，西至落基山脉，面积322万平方千米，约占北美洲面积的1/8。汇集了共250多条支流。西岸支流比东岸多而长，形成巨大的不对称树枝状水系。水量丰富，近河口处年平均流量达1.88万立方米/秒。

密西西比河为北美洲河流之冠，与其主要支流加在一起按流域面积计为世界第三大水系（约310万平方千米）。作为高度工业化国家的中央河流大动脉，已成为世界上最繁忙的商业水道之一。这条难以驾驭的河流流经北美大陆一些最肥沃的农田，现已完全由人类控制得当。密西西比河有两个旁支——东面的俄亥俄河和西面的密苏里河。密西西比河的源头在明尼苏达州的艾塔斯卡湖，最初只是一条细流蜿蜒向南。

密西西比河按自然特征可分不同河段。源头艾塔斯卡湖至明尼阿波利斯和圣保罗为密西西比河的上游，长1010千米，地势低平，水流缓慢，河流两侧多冰川湖与沼泽，湖水多形成急流瀑布后注入干流。在明尼阿波利斯附近，河流流经1.2千米长的

峡谷急流带，落差 19.5 米，形成著名的圣安东尼瀑布。沿途有明尼苏达河等支流汇入。密西西比河的中游从明尼阿波利斯和圣保罗至俄亥俄河口的开罗，长 1373 千米，两岸先后汇入奇珀瓦河、威斯康星河、得梅因河、伊利诺伊河、密苏里河和俄亥俄河。圣路易斯以北河段，河床坡度大，多急流险滩；圣路易斯附近及其以南地段，河床比降减小，河谷渐宽。自开普吉拉多角以下，河流弯曲度明显增大，河谷开阔，俄亥俄河口处河面宽达 24 千米。开罗以下为密西西比河的下游，长约 1567 千米。主要支流有怀特河、阿肯色河、雷德河等。河口处共有 6 条汊道，长约 30 千米，形如鸟足。河流入海水量的 80%经由西南水道、南水道和阿洛脱水道 3 条主汊道。河流年平均输沙量 4.95 亿吨，在河口处堆积成面积达 2.6 万平方千米的巨大鸟足状三角洲，以平均每年 96 米的速度继续向墨西哥湾延伸。

（九十三）海岸线最长的国家——加拿大

加拿大立国初期的官方全名是加拿大自治领地。

加拿大国旗为长方形，长宽之比为 2∶1。旗面自左至右由红白两色组成，两边的红色代表大西洋和太平洋。中央绘有一片 11 个角的红色枫树叶。枫树是加拿大的国树，也是加拿大民族的象征。

加拿大国徽为盾徽。1921 年制定，图案中间为盾形，盾面下部为一枝三片枫叶；上部的四组图案分别为：三头金色的狮子，一头直立的红狮，一把竖琴和三朵百合花，分别象征加拿大在历史上与英格兰、苏格兰、爱尔兰和法国之间的联系。

盾徽之上有一头狮子举着一片红枫叶，既是加拿大民族的象征，也表示对第一次世界大战期间加拿大的牺牲者的悼念。狮子之上为一顶金色的王冠，象征女王是加拿大的国家元首。盾形左侧的狮子举着一面联合王国的国旗，右侧的独角兽举着一面原法国的百合花旗。底端的绶带上用拉丁文写着“从海到海”，表示加拿大的地理位置——西濒太平洋，东临大西洋。

加拿大的国歌是《哦！加拿大》和《天佑女王》。《哦！加拿大》由卡力沙·拉瓦雷作曲、阿多尔夫·贝西·卢提尔作词，1880 年首次被演唱。国歌的歌词原先只有法文，1908 年，罗伯特·斯坦利·维尔写了英文歌词。1980 年 7 月 1 日，加拿大政府宣布《哦！加拿大》为正式国歌，并在首都渥太华举行了国歌命名仪式。因此，加拿大的国歌有英、法两种歌词。《天佑女王》是英国的国歌及英联邦的皇室颂歌。

渥太华为加拿大首都，是全国政治、经济、文化、交通中心，地处安大略省东南部与魁北克省交界处，横跨渥太华河，面积 4662 平方千米，人口 1130761 人（2006 年，加拿大人口第四多的城市）。春季市内一片葱绿，到处可见大块草地上开放着色彩艳丽的郁金香花，因此渥太华又称“郁金香城”。

加拿大总人口为33476688人（2011年）。人口密度3.4人/平方千米（世界国家和地区第219名）。英裔居民占42%，法裔居民约占26.7%，其他欧洲人后裔占13%，土著居民（印第安人、米提人和因纽特人）约占3%，其余为亚洲、拉美、非洲裔等。其中华裔人口已占加拿大总人口的4.5%，成为加拿大最大的少数族裔，即白种人和原住民以外的最大族裔。华裔人口中25%的人是在加拿大本土出生的，其余大部分来自中国大陆、香港和台湾。最近几年在加拿大发现了疑似古代中国人的遗迹。居民中信奉天主教的占47.3%，信奉基督教新教的占41.2%。

印第安人又称美洲原住民、第一民族，是除爱斯基摩人外所有美洲土著居民的总称。考古学和人类学认为印第安人的祖先和中国人有着一样的体质。美洲土著居民中的绝大多数为印第安人，分布于南北美洲各国，传统将其划归东亚蒙古人种美洲支系。印第安人所说的语言一般总称为印第安语，或者称为美洲原住民语言。印第安人的祖先来自中国北方，大约是在4万年前从亚洲渡过白令海峡到达美洲，或者是通过冰封的海峡陆桥过去的。他们与亚洲同时代的人有某些相同的文化特色，例如用火、驯犬及某些特殊仪式与医疗方法。语言为北美洲蒙古人种印第安语。

印第安人是拉丁美洲的最早的居民。他们之所以被称为“印第安人”，主要是因为当年哥伦布等探险者，以为他们到达的“新陆地”是印度，称当地居民为“印第安”人（“印度”一词的英文发音）。由于英国殖民者迫害、杀戮印第安人1000万以上，毁灭印第安文化，致使现在残存的古代印第安文明已经不多。

加拿大地域辽阔，森林和矿产资源丰富。矿产有60余种，镍、锌、铂、石棉的产量居世界首位，铀、金、镉、铋、石膏居世界第二位，铜、铁、铅、钾、硫黄、钴、铬、钼等产量丰富，已探明的原油储量为80亿桶。森林覆盖面积达440万平方千米，产材林面积286万平方千米，分别占全国领土面积的44%和29%；木材总蓄积量为172.3亿立方米。加拿大领土面积中有89万平方千米为淡水覆盖，淡水资源占世界的9%。

要想知道加拿大是怎样的名为“Canada”的，我们必须回溯到16世纪。那时，法国人梦想发现并统治更多的疆域，扩展他们的贸易范围，并让世界各国信奉他们的信仰。1535年，当时的法国国王弗朗索瓦一世命令航海家杰克斯·卡蒂埃去探寻“新世界”，以求找到一条通往印度的航道。

卡蒂埃尔首次探险来到了圣劳伦斯海湾。这时他并不知道会在这里发现什么，但他希望这是大洋的一个分支，并是他通往远东征程的必经之路。于是他沿圣劳伦斯河逆流而上。然而他并没有到达所期盼的亚洲，却来到了魁北克。两名印第安青年告诉

了杰克斯·卡蒂埃通往“kanata”的路线，他们当时指的是斯塔达科纳的村庄。kanata是HuronIroquois语，意思是村落或拓居地。但由于缺乏该地区的具体名称，卡蒂埃便将其称为“加拿大”，不仅指斯塔达科纳（现在的魁北克城），还包括隶属于大酋长多纳科纳的所有地区。此后，“加拿大”一词涵盖的领土面积大幅增加：根据1547年地图，圣劳伦斯河北部均属于加拿大。

卡蒂埃还将圣劳伦斯河称为“加拿大河”，这个名字一直沿用到17世纪初期。到1616年，虽然整个地区已被命名为新法兰西，但加拿大大河及圣劳伦斯湾沿岸的土地仍被称为加拿大。

探险家和毛皮商人很快将该地区向西部和南部扩大，加拿大的版图也随之扩张。18世纪早期，“加拿大”一词涵盖了现在美国中西部的所有土地，向南一直延伸到了现在的路易斯安那州所在地。

加拿大原为印第安人与因纽特人居住地。16世纪沦为法、英殖民地，1756~1763年，英、法两国在加拿大爆发“七年战争”，法国战败，而1763年的《巴黎和约》使加拿大正式成为英属殖民地。1867年，英国将加拿大省、新不伦瑞克省和诺瓦斯科舍省合并为一个联邦，成为英国最早的自治领。此后，其他省也陆续加入联邦。

1926年，英国议会通过《威斯敏斯特法》，承认加的“平等地位”，加拿大始获外交独立权。1931年，成为英联邦成员国，其议会也获得了同英议会平等的立法权，但仍无修宪权。1982年，英国女王签署《加拿大宪法法案》，加拿大议会获得立宪、修宪的全部权力。在20世纪下半叶，魁北克的一些法语省民请求独立，但是两次全民公决（1980年及1995年）中独立一方以40%及49.4%的得票率险负。之后，加拿大修改了相关法律，明确法案规定在魁北克全民公决中所提出的问题足够明确且得到明显多数的支持时，魁北克可以与加拿大政府进行脱离联邦的协商程序。

（九十四）世界温泉最多的国家——冰岛

冰岛之名的起源说法不同，大体有两种说法是：一是源于发现者的最初印象。公元4世纪，希腊地理学家皮菲依曾称它为“雾岛”。但由于海岛远离大陆，交通不便，很少有人光临。公元864年，斯堪的纳维亚航海家弗洛克踏上岛岸，此岛才真正被“发现”。后斯堪的纳维亚人、爱尔兰人、苏格兰人纷至沓来。当这些移民的船驶近南部海岸时，首先见到的是一座巨大冰川，即冰岛著名的瓦特纳冰川。人们对这个冰川留下了极深的印象，于是把该岛命名为“冰岛”。二是源于殖民者的计谋。最初的殖民者在岛上定居以后，不希望别人再来分享自己的“口中食”，故名“冰岛”，以阻止人们闻风而来。

冰岛国旗于1944年6月17日冰岛成为共和国时采用，设计为蓝色底色配以白色及红色的十字，呈长方形，长与宽之比为25：18。旗底为蓝色，红、白两色的十字将旗面分成四块：两个相等的蓝色正方形，两个相等的蓝色长方形。蓝色代表大海，白色代表白雪。蓝、白两色为冰岛的国色，体现冰岛的自然环境特点，即在蓝色的天空和海洋中，浮出“冰的陆地”——冰岛。红色象征火，因为冰岛上有大量的活火山，而冰与火的结合也许是冰岛的一大特色了吧。火山在冰上，就成了白色包围红色的图案。而国旗上的十字图案则源自丹麦国旗图案，因为冰岛自1262年起为挪威属地，14世纪同受丹麦统治。虽然冰岛于1918年宣布为主权国家，但仍受丹麦国王的控制，由丹麦处理其外交事务。在第二次世界大战中，冰岛脱离丹麦，同英国和美国建立了外交关系。1944年6月17日成立冰岛共和国，1946年加入联合国，1949年成为北约成员国。

国徽的中心图案为绘有国旗图案的盾徽。盾徽上端有一只红舌金爪的白隼和一只白齿红舌金爪的龙，左侧是一头黑牛，右侧站着一位身披斗篷的白衣老人。隼、龙、牛和老人都是传说中的守护神。盾徽下端的石块代表冰岛多岩石的漫长海岸。

雷克雅未克全世界纬度最高的首都，是冰岛最大的港口城市，位于冰岛西部法赫萨湾东南角、塞尔蒂亚纳半岛北侧，西面临海，北面和东面被高山环绕，受北大西洋暖流影响，气候温和，7月平均温度11℃，1月平均温度-1℃，年平均温度4.3℃。全市有人口112200人。

冰岛面积为10.3万平方千米，为欧洲第二大岛，是欧洲最西部的国家，位于北大西洋中部，北边紧贴北极圈，冰岛1/8的国土面积被冰川覆盖，冰川面积占8000平方千米，海岸线长约4970千米。整个冰岛是个碗状高地，四周为海岸山脉，中间为一高原。大部分是台地，台地高度大多在400~800米，个别山峰可达1300~1700米，冰岛最高峰是华纳达尔斯赫努克山（2119米）。低地面积很小，西部和西南部分布有海成平原和冰水冲积平原，平原面积占全岛的7%左右。无冰川流过的海岸线不规则，多峡湾、小海湾。其他沿海地区主要为沙滩，岸外的沙洲形成潟湖。

冰岛有100多座火山，以“极圈火岛”之名著称，共有火山200~300座，有40~50座活火山。主要的火山有拉基火山、华纳达尔斯火山、海克拉火山与卡特拉火山等。华纳达尔斯赫努克火山为全国最高峰，海拔2119米。冰岛几乎整个国家都建立在火山岩石上，大部分土地不能开垦，1963~1967年在西南岸的火山活动形成了一个约2.1平方千米的小岛。

冰岛也是世界上温泉最多的国家，全岛约有250个碱性温泉，最大的温泉每秒可产生200升的泉水。冰岛多喷泉、瀑布、湖泊和湍急河流，最大河流锡尤尔骚河长227千米。冰岛属寒温带海洋性气候，变化无常。因受北大西洋暖流影响，较同纬度的其他地方温和。夏季日照长，冬季日照极短，秋季和冬初可见极光。冰岛有“火山岛”“雾岛”“冰封的土地”“冰与火之岛”之称。

冰岛不仅是第四纪冰盖的中心，而且高原上仍有现代冰川分布，主要是盾形的冰帽冰川，也有少量的冰斗冰川，面积占全岛的 11.5%。主要有瓦特纳冰原、朗格冰原、霍夫斯冰原及米达冰川，其中瓦特纳冰原面积达 8450 平方千米，厚度在几百米到 2 千米，是除南极和格陵兰之外世界上最大的冰川。苔原广布，草地面积占 24%，故畜牧业较为发达。森林面积占 1.37%左右，分布在背风和向阳的山坡和谷地中，以桦树、灌木林为主，近几十年引进不少欧美耐寒松柏，长势良好。

早中新世晚期以来，由大西洋中脊裂谷溢出的上地幔物质堆积而成，属于火山岛。组成冰岛的岩石都是火山岩，以玄武岩分布最广，还有安山岩、流纹岩等。

斯堪的纳维亚人和凯尔特人在 9~10 世纪间移民到冰岛之前，冰岛是世界上最后一个无人居住的大岛。冰岛以公元 930 年建立了世界上最早的议会而自豪，虽然这一议会此后并未运行多久。某些文字证据显示，爱尔兰人的僧侣曾经在北方人到达之前在冰岛生活过，不过没有考古学上的证据证明这一推断。北欧人曾以此为跳板进入格陵兰岛。

冰岛保持了 300 年的独立，随后被挪威和丹麦统治。1814 年丹麦一挪威联合王国根据《基尔协议》分治之前，冰岛是挪威国王的殖民地，此后成为丹麦的附属国。1874 年，丹麦政府给予冰岛有限的自治，1918 年，冰岛在内政方面进一步获得了类似于保护国的独立和主权，外交和国防方面丹麦仍保留权力。1940 年，纳粹德国在第二次世界大战期间占领丹麦，同年盟军占领了冰岛。丹麦国王继续保持法律上的统治直到 1944 年冰岛共和国建立。

新的共和国是北约的成员国，并于 1949 年和美国签订了防卫冰岛的协议。根据这一协议，美国在雷克雅未克设有军事基地，一直到 2006 年 9 月底美军单方面撤出。到目前为止冰岛还没有自己的军队。

“二战”后几十年来，冰岛的经济依赖于渔业，并因为这一生物资源和周边国家发生过数次冲突，其中包括和英国间著名的“鳕鱼战争”。近年来，由于对重工业的大量投资，经济逐渐多样化，炼铝业发展起来，经济领域不断自由化和私有化。冰岛通过欧洲经济区成了欧洲经济区的成员，但从未申请加入欧盟。

（九十五）世界上地形最狭长的国家——智利

智利位于环太平洋地震带上，境内多火山，地震频繁，位于智利、阿根廷边境上的奥霍斯—德尔萨拉多峰海拔 6885 米，为全国最高点。

全国有河流 30 余条，较重要的有比奥比奥河等。主要岛屿有火地岛、奇洛埃岛、惠灵顿岛等。由于地处美洲大陆的最南端，与南极洲隔海相望，智利人常称自己的国家为“天涯之国”。

智利面积 756626 平方千米（其中陆地面积 756253 平方千米，岛屿面积 373 平方千米），位于南美洲西南部，安第斯山脉西麓。东同阿根廷为邻，北与秘鲁、玻利维亚接壤，西临太平洋，南与南极洲隔海相望。海岸线总长约 1 万千米，南北长 4352 千米，东西最窄处 96.8 千米、最宽处 362.3 千米，是世界上地形最狭长的国家。

东为安第斯山脉的西坡，约占全境东西宽度的 1/3；西为海拔 300~2000 米的海岸山脉，大部分地带沿海岸伸展，向南入海，形成众多的沿海岛屿；中部是由冲积物所填充的陷落谷地，海拔 1200 米左右。境内多火山，地震频繁。位于智利、阿根廷边境上的奥霍斯—德尔萨拉多峰海拔 6885 米，为全国最高点。

大致上智利可分三个区域：北部多山，许多山峰在 6000 米以上。在安第斯山脉的两条山脊之间是阿他卡马沙漠。这是地球上最干燥的地方，往往终年无雨。过去这里有硝酸矿被开发，现在主要是铜矿。这个地区较大的城市是安托法加斯塔及伊基克。

中部气候类似地中海气候。这个区域土地非常肥沃，人口众多。首都圣地亚哥就在这里。除此之外还有瓦尔帕莱索和康塞普西翁（工农业中心）是重要城市。智利阿塔卡马沙漠附近的塔拉尔盐湖南部人烟稀少，降雨极丰富。海岸前有许多岛屿。大陆南方有火地岛，智利和阿根廷各占一半。火地岛前的一个岛上的合恩角是智利和南美洲的最南点。

从西向东首先是一条狭窄的海岸，然后是山脉，然后是比较宽的高原。在中部这个高原很肥沃，可以被用作耕地和牧场。智利和玻利维亚和阿根廷的边界线是安第斯山脉的东山脊。

除此之外，太平洋中的胡安·费尔南德斯群岛和复活节岛也属智利。年平均降雨量在智利北部的安托法加斯塔为 12.7 毫米，在圣地亚哥为 375 毫米，在南部的火地岛为 5800 毫米。

由于国土横跨 38 个纬度，而且各地区地理条件不一，智利的气候复杂多样包括多种形态，使得很难用一句话总结智利全国的气候状况。按照柯本气候分类法，在智利国境内至少包括了 7 种主要的气候亚类型，包括有北部的沙漠气候到东部和东南部的高山苔原和冰川气候，复活节岛上的湿润亚热带性气候，智利南部的海洋性气候以及智利中部的地中海气候。全国大多数地区有四个季节：夏季（12 月至次年 2 月），秋季（3 月至 5 月），冬季（6 月至 8 月）和春季（9 月至 11 月）。

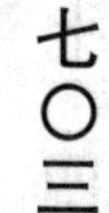

（九十六）气温变化最剧烈的地方——加拿大艾伯塔

北美洲西部，落基山东坡的加拿大艾伯塔省，冬季由于受极地严寒空气和钦诺克焚风的交替影响，成为世界上气温变化最剧烈的地方。其南部的卡尔加里市，焚风次数很少的 1906 年 1 月，平均气温低到-21℃，比中国哈尔滨市还冷。而第二年，焚风特别频繁，1 月的平均气温高达 3℃，和中国的江浙地区一样温暖。不同年份的同一月份平均气温相差之悬殊（24℃），居世界首位。

（九十七）最大最老陨石坑——格陵兰岛陨石坑

陨石坑（较大的陨石坑又称环形山）是行星、卫星、小行星或其他天体表面通过陨石撞击而形成的环形的凹坑。陨石坑的中心往往会有一座小山，在地球上陨石坑内常常会充水，形成撞击湖，湖心有一座小岛。

在地球上陨石坑形成的条件是一个物体以 11.6 千米/秒的速度从外空与地球相撞。在这个过程中这个物体的动能转换为热能，重的陨石释放出来的能量可以达到相当于上千吨三硝基甲苯爆炸所释放出来的能量，这个能量级相当于核爆炸所释放出来的能量。目前地震仪平均约每年记录到一次大于 1000 吨三硝基甲苯能量的撞击，这些撞击一般发生在大洋中。

假如陨石的质量超过 1000 吨的话大气层基本上对它没有减速的作用，那么陨石表面的温度和压力会非常高。球粒陨石和碳质陨石在这种状况下会在它们与地面撞击以前就被破坏，但是铁镍金属陨石的结构足够强，可以与地面撞击造成巨大爆炸。

当陨石与地面相撞时它将当地的空气、水和岩石压缩为极热的等离子体。这个等离子体向外快速扩张，并迅速冷却。它与其他被投射的物件以轨道或近轨道速度被抛出。它们甚至可以完全脱离地球的引力，有些甚至可以在其他行星表面成为陨石坠落。没有空气的天体表面往往还可以看到从撞击坑外辐射的外抛物留下的痕迹。不过在此应该提到的是关于这些辐射线的产生原理还有其他非撞击的理论。

海上撞击所造成的危害比陆上撞击的要大得多。大的陨石可以一直冲到海底，在海上造成巨大的海啸。据计算，尤卡坦希克苏鲁伯的撞击造成了 50~100 米高的海啸，在内陆数千米处形成了堆积。

不论是在陆上，还是海上，撞击的结果总是一个陨石坑。陨石坑有两种形式：“简单”的和“复杂”的。巴林杰陨石坑是一个典型的简单陨石坑，它就是地面上的一个坑。简单的陨石坑直径一般都小于 4000 米。

复杂的陨石坑一般比较大，中央有一个中心山，周围环绕着沟，还有一或多个边。中心山是由于撞击后地下的反射造成的。这样的陨石坑有点像冻结在地面上的滴入水池里的水滴。

不论是简单的还是复杂的陨石坑，其大小决定于陨石的大小以及撞击处的物质。比较松软的物质所形成的陨石坑比较脆的物质所形成的陨石坑要小。陨石坑的大小和形状随时间而变化。刚刚形成的陨石坑由于散热而收缩。在地球表面随时间的延续风化以及其他地质过程将陨石坑掩藏起来了。巴林杰陨石坑是地球上保存最好的陨石坑之一，但是它只是在约 5 万年前形成的。而 6500 万年老的希克苏鲁伯撞击坑虽然是地球上最大的撞击坑之一，但是现在在地球表面上已经看不到它的痕迹了。

有些火山口看上去像陨石坑，而大理石除可以通过撞击形成外也可以通过其他过程形成。非爆炸性的火山口一般很容易与撞击坑区分，因为它们形状不规则，而且还有岩浆流和其他火山物质。只有金星上的陨石坑有融化的物质流淌。

陨石坑最不同的标志是岩石受到的冲击变态如碎裂屑锥、熔化的岩石和晶体变形。比较困难的是至少在简单的陨石坑里这些物质比较趋向于被深埋。但是在复杂的撞击坑里可以在中心上射的部分找到它们。

陨石坑的特征一般有以下几个方面：

1. 撞击坑底部有一层“大理石化”的岩石。

2. 碎裂屑锥，这是岩石上 V 形的凹坑，尤其在细粒的岩石上容易产生这样的碎裂屑锥。不过一些学术论文报道说在火山喷射物中也有碎裂屑锥。

3. 高温岩石，比如溶化过的沙块、似曜岩以及溶化的岩石飞溅后形成的玻璃。不过有些学者怀疑似曜岩可以作为撞击坑的特征。在一些火山地带也有似曜岩被发现，此外似曜岩一般比典型的撞击岩石要干。撞击后溶化的岩石类似火山岩，但是它们包含有没有溶化的岩层的碎片，组成不寻常的、大面积的覆盖面，它们的化学成分也比从地球深处喷出来的火山岩要复杂。此外它们往往含有在陨石中比较多的微量元素如镍、铂、铱、钴等。

4. 矿物中的微压力变形。这包括石英和长石中晶体破裂、高压物质如金刚石的形成、冲击石英的变形如重矽石和斜矽石。

除火山外地下核爆炸也会造成类似于陨石坑的坑。事实上世界上坑最密集的地区是美国的内华达测试基地。

据英国媒体 2012 年 6 月 29 日报道，日前科学家在格陵兰岛发现了一个直径达 100 千米的坑洞，据信是 30 亿年前一颗巨大陨石撞击地球的产物。该陨石坑将取代位于南非的弗里德堡陨石坑，成为地球上已知的最古老而且最大的陨石坑遗址。

月球表面遍布的陨石坑，被认为是在30亿~40亿年前行星和彗星撞击月球的产物。地球的引力比月球得多，必然在同一时期遭受了更多的撞击，但是这些撞击留下的绝大部分遗迹或遭侵蚀，或被后期生成的岩石层所覆盖。

（九十八）入海河流流域面积最广的洋——大西洋

大西洋，是世界第二大洋，原面积8221.7万平方千米，在南冰洋成立后，面积调整为7676.2万平方千米，平均深度3627米，最深处波多黎各海沟深达8605米。从赤道南北分为北大西洋和南大西洋。北面连接北冰洋，南面则以南纬66°与南冰洋接连，位于欧洲、非洲与南、北美洲和南极洲之间。北以冰岛——法罗岛海丘和威维尔——汤姆森海岭与北冰洋分界，南临南极洲并与太平洋、印度洋南部水域相通；西南以通过南美洲最南端合恩角的经线同太平洋分界，东南以通过南非厄加勒斯角的经线同印度洋分界；西部通过南、北美洲之间的巴拿马运河与太平洋沟通，东部经欧洲和非洲之间的直布罗陀海峡通过地中海，以及亚洲和非洲之间的苏伊士运河与印度洋的附属海红海沟通。大洋东西较狭窄、南北延伸，轮廓略呈S形，自北至南全长约1.6万千米。大西洋的赤道区域，宽度最窄，最短距离仅约2400千米。

大西洋东西两侧岸线大体平行。南部岸线平直，内海、海湾较少；北部岸线曲折，沿岸岛屿众多，海湾、内海、边缘海较多。岛屿和群岛主要分布于大陆边缘，多为大陆岛。开阔洋面上的岛屿很少。在几个大洋中，大西洋入海河流流域面积最广，流域面积达4742.3万平方千米。主要河流有圣劳伦斯河、密西西比河、奥里诺科河、亚马孙河、巴拉那河、刚果河（扎伊尔河）、尼日尔河、卢瓦尔河、莱茵河、易北河以及注入地中海的尼罗河等。

洋面狭长，呈S形。以赤道为界分为北大西洋和南大西洋。北大西洋海岸曲折，属海和岛屿众多。重要的属海：西侧有加勒比海、墨西哥湾、圣罗伦斯湾、哈得孙湾和巴芬湾；东侧有地中海、黑海、北海和波罗的海。重要的岛屿有：斯匹茨卑尔根岛、熊岛、格陵兰岛、冰岛、不列颠群岛、法罗群岛、谢德兰群岛、亚速群岛、维德角群岛、大小安地列斯群岛、百慕大群岛、马德拉群岛、卡纳里亚斯群岛等。南大西洋的海岸线比较平直，主要岛屿有亚森欣岛、圣赫勒拿岛、特里尼达岛、特里斯坦——达库尼亚群岛、马尔维纳斯群岛、戈夫岛等。

（九十九）面积最大的洲——亚洲

亚洲是亚细亚洲的简称，是世界七大洲中面积最大的洲，其绝大部分土地位于东半球和北半球。传统上被定义为非洲——亚欧大陆的一部分，跨越经纬度十分广，东西时差达11小时，面积为4400万平方千米。亚洲地跨寒、温、热三带，气候基本特征是大陆性气候强烈，季风性气候典型，气候类型复杂。在地理上习惯分为东亚、东南亚、南亚、西亚、中亚和北亚。2000年人口达36.72亿人，约占世界总人口的60.5%。

亚洲东面是太平洋、北面是北冰洋，南面则濒临印度洋，西临大西洋，西面以乌拉尔山脉、乌拉尔河、里海、大高加索山脉、黑海、土耳其海峡（博斯普鲁斯海峡和达达尼尔海峡）与欧洲分界，西南面隔亚丁湾、曼德海峡、红海与非洲相邻，东北面隔白令海峡与北美洲相望。

种族：黄种人约占全洲人口的3/5以上，其次是白种人，黑种人很少。

语言：分属于汉藏语系、南亚语系、阿尔泰语系、朝鲜语系、日本语系、马来——波利尼西亚语系、达罗毗荼语系、闪米特——含米特语系、印欧语系。

宗教：亚洲是佛教、伊斯兰教和基督教三大宗教发源地。

气候：亚洲大陆地跨寒、温、热三个气候带。气候的主要特征是：气候类型复杂多样，季风气候显著，影响范围广，温带大陆性气候分布广。亚洲唯一不具备的气候是温带海洋性气候。

自然资源：矿产种类多，储量大，石油、铁、锡等储量居各洲首位；森林总面积约占世界可开发森林总面积的13%；可开发水力资源年可发电量达26000亿千瓦时，占世界可开发水力资源量的27%；沿海渔场面积约占世界沿海渔场总面积的40%。

经济：除日本、新加坡、韩国、中国等国家外，亚洲大多数国家的经济以农业、矿业为主。各国各地区工业发展水平和部门、地域结构差异显著，绝大多数国家工业基础薄弱，采矿业、农产品加工业及轻纺工业占主要地位。

三大人类文明发祥地：亚洲的黄河—长江中下游地区、印度河流域和美索不达米亚平原（因其由幼发拉底河和底格里斯河冲积而成，故又称为“两河流域”），因其适宜的温带或热带气候，丰富的水源，肥沃的土地，而分别成为人类文明的发祥地。

海岸线：大陆海岸线长69900千米。多半岛和岛屿。半岛总面积1000多万平方千米，是半岛面积最大的一洲。阿拉伯半岛为世界最大的半岛，岛屿总面积约270万平方千米，仅次于北美洲居世界第二位。加里曼丹岛为世界第三大岛。

亚洲的大陆海岸线绵长而曲折，海岸线长69900千米，是世界上海岸线最长的一洲。海岸类型复杂，多半岛和岛屿，亚洲地形总的特点是地表起伏很大，崇山峻岭汇集中部，山地、高原和丘陵约占全洲面积的3/4。全洲平均海拔950米，是世界上除南极洲外地势最高的一洲。全洲大致以帕米尔高原为中心，向四方伸出一系列高大的山脉，最高大的是喜马拉雅山脉。在各高大山脉之间有许多面积广大的高原和盆地。在

山地、高原的外侧还分布着广阔的平原。亚洲有许多著名的高峰，世界上海拔8000米以上的高峰，全分布在喀喇昆仑山脉和喜马拉雅山脉地带，其中有世界最高峰珠穆朗玛峰，海拔8844.43米。亚洲有世界陆地上最低的洼地和湖泊——死海（湖面低于地中海海面392米），还有被称为“世界屋脊”的青藏高原。亚洲是世界上火山最多的洲。东部边缘海外围的岛群是世界上火山最多的地区。东部沿海岛屿、中亚和西亚北部地震频繁。亚洲的许多大河发源于中部山地，分别注入太平洋、印度洋和北冰洋。内流区主要分布在亚洲中部和西部。亚洲最长的河流是长江，长6397千米；其次是黄河，长5464千米；湄公河长4500千米。最长的内流河是伏尔加河（世界最长）（3690千米），其次是阿姆河和塔里木河（2179千米）。贝加尔湖是亚洲最大的淡水湖和世界最深的湖泊。

亚洲地跨寒、温、热三带，北部沿海地区属寒带苔原气候；西伯利亚大部分地区属温带针叶林气候；东部靠太平洋的中纬度地区属季风气候，向南过渡到亚热带森林气候；东南亚和南亚属热带雨林气候和热带季风气候；赤道附近多属热带雨林气候；中亚和西亚大部分地区属沙漠和草原气候；西亚地中海沿岸属亚热带地中海式气候；西伯利亚东部的上扬斯克和奥伊米亚康极端最低气温曾达-71℃，是北半球气温最低的地方。

（一〇〇）北美洲最高峰——阿拉斯加山脉

阿拉斯加山脉是美国阿拉斯加南部与阿拉斯加湾海岸平行的山脉，主要为花岗岩构成的断层山脉。向东接加拿大海岸山脉，向西延伸为阿留申山脉和阿留申群岛。大部终年为冰雪覆盖，并以多而大的山谷冰川闻名。多火山。主峰麦金利山海拔6193米，为北美洲最高峰。

位于美国阿拉斯加州南部，是洛矶山脉和北美洲太平洋海岸山脉向西北的延伸，使阿拉斯加州几乎全境具有一种山峦起伏的美丽地形。此山脉中有北美洲的最高峰，既有冰川造成的特点，又有至今不断的火山活动造成的特色。

阿拉斯加山脉有3个主山群，最北者为布鲁克斯山脉和北极山麓丘陵，是洛矶山脉自加拿大边界延伸穿过阿拉斯加北部的一个东西向山弧。阿拉斯加中部为高地和盆地，有育空和卡斯科奎姆河两大水系。

阿拉斯加南部为环绕阿拉斯加湾和太平洋东北部水域的几条山脉组成的广阔山弧。这片太平洋海岸山脉地区又可分为几组，阿拉斯加山脉内侧向西南延伸汇入阿留申山脉和阿留申群岛；基奈——楚加奇山脉与阿拉斯加山脉之间有塔尔基特纳山脉和弗兰格尔山脉相隔，沿阿拉斯加湾延伸，向南和向东在加拿大边界与圣伊莱亚斯山脉融合；

圣伊莱亚斯山脉又与构成大部分阿拉斯加锅柄地区（阿拉斯加东南部俗称“锅柄”地区）的海岸山脉相融合。

北极山麓丘陵位于布鲁克斯山脉以北，由东西走向的低山脊和起伏的高原组成，高原上有高低不一的孤立山丘。北部的山丘高 180 米，南部的高 1097 米，除科尔维尔河上游向东流以外，其余大部河流均向北流。

因有众多因素——有些适用于一般山脉，有的只适用于阿拉斯加这种高纬地区——很难将阿拉斯加山脉划入一定气候类型，但就本地范围而言，阿拉斯加山脉囊括了该州所有气候带。布鲁克斯山脉北坡属北极气候带，南坡及阿拉斯加、塔尔基特纳和弗兰格尔山脉都均属大陆气候带。两种气候带的特点都是冬季寒冷漫长，夏季凉爽短暂，夏季降雨适中，冬季降雪量少。大陆气候带一般较干旱，天空较晴朗，温差较大。

楚加奇山脉和阿留申山脉属过渡地带，南方其余山脉，尤其锅柄地区的山脉，则属于海洋气候带。这两个气候带气温变化比较小，晴天和降雨很多，但在过渡地带上述特点均不明显。布鲁克斯山脉 1 月平均气温-29℃，锅柄地区邦德里岭约在-10℃~0℃。但内陆地区山中冬季常常出现-46℃以下的气温。7 月平均气温在布鲁克斯山脉较低山坡（在纬度更高地区则还要低的山坡）为 16℃，在塔尔基特纳山脉低坡地区约 20℃。布鲁克斯山脉在阿拉斯加各山脉中最干旱，年降水量不到 0.5 米，从科珀河三角洲地区往南至亚历山大群岛的沿海山脉最湿润，年降水量 5~7.6 米。

（一〇一）地震最频繁的国家——日本

如果看到一张地球平面图并标有地震频繁地区时，你会发现一条波浪起伏般缠绕地球的“带子”。这条带子几乎完全不触及一些地区，但它所到之处定是地震频繁发生区。

日本是世界上地震频率最高的国家。一年之中天天有地震。当然，其中大多数只是小小的地震，毫无破坏性。另一个地震高发区是地中海区域。与此相反，美国新英格兰地区，从千万年前的冰河期以来至今从未发生过破坏性地震。

可以这样解释，地球各地的地壳不同。有些地区的地壳从未稳定过，有一个“断层”，断层就是指地壳岩层的断裂处。断层所在之处，岩层与岩层之间靠巨大的摩擦力挤在一起，这种摩擦产生的能量被转换为岩层的振动。当这种振动能够传播出数千千米时，你可以想象得到，这属于最强烈的地震，它正是由沿着断层线的地块移动而产生的。断层两侧或产生相对上下运动，或产生前后的纵向运动。

地震发生后，地球表面的变化大多能在断层线上看到。断层线中感到振动最强烈的地区为“震中”。如果震中在一个城市附近，破坏将极为严重。建筑物的倒塌，埋在街道下的煤气干线断裂而引起的大火等，常常是造成死亡的主要原因。地震带往往就是近代火山活动区域，这是因为那里的地壳尚未进入稳定期。

（一〇二）最小的岛国——瑙鲁

你知道有一个名叫瑙鲁的岛国吗？它是太平洋密克罗尼西亚岛群中的一个珊瑚岛，位于赤道以南53千米，面积仅22平方千米，是世界上最小的岛国。

全岛略呈椭圆形，四周全为珊瑚礁环绕。海岸地带是一片银白色的沙滩，有此向内，地面逐渐升高，有一个宽不过300米适宜农作物的环岛地带。在往里，就是高12~60米的珊瑚峭壁，从峭壁的横纹推测，瑙鲁岛的形成至少有上千万年的历史了。峭壁之上，即为占全岛面积85%以上的台地，最高点海拔64米，西南部有一个不大的布阿达潟湖。瑙鲁气候终年炎热；雨水虽多，但珊瑚岛地面渗透性很强，仍有缺水之虞。

（一〇三）最寒冷的小镇——上杨斯克

你是否知道除北极和南极以外，世界上最寒冷地区什么样吗？请看下面的描述：那地方你如果不戴口罩出门，你呼出的气立刻便会变成冰块；将一壶正在沸腾的开水放到门口，一两秒钟之内，开水就会结冰；那里常年不用备水，什么时候想喝水了，到门外砸几块冰，拿进屋就可煮水……

这个地方就在西伯利亚，名叫上杨斯克，距北极大约2000千米，冬天的平均温度是-60℃，有时甚至会降到-90℃，当然，科学家们会说，上杨斯克并非全球最冷的地方，因为西伯利亚的另一个地方奥伊米亚康气温更低。但问题是奥伊米亚康今天只是科学家的试验基地，而上杨斯克却是实实在在有人居住的地方，而且有2000人常住居民。因此，准确地说，只有上杨斯克才是世界上有人居住的最寒冷的地方。

你也许想象不到，上杨斯克冬天这么冷，但是夏天却异常炎热，气温经常升到40℃。对于那里的居民来说，这是最受罪的一件事情，因为他们早已习惯了冰天雪地。一位居民这样说：“我不喜欢炎热，寒冷对我们并没有什么。如果实在太冷了，我们就往南边迁移，总是有办法的。”

（一〇四）最大的淡水湖群——五大湖

五大湖，是世界上最大的淡水湖群，位于美国和加拿大之间，由5个大湖环绕，构成五大湖区，分别是苏必利尔湖、休伦湖、密歇根湖、伊利湖和安大略湖。五大湖总面积达24.5万平方公里，相当于整个英国的大小，其总蓄水量为24458立方公里，是波斯湾水量的2.5倍。

在中美洲，有一个世界上最大的自然奇观——五大湖。它们像五个亲兄弟一般，手拉手连在一起，构成了世界上最大的淡水湖群。人们用“淡水的海洋”“北美大陆的地中海”来形容它们的水容量之大。它们按面积大小排列分别是：苏必利尔湖、休伦湖、密歇根湖、伊利湖和安大略湖，总面积24.5万平方公里，相当于英国的大小，总蓄水量是波斯湾水量的5倍。

五大湖形成于100万年前，是冰川活动后的产物。第四纪冰期时，五大湖接近拉布拉多和基瓦丁大陆，冰盖厚，谷地的岩层受冰川侵蚀而扩大成湖盆，当冰川退去后，聚集的冰水就形成了五大湖的水面。大量的冰也使得河谷降低，所以除密歇根湖和休伦湖的水平面相等外，其余各湖的水面高度依次下降。五大湖是进入北美大陆腹地的便利通道，加之该地森林浩瀚、土地肥沃，使得伐木业和农业繁荣兴盛。而湖岸附近煤、铁、铜和石灰岩等矿床的发现，更使得周围的工业繁荣发展起来，人们在这里建起庞大的工厂、巨大繁荣的都市，在大自然馈赠的天然宝藏中欣欣向荣地生活着。

苏必利尔湖是五大湖中最大的一个，它位于五大湖最西北处，北临加拿大，南面美国，面积达8.2万平方公里，是仅次于里海的第二大湖。湖中岛屿众多，有阿波斯特尔群岛、米奇皮科滕岛、圣伊尼亚斯岛和罗亚尔岛，风景秀丽，水质清澈。其中罗亚尔岛是美国国家公园之一，它伫立于苏必利尔湖西北，因为地处高纬度，常年冰封，置身其中仿佛来到一个银装素裹的世界。5月后天气回暖，被白雪覆盖的森林重新披上绿装，大片大片的紫罗兰铺满整个山地，像一幅巨大的紫色地毯；各种野生动物开始活动，驼鹿、山猫、鹿、狼在森林里穿梭，这是美国除阿拉斯加和黄石公园外唯一有狼的地方。

而位于最东面的安大略湖则是五大湖中最小的一个，它呈椭圆形，东西向外延伸，著名的尼亚加拉瀑布就是上接伊利湖下灌安大略湖。在易洛魁语中，“安大略”意为“美丽之湖”，每到12月，莹蓝的湖面泛着清冷的光泽，深蓝的湖水美得让人透不过气来。抬头望去，远处高达553米的多伦多电视塔在阳光下闪着金属的光泽，这个世界上第三高的通信塔建于1976年，共有147层，1776级金属阶梯，被美国土木工程协会列为世界七大工程奇迹。远远看去，圆盘状的观景台像一架神秘的飞碟，伫立在多伦多的港湾旁。站在上面，整个多伦多的风景一览无余，高空的新鲜空气将肺部洗涤得干净透彻，地面上行走的人、物都微小如蚂蚁，远处的湖泊森林尽人眼底，胸中不禁腾起一股荡气回肠的豪迈，大有睥睨天下的气势……

从多伦多港口出发，乘船来到休伦湖，繁忙的罗克波特港口接待着来自各地的渔船或游轮，这里的伐木业和渔业兴旺，是第一个被欧洲人发现的湖泊。乘着游轮从碧蓝的湖面上驶过，险峻的悬崖在密歇根湖的岸边矗立，一个个凸起的沙丘在阳光下显得俏皮而可爱。这里风光秀丽，气候温和，是绝佳的避暑胜地。五大洲的每一个湖都各具特色，它们或幽静、或繁华，或冰寒、或热烈，却在千百年时光的流逝中一直相依相伴，不离不弃。

（一〇五）最小的国家公园——槟城国家公园

槟城国家公园，位于马来西亚槟城的西北部，是世界上最小的国家公园。它占地面积 25. 62 平方公里，其中包括 11. 81 平方公里的森林面积，以及 13. 81 平方公里的湿地面积。虽然面积较小，但有着多样化的生态系统。

高壮的大树参天蔽日，奇花异草美丽芬芳；涓涓小溪欢快地从树林、石缝中穿流而过，碧蓝的大海拍打着岸边的礁石，偶有海蜥蜴走在沙滩上慵懒地晒太阳……这便是槟城国家公园，任何美丽的语言都难以形容它。

槟城国家公园是世界上最小的国家公园，它建于 2003 年，总占地面积 25. 62 平方公里。与世界上最大的落基山脉国家公园相比，它就好似一片森林中的一棵树苗。大约要 900 个槟城国家公园才能组成一个落基山脉国家公园。虽然没有落基山脉国家公园的恢宏与辽阔，但槟城国家公园一直以它独特美妙的景色吸引着人们的眼球，成为著名的旅游风景区。

该国家公园虽小，但是景观分布十分合理，能让你在短时间之内欣赏到山川、湖泊、沙滩等景色。公园设有多条步道，穿过森林，越过山路，直达海滩。森林中有上千种稀有植物、上百种动物可观赏。此外，还有一座晃悠悠的吊桥横跨在两座山之间。走上吊桥，感受微风拂面的清爽，聆听风吹树叶发出的声响，也是一件惬意的事情。公园中还有一个东南亚仅有的咸水和淡水共存的双性湖。在每年的 4-5 月，有 5 条河水和海水共同注入湖中，非常奇特。

走过森林和山路，便是蔚蓝的大海和柔软的沙滩。如果运气好的话，还可以看到海蜥蜴从海中爬出来散步，有的海蜥蜴只有 80 多厘米长。像个小壁虎一样，有的则长达一二米，它们大摇大摆地在路上行走或晒太阳，看到人群靠近，心情好的话会赏你一个回眸，心情不好则直接甩头走人。

沙滩是海龟下蛋的地方。每到海龟的繁殖季节，海龟便会游回岸上，择一佳地繁衍后代，无数海龟聚集的景象颇为壮观。到了晚上，听着海浪声，看着即将消失在海平面的夕阳，吹着凉爽的海风，在沙滩上参与烧烤派对，也是一种至上的享受。

槟城国家公园就是这样一个“麻雀虽小，五脏俱全”的地方，它位于马来西亚著名的旅游历史文化名城——槟城。

槟城，又名槟榔屿，是马来西亚 13 个联邦州之一，相传因早年遍布槟榔树而得名。1786 年，英国商船来此躲避风浪，恰逢当时的乔治·威尔斯王子的生日，船长莱特便将此岛取名为威尔斯王子岛。但早在明朝永乐年间，“槟榔屿”一名就出现在郑和的航海图中，故而马来西亚人将它称为“槟榔屿”。据史书记载，在莱特到达槟榔屿前，就有张理、丘兆进、马福春 3 位客家人在此打鱼为生。曾任华民政务司的巴素博士这样说：“一位姓邱的客家铁匠、一位姓张的教书先生、一位姓马的烧炭人，他们被尊奉为华侨的开辟者。”

槟城汇集了各种文化的迷人之处，既有南海姑娘的轻柔婉转，又不失安娜与国王的忧伤浪漫，是一个令人为之倾倒的城市。

（一〇六）最浅的海——亚速海

亚速海，位子乌克兰和俄罗斯南部的内陆海，向南通过刻赤海峡与黑海相连。乌克兰独立后，它成为俄乌两国的公海。亚速海长约 340 公里、宽 135 公里，面积约 37600 平方公里，平均深度只有 8 米，最深处只有 14 米，最浅处不到 1 米，是世界上浅的海。

在多数人的认知里，大海都是浩渺无垠、深不见底的。那幽深的海底或藏着瑰丽的传说，或埋葬着古老的国度，或蕴藏着大自然馈赠的矿产……然而，有一个海却是例外。它长 300 多公里，面积 30000 多平方公里，而平均深度只有 8 米，最深处也只有 14 米，甚至比大多数湖泊都要浅。它就是位于乌克兰和俄罗斯南部的亚速海，世界上最浅的海。

亚速海的历史是悠久的，根据黑海沉降理论，它形成于 5600 年前。有人说，亚速海的名字来源于一位名为 Azum 或 Asuf 的钦察王子，他在 1067 年的一场城池保卫战中被杀，人们为了纪念他，便将这片海命名为亚速海。但大多数学者则认为它的名字来源于一座叫作 Azov 的古城，Azov 在土耳其语里是“低”的意思，旨在说明城市的地势。

亚速海又名阿速海，有顿河、库班河、米乌斯河和许多较小的河流流入其中。由于顿河和库班河夹带大量的泥沙，致使其东北部的塔甘罗格湾水深不超过 1 米，这些河水的注入使得海水中的盐分变低，只有约 9%~11%。然而，而，由于浅浅的海水以及温暖的气候，加之河流带来的大量营养物质，使得海洋生物极其丰富。这里有无脊椎动物 300 多种，鱼类 80 多种，其中最多的就是沙工鱼，而最奇特的则是俄罗斯鲟。

这种呈纺锤形的鲟鱼在里海和黑海中生长较慢，可一旦到了亚速海，生长速度就立即变快！每到鱼群洄游季节，波光粼粼的海面上就泛起一层灰白的浪花，成群结队的鲟鱼沿着水流朝伏尔加河游去，完成一代又一代生命的传承……

沿海而下，克里米亚半岛静静地矗立在亚速海的西面，这里风光壮丽优美，气候温暖宜人，是著名的旅游胜地。南部的海滨地带种植着大量的葡萄和亚热带果树，每到秋季，一串串紫色的葡萄在阳光下晶莹剔透，像一串串紫色的水晶，连空气都染上了浓郁的果香。在果园、葡萄园和树木的掩映下，散落着许多村庄，有高耸的清真寺、古朴的修道院，还有皇家宫殿以及古希腊和中世纪的城堡。这些名胜古迹记录了从 6~19 世纪人们的生活，人们在历史的年轮中往来流转，用生命与智慧书写着他们独特的过往。

位于半岛东面的刻赤，是一座历史悠久的渔港，每到捕鱼季节，万网竞撒，起网时鳞光闪闪，场面十分壮观。建于山上的城市还保留着曾经的国王米特里达的王陵、为纪念刻赤战役中牺牲的勇士们而树立的方碑，以及古希腊建筑遗址。在这里，你还能到雅尔塔遍览普希金、托尔斯泰、高尔基等文学巨匠流连忘返的美景；你可以在阿卢普卡享受一场舒适健康的疗养浴；你可以在尼基塔植物园观赏到 500 多种世界稀有的乔木、灌木，给眼睛异常绿色的盛宴……徜徉在这个风景如画的半岛，洁白的海滩、湛蓝的海水、空明澄澈的天空，那是大自然赐予的最好的礼物。

（一〇七）最长的内陆河——伏尔加河

伏尔加河，位于俄罗斯西南部，全长 3692 公里，流域面积达 136 万平方公里，是欧洲最长的河流，也是世界上最长的内陆河。伏尔加河发源于东欧平原的瓦尔代丘陵，连接波罗的海、白海、亚速海和黑海，最终注入里海，因此有“五海通航”的美称。伏尔加河是俄国的历史摇蓝，被俄罗斯人称为“母亲河”。

烈日如火，炙烤着那漫长荒芜的沙滩。一群衣衫褴褛的纤夫拖着货船，迈着沉重的步子，踏着灼热的黄沙，一步步沿着河岸蠕动。“嘿嗬、嘿嗬”的号声在炎夏的闷热与河水的悲吟中交织，仿佛苦难的怒吼……这幅享誉世界的名画《伏尔加河的纤夫》。在伊里亚·叶菲莫维奇·列宾饱含力量的笔触下，最真实地展现了 19 世纪俄罗斯劳动人民的悲惨生活。

或许《伏尔加河上的纤夫》会让你对这条河流带上消极的色彩。然而对于俄罗斯人来说，伏尔加河是伟大而神圣的，它养育了千千万万俄罗斯人民，被俄罗斯人亲切地称为“母亲河”。伏尔加河是欧洲最长的河流，古代称为“拉”，中世纪改称为“伊基尔”，至于什么时候称为“伏尔加”已无从查考。它全长 3692 公里，流域面积达 136

万平方公里，占俄罗斯欧洲地区面积的1/4，差不多是法国、意大利和西班牙3个国家面积的总和，是全世界最长的内陆河。伏尔加河发源于东欧平原的瓦尔代丘陵地带，流经俄罗斯13个联邦主体，沟通了波罗的海、白海、亚速海、黑海、里海五大海洋，素有“五海通航”的美称。其流域居住着6000万居民，是俄罗斯人口的2/5，农业、工业、渔业产值约占全国总产值的1/4，航运货物量是全国水运的70%，在俄罗斯的国民经济和生活中起着非常重要的作用。

伏尔加河是一条温柔优美的河。乘船而下，眼前就是一幅幅秀丽的风景画。河岸上散布着古老的风格独特的中世纪建筑，官邸、教堂、农舍和田园风光在阳光下越发显得美不胜收；苏兹达里小镇在万里晴空下温柔地向你微笑，古老的教堂、修道院，独特的一座座白色房屋，蜿蜒的小河，鲜花盛开的田野……每一处都散发着浓郁的俄罗斯乡野气息，晶莹剔透得像不问尘事的化外之地。站在城市中心俯视苏兹达里，你很容易混淆自己身处在哪一个时代。四周果园环绕、钟楼教堂林立，一条陡峭的斜坡通向11世纪的克里姆林宫，宫殿天蓝色的洋葱形顶部被阳光浸得通透，上面金星闪闪。钟声从16世纪的修道院飘来，蓝天下是14世纪寺院金色的圆顶。这座位于莫斯科东北部的小城是“俄国最古老的遗产”，作为12世纪弗拉基米尔—苏兹达里古国的印证，更是伟大俄罗斯民族的发源地。

走在莫斯科的城镇里，除了教堂，最多的就是那些大大小小的博物馆。即便很小的城市都有1个或几个博物馆。靴子博物馆、老鼠博物馆、伏特加酒博物馆……有人说，博物馆是一个国家文明最好的栖身之所，一个喜欢兴建博物馆的民族，必定是有希望的民族。到达某个地方，码头上偶尔会有欢迎仪式，穿着鲜艳民族服装的少女送上面包和盐巴让游客品尝，民族乐手拉起手风琴，人们一起唱歌跳舞，在晚风的吹拂下欣赏莫斯科辉煌灿烂的夜景……

（一〇八）世界上最洁净的水

科学家表示，太平洋中部的一片海区拥有地球上最为洁净的海水。这一地区的面积相当于地中海，其海水的清澈程度与地球上最洁净的湖水无异，但含盐度却和其他海水一样。

从2004年10月起，法国马塞勒地中海大学的帕特里克·拉姆伯尔特与同事，对这个不同寻常的海区进行了研究。最为干净的水域点位于复活节岛附近，这片海水的颜色更接近紫色，而不是通常的蓝色，紫外线只能渗透水下100多米处。这意味着此处所含的叶绿素大约要比绝大多数海域低10倍。跟踪海水叶绿素数量的卫星图片显示，这一海区是地球上生物体最少的生态系统之一。

（一〇九）世界上唯一完全环绕地球却没有被大陆分割的大洋——南冰洋

南冰洋，也叫“南极海”“南大洋”，是世界第五大洋，是世界上唯一完全环绕地球却没有被大陆分割的大洋。南冰洋是围绕南极洲的海洋，是太平洋、大西洋和印度洋南部的海域，以前一直认为太平洋、大西洋和印度洋一直延伸到南极洲，南冰洋的水域被视为南极海，但因为海洋学上发现南冰洋有重要的不同洋流，于是国际水文地理组织于2000年确定其为一个独立的大洋，成为五大洋中的第五大洋。但在学术界依旧有人认为依据大洋应有其对应的中洋脊而不承认“南冰洋”这一称谓。

环绕南极大陆，北边无陆界的独特水域。由南太平洋、南大西洋和南印度洋各一部分，连同南极大陆周围的威德尔海、罗斯海、阿蒙森海、别林斯高晋海等组成。因北边缺乏陆块作为传统意义上的界限，某些科学家不予承认。但由于这些水域在气候方面的均一性，以及在沟通三大洋使三大洋深层和底层保持含氧的低温环境方面有重要作用，另一些科学家认为，把这些水域合为一个整体便于研究。海洋学家们则考虑该水体的物理特性及其中供养的同一动物区系，把它们划为一个独立的海域。曾有南极洋、南极海、南冰洋等多种称呼，其北界划定也有分歧。近期有关文献多采用“南大洋”名称，并以“副热带辐合线”为其北界。副热带辐合线是一条海水等温线密集带，几乎连续不断地环绕南极大陆，表层水温12℃～15℃，呈现明显的不连续性。因是水文界线，平均地理位置随季节不同而变化于南纬38°～42°，故南大洋的面积也不固定，约为7700万平方千米，占世界大洋总面积的22%左右。

陆地少，气温水平差异小，等温线平直，几乎与纬线平行，气压场与风场接近行星风系。洋区大气运动的主要特征是强劲而稳定的纬向环流。除西北—东南向移动的过境低压外，海洋上空没有闭合的低压区或高压区。在副热带高压带与南极反气旋之间有一绕极低压槽，其轴线位于南纬60°～70°，所以大部分温带范围内，气压梯度都指向南方，直至南纬60°以南，气压才开始向极地增加。由于气压梯度力与地球自转偏向力的作用，南大洋洋面上终年盛行西风。南纬40°～60°，气压梯度大，风向稳定，风力强劲，平均风速达33～44千米/时，构成威胁航行的“咆哮西风带”。盛行西风在高纬区和低纬区之间形成“风壁”，阻挡低纬区暖空气进入南极高原，使南极反气旋保持恒定。冰原上空极其冷密的空气会顺坡而下，这种下降风风速很大，刮来大量松散雪，和沿岸区形成的流冰群一起，大量吸收海洋热量。年降水量随纬度增高而减少，在南纬40°～55°约为1000毫米，南纬70°～90°则在200毫米以下。夏季在南纬65°以南，冬季在南纬60°以南，只有冰晶或雪的固态降水。

生物种类少，耐严寒，脊椎动物个体大，发育慢。海洋食物链简短，即硅藻→磷虾→鲸类或其他肉食性动物。生态系统脆弱，易受外界扰动损害。生物资源丰富，特别是磷虾和鲸。这里浮游植物的主体是硅藻，现已发现近百种，分布具有明显的区域性和季节性，平均初级生产力约6倍于其他海洋的总量。磷虾是世界上尚未开发的藏量最为丰富的生物资源，其蕴藏量一般估计为1.5亿~10亿吨，最高估计数为50亿吨，年捕获量可达1亿~1.5亿吨。分布随区域和季节而异，南极水域比亚南极水域多。夏季，生活在沿岸水域的磷虾多于开阔水域；冬季，生活在较大深度处。以磷虾为主要食料的须鲸是另一种重要的资源，出没于南大洋的须鲸有蓝鲸、长须鲸、黑板须鲸、巨臂须鲸、缟臂须鲸和南方露脊鲸等。一个世纪前，南大洋须鲸总数约为100万头，1904年出现商业性过度捕捞后，到20世纪30年代总数下降为34万头左右。此外，海豹、企鹅、鱼类、海鸟、龙虾、巨蟹和海草等资源也引人注意。

1969年前后，南极大陆近海的石油资源受到重视。1972年，“格格玛·挑战者”号深海钻探船在罗斯海底钻探，发现在地质年代较新的地层里，有气体碳氢化合物存在。但即使石油资源丰富，开采和运输都有巨大困难。此外，在南极辐合线以南，发现几处较大的锰结核产地。

（一一〇）最长的峡湾——松恩峡湾

松恩峡湾，位于挪威西部的松恩—菲尤拉讷郡，全长240公里，海水最深处达1308米，峡湾边上的山海拔最高达2405米，是挪威最大的峡湾，也是世界上最长、最深的峡湾。两岸山高谷深，山坡陡峭，垂直而上。松恩峡湾碧波青山，风景如画，每年都吸引着众多慕名而来的游客。

“当我越写，我就越不存在。我不能走出来，我迷失在文里。”玛格丽特·杜拉斯在《情人》里如此写道。同样，当你来到挪威，来到风景如画的松恩峡湾，你也将不能走出来，你将迷失在它的美景里。

对于大多数中国人来说，峡湾是陌生的，毕竟在中国乃至亚洲大陆都没有峡湾，除新西兰和智利等国偶有峡湾地形之外，世界上近80%的峡湾都在欧洲。大约1万年前，巨大的冰川受气候变暖的影响而融化，在向海洋漂移的过程中被渐渐吞没，庞大的冰川产生了巨大的压力，将欧洲大陆的山谷切割成了“U”形，凹进去的部分海水倒灌，于是形成了奇特的峡湾地貌。而位于欧洲纬度最高的挪威，则是世界上峡湾最多的国家，有著名的哈当厄尔峡湾、盖朗厄尔峡湾、吕瑟峡湾等。其中，西部的松恩峡湾全长240公里，海水最深处达1308米，享有“世界上最长峡湾”之美称。

有水缠绕的山总是倍显婀娜，有山依傍的水总是倍显灵气。当逐渐深入松恩峡湾，一章章“山与水”的壮丽诗篇就在眼前展现。远远望去，高耸的山巅在阳光下闪烁着银光，那是经年不化的积雪。山下却是绿意盎然，葱茏的山林间点缀着古朴的民居，绿树红房，像盛开在地毯上的朵朵鲜花。随着高山上冰川积雪的融化，清冽的雪水从墨色的山壁上倾泻而下，形成了一条条白链般的瀑布，水雾蒸腾，青山傍依，仿佛来到了人间仙境。乘船畅游在峡湾里，明镜般澄澈的湖水中倒映着蓝天白云、绿树险峰，它们相互缠绕着，绵延着，化成一幅《爱丽丝梦游仙境》中的绮丽幻影……

美丽的风景容易让人迷醉，置身于大自然神奇的手笔中，整个人都变得澄澈而空明，那是山与水独特的魔力。所以，12 世纪的挪威人在这里修建了奥尔内斯木质教堂，传达教徒们最虔诚的信仰。教堂建于 12 世纪下半叶，是挪威最古老的教堂，也是挪威现存 30 座古木质教堂中最杰出的一个。教堂呈四方形，共有 3 层，全部由木材建成，每层都有陡峭的坡檐，上有尖顶，外形酷似东方的古庙。教堂内部有木质的耶稣受难群像和利莫格斯的彩饰铜烛台，有圣台与布道坛、边座、唱诗班的屏饰和壁画等，向人们诉说着 1700 年前的历史。古朴而独特的教堂，具有北欧独特的建筑风格。

选一个静谧的清晨从弗洛姆出发，沿着峡湾走 2 公里，就来到艾于兰小镇。清晨的小镇还浸在薄雾中，像披了一层朦胧的轻纱。简朴的小屋和白色的古老建筑点缀其间，如同新娘头上的白色头花。一座白色的观景台矗立在小镇上方，它出自著名的建筑师桑德斯和威尔斯之手，精致漂亮。登高远眺，曲折的松恩峡湾在群山间蜿蜒流淌，远处的“七姐妹峰”上还覆盖着皑皑白雪，而另一边的弗利亚瀑布飞驰着倾泻而下……置身其间，只觉得恍入仙境。

（一一一）桥最多的城市——汉堡

汉堡，位于不莱梅东北部的易北河岸，是德国北部的一座美丽的港口城市。市内河道纵横，流水穿街，许多楼房建在河面之上，素有“北方威尼斯”之称。汉堡是欧洲著名的“水上城市”，共拥有大小桥梁 2400 多座，比意大利的威尼斯城还要多 5 倍，是世界上桥梁最多的城市。这些桥梁如同一件件艺术品装点着城市，人们又将其称为“桥城”。

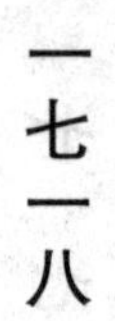

从飞机上往下看，汉堡散发着美丽而独特的气息，它仿佛被绿色的苔藓和草丛包围着。城市里随处可见的是翠色漫然的公园、波平如镜的湖泊、古老圣洁的教堂、脚步悠闲的市民，还有那无处不在、密若蛛网的水道以及数不清的桥梁。

因为水道众多，交通方便，汉堡的发展史甚至可以追溯到公元 4 世纪。到了公元 8 世纪末，罗马帝国的查理曼大帝在这里修筑古堡设施，建立城镇，称为汉马堡。13 世纪后，汉堡与英国、荷兰、挪威、西班牙等多个国家建立了贸易往来。发展到今天，它已成为德国最大的港口，拥有300多条国际航线，每年进入港口的船只近2万艘，年吞吐量6000万吨左右，被称为“德国通向世界的门户”。

是的，汉堡是一座建在水上的城市，易北河、阿尔斯特河、比勒河以及上百条河汊和小运河在这里交汇，织出遍布整个市区的河道网，也编织着汉堡的灵魂，而风格各异的桥梁则构成了汉堡的骨骼和血脉。在人们的印象里，水城威尼斯似乎是世界上桥梁最多的城市，实则不然，汉堡的桥梁数量才是世界之最。这个总面积755平方公里的城市，共有2400多座桥，比威尼斯、阿姆斯特丹和伦敦3个城市的总和还多。是当之无愧的“桥城”。而这些桥梁也是千姿百态的，木桥、石桥、铁桥、栈桥、双层桥……它们或古老或现代，或线条硬朗或柔和婉约，每座桥梁都独具特色，如一条条丝带，将这个被水分割的城市串联起来。

汉堡现存最古老的石桥是建于1633年的“关锐桥”，全长仅10多米，造型简单，朴实无华，可正是这座最简朴的桥，记录着整个城市的沧桑与繁华。而最现代化的桥则是跨越易北河的柯尔布兰特大桥，它长3940米，最宽处达325米，桥面可并行4辆汽车，是汉堡港东部和易北河隧道的枢纽，号称“千桥之首”。除此之外，这里还有全欧洲最长的木桥一龙尾桥、优美的提篮式的费马松桥、德国第一座斜拉式的莱茵河北桥；汉堡最奢华的巴伦斯德桥……2400多座桥梁，凝固着人们的智慧，凝固着时代的记忆，在岁月的洗礼中向后人讲述这个城市的故事。

悠久的历史使得汉堡有着浓郁的人文风情：你可以静静漫步在夜晚的吕贝克古城，观赏中古时期红墙尖顶的建筑，似乎连空气中都流淌着中古时期醉人的脂粉香味儿；也可以选一个阳光明媚的日子，坐上小船穿梭于水桥间，细品这传统与新潮交融的独特魅力；还可以来到汉堡市政厅，看看由4000多根巨木支撑的建筑，为建筑师们巧夺天工的技艺喝彩；更可以登上北德最漂亮的巴洛克风格的教堂——圣米夏艾丽斯大教堂的钟楼，将整个汉堡的风光尽收眼底……

（一一二）最干燥炎热的地方——美国死亡之谷

美国死亡之谷，位于美国加利福尼亚州东南，属莫哈韦沙漠，最高温度达57℃，年均降水仅46.7毫米，是世界上最干燥炎热的地方。死亡谷长225公里，宽6~26公里，面积达1408平方公里，干旱炎热统治着这片土地，到处都弥漫着死亡的气息，亦被赠予“干骨谷”“葬礼山”等不祥的别称。

正如死亡金属音乐所传达的荒凉气息一样，死亡谷也散发着这样的气息。炎热和干旱统治着它，全年近40℃的高温、最高达57℃的全球最高气温纪录、年均46.7毫米的降水，铸就了这个全世界最干燥炎热的死亡之谷。它是如此奇特，以至于世界上再找不出第二个这样的地方，这里就是地狱的入口。

在距今 200 万年前，这座山谷还是一个巨大的盐湖，经过数百万年烈日的蒸熬酷晒，它终于被烤干，只留下一层层覆盖堆积的泥浆和岩层。而由于内华达山、帕那敏山以及阿加斯山 3 座大山的阻挡，海风所挟带的湿气几乎无法进入，使得这里降雨极其稀少，年均仅 46.7 毫米，造就了这个世界上最热、最干旱的山谷。1849 年，怀揣着黄金梦的淘金者横穿该谷前往旧金山，却不想，死神的镰刀早已铺满了山谷，它用干旱和炎热无情地收割着生命，留下黄沙中的一堆堆白骨。当一位与死神傅斗了 80 天而获救的人离开时，望着身后感慨道："再见了，死亡谷！"死亡谷由此得名。烈火般的炎热和极致的干旱，让无数以它为捷径前往加州的淘金者葬身沙漠，人们亦将它称为"干骨谷""葬礼山"，死亡的气息让人望而生畏。

沧海桑田，物换星移，大自然的力量让人震撼膜拜，而人类的智慧却更却神奇。沙漠地带的终年强风使得高科技风力发电产业蓬勃发展；独特的地理位置和环境让它成为美国著名的爱德华空军基地、太空实验的场所；而令人赞叹的砂砾奇观吸引了世界各地的游客，美国政府在 1994 将它辟为国家公园。来到死亡谷，极致的高温和漫漫黄沙的荒凉，让人有种失去空间与时间的错觉。一望无际的山丘在眼前延绵开去，连绵起伏的山丘周围布满了波浪状的条形黄沙，像一块泛着褶皱的巨型绸缎。清晨，太阳还未完全跃出地平线，山丘就被橙黄色的霞光渐渐点亮，当正午的太阳炙烤着大地，山丘又变成了明亮的金黄色，仿佛下一刻就会腾起青烟。落日的余晖将天际染成瑰丽的色彩，整个沙漠都铺上了一层柔光，勾勒出动人的轮廓。

死亡谷的景观就像游戏里的画面，穿越其中，极致的热浪让你感觉像穿越出地球之外，被抛到另一个极度炎热、没有人烟的异度世界。那荒凉嶙峋的岩石景观、纵横百里的漫漫黄沙，遍布的火山口、在阳光下闪耀着蓝色光泽的大片盐滩……每一个画面都带给人奇妙的视觉冲击，使人一会儿如置身地狱，一会儿又恍若到达天堂。死亡谷被视为地球上最不适于生存的地区之一，然而，这里却生长着一些生命力极其强悍的生物。其中，棉球沼泽的沙漠小鱼能生活在比海水咸 6 倍的水中；而每到傍晚，定居在这里的响尾蛇、蝎子、沙漠壁虎、小狐狸等都会出来觅食；每到夏季，短暂的降雨滋润了谷地的植物，美丽的野花就会开遍整个死亡之谷。生与死在这里交替，地狱与天堂在这里汇合，当大自然用它恢宏的手笔刻画出这片死亡之地时，顽强的生命也在这里书写着它们的传奇……

（一一三）透明度最高的海——马尾藻海

马尾藻海，又称萨加索海，位于北纬 20°~35°、西经 35°~70°之间，总面积 500~

600万平方公里，是大西洋中一个没有岸的海。马尾藻海最大的特点是透明度高，被公认为世界上最清澈的海。由于远离江河河口，海中浮游生物很少，海水碧蓝清澈，透明度深达66.5米，个别海区可达72米，世界上再没有一处海洋能有如此之高的透明度。

1492年，哥伦布的船队第一次行驶到这里，眼前忽然出现了一片巨大的“草原”。人们欣喜若狂，以为终于找到了陆地。驶近后才发现，这里根本没有陆地，而是一片长满海藻的汪洋。更奇怪的是，这里风平浪静，如一潭死水，船只无法航行，经过整整3个多星期的拼搏，哥伦布才带领船队逃出这片可怕的“草原”。后来，哥伦布将这片海域命名为萨加索海，意为“海藻海”，也就是马尾藻海。

马尾藻海位于广袤的大西洋中，在北纬20°~35°、西经35°~70°之间，总面积500~600万平方公里。在航海家眼中，这是一片“魔鬼之海”，早在帆船时代就发生过无数船只被马尾藻所缠住、船上的人因淡水和食物用尽而无一生还的事故。然而从本质上来说，马尾藻海却是世界上最清澈的海，其透明度可深达66.5米，个别海区甚至达到72米。海水碧蓝清澈，晴天里，即使将照相底片放在1000米的深处，仍然能感觉到光，世界上再没有一处海洋能有如此之高的透明度。

放眼望去，绿色的水草在湛蓝的海面上漂荡，仿佛一派迷人的草原风光，那是生长在海中的无根水草——马尾藻。在海风和洋流的带动下，漂浮着的马尾藻犹如一条巨大的橄榄色地毯，一直向远方延伸。晴天里，万里碧空映着那蓝得透明的海水，仿佛一块闪光的蓝色水晶，晶莹剔透到让人迷醉。马尾藻海中还生活着许多独特的鱼类，如飞鱼、旗鱼、马林鱼、马尾藻鱼等。因为这里特殊的“马尾藻生物群落”，使得这些鱼类大多以海藻为宿主，而且善于伪装、变色，将自己扮成海藻来迷惑敌人。而最奇特的则要数马尾藻鱼了，它们通体碧绿，色泽与马尾藻一模一样，就连眼睛也能变色。一旦遇到敌人，就吞下大量海水，将身子鼓得大大的，从而以此恐吓敌人。

古往今来，环绕百慕大群岛的马尾藻海都充满了神秘的色彩：清澈到令人纳罕的海水，航海者谈之变色的“海上坟地”，丰饶茂盛却又时隐时现的“马尾藻草原”，经常在这里失踪的飞机和轮船……表面文雅恬静的马尾藻海实际上处处充满了危险，它用葱茏的绿色为这片海域蒙上了一层神秘的面纱，却又令无数人倾倒迷醉。

（一一四）最长的洞穴——猛犸洞

猛犸洞，位于美国肯塔基州中部的猛犸洞国家公园，面积5.1万平方公里，全长约240公里，是世界上最长的洞穴。猛犸洞得名于古代的长毛巨象“猛犸”，200多年前，无数探险家前赴后继地慕名而来，一点点地揭开关于猛犸洞遥远而神秘的历史。

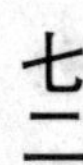

无论是谁，如果认为地下世界是一个让人恐惧的所在，那他一定从未到过这里——猛犸洞。这个隐藏在地下的奇迹，是大自然历经数万年的时光雕琢打磨而成的，其面积达5.1万平方公里，已知全长约240公里，是世界上最长最大的地下洞穴。直至2013年，猛犸洞的长度仍在不断被刷新。在这里，有数百座恢宏的溶洞、深长的地下暗河、数条瀑布和一处处地下湖泊，它们交错组合，构成了这个曲折幽深的地下迷宫，恍若奇幻世界里神秘而庞大的地下王国。来到这里，没有人不被大自然如此恢宏壮阔的手笔所折服。

猛犸洞是在1799年由一位名叫罗伯特·霍钦的猎人偶然发现的。据科学家考证，早在4000前，就有印第安土著在这里居住，为了照亮阴暗的地下道路，他们将成捆的甘蔗做成火把照明，直到现在，仍能在很多洞穴看到那些火把燃烧后留下的灰烬。洞内还保留了数世纪以来未曾遭到破坏的远古足迹、衣服碎片以及弃置的凉鞋。而在距洞穴入口约4.8公里处，人们还发现了一具死于2000多年前的石膏矿工的干尸……历史以“遗迹”的方式被记录，在时光强有力的侵蚀中，依旧顽强而倔强地传承下来……

1812年第二次英美战争期间，猛犸洞成为开采制作火药的硝石的矿场，直到战争结束，才渐渐成为公共游览的场所。随着无数探险家对这个神秘巨洞的探索，越来越多的瑰丽景象出现在人们眼前。猛犸洞虽然总长200多公里，但因地形复杂甚至危险，其中只有3米对游客开放。它共由255座溶洞组成，上下左右层叠相连，又互相连通、洞中有洞，构成了一个曲折幽深的地下迷宫。这些洞中有77个地下大厅，其中最高最著名的一座称为“酋长殿”，它略呈椭圆形，长163米，宽87米，总高度达38米，可以容纳上千人，如此宏大壮阔的手笔，究竟需要多长的时光才能雕琢出来呢？相比“酋长殿”的宏大，“星辰大厅”则显得极富诗意，含锰的黑色氧化物形成了它黑色的顶棚，上面点缀着许多雪白的石膏结晶，从下往上看去，仿佛是黑暗天穹中闪闪发光的星辰，充溢着星光般的诗意。洞中还有3条暗河，其中最大的“回音河”低于地表110米，宽6~36米，最深处达6米。乘着平底船悠游其中，不仅能饱览洞内风光，还能看到河中独有的无眼鱼。偶然行至人迹罕至之处，褐色的小蝙蝠“刷刷”地从头顶飞过，更为游览增添了几分神秘与惊险。

猛犸洞是神奇与美丽的综合体。这里有流石、钙华、扇形石、石槽以及穹窿；有造型奇特的石笋与石钟，厚厚的石瀑仿佛融化后流淌而出的岩浆；带状晶体、细长的石柱随处可见。徒步其中，仿佛徜徉在童话中深藏在地下的地理世界，似乎又像是爱伦坡诗中的神秘幻境。难怪有人说：若你不曾来到猛犸洞，你就无法明白地下的美丽与神奇……

（一一五）最大的海底洞穴——伯利兹大蓝洞

伯利兹大蓝洞，位于伯利兹海外约 96 公里处，临近灯塔礁，是世界上最大的海底洞穴。它外观呈圆形，直径达 304 米，深约 122 米，从高空俯瞰，就像一只蓝色的瞳孔镶嵌在大海中央，深邃、神秘而诡异，被人们称为“大海之眼”。现今的伯利兹大蓝洞已成为一个闻名遐迩的潜水胜地，被联合国教科文组织已将其列为世界遗产。

在一望无际的静谧海面上，突然冒出一汪深蓝色的圆，它幽蓝、深邃、神秘而诡异，像辽阔的大海猛地睁开了眼睛，无声地窥探着这个世界。这种现象被人们称为“蓝洞”。在世界各地的海洋中，分布着许许多多大小形态各异的蓝洞，它们是地理学的奇迹。而其中最著名的，就是位于中美洲伯利兹海外约 96 公里处的大蓝洞，它拥有几乎完美的圆形洞口，直径超过 300 米，深达百米。它的直径远远超过了全世界其他各地的蓝洞，就连著名的潜水胜地——红海德哈巴附近的蓝洞都不如伯利兹蓝洞。这个全世界最大的蓝洞四周被珊瑚暗礁所环抱，从高空望去，像一只幽蓝的瞳孔向人们展示着大海的神秘。

伯利兹大蓝洞形成于海平面较低的冰河时代末期。在冰川时代，这里曾是一座干燥的洞穴系统的入口，后来随着海水上升，洞顶逐渐坍塌内陷，成为敞开的竖井，海水便倒灌入竖井，形成了镶嵌在海中的这种奇特的蓝洞现象，被列为世界十大地质奇迹之一。对于潜水爱好者来说，伯利兹蓝洞是绝对不容错过的地方，从海面下潜 40 米，便能看到高达 15 米的海底钟乳石奇观，千姿百态的钟乳石织成一座壮观的“海底城”。色彩斑斓的鱼儿穿梭其间，在它们的乐园里欢畅地生活。然而，这里也是各种鲨鱼的聚居地，深处神秘幽暗的海底洞穴，又伴着神出鬼没的巨型鲨鱼。在这里潜水，一边享受着视觉盛宴，一边又要担心成为别人口中的晚餐，恐怕没有人能觉得安全吧！但又恰是这种充满危险的矛盾之美，吸引着来自世界各地的勇敢的潜水爱好者，仿佛不来亲身体验一番、探寻一番，就辜负了大自然创造的这一奇景一样。伯利兹大蓝洞，犹如充满了魔力的吸人磁场。

潜水自是能体验一番大蓝洞的魅力，然而，对于这个唯一的加勒比“蓝眼睛”，从空中俯瞰则又是另一番神奇景象。晴天里，灿烂的阳光直射在海面上，那完美的圆形被两条珊瑚暗礁所环抱，呈现出比周围海水深沉的蓝色调，幽深而通透。靠近珊瑚礁的地方颜色较浅，与内里的色泽相互映衬，恍若世间最幽蓝的眸子，静静地从海平面上苏醒。凝望着它，时间停止了，整个心神都被吸入那一汪深潭，仿佛只要透过它，就能窥探另一个神秘奇幻的世界，那是没有人能抵挡的诱惑。

奇幻的自然景观让伯利兹成为全球最负盛名的潜水胜地之一，也让位于这里的库尔刻岛成为旅游胜地。小岛上风景优美，而且十分宁静，沿海建有许多木质海景房，小巧美丽，色泽艳丽，在碧海蓝天椰树沙滩的映衬下，别有风味。在一个阳光明媚的日子，赤脚走在柔软的沙滩上，远处是碧蓝澄澈的海水，朵朵白云在天空中漂浮，不时还有海鸟从半空飞过，划出一道优美的弧线。海水在阳光下闪着粼粼金光，近处的椰树像一排排站岗的哨兵，守护着它们美好的家园。夕阳渐落，海天相接的地方被渲染成一条金红色的光带，凝目望去，恍若神赐予世界的光辉。那是否就是千年之前生活在伯利兹的玛雅人所信奉的太阳之神呢……

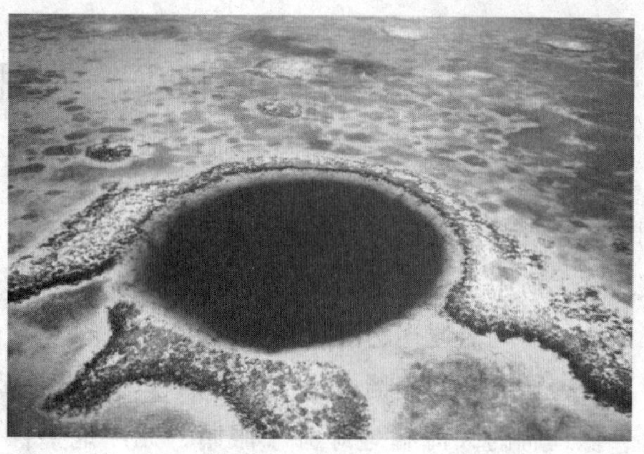

伯利兹大蓝洞

（一一六）最厚的地方——钦博拉索山

钦拉索山，位于南美洲厄瓜多尔中部，是地球上最厚的地方，从地心到山巅共有6384.1公里，比珠穆朗玛峰的厚度还多了2000米，是厄瓜多尔最高的山峰，也是距离地心最远的地方。钦博拉索山实际上是一座休眠的火山，有许多火山口，山顶多冰川，有5座峰峦终年积雪，形成了广阔的冰帽以及数条冰川，灌溉着山下的土地和居民。

几乎所有人都知道，有“世界屋脊”之称的珠穆朗玛峰是世界上最高的山峰。然而，若从地心算起，世界上最厚的地方则要属钦博拉索山。这座位于南美洲厄瓜多尔中部的休眠死火山，从地心到山峰峰顶共6384.1公里，比珠穆朗玛峰的地心距山顶的6381.95公里还多了2.15公里。有人曾说它是“离外太空最近的地方”。

钦博拉索山是一座圆锥形的死火山，位于安第斯山脉的西科迪勒拉山，曾一度被误认为是安第斯山脉最高的山峰。然而，它的高却是“另类”的。据人造地球卫星测定，地球其实并不是一个标准的球形，而是南大北小中间鼓起的“梨形”，所以从地心算起，位于贴近赤道区的钦博拉索山的顶峰才是距离地心最远的一点。这最独特的地理特征，足以让它位于世界最著名的雪山之列，足以让厄瓜多尔人因它而自豪。然而，极度的缺氧让人们对它望而却步。1802年德国地理学家亚历山大·烽·洪堡曾登上距山顶150米的高度；直到1880年，英国的登山运动员E. 怀伯尔才首次登上峰顶。

在印第安语中，钦博拉索是“雪山”的意思，钦博拉索山拥有5座峰峦，最低的海拔都有4694米。峰顶终年积雪，形成了广阔的冰帽和16条冰川。四周的山坡被冰川切割，形成各种崎岖险峻的山峦，许多温泉喷涌而出，与雪水交汇成一条条蜿蜒湍急的河流，滋润了山下辽阔的原野。阳光下，驼羊和骆马在这里快乐地奔跑，勤劳的人们在这里种植谷物、马铃薯和水果，饲养羊、奶牛等动物，生活悠闲而安乐。每到晴朗天气，钦博拉索山在赤道骄阳的照耀下发出夺目的光彩，巍峨壮丽，雄伟挺拔，让无数生活在这里的厄瓜多尔人为它骄傲自豪！

在钦博拉索山的东北麓，有一座著名的山地城市安巴托，它是通古拉瓦省的首府，曾屡次遭到火山和地震的破坏，今天的城市则是在1949年大地震后重建的。这里风光秀丽，气候宜人，在安巴托河畔建有许多豪华的别墅，是避暑的胜地，被前来游玩的人亲切地称为“花园城”。市内的广场中心竖立着著名作家胡安·蒙塔尔沃的雕像，旁边则是一座鸟兽标本的博物馆，向人们展示着不同生灵的奥秘。每到2月，安巴托市都会举办盛大的传统节日“花与果节”，以此庆祝1950年灾难后的新生，鲜花美食为人们带来喜庆和欢乐。

来到这里，你不仅能看到巍峨壮美的雪山，还能观赏到闻名遐迩的“赤道纪念碑”，在赤道的中心感受太阳的温暖光明，和厄瓜多尔人一起迎接太阳神的莅临。或者登上面包山的顶峰，瞻仰被基多人民作为独立自由象征的面包女神像，一览基多云雾缭绕的雪山、古朴安静的塔楼。亦可登上驶向伊莎贝拉岛的轮船，看海天澄澈、林木葱郁，与岛上独一无二的会飞的加拉巴哥企鹅一起玩耍嬉戏……

（一一七）独立物种最多的地方——加拉帕戈斯群岛

加拉帕戈斯群岛，在太平洋东部的赤道上，属于太平洋东部群岛，位于北纬1°40′~南纬1°25′，是厄瓜多尔共和国的一个省。群岛由7个岛屿及其附属小岛和岩礁组成，总面积达7976平方公里。岛上生活着许多独一无二的物种，在别的任何地方都没有，被称作“独特的活的生物进化博物馆和陈列室”，是地球上独立物种最多的地方。

1836年，英国著名的科学家达尔文在环球航海时，来到了一座神奇的岛屿。这里有着丰富多彩的动植物资源，有着众多独一无二的生物，它们身上的特异性引起了达尔文的兴趣，并投入大量精力研究，为他1859年发表的《物竞天择的物种起源》提供了原动力和信心。这座岛屿就是加拉帕戈斯群岛，也称“科隆群岛”，在1978年被联合国教科文组织列入“世界遗产名录”。

加拉帕戈斯群岛位于太平洋东部的赤道上，是厄瓜多尔共和国的一个省，群岛由7个大岛、23个小岛、50多个岩礁组成，总面积达7976平方公里。因为受到秘鲁寒流的影响，这里气候凉爽干燥，草木茂盛，四周被汪洋大海所环抱，渐渐形成了一个独立的小型生态环境。据考证，群岛上生活着700多种陆地动物、80多种鸟类和众多昆虫，其中以科隆象龟和海鬣蜥闻名于世，更有海狮、海豹、企鹅等寒带动物，许多物种更是举世难觅其二。800 多种植物中约有 300 种是群岛特产。58 种鸟类中有 28 种举世无双。24 种爬行动物全部是独一无二的物种。这样庞大的生物群，可以称得上是举世罕见。达尔文通过对群岛的考察和研究，认识到自然也能对物种进行选择，这为他的“适者生存”的进化论提供了重要依据，在生物学上有着重要意义。所以，后来人们在岛上建造了他的半身铜像纪念碑和生物考察站，岛屿被称为“生物进化的博物馆”，是世界上最大的自然博物馆，也是独立物种最多的地方。

加拉帕戈斯群岛四面环海，从高空望去，就像一个被遗弃的小型世界漂浮在碧蓝的海面上。由于是火山岛，这里有很多高山峻岭，许多地方怪石嶙峋。干燥低地甚至还覆盖着大片大片的仙人掌林，十分壮观；海拔较高的地方则遍布森林，茂密广袤，恍若古老神秘的原始森林，有腺果藤树、醉鱼树和番石榴等树木，以及一些古代遗留下来的植被。群岛最高点是伊莎贝拉岛上的阿苏尔山，海拔 1689 米。第二大岛圣克鲁斯岛是当今世界少有的奇花异草荟萃之所、珍禽异兽云集之地。独特的地理条件和气候，让加拉帕戈斯群岛形成了独立的小型生态环境，又被人们称为“世界上最孤独、最美丽的群岛”。

巨大的科隆象龟是岛上最著名的居民，它们数量众多，身长多在 1 米以上，体重最重可达 250 千克，最长寿命达 400 年，是世界上现存体型最大的陆龟。它们共有 12 个亚种，背甲隆起，或呈“马背”，或呈“圆顶”；四肢粗壮，为圆柱形。它们靠吃仙人掌和水果、菠萝、水蕨、叶子以及草为生，行动非常缓慢，每小时只能移动 260 米。每到繁殖季节，成千上万的象龟就聚集到干燥和砂质的海岸，放眼望去，成片成片移动的巨大龟壳蔚为壮观。岛上还有另一个明星——海鬣蜥，它是闻名遐迩的史前爬虫类动物，能够潜入海水中捕食，是地球上唯一尚存的可以在海底爬行的鬣蜥，也是加拉帕戈斯群岛所独有的物种。此外，这里还生活着海狮、海豹、海獭、鹈鹕、信天翁、企鹅、反舌鸟、火烈鸟等多种类型的生物，被称为“动物的伊甸园”。许多物种古老而独特，它们在为适应自然环境而逐渐进化，同严酷的环境搏斗竞争，那是生命最顽强的姿态，让人肃然起敬！

（一一八）最大的湿地——潘塔纳尔沼泽地

潘塔纳尔沼泽地，位于南美洲巴西马托格罗索州及南马托格罗索州，总面积达 242，000 平方公里，是世界上最大的湿地。湿地中有 3500 多种植物、数百种雀鸟、鱼类。2000 年，联合国教科文组织将潘塔纳尔湿地列为世界生物圈保护区。

清晨，万物都开始从梦中醒来，远处的树林传来“窸窸窣窣”的声响，一只巨大的美洲豹慵懒地走出来，迎着清晨的阳光，开始寻觅早餐；树上五颜六色的金刚鹦鹉，也缓缓跳出树洞……潘塔纳尔湿地又开始了新的一天。

潘塔纳尔湿地是世界上最大的湿地，它的面积达 242，000 平方公罩，横跨巴西、玻利维亚和巴拉圭 3 国，但是大部分位于巴西境内。这里居住着近百种哺乳动物、167 种爬行动物、35 种两栖动物、数百种鸟类和鱼类，以及 3500 多种植物，是全球动植物最集中的生态系统。巴拉圭河是湿地最主要的河流，每到雨季，河水泛滥，水位上涨，淹没将近 80%的湿地，使得整个湿地好似一片汪洋大海。在这期间，可以乘船穿行在植物稀少的地带，欣赏美丽的自然景观。

潘塔纳尔湖有着优美迷人的风景，湖水清澈碧绿，四周长满了茂密的树木，水中零散地漂浮着形态各异的水草，三五成群的水鸟在其间嬉戏或觅食，偶有展翅高飞，溅起点点水花，为静谧的空间带来一丝声响。

湿地中的潘塔纳尔马托格罗索国家公园，更是野生动物们的天堂，凶猛彪悍的美洲豹披着黄色斑点的豹纹“皮衣”，嚣张地漫步在丛林中，犀利的眼睛不时地扫向四周；或是静静地潜伏在树叶下，一旦瞄准猎物，便以迅雷不及掩耳之势将其扑倒。除了凶残的美洲豹，公园还是鳄鱼的家园。公园中有着众多大小不一、形状各异的湖泊，一到旱季，湖泊的水位下降，水中各种动物也都齐聚一起，尤其是食人鱼和鳄鱼。鳄鱼成群结队地在一起，有的鳄鱼甩着长长的尾巴，缓慢地在岸边移动；有的张着大嘴巴，炫耀地露出锋利的牙齿；有的懒洋洋地在树丛边上晒着太阳……庞大的队伍、硕大的体型，即使远远地看上一眼，都觉得胆战心惊。

相比美洲豹和鳄鱼的凶残血腥，水边的鸟类显得乖巧可爱。100 多种色彩斑斓的蝴蝶点缀在绿林中；身形娇小的蜂鸟，扑闪着翅膀，欢快地穿梭在丛林中，如果不仔细看，你都不会发现它的身影；还有鸟中之王的大喙巨鹳，它有着长达 140 厘米的身体，披着雪白的“外衣”悠闲地散步；而金刚鹦鹉们则身披五彩艳丽的羽毛，巨大的鸟喙像一个弯钩一样，它们常常站在树梢上，警惕地望着四周。

（一一九）最大的热带雨林——亚马孙雨林

亚马孙雨林，现今世界上最原始、面积最大的热带雨林，被称为“地球之肺”和“绿色心脏”。它的面积达 700 万平方公里，横跨巴西等 8 个国家。雨林中蕴藏着丰富的生物资源，动植物多达数百万种。

夕阳的余晖透过茂密的雨林，温柔地洒在河面上。船屋静静地随着河水向前漂浮。突然，屋内传出大声的呼救声，船屋开始剧烈地摇摆，地板开始破裂，一个男人迅速地爬上桅杆，惊恐地看着河中，颤巍巍地从兜里掏出枪，绝望地指向自己……这是影

片《狂蟒之灾》的一幕，讲述了为探寻亚马孙森林原始部落的秘密，由人类科学家和导演组成的摄制组踏上了一条充满血腥和恐怖的不归路。

这就是世界上面积最大的亚马孙雨林，其面积达700万平方公里，占世界雨林总面积的一半，森林面积的1/5。它横跨了巴西、哥伦比亚、秘鲁、委内瑞拉等8个国家。亚马孙雨林由亚马孙河所孕育，充沛的水资源、肥沃的土壤，给予了亚马孙雨林天然的生长环境。它远离人类文明，有着众多未曾探寻的秘密。

乘船沿着河流而下，两岸是茂密的原始森林，阳光只能透过树缝点点地洒下来，放眼望去都是绿色的植物，好似走进了"植物王国"。在这个国度里，处处都透露着盎然的生机。然而在大自然的循环中，不是每株植物都可以顺利地开花结果。在摄影师Devaise拍摄的《努里格生态站》中就记录了这样一个镜头：一只灰刺脉鼠在一棵大树下埋下了一个果实。半月后它再来到大树下，果实已长成了小树苗。脉鼠毫不犹豫地将小苗连根拔起，咬断之后又叼走了果实，一株植物就这样夭折了。这就是大自然的循环，或许只是昙花一现，但每株植物都曾在这里为亚马孙怒放过生命。

亚马孙不仅是"植物王国"，也是"动物王国"。雨林中河网密布，看似清澈的水中实则隐藏着巨大的危险。喜欢食肉的鳄鱼、世界最大的水蛇、可怕的食人鱼，它们悄悄地埋伏在水中，一旦有猎物靠近，便会群起攻之，霎时间猎物便只剩下森森白骨。

然而，就是这样一个幽深、神秘、危险的地方，却是2000万土著居民世代繁衍生息、赖以生存的家园。雨林中生活着不计其数的原始部落人民，他们从未走出过雨林，从未与现代社会接触过，过着与世隔绝的生活，有的至今还不为人所知。在21世纪初，巴西人类学家在雨林深处发现了一个类似《西游记》中女儿国的部落。整个部落中只有女性，等到部落中的女子到了适婚年龄，她们便从其他部落抢来强健的男子通婚，等女子怀孕后，便将男子放回去。如果女子生下男婴，便将它丢弃到丛林中，自生自灭；若为女子，便留下来。除了"女儿国"这样的部落，还有如电影《狂蟒之灾》中的舒尔族，他们将巨蟒视为守护神，将活人供奉给巨蟒。

亚马孙雨林就像一本百科全书，记载了太多的秘密。它的神秘吸引了无数的探险家、科学家前赴后继地前去探索、发现……

（一二〇）最大的盐沼——乌尤尼盐沼

乌尤尼盐沼，又称"天空之镜"，位于玻利维亚西南部的乌尤尼小镇，面积达10582平方公里，是世界上最大的盐沼。

"纯净，纯净到仿佛天地之间只有这一片纯白"，这是所有人对这个地方的第一感受。这就是乌尤尼盐沼，犹如大地上的巨大镜子，将整片蓝天都倒映在镜中，"水天一色”说的就是这样的场景。

在数万年前，一系列的地理活动让安第斯山脉从海底慢慢隆起，形成了许多大大小小的咸水湖。时间走过4万年，在这些众多的湖泊中，有一个名叫“明清湖”的史前巨湖，渐渐干涸，分裂为普波湖、乌鲁乌鲁湖，以及乌尤尼盐沼和科伊帕萨盐沼。而其中的乌尤尼盐沼是世界上最大的盐沼。

乌尤尼盐沼面积达10582平方公里，由东向西长约250公里，宽约100公里。与科伊帕萨盐沼隔着小山相望，但面积比科伊帕萨盐沼大了将近5倍。整个盐沼地势平坦，一眼望去皆是白茫茫的一片，随处可看到成堆的盐山、盐屋。在盐沼旁边建有多个盐场，修建有公路。如果没有人带领就深入盐山中，极容易迷路。虽然不能随意进入盐沼中，但盐沼中纯净的景色是一大风景。

白色是乌尤尼盐沼的主色调，每年2、3月是乌尤尼的雨季。此时淅沥沥的雨水覆盖在盐沼上，盐沼就好似一面巨大的镜子，倒映着乌尤尼的天空=周围都是水天一色的景象，大朵大朵的白云倒映在水中；穿行在盐沼中，仿佛置身于白云之巅，有种轻飘飘的感觉。这种极强的反射效果，使天空中的一切都清晰地反映在水中，就好似大地上放了一块巨型镜子，故而它有着“天空之境”的美称。此外，因为每个盐池中所含的矿物质略有差异，故而盐池的颜色也会不同，粉红色、浅绿色、银灰色等盐沼交错在大地上，让人沉醉。

在盐沼中，每隔不远就可以看到各种样式的盐丘，这些都是当地工人堆积起来的，有的是为了方便运输，有的则建造成了盐屋。著名的盐屋旅店就是一大特色，整个旅店的房间、墙壁、柱子都是用盐块砌成，地面则是用细细的盐粒铺成的“地毯”，踩上去会发出“沙沙”的响声。房间的床铺、桌子、台灯都是用盐块精心打造的，十分别致。墙上挂着的是玻利维亚特制的挂毯，民族风情浓郁，为整个房间添上了彩色的浪漫：

当你踏上这方土地，你会被这种纯净的美丽所震撼。湛蓝的天空与清透的湖水相交；远处是长满仙人柱的小岛，绿色盎然；时有粉色的火烈鸟在湖中欣赏自己的倩影；乌尤尼美丽的姑娘，穿着彩色斑斓的服装在天空下舞蹈……各种色彩交织在一起，为白色大地披上了彩色的锦缎。

（一二一）世界最大的淡水湖——苏必利尔湖

苏必利尔湖是世界上最大的淡水湖，1622年为法国探险家所发现，湖名取自法语，意为“上湖”。该湖为美国和加拿大共有，被加拿大的安大略省与美国的明尼苏达州、威斯康星州和密歇根州所环绕。湖面东西长616千米，南北最宽处257千米，湖面平均

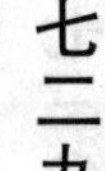

海拔 180 米，水面积 82414 平方千米，最大深度 405 米。蓄水量 1.2 万立方千米，占五大湖蓄水量一半以上，以蓄水量计算，该湖是世界第四大湖，世界第三大淡水湖。

苏必利尔湖湖盆主要由冰川刨蚀而成。第四纪冰期时，苏必利尔湖地区接近拉布拉多和基瓦丁大陆冰川中心，冰盖厚 2400 米，侵蚀力极强，原有低洼谷地的软弱岩层逐渐受到冰川的刨蚀，扩大而成今日的湖盆。当大陆冰川后退时，冰水聚积于冰蚀洼地中，便形成苏必利尔湖的水面。

因为苏必利尔湖的大小，所以附近为局部的海洋性气候，更典型的例子可以在新斯科细亚见到。湖面对于温度的改变产生缓慢的反应，在 1970 年左右温度的季节变化位于 0℃~13℃，帮助舒缓夏季与冬季时附近的空气温度，而且在比较寒冷的月份会产生湖泊效应降雪。苏必利尔湖附近的山丘与山脉保持湿气与雾气，特别是在秋季。湖面的温度从 1979 年来暖化了 2.5℃，肇因于全球暖化。

湖区气候冬寒夏凉，多雾，风力强盛，湖面多波浪。水面季节变幅为 40~60 厘米，冬季水位较低，夏季较高。水温较低，夏季中部水面温度一般不超过 4℃。冬季湖岸带封冰，全年可航期一般约 6~7 个月，湖中主要岛屿有罗亚尔岛（美国国家公园之一）、阿波斯特尔群岛、米奇皮科滕岛和圣伊尼亚斯岛。湖中最大岛屿为罗亚尔岛，已开辟为美国国家公园。主要港口有加拿大的桑德贝和美国的塔科尼特等。全年通航期为 8 个月。

湖水较纯净。北岸岸线曲折，多湖湾，背靠高峻的悬崖岩壁；南岸多低沙滩。接纳约 200 条小支流，较大的有尼皮贡河和圣路易斯河等，多从北岸和西岸注入，流域面积（不包括湖面积）12.77 万平方千米。湖水经圣玛丽斯河倾注休伦湖，两湖落差约 6 米，水流湍急。建有苏圣玛丽运河，借以绕过急流，畅通两湖间的航运。湖区森林茂密。

（一二二）地球表面最低点——死海

死海位于约旦和巴勒斯坦交界，是世界上海拔最低的湖泊，湖面海拔-422 米，死海的湖岸是地球上已露出陆地的最低点，湖长 67 千米，宽 18 千米，面积 810 平方千米。死海也是世界上最深的咸水湖、最咸的湖，最深处 380 米，最深处湖床海拔-800 米，湖水盐度达 300 克/升，为一般海水的 8.6 倍。死海的盐分高达 30%，也是地球上盐分居第二位的水体，只有吉布提的阿萨勒湖的盐度超过死海，位于巴勒斯坦、西岸和约旦之间的大裂谷约旦裂谷。

死海湖中及湖岸均富含盐分，在这样的水中，鱼类和其他水生物都难以生存，水中只有细菌和绿藻，没有其他生物；岸边及周围地区也没有花草生长，故人们称是为

"死海"。死海之名至少可追溯到希腊时代（公元前323~公元前30年）。自从亚伯拉罕（希伯来人的祖先）时代和所多玛与蛾摩拉的毁灭（据《旧约》记载，这两城因罪大恶极而被天火焚烧；两城旧址现可能已沉入死海南部）以来，死海一直同《圣经》的历史联系在一起。该湖的干涸河流先为戴维（以色列国王），后为希律一世大帝（犹太国王）提供了避难场所，在西元前40年安息人围攻耶路撒冷时，希律一世把他自己关在梅察达古堡中。梅察达古堡曾是三年围困的地点，最后在公元73年其犹太奋锐党守军集体自杀，古堡被罗马人摧毁。留下今称《死海古卷》的《圣经》文稿的犹太教派曾在该湖西北的山洞中藏身。

死海水含盐量极高，且越到湖底越高，是普通海洋含盐分的10倍。最深处有湖水已经化石化（一般海水含盐量为35‰，而死海的含盐量在230‰~250‰。表层水中的盐分每公升达227~275克，深层水中达327克）。涨潮时从约旦河或其他小河中游来的鱼会立即死亡。岸边植物也主要是适应盐碱地的盐生植物。死海是很大的盐储藏地。死海湖岸荒芜，固定居民点很少，偶见小片耕地和疗养地等。

湖水呈深蓝色，非常平静、富含盐类的水使人不会下沉或无法游泳。把一只手臂放入水中，另一只手臂或腿便会浮起。如果要将自己浸入水中，则应将背逐渐倾斜，直到处于平躺状态。

死海的水含盐量极高，越到湖底含盐量越大。湖中实际上有两个不同的水团。自水面至40米深处，水温19℃~37℃不等，含盐量略低于300，水中含有丰富的硫酸盐和碳酸氢盐。在40~100米的过渡地带后，下层水温度不变，约为22~C，含盐量更高（大约为332‰），含有硫化氢和高浓度的锰、镁、钾、氯和溴。深水中有饱和的氯化钠沉淀到湖底。下层水已化石化（即很咸和很浓，长期沉在湖底）；上层水是圣经时代后几世纪时的古代水。约旦河的淡水留在表面；在春季，顺湖水看去，远在河水注入死海的入口以南50千米处都可看见其泥土色。

死海是很大的盐储藏地。盐主要蕴藏在西南岸上的塞多姆山中。自古代起，这里的盐已有少量开采。1929年在约旦河口的卡利亚开办了一所钾碱厂。后来在塞多姆建立了辅助设施。在1948~1949年的以阿战争中，卡利亚的工厂被摧毁。死海工厂有限公司1955年在塞多姆兴建一所工厂，生产钾碱、镁和氯化钙。另一家工厂生产溴和其他化学产品。

（一二三）世界上最大的咸水湖——里海

里海——世界最大的湖并且是咸水湖，位于亚欧大陆腹部，亚洲与欧洲之间。里海表面约低于海平面27米。靠近南面，最大深度为1025米里海的东北为哈萨克斯坦，东南为土库曼斯坦，西南为阿塞拜疆，西北为俄罗斯，南岸在伊朗境内，是世界上最大的湖泊，也是世界上最大的咸水湖，属海迹湖。位于辽阔平坦的中亚西部和欧洲东南端，西面为高加索山脉。整个海域狭长，南北长约1200千米，东西平均宽度320千米。面积约386400平方千米，相当全世界湖泊总面积（270万平方千米）的14%，比著名的北美五大湖面积总和（24.5万平方千米）还大出51%。湖水总容积为76000立方千米。里海湖岸线长7000千米。有130多条河注入里海，其中伏尔加河、乌拉尔河和捷列克河从北面注入，3条河的水量占全部注入水量的88%。里海中的岛屿多达50个，但大部分都很小。海盆大体上为北、中、南三个部分。

最浅的为北部平坦的沉积平原，平均深度4~6米。中部是不规则的海盆，西坡陡峻，东坡平缓，水深约170~788米。南部凹陷，最深处达1024米，整个里海平均水深184米，湖水蓄积量达7.6万立方千米。海面年蒸发量达1000毫米。数百年间，里海的面积和深度曾多次发生变化。里海为沿岸各国提供了优越的水运条件，沿岸有许多港口，有些港口与铁路相连，火车可以直接开到船上轮渡到对岸。里海在这一地区交通运输网中以及在石油和天然气的生产中也具有重大意义；其优良的海滨沙滩日益被用作疗养和娱乐场所。

里海位于高加索山脉以东，制约着中亚巨大、平坦的土地。

里海共有130条入海河流，每年入海径流量为300立方千米以上。其中伏尔加河入海径流量为256立方千米，占里海总径流量的85%。入海经流量有较大的季节变化和年际变化，直接影响着盐度和水位的变化。海水中氯化物的含量较低，而硫酸盐和碳酸盐的含量较高。海水的盐度约比大洋水的标准盐度低2/3。中部和南部，一般为12.0‰~13.0‰，伏尔加河三角洲以外，盐度仅0.2‰。盐度的季节变幅常在0.17‰~0.21‰。12月至翌年4月，北里海常有结冰现象，冰厚一般为0.5~0.6米，最厚为1米。在强劲北风作用下，流冰可向南漂移到阿普舍伦半岛附近。里海水域辽阔，烟波浩渺，一望无垠，经常出现狂风恶浪，犹如大海翻滚的波涛。

夏季，水面平均温度为24℃~26~℃，南部水温稍暖。然而，冬季温差大，北部为3℃~7℃，南部为8℃~10℃。东部沿岸地区深水上涌——盛行风活动的结果——也可导致夏季温度明显降低。

水温分布随季节和地区而不同。冬季，表层水温南北差异较大，2月北里海仅0.1℃~0.5℃，南里海可达8℃~10℃。夏季，温差较小，一般为24℃~27℃。水温的垂直分布也随季节而变化。冬季，北里海和中里海，水温几无变化，南里海在50~100米深处有温跃层。夏季，中部的30~50米深处和南部海区，上下层温差较大。

因为水分大量蒸发，盐分逐年积累，湖水也越来越咸。由于北部湖水较浅，又有伏尔加河等大量淡水注入，所以北部湖水含盐度低，为 0.2‰，而南部含盐度高达 13‰。其平均盐度约为 12.8‰，但在窝瓦河口仅为 1‰，而在蒸发强烈的卡拉博加兹戈尔湾却高达 200%。在公海，盐度分布明显一致；从海面至海底仅增加 0.1‰~0.2‰。里海海水与大洋海水的区别在于硫酸盐、钙和碳酸镁的含量较高——河流注入的结果——而氯化物含量较低。

里海的水位，7 月最高，2 月最低，北部水位高低之差为 2~3 米，中部和南部仅有 20~50 厘米，最大也不超过 1.5 米。里海的水温，夏季南北水域基本相同，为 26℃左右，冬季北部水温 0℃以下。南部的平均温度为 8℃~10℃，北部浅水区每年冰期 2~3 个月。里海的风增减水十分显著，伏尔加河三角洲海域，有时风减水达 4~5 米，风增水也可达 2 米。

石油和天然气是这一地区最重要的资源。开发始于 20 世纪 20 年代，自从第二次世界大战结束以来得到相当发展。现在采用钻井平台和人工岛开采海底石油。从卡拉博加兹戈尔湾提取硫酸钠一类矿物也具有相当重要的经济意义。里海还盛产食盐和芒硝。

里海的水是咸的，有许多水生动植物也和海洋生物差不多。里海生物资源丰富，既有鲟鱼、鲑鱼、银汗鱼等各种鱼类繁衍，也有海豹等海兽栖息。约有 850 种动物和 500 多种植物；尽管对于如此浩阔的水体而言生物种类数量较低，其中许多物种却是其特有的。蓝绿藻和矽藻构成生物量最大的集团，还有数种红藻与褐藻。动物一直受到盐度变化的极大影响，包括鲟、鲱、狗鱼、鲈和西鲱鱼；数种软体动物，以及包括海绵在内的其他各种微生物，约 15 种北冰洋型（如里海海豹）和地中海型物种充实基本动物。里海长期以来一直以鲟著称，产量约占世界渔获量的 4/5。在水位下降和随之而来的条件最有利的产卵场干涸的长时期内，鲟数量锐减。当地政府已经采取一些包括禁止在公海捕鲟及推行水产养殖在内的措施，以图改善这一状况。海豹业在北部海域得到发展。

（一二四）世界最宽的瀑布——伊瓜苏大瀑布

在南美洲地区，巴西和阿根廷的交界处，有一条河，叫伊瓜苏。它开始由北向南分隔两国，又忽然拐了个比 90°还要大的弯，向东流去。这个弯拐得太大了，东边的地势毫无连续性，低了一大截，于是，就有了这个马蹄形的让人过目难忘的大瀑布。瀑布跨越两国，被划在各自国家公园中，每年有 200 万游客从阿根廷或巴西前来游览。“伊瓜苏”在南美洲土著居民瓜拉尼人的语言中，是“大水”的意思。发源于巴西境内的伊瓜苏河在汇入巴拉那河之前，水流渐缓，在阿根廷与巴西边境，河宽 1500 米，像一个湖泊。水往前流陡然遇到一个峡谷，河水顺着倒 U 形峡谷的顶部和两边向下直

泻，凸出的岩石将奔腾而下的河水切割成大大小小270多个瀑布，形成一个景象壮观的半环形瀑布群，总宽度3000米至4000米，平均落差80米。

伊瓜苏瀑布群位于伊瓜苏河上。伊瓜苏河在与巴拉那河汇合前的约23千米前有一段高崖，因而造成差落为72米的瀑布群。其实，此高崖的成因是由于巴拉那河的河谷是由南至北走，而伊瓜苏河的河床岩层却正好与巴拉那河垂直。因此，巴拉那河承受的河水冲刷远较伊瓜苏河高。在经过长年累月的侵蚀下，巴拉那河渐渐变得越来越低，从而造成宽达4000米伊瓜苏瀑布群的形成。

伊瓜苏大瀑布在伊瓜苏河上，沿途集纳了大小河流30条之多，到了大瀑布前方，已是一条大江河了。伊瓜苏河奔流千里来到两国边界处，从玄武岩崖壁陡落到巴拉那河峡谷时，在总宽约4000米的河面上，河水被断层处的岩石和茂密的树木分隔为275股大大小小的瀑布，跌落成平均落差为72米的瀑布群。由于河水的水量极大，在这里汇成了一道气势磅礴的世界最宽的大瀑布，其水流量达到了1700立方米/秒。这一道人间奇景，在30千米外就能听到它的飞瀑声。

伊瓜苏大瀑布为马蹄形瀑布，是世界五大瀑布之一，平均流量175l立方米/秒，高82米，宽4千米，是北美洲尼加拉瀑布宽度的4倍，比非洲的维多利亚瀑布大一些。

11月至次年3月雨季中瀑布最大流量达12750立方米/秒，8~10月旱季中流量最小。估计年平均流量约1756立方米/秒。

伊瓜苏瀑布与众不同之处在于观赏点多。从不同地点、不同方向、不同高度，看到的景象不同。峡谷顶部是瀑布的中心，水流最大、最猛，人称“魔鬼喉”。瀑布分布于峡谷两边，阿根廷与巴西就以此峡谷为界，在阿根廷和巴西观赏到的瀑布景色也截然不同。2011年11月12日“世界新七大自然奇观”公布，伊瓜苏大瀑布榜上有名。

（一二五）世界最大落差的瀑布——安赫尔瀑布

安赫尔瀑布，又名丘伦梅鲁瀑布，世界十二大瀑布之一。当地的印第安人取名为“出龙”。1935年美国探险家安赫尔发现此瀑布，后安赫尔所乘飞机在瀑布附近坠毁，为纪念他，委内瑞拉政府将瀑布以“安赫尔”命名。该瀑布位于南美洲委内瑞拉玻利瓦尔州的圭亚那高原，卡罗尼河支流丘伦河上。藏身于的委内瑞拉与圭亚那的高原密林深处。安赫尔瀑布是世界上落差最大的瀑布，丘伦河水从平顶高原奥扬特普伊山的陡壁直泻而下，几乎未触及陡崖，落差达979.6米，大约是尼亚加拉瀑布高度的18倍。瀑布分为两级，先泻下807米，落在一个岩架上，然后再跌落172米，落在山脚下一个宽152米的大水池内。这个地区的热带雨林非常茂密，不可能步行抵达瀑布的底部。雨季时，河流因多雨而变深，人们可以乘船进入。在一年的其他时间里，只能从空中观赏瀑布。

柯南道尔有本小说叫作《失落的世界》，描述了一位脾气火爆的教授，率领探险队深入一个平顶山区，意外发现了一个进化程度停留在亿万年前的世界。在那里，他们遇到了史前恐龙、凶狠的人猿，最后还带了一只翼手龙回伦敦。这个神秘的世界并非出自小说家的凭空想象，柯南道尔的创作灵感来自委内瑞拉东南部的高原。在那里，人迹罕至的热带雨林中，耸立着一些被当地帕蒙人称为“特普伊”的平顶山，山下生机盎然，猴子的吱吱叫声和金刚鹦鹉的鸣声此起彼伏，山顶上则是一片热带稀树草原的景象，四周覆盖着棉花糖般的云，边缘攀爬着前所未见的热带植物，上百个瀑布把山体切割成一个个小块，远看恍如浩瀚碧海上散布着一个个小岛。在这云蒸雾罩地深处，就藏着世界上落差最大的瀑布——安赫尔瀑布。

（一二六）世界流域面积最大的河流——亚马孙河

亚马孙河，位于南美洲，是世界流量、流域最大的、支流最多的、最长的河流。亚马孙河流量达每秒 219000 立方米，流量比其他三条大河尼罗河、长江、密西西比河的总和还要大几倍，大约相当于 7 条长江的流量，占世界河流流量的 20%；流域面积达 6915000 平方千米，占南美洲面积的 40%；支流数超过 1.5 万条。

亚马孙河流域西高东低，南高北低。上游源头为安第斯山脉及太平洋沿海冲积系统，海拔在 3000 米以上；干流两岸多为 200 米以下的安第斯山冲积层和内陆冲积层。往北为圭亚那高原（海拔 300~400 米），往南则为巴西高原（海拔 300~1500 米）。

亚马孙河流域是一个巨大的洼地，在新生代以前为一下陷的深海槽，后来被大量的沉积物充填。这块在亚马孙河上游作裙形展开的巨大面积的洼地，位于两个古老而不太高的结晶质高原之间：北面是崎岖的圭亚那高原，南面是较低的巴西高原。在上新世亚马孙河流域为一巨大的淡水湖，在更新世某个时期向大西洋决口，大河及其支流深深切入上新世的湖底。

现在的亚马孙河及其支流有一大片被淹没的谷地。冰河融化，海平面升高，峻峭的峡谷在海平面较低时已被侵蚀为上新世地表，此时完全被淹没。流域的古代沉积物地面就是永久性陆地的土壤，大部分亚马孙雨林便在这种土壤上发育起来。在流域的上游（秘鲁的东部和玻利维亚），后来从安第斯山脉冲刷下来的沉积物覆盖了古代的地表。

亚马孙河流域的气候温暖、潮湿和多雨。在赤道（位于亚马孙河的北面不远）附近昼长和夜长相等，夜间常常晴空无云，有利于将昼间 12 小时内接受太阳的热量较快地辐射出去。昼间与午夜之间的温差比最温暖的月份与最凉爽的月份之间的温差大，因此夜间便是亚马孙河流域的冬天。在马瑙斯日平均高温为32℃，平均低温为24℃。偶尔也出现较冷的时期，特别是在南半球的冬季，当特别强大的气团从极地向北横扫亚马孙河流域，使温度急剧下降时。在每年的任何时候，几天大雨之后接着是晴朗的天气，夜间凉爽，湿度较低。在下游地区，一年内大部分时间有凉爽的信风吹来。

亚马孙河是拉丁美洲人民的骄傲。它浩浩荡荡，千回百转，蜿蜒流经秘鲁、巴西、玻利维亚、厄瓜多尔、哥伦比亚和委内瑞拉等国，滋润着800万平方千米的广袤土地，孕育了世界最大的热带雨林，使亚马孙河流域成为世界上公认的最神秘的“生命王国”。

亚马孙河流域植物种类之多居全球之冠。许多大树高60多米，遮天蔽日，故旱地森林的地面光秃秃的，只有一层腐烂的枝叶。涝地森林则情况迥异，灌木和乔木有板状基根，帮助维持生长。树冠由高至低分层，各层充满生机。葛藤、兰花、凤梨科植物争相攀附高枝生长，其间栖息着猴子、树懒、蜂鸟、金刚鹦鹉、巨大的蝴蝶和无数的蝙蝠。

亚马孙河水中生活着凯门鳄、淡水龟，以及水栖哺乳类动物如海牛、淡水海豚等。陆地生活着美洲虎、细腰猫、西（貊）、貘、水豚、犰狳等。另有2500种鱼，以及1600多种鸟。亚马孙森蚺是当今世界上最大的蛇，最长可达10米，重达225千克以上，粗如成年男子的躯干；但一般森蚺长度在5.5米以下。森蚺生性喜水，通常栖息在泥岸或者浅水中，捕食水鸟、龟、水豚、貘等，有时甚至吞吃长达2.5米的凯门鳄。森蚺会把凯门鳄紧紧缠绕，直到它窒息死亡，然后整条吞下去，此后几个星期，不用进食。尽管成年森蚺是极可怕的猎食动物，但是幼蚺出生时，长不过760毫米。幼蚺是卵胎生的，有时一胎达70条左右。许多幼蚺被凯门鳄吃掉。幸存的长大后，反过来吃凯门鳄。

就像亚马孙雨林一样，亚马孙河孕育了各种生命，这使得南美洲比世界上任何一块大陆上的鱼类物种都要多，据估计，迄今为止亚马孙河与其支流至少拥有2000个淡水鱼类物种，这个数字是美国、加拿大和墨西哥鱼类物种总和的两倍。

（一二七）世界最长的河——尼罗河

尼罗河是一条流经非洲东部与北部的河流，与中非地区的刚果河以及西非地区的尼日尔河并列非洲最大的三个河流系统。

世界第一长河——尼罗河，非洲主河流之父，位于非洲东北部，是一条国际性的河流。尼罗河发源于非洲东北部布隆迪高原（探险者们相信尼罗河的发源地应该是位于卢旺达境内的纽恩威热带雨林，有关尼罗河发源地的争论自19世纪50年代以来就一直存在），流经布隆迪、卢旺达、坦桑尼亚、乌干达、苏丹和埃及等国，最后注入地中海。干流自卡盖拉河源头至入海口，全长 6671 千米，是世界流程最长的河流。支流还流经肯尼亚、埃塞俄比亚和刚果（金）、厄立特里亚等国的部分地区。流域面积约 335 万平方千米，占非洲大陆面积的 1/9，入海口处年平均径流量 810 亿立方米。所跨纬度从南纬 4°，至北纬 31°。

尼罗河是由卡盖拉河、白尼罗河、青尼罗河三条河流汇流而成（青尼罗河发源于埃塞俄比亚高原，白尼罗河发源于布隆迪高地，是尼罗河的主要补给，二者在喀土穆汇合）。尼罗河最下游分成许多汊河流注入地中海，这些汊河流都流在三角洲平原上。三角洲面积约 24000 平方千米，地势平坦，河渠交织，是古埃及文化的摇篮，也是现代埃及政治、经济、文化中心。尼罗河下游谷地河三角洲则是人类文明的最早发源地之一，古埃及诞生于此。至今，埃及仍有 96% 的人口和绝大部分工农业生产集中在这里。因此，尼罗河被视为埃及的生命线。几千年来，尼罗河每年 6~10 月定期泛滥。8 月河水上涨最高时，淹没了河岸两旁的大片田野，之后人们纷纷迁往高处暂住。10 月以后，洪水消退，带来了尼罗河丰沛的土壤。在这些肥沃的土壤上，人们栽培了棉花、小麦、水稻、椰枣等农作物。在干旱的沙漠地区上形成了一条“绿色走廊”。埃及流传着“埃及就是尼罗河，尼罗河就是埃及的母亲”等谚语。尼罗河确实是埃及人民的生命源泉，她为沿岸人民积聚了大量的财富、缔造了古埃及文明。6700 多千米长的尼罗河创造了金字塔，创造了古埃及，创造了人类的奇迹。

尼罗河流域南起东非高原，北抵地中海岸，东倚埃塞俄比亚高原，并沿红海向西北延伸，西邻刚果盆地、乍得盆地，并沿马腊山脉、大吉勒夫高原和利比亚沙漠向北延伸。

流域地貌可简单归结为以下三点：主要由结晶岩组成的东非高原和由熔岩构成的埃塞俄比亚高原分别居于流域的南侧和东南侧；整个苏丹基本上是一个由南往北微缓倾斜的巨大构造盆地，尼罗河纵贯其间；喀土穆以下尼罗河东西两侧则为广阔的沙漠台地。

尼罗河流域跨纬度 35°，南北气候迥然不同，呈现明显的纬度地带性，同时非地带性因素（主要是地形）也在一定程度上影响气候带的分布。

（一二八）世界最大的三角洲——恒河三角洲

世界最大的三角洲是恒河三角洲，它宽 320 千米，开始点距海 500 千米，面积达 7 万多平方千米。在南亚次大陆东部，顶点在印度的法拉卡，西起巴吉拉蒂—胡格利河，东至梅格纳河，南濒孟加拉湾。分属孟加拉国和印度。恒河下游分流纵横，主要水道就有8条，在入孟加拉湾处又与布拉马普特拉河汇合一起，形成了广阔的恒河三角洲。在三角洲地区，恒河分成许多支叉，是一个颇具特点的三角洲。这里土壤肥沃，农业发达，是南亚次大陆水稻、小麦、玉米、黄麻、甘蔗等作物的重要种植区。河口部分有大片红树林和沼泽地。河网密布，海岸线呈漏斗形，风暴潮不易分散而聚集在恒河口附近，形成强烈的潮水，铺天盖地地涌向恒河三角洲平原，很容易引起大面积洪水泛滥。

恒河三角洲面积6.5万平方千米，大部分在孟加拉国南部，小部分在印度的西孟加拉邦。平均海拔10米。三角洲汇集恒河、布拉马普特拉河、梅格纳河三大水系，河道密布。南部为沼泽地和红树林，当地称“松达班”。

构造运动和地貌成因导致了三角洲西部抬高，近5~6个世纪以来淡水出海却明显地偏向三角洲东部。因此，除了雨季外，西部的分流河汊淡水流量很少，致使盐水沿河上溯距离较长。尽管三角洲西部由河流上游输入的泥沙减少以及三角洲本身自然压实下沉等原因，但强潮作用，沉积物仍然在高潮线附近淤积，造陆作用一直在进行，泥沙来源是岸滩的侵蚀。据统计，在过去的40年左右中，一些三角洲前缘后退了约15米。胡格利河在三角洲的西部，历史上曾是恒河的主要出海水道。该河感潮河段约280千米长，河口为强混合型，没有垂直盐度梯度，洪水期湾口盐度低达8‰，枯水期盐水也可上溯到离湾口140千米处。恒河每年只有4%左右的泥沙输入胡格利河，但由强潮流自外海向上游搬运泥沙的优势在全年中持续的时间较长，使得河口湾上段变得越来越宽浅。大潮期间胡格利河口湾上段常有涌潮出现，最高时可达2.5米，前进速度为30千米/时。为了解决盐水入侵所带来的灌溉、城市用水及河道淤浅问题，印度于1970年在恒河上建立了一个拦河坝，以保证长年都有淡水流经胡格利河。

7~9月雨季，加上孟加拉湾潮水顶托，三角洲常受淹。大部分地区土壤肥沃，农业发达，人口密集，为南亚重要经济中心之一。盛产黄麻、水稻、甘蔗等。交通发达，大部分河流可通航，里程达1万千米以上。在三角洲内，河流多支叉，并游移不定。平均海拔不足10米，土层深厚肥沃，水网密布，是孟加拉国与印度重要的农业区，也是世界黄麻的最大产区。主要城市有加尔各答（印度）、达卡、吉大港（孟加拉国）等。

恒河三角洲的形状呈三角形，被认为是一个“弓形”三角洲。其面积超过105000平方千米。尽管三角洲本身主要位于孟加拉国和印度，但是其北方的不丹、中国和尼泊尔的河流都流入这里。三角洲大约2/3的面积位于孟加拉国。三角洲的大部分由冲击土构成，向东则转变成红色或红黄色的红土。土壤中包含大量的营养和矿物质，非常有利于农耕。恒河三角洲由迷宫般的河流、沼泽、湖泊和洪积平原所组成。恒河三角洲可分为两部分：东部（活跃区域）和西部（不活跃区域）。

尽管面临以下的危险：季风引发的洪水，从喜马拉雅山脉奔流而下的融化的冰雪，还有可怕的热带气旋，三角洲上还是挤住着1.15亿~1.43亿的人口。孟加拉国的很大一部分都位于恒河三角洲上，该国许多人依靠三角洲生存。恒河三角洲共供养着超过3亿的人口，而住在恒河盆地的人口大约有4亿，这是世界上人口最稠密的大河流域。恒河三角洲大部分地区的人口密度超过200人/千米，是地球上人口最密集的地区之一。大约2/3的孟加拉人从事农业，在三角洲肥沃的泛滥平原上种植农作物。渔业也是三角洲地区一个重要的活动，鱼类是该地区许多人主要的食物来源。1970年11月，20世纪最致命的热带气旋袭击了恒河三角洲地区。恒河在流经古城科尔卡卡之后，注入沼泽地和水道纵横交错的孟加拉湾，它们一道构成了世界上最大的三角洲。恒河三角洲周围森林之中，栖息着大量珍禽异兽，包括孟加拉虎和印度巨蟒。

三角洲滨海一带生长有茂盛的红树林，共占地8000平方千米，是世界上最重要的红树林区之一，当地的居民称这里为“美丽的森林”。由于人口的压力，过去二三个世纪中，红树林的覆盖面积估计减少了一半。本河口区是一个生产率较高的区域。每年的6~8月及11月至次年2月是硅藻大量繁殖的季节。

（一二九）世界最大的平原——亚马孙平原

南美洲亚马孙河下游的亚马孙平原，面积达560万平方千米，是世界上面积最大的平原。这里地势低平坦荡，大部分地区海拔在150米左右，还有相当一部分海拔更低的低地，因而又有“亚马孙低地”之称。

亚马孙平原是亚马孙河的冲积平原。很长时间内，这里一直是一大片被海水浸没的凹地，大约在1亿年前，今天亚马孙河的河口地区还是一个大海湾。后来，随着亚马孙河源头安第斯山脉的不断抬升，侵蚀加剧，为亚马孙平原提供了大量的沉积物质。日积月累，凹地被逐渐填平了，大约在距今7000万年前后，一片广大的平原便宣告诞生了。

亚马孙平原位于赤道附近，加上地势低平，因而全年高温，年平均温度在25℃~27℃。平原各地降水丰沛，年降水量在1500毫米以上，东部河口地区更达到2000毫米以上，成为南美洲主要的多雨区。高温多雨的气候，使密闭的热带雨林极为繁茂。曾有人在7.5平方千米的范围内，发现了400种乔木树种。高高低低的乔木可以分出11层，枝叶纵横交错在一起，林下见不到阳光，缺乏草本植物，林内没有道路，人进去也是十分危险的。亚马孙平原蕴藏着丰富的森林资源，给经济发展提供了优越条件。

亚马孙平原上生活着百余个民族。业诺玛尼族是人数较多的民族之一。他们居住在浓荫密布的原始森林和茫茫无际的水乡泽国，以捕鱼、狩猎为生。

（一三○）赤道上的雪冠——乞力马扎罗山

非洲的最高峰乞力马扎罗山，海拔5890余米，气势雄伟。它位于坦桑尼亚东北部，靠近肯尼亚边境。这座死火山山顶凝固的火山口，直径约1800米，火山灰和终年不化的冰雪凝结在一起，整个山峰犹如戴上了一顶银光闪闪的雪盔。

最早发现乞力马扎罗山的，是散居在山脚下的瓦查戛人。他们称它为“乞力马纳·恩加拉”，意思是“明亮美丽的山”。乞力马扎罗山离赤道很近，从印度洋吹来的季风，顺山爬坡，遇冷变成云雾，使山腰经常云遮雾绕，人们不容易看到它的真面目。它的东南坡，年降水量达1800毫米，山脚地势较低，气候炎热。从海拔1200~1800米，是咖啡豆、剑麻种植园；向上到2700米是热带山地雨林，林中长满了各种灌木、草本和藤本植物；再向上是山地草原。西北坡气候干燥，从山脚向上是疏林和山地草原。海拔5000米以上是高山荒漠和一片冰雪世界。

（一三一）非洲最大的河流——刚果河

非洲最大的河流——刚果河，其河长不过4640千米，水量却大得惊人，在世界大河中仅次于南美洲的亚马孙河，居世界第二位。长度次于尼罗河，而流量却比尼罗河大16倍。

刚果河每年流入海洋的水量有3.9万立方米，在河口附近，60千米范围内的大西洋海域终年都成为淡水。为什么刚果河水量如此丰富呢？原来，它的1/3流域范围在北半球，2/3在南半球。虽都处在热带雨林带，但有趣的是南北雨季轮番来临，使河流全年都保持着充沛的水量。

刚果河流域的上游段，长2200多千米，流经高度不等的陡坡，水流湍急，多急流瀑布。绵延在赤道南北100多千米河段上的基桑加尼瀑布，是世界最长的瀑布群。

中游段，有1700多千米，流经低平的刚果盆地中部，支流众多，河网密布，水量丰富，水流平缓，河面最宽的地方达14千米，河中有沙洲、岛屿，沿途有湖泊、沼泽。

下游河水切穿盆地边缘山地，一泻而下，形成长217千米的峡谷，两岸悬崖峭壁，河面最窄处只有200多米。由于近代侵蚀作用，刚果河口没有三角洲，而是喇叭状的溺谷，波涛壮阔，宛如海洋。

（一三二）地球上最长的裂谷带——东非大裂谷

东非高原上，分布着大大小小的许多湖泊。这些湖泊的共同特点是岸陡水深，形状狭长。原来，这些湖泊是伴随着东非大裂谷而形成的。

东非大裂谷全长约6400千米，是地球上最长的裂谷带，有“大地伤疤”的称号。夹在高原之间，底部是一条宽条带状的低地，好像是用一台巨大的推土机推出来的。这条大沟平均宽度在50千米~80千米，最窄处只有3米。裂谷底部比两侧高原表面平均要低500~800米，最深处相差3000米左右。两岸悬崖壁立，像筑起两道巨大的高墙，十分壮观。裂谷底部是一片坦荡广阔的原野，一连串晶莹的湖泊点缀着谷底。世界第二、非洲最深的坦噶尼喀湖就坐落在这里，它的湖底比海平面还要低662米。

大裂谷带自然景观瑰丽，附近耸立着高大的火山群。著名的有非洲最高峰乞力马扎罗山，以及肯尼亚山、鲁文佐里山等。这些山峰海拔都在5000米以上。处在非洲大裂谷上的红海，海水很深，最深处达3050米。红海两岸十分陡峭，像屹立在海边的巨墙。

为什么会形成如此巨大的裂谷呢？至今科学界说法不一。有人认为，在1000万年前，这里发生了两条大致平行的地层断裂，然后，断裂中间的地面渐渐下沉，而两翼则相对抬升，形成裂谷的两壁和一条深陷下去的宽带状低地。

东非大裂谷至今仍然是很不稳定的地带，这种变动过程还在继续进行中。附近经常能感觉到地震，火山也不时喷出炽热的岩浆。1978年11月6日，在阿发尔地区，一座新的阿尔杜科巴火山突然“诞生”了。熔岩以80千米/时的速度喷发出来，体积达25万立方米。在这短短的时间里，红海加宽了1.2米。有人推算，再过8万年，东非大裂谷以东的部分将会完全与非洲大陆分开，成为漂浮在印度洋上的巨大岛屿，而大裂谷所在的地方将与红海连接起来，出现一个新的海洋。

（一三三）世界每降水最多的地区——夏威夷

夏威夷是太平洋中部的一组火山岛，为美国的一个州。它由8个大岛和124个小岛组成。夏威夷是太平洋水域的运输和文化中心，被称为“太平洋的十字路口”，同时，它还是重要的旅游胜地。首府檀香山（火奴鲁鲁）位于瓦胡岛。面积最大的夏威夷岛上有壮观的火山喷发。夏威夷位于北回归线稍偏下的位置，由于信风在太平洋洋面上吹过，广阔的水面起到了稳定气候的作用，其温和的热带气候被认为是世界上最为理想的处所。这里各地之间的降雨相差悬殊。考爱岛上的怀厄莱阿莱山被称为世界上最多雨的地区，有记载60年当中年平均降雨达11280毫米。夏威夷岛上的卡韦哈伊平均年降水则仅有220毫米。由于信风挟带来的潮湿空气时常吹遍各岛，因此空气中的水分很容易凝聚，形成伞状云朵，沿着向风海岸和群山飘散，这些地区的植被要比背风海岸的植被更加茂盛。

（一三四）世界风力最大的地区——南极

南极不仅是世界最冷的地方，也是世界上风力最大的地区。那里平均每年8级以上的大风有300天，年平均风速19.4米/秒。1972年澳大利亚莫森站观测到的最大风速为82米/秒。法国迪尔维尔站曾观测到风速达100米/秒的飓风，这相当于12级台风的3倍，是迄今世界上记录到的最大风速。南极风暴所以这样强大，原因在于南极大陆雪面温度低，附近的空气迅速被冷却收缩而变重，密度增大。而覆盖南极大陆的冰盖就像一块中部厚、四周薄的“铁饼”，形成一个中心高原与沿海地区之间的陡坡地形。变重了的冷空气从内陆高处沿斜面急剧下滑，到了沿海地带，因地势骤然下降，使冷气流下滑的速度加大，于是形成了强劲的、速度极快的下降风。南极没有四季之分，仅有暖、寒季的区别。暖季11月至次年3月；寒季4月至10月。暖季时，沿岸地带平均温度很少超过0℃，内陆地区平均温度为-20℃～-35℃；寒季时，沿岸地带为-20℃～-30℃，内陆地区为-40℃～-70℃。1967年年初，挪威在极点附近测得-94.5℃的低温。据估计，在东南极洲上可能存在-95℃～-100℃的低温。

（一三五）西欧第一大河——莱茵河

西欧第一大河莱茵河，发源于瑞士境内的阿尔卑斯山北麓，向西北流经列支敦士登、奥地利、法国、德国和荷兰，最后在鹿特丹附近注入北海，全长1232千米。自1815年维也纳会议以来，它已成为国际航运水道，通航长约869千米，远至瑞士—德国边境上的莱茵费尔登。流域面积（包括三角洲）超过22万平方千米。

莱茵河是德国最长的河流，莱茵河流经德国的部分长865千米，流域面积占德国总面积的40%，是德国的摇篮。

莱茵河是具有历史意义和文化传统的欧洲大河之一，也是世界上最重要的工业运输大动脉之一。莱茵河航运十分方便，是世界上航运最繁忙的河流之一。莱茵河干流全长大约1230千米（目前据测算，从瑞士格劳宾登州阿尔卑斯山区的莱茵河源头，经列支敦士登、奥地利、德国和法国，直到荷兰湾的出海口，莱茵河总长应该为1232千米左右）。通航里程将近900千米，其中大约700千米可以行驶万吨海轮。莱茵河还通过一系列运河与其他大河连接，构成一个四通八达的水运网。莱茵河运费低廉而有助于将原料的价格降低，这是莱茵河成为工业生产区域主轴线的主因：现有1/5的世界化工产品是莱茵河沿岸生产的。莱茵河过去长期是欧洲政治纠纷的源泉，现在则因污染程度的提高，国际间把注意力集中在生态保护方面。

阿尔卑斯山莱茵河（即瑞士境内的莱茵河上游）具有阿尔卑斯型（即高山型）特点：坡度很陡，流量高（流域面积降水量的80%），严冬显然水量最小，春季由于融雪水位很高，初夏由于夏季暴雨而水位最高。莱茵河水变化可由康斯坦茨湖调节，但是由于与阿勒河合流，变化又有所增加。康斯坦茨湖收纳高原溪流和莱茵河的水并起到过滤作用。阿勒河平均水量比莱茵河还大。莱茵河自巴塞尔以下，来自高原的支流——海拔高的春季水量最大，海拔低的冬季水量最大——正日益增强其调节莱茵河流量不平衡的作用。因此，在科隆观测，莱茵河从平均流量的平均偏离度很微小，河水有利航运。此外，莱茵河适航地区冬季一般都很温和，河水在冬季偶尔结冰。莱茵河水文特征——水位常年较满；流速较缓慢（因为地形平坦）、平均；流量春夏为汛期（原因是阿尔卑斯山的积雪融化），季节变化明显，6~7月为高峰；水温随气温变化；大部分流域为无冰期。莱茵河是欧洲通航里程最长的河流。

莱茵河全年水量充沛，自瑞士巴塞尔起，通航里程达869千米；两岸的许多支流，通过一系列运河与多瑙河、罗讷河等水系连接，构成了一个四通八达的水运网。莱茵河所流经的是欧洲的主要工业区，人烟稠密。德国的现代化工业区鲁尔就在它的支流鲁尔河和利珀河之间。在鲁尔河和利珀河之间，通过4条人工开凿的运河和74个河港与莱茵河联成一体，7000吨海轮可由此直达北海。莱茵河的航道就像公路一样，每隔一定距离就有一块里程碑，上面标注着千米数。莱茵河不仅保证了鲁尔区的工业用水，还为鲁尔区提供了重要的运输条件。正是依靠着这种便利的运输条件，大批铁矿砂和其他矿物原料才能源源不断地从国外运到这里。鲁尔工业区与荷兰内河航运网之间运输十分繁忙，每天船只来来往往，就像大街上的车水马龙，货运量居世界前列。

（一三六）最大的天生桥——高屯天生桥

地下河与溶洞的顶板崩塌后，横跨河谷的残留顶广西鹿寨香桥岩天生桥板，其两端与地面连接，中间悬空而呈桥状。广义地说，一切横跨沟谷或河流上的岩体都可称天生桥。在云南文山的盘龙江上天生桥成串分布，广西也有典型的天生桥。天生桥因地下河流长期侵蚀岩层，导致河流上游及两岸岩石溶蚀、塌陷、独留中心一段横跨两边岩墙的岩体或石块而成，是地下水精工雕刻而成的地质“艺术品”。据地质专家介绍，广西、贵州、云南等喀斯特地貌区是“诞生”天生桥的“多发区”。

世界上最长最大的天生桥在何处?《吉尼斯世界纪录》记载的是贵州省黎平县高屯天生桥，黎平县高屯天生桥桥身长达 350 米，桥拱的跨度，最长处达 118.92 米，最小处也有 88.5 米。

高屯天生桥位于贵州省黎平县城东北 12 千米的湾寨右侧处，这座由地下伏流自然形成的天生桥历来是游客游览的胜地。此桥在清朝《黎平府志》中就有记载:“天生桥崇严直跨两岸，中有一硐，双江口诸水径此，达高屯可以行舟。上则仍然平地也，往返甚便，不假修筑之力故名。”对于这种石灰岩地貌自然形成的天生桥，明代杰出地理学家徐霞客在其《徐霞客游记》中赋予了它十分正确的科学名称“石梁”。

高屯天生桥架在两山之间，跨度超过 150 米，桥身宽达 98 米，桥体高出水面 30 多米，而这竟是天设而非人力所为，的确不能不令人咂舌惊奇。对于这种“不假修筑之力”的天生桥，诗人龚自珍赞曰:“人凿难施鬼斧穷，天心穿出地玲珑，两山壁立龟梁架，巧妙争传造化工。”

黎平高屯天生桥不仅宏伟壮观，而且环境幽美。桥下河流由福禄江、五里江、后坡江诸水汇成，逆水而上数里仍是喀斯特地貌景观；往下一片潺潺流水，分两岔绕桥门的圆形山峦，至数十米处，又融为一体，依山傍水，逶迤北处 2 千米，注入亮江。桥下河水澄澈清莹，桥四周都是奇峰峻石，河两岸森林茂密，十分幽静。从桥孔内顺水下看呈现一幅天然妙绝的画卷，使人心旷神怡。若是一叶轻舟顺流而下，顾盼转首，便可将两岸山光水色尽收眼底。

（一三七）最大的地下海——西澳洲地下海

地处澳大利亚内陆的西澳洲干旱地区有一条巨大的地下海。这条地下海位于西澳洲的奥非色盆地，长 700 千米，宽 200 千米，储水量相当于 4200 个悉尼港湾的水量，可供西澳洲首府帕斯 4000 年的用水。西澳洲是澳大利亚最干旱的地区。那里拥有储量丰富的金矿和铁矿，许多矿藏因缺水而无法开采。地下海的发现，不仅可以解决该地区水资源短缺问题，还有利于该地区工业经济的发展。

（一三八）最大的湖中之湖——马尼图湖

马尼图湖是世界上最大的湖中岛中湖，位于加拿大安大略省的马尼图林岛上，马尼图河出自马尼图湖，流经马尼图林岛东南部之后注入休伦湖。

马尼图河出自马尼图湖，流经马尼图林岛东南部之后注入休伦湖。马尼图湖湖水的盐分比死海还要高，人可以浮在水面上，全世界仅有死海、捷克的卡罗维发利湖及曼尼托湖才有这种具神奇浮力的咸水湖。当地的曼尼托泉水度假村，在冬季时是把湖水抽进村内加热，让游客在冬天也能洗个暖呼呼的咸水澡。

马尼图湖的湖水中除了含有矿盐之外，并含镁、钾、钠、钙、铁、矽等多种不同的矿物质，湖水的比重达 1.06，咸度接近死海，是普通海水咸度的 3.5 倍，不仅浮力超强，并且具有消除疲劳与解除肌肉酸痛等功效，泡汤者可以享受浮在水面，一边看报纸、聊天的乐趣。早在 1837 年时，在此游牧的印第安人即已发现马尼图湖的神奇疗效，当时有许多印第安人染上了天花，其中有两人因为病重的走不动了，族人便留下一个小帐篷把他们遗弃在湖边，发着高烧又饥渴的这两位印第安人，挣扎着跳进湖里想要减轻身体的灼热和解渴，却发现湖水是咸的，没想到他们连续几天泡在湖水里，结果竟然不药而愈，终而追上了族人，于是他们将此湖命名为马尼图，意思是“伟大的神灵”。

（一三九）最大的砂岛——芬瑟岛

芬瑟岛，位于澳大利亚东岸，面积 1630 平方公里，长 122 公里。最高点海拔 260 米，与澳大利亚大陆之间隔着大砂海峡。芬瑟岛由含有大量二氧化硅成分的沙石组成，是世界上最大的纯砂岛，也是世界自然遗产之一。

关于芬瑟岛，有一个很美的神话：相传人被创造后，需要地方居住，大神 Beeral 便将他的使徒 Vnedingie 与女神 K´gari 从天堂派遣送到人间来创造山河、土地和海洋。女神在建造的时候被地球的秀丽深深吸引，不想再回天堂，于是使徒就将女神变为一座如天堂般的海岛——芬瑟岛。

芬瑟岛坐落于澳大利亚东岸，与哈佛海湾相邻。数百年前的大陆风把细岩石屑沉积在海底，由于冰河时期的上升吹拂、风的抚摸与塑造，诞生了这洁净的大沙丘。该岛是由英国的库克船长于 1770 年最先发现，后来詹姆斯·芬瑟上尉与他的妻子伊莉莎·芬瑟因船难困在岛上，人们感动于他们的故事，以其名字为岛屿命名。芬瑟岛今天依然保留着 3 万年前的风貌，以世界最古老的沙漠地域滋养着野生森林，散发着连女神都无法抗拒的魅力。

或许人们流连于乌尤尼盐沼的纯净，但芬瑟岛却以 1630 平方公里的面积、广阔洁净的二氧化硅砂、72 种不同颜色的沙子，成为世界上最纯净、最大的砂岛。没有哪个岛屿能与它的纯度对比，它移动的沙丘、白色海滩和彩色的砂石悬崖，成就了它独一无二的自然景观。

麦肯席湖是芬瑟岛滋养的水域之一，因水在汇入湖中之前经过了沙子的自然过滤，湖水由湛蓝向浅色变换，层次分明。茂密的森林将水晶般清澈的湖水包围，与纯白色的沙滩构成一幅美丽的图画。麦肯席湖因避风，几乎就是温泉，年轻人畅游湖中，小孩子游戏嬉水，明净又饱含生机。

当人们醉心于麦肯席湖的欢乐中时，芬瑟岛又显现出它的另一种个性。芬瑟岛没有城镇，也几乎没有公用设施，边缘湿地里长满了海草床、红树林，生存着4万多只滨鸟。每逢春夏，芬瑟岛到处开满鲜花，濒危物种在此繁衍生息。它远离繁华的大都市，让人仿佛回到古老的石器时代，可以从中感受到澳大利亚古老土著居民的生活习性。

但芬瑟岛也不是与世隔绝，它的中央铁路站诉说着岛上的悠久历史。铁路周边不仅生长着南风吹拂下带来的罕有蕨类植物，还见证着交通的带人与遗留，更增添了芬瑟岛的神奇，引人无限地遐想与深思。

（一四〇）最干旱的地方——阿塔卡马沙漠

阿塔卡马沙漠，位于南美洲西海岸中部，是世界上最干旱的地方，曾400年没有下过一滴雨。它跨越安第斯山脉和太平洋之间，长达1000多公里。总面积18万平方公里，主体位于智利境内，介于南纬18°~28°之间。在副热带高气压带下沉气流、离岸风等的影响下，它成为全世界最干旱的地方。

有一个地方，它神秘、超凡，拥有不可阻挡的魅力，它就是有“世界上最干旱的地方”之称的阿塔卡马沙漠。也有人将它称为“火星在地球上的投影”，因为这里土壤荒瘠、具有强酸性，连细菌都不能存活，是地球上最接近火星的自然环境。研究阿塔卡马沙漠多年的美国地理学家克里斯·马凯说：“这是我们唯一没发现生命的地方，是名副其实的死亡之地。无论在南极、北极或任何其他的沙漠，铲起一块土总能发现细菌，但在这里，你什么都找不到。”

阿塔卡马沙漠长1000多公里，宽160公里，跨越了安第斯山脉和太平洋，照理说是不会干旱的。然而，沙漠北部紧挨的安第斯山却如同一面屏障，阻挡了亚马孙河的潮湿空气南下。加之这里处于副热带高气压带受下沉气流、离岸风的影响，又是秘鲁寒流流经之地，使得水汽难以升至高空凝云致雨。在沙漠的某些部分，甚至曾出现过400年没有丝毫降雨的情况。

然而，生命的顽强却往往超出我们的想象，即使在这样严荷的自然环境下，阿塔卡马沙漠也一直留有人类生存的印记。据考古学家证实，阿塔卡马地区在1万年前就有人类居住，而7000多年前生活在智利阿塔卡马沙漠的新克罗人，就已经学会了木乃伊的制作，比埃及木乃伊的历史还要古老几千年。连考古学家都感到惊讶，不知道在7000多年前这项技艺究竟是如何完成的。人类的智慧创造了阿塔卡马独特的沙漠文化，古人在地上作画，用深暗色的石子嵌入沙土中，做出动物、人物形象以及各种几何形状。最大的一幅画是伊基史附近的阿塔卡马巨人画，长达 120 米，直至今日也没有人知道作这些画的用意。

走进阿塔卡马沙漠的小镇，第一感觉就像走进了中国北方的一个村落，因为镇中的房子全是由土坯垒砌而成的，没有挡雨的房檐，屋顶也是平的。有的人家还在屋顶上砌一圈矮墙，用来堆放家庭杂物。几条土路从镇中穿插而过，一直延伸至小镇中心一个石头地面的小广场。广场上矗立着一栋白色的小教堂，16 世纪的西班牙风格，古朴简洁，在满是土黄的城镇中显得格外引人注目，那是圣彼得阿塔卡马的标志性建筑。广场的另一边是考古博物馆，人们可以在这里了解阿塔卡马人的历史、宗教、文化和生活习惯等。如今的小镇已变得繁华热闹了，许多居民房屋都被改造成了旅社、网吧、酒吧和手工艺品商店，来自世界各地的游客在阳光下悠闲地漫步，欣赏着集市上物美价廉的纯手工艺制陶罐，去博物馆瞻仰世界上第一个木乃伊，或跟随着当地人参加一场带有神秘色彩的传统祭祀……

乘车来到离圣彼得阿塔卡马西南约 15 公里的地方，就是当地著名的月亮谷，它因地质构造类似月球表面而得名。站在这里，人们能欣赏到美丽的沙漠落日，以及由盐渗透、侵蚀而成的天然雕塑。从低向高处望去，到处都是赭黄色的岩石，或突兀林立、奇形怪状，或连绵成排似恐龙背上的鳞片。日落时分，金红的太阳像火球一样缓缓坠入地平线，将天边的云彩染得瑰丽斑斓。远处的安第斯山脉由青色逐渐变为黄色、橙色、浅红色、红色，然后在太阳完全落山后的几分钟内彻底变成了深色的暗红，那神奇的光影变幻让人感叹迷醉。

（一四一）最宽的海峡——德雷克海峡

德雷克海峡，南美洲南端与南设得兰群岛之间的海峡，连接大西洋和太平洋，以 16 世纪发现这条海峡的弗朗西斯·德雷克的名字命名。海峡全长 300 公里，最宽处达这 970 公里，最窄处也有 890 公里，平均水深 3400 米，是世界上最宽亦是最深的海峡。受极地旋风的影响，一年四季中海峡的情况都相当恶劣。在 19 世纪末航运发达。自巴拿马运河通航后，便逐渐衰落。

在欧洲，海盗是一种古老的职业，早在公元前 1300 多年就有海盗在地中海横行。而随着新航路的开辟，海盗们更是迎来了他们的黄金时代。无论是臭名昭著的黑胡子、“黑色准男爵”罗伯茨，还是被称为“海盗之王”的威廉·基德，都没有封侯拜相的海盗王弗朗西斯·德雷克更具传奇色彩。他是英国名留千古的英雄，也是西班牙臭名昭著的海盗头子，他的海战战术帮助英国击败了西班牙的无敌舰队，他还发现了使美洲与南美洲之间得以通航的“德雷克海峡”。

历史总是充满着传奇和不可置信的事，谁能想到，一个驰骋大洋的海盗头子，竟然有一条世界上最宽最深的海峡以他的名字命名？谁能想到至高无上的伊丽莎白女王会给他封侯拜相？然而，事实就是如此。1572 年，德雷克在伊丽莎白女王的支持下，带领船队杀向加勒比海，满载而归。1577 年他再次驶向赤道，在回国途中为了躲避西班牙军舰的追捕，无意间发现了一条沟通太平洋和大西洋的新航道。这一发现为英国带来了巨大的利益，因此，为纪念德雷克，这条海峡就以他的名字命名。

德雷克海峡位于南美洲最南端和南极洲的南设得兰群岛之间，紧邻智利和阿根廷，东西长 300 公里，南北宽达 970 公里，即使最窄的地方也有 890 公里，是世界上最宽的海峡。由于是大西洋和太平洋的交汇处，又受到极低旋风的影响，海峡一年 365 天风力都在 8 级以上，曾有无数船只在这里倾覆，所以又被称为“魔鬼海峡”。

即使乘坐万吨巨轮在这里的风暴中行驶，也会被摇晃得像一片树叶。透过船窗向外看去，晴天里，白色的海浪在眼光下翻滚，有节奏地拍打在船身上，击起阵阵回响；一群群海鸥灵敏地冲向船尾翻起的浪花，抢夺它们喜爱的鱼虾；灵敏的南极海燕、信天翁穿梭在浪潮之中，身姿矫健而优雅。蓝天、碧海、飞鸟、彩虹，构成了一幅壮丽的画面。登上甲板，两岸是雄伟壮丽的雪山，姿态各异的冰山断崖遍布其间，像漂游在海上的巨人。夜幕降临，南极的美在人们的面前徐徐展开，德雷克海峡是通往南极的唯一水道。清冷的黄昏光影中，冰雪的岛屿看上去都是那么宁静、未知和神秘莫测，金黄的霞光劈开厚厚的云层，将大海染成了一片碎金般的灿烂，不时有不知疲倦的海鸥优雅地掠过。屏住呼吸，海天之间仿佛只剩下了自己……

有“世界尽头”之称的乌斯怀亚小城，就位于德雷克海峡的北面，它依山面海而建，别致、美丽、干净的街道两边布满了只在童话故事中才能见到的小木屋，优雅漂亮。屋前屋后鲜花盛开，这里明明是南半球生机盎然的夏天，但清冷的空气和一抬眼就能看见的白雪皑皑的山峰，又让人恍若感受到了南极冰封万里的凛冽气息。乌斯怀亚港口是由德雷克海峡通往南极的起航点，许多前往南极考察的考察队都在这里起航或停泊，品味一番这个世界尽头之城的南美风光。每到夏季，这里游人如织。人们登上码头，悠游在这个童话般祥和唯美的城市，入眼的是葱葱郁郁的山坡和洁白巍峨的雪山，各种不同色调的建筑坐落在波光粼粼的水道和白雪青山之间，构成一幅绝美的画卷……

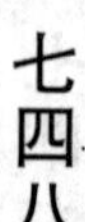

（一四二）最宽的瀑布——伊瓜苏瀑布

伊瓜苏瀑布，位于阿根廷与巴西的交界处，形以马蹄，高 82 米，宽 4 公里，平均落差达 75 米，巨流喷泻，气势磅礴，大大小小 270 多个瀑布组成了一个壮观的半弧形瀑布群，是北美洲尼亚加拉瀑布的 4 倍宽，是南美洲最大的瀑布，也是世界上最宽的瀑布。1984 年被联合国教科文组织列为世界自然遗产，吸引着来自世界各地的游客。

当低回的歌声响起，像风中飞翔而过的鸽子，忧伤地俯视那条蓝色的瀑布。两个浪子的剪影在瞳孔中渐渐清晰，他们微笑，相拥，争吵，然后分离，投影在那盏旧灯台上。波涛倾泻，如镜花水月般美得不可思议……当镜头定格在那条壮丽雄浑的瀑布时，那段如春光乍泄般的爱情，也终究走到了尾声。伊瓜苏瀑布在王家卫充满异国风情的手笔中，成为贯穿电影《春光乍泄》的引线。流浪、孤单、归属，在那条蓝色的瀑布中一一展开，诉说着每个人心中深藏的关于流浪的宿命。于是，这条全世界最宽最壮丽的瀑布，成为所有影迷心中的梦想之地。

每年旱季时，咆哮的瀑布吸引着来自世界各地的数百万游客，他们在这里驻足停留，为大自然的鬼斧神工而惊叹，也为那个沉淀在时光河流中的故事感慨叹息。伊瓜苏瀑布位于阿根廷和巴西的交界处，形似马蹄，高 82 米，宽 4 公里，平均落差达 75 米，大大小小 270 多个瀑布形成一个壮观的半弧形瀑布群，巨流喷泻，气势磅礴。据说，当年美国总统富兰克林的夫人都感叹道："尼亚加拉瀑布太可怜了。"的确，伊瓜苏瀑布是尼亚加拉瀑布的 4 倍宽，比非洲著名的维多利亚瀑布还要宽，是当之无愧的世界上最宽的瀑布。

神奇的地方总是少不了传说，伊瓜苏瀑布自然也是。相传，某部族首领之子爱上了一位公主，为了让爱人恢复视力，他站在河岸上向诸神祈祷，得到的回复却是大地开裂、河水奔涌，将他卷入了波涛汹涌的峡谷之中。而公主重见光明，成为第一个看到伊瓜苏瀑布的人。美好的故事总是让人心驰神往。1541 年，西班牙探险家德维卡穿越重重险阻来到这里，成为第一个发现这个瀑布的人。而后又有教士来此，被它的雄浑壮观所震撼，在这里建立了传教机构，直到今日，在波萨达斯附近仍保留着一座教会的古建筑。

从空中俯瞰，伊瓜苏瀑布呈一个巨大的弧形，白色的浪花喷溅奔涌，被阳光映照出一道道绚丽的彩虹。200 多条瀑布一齐奔腾呼啸，每秒钟就有 170 立方米的水倾泻而下，犹如千军万马奔腾咆哮，蔚为壮观。瀑布位于阿根廷与巴西边界的峡谷两边，所以在两国观赏到的景色截然不同。从阿根廷的路线游览，穿过蜿蜒曲折的密林，每一段瀑布的景色都不尽相同，或雄伟，或壮丽，或妩媚，或优雅。当最为壮观的有"魔鬼喉"之称的瀑布出现在眼前时，整个人都被它所震撼。9 股水流咆哮而下，犹如奔腾的千军万马，气势雄伟，惊心动魄。而从巴西那边往下看去，水幕似从天而降，形成一片片涌动的白色幕帘。用"飞流直下三千尺，疑是银河落九天"来形容也不为过。

来到这里，你能在新修的栈道上一览瀑布的磅礴，那犹如大海倾泻向深渊的咆哮声，远在25公里外就能听见；还能乘坐橡皮艇冲进瀑布下面探险，套上救生衣，由经验丰富的船工掌舵，剑一般迎着瀑布冲去，感受一场别样的惊险；或穿上美丽的衣裙，去探访一下位于阿根廷首都的“卡米尼托”街道，在那探戈舞的发源地，置身于五颜六色的房屋、千姿百态的探戈雕塑和性感优美的壁画中，跳一场世界上最性感的舞蹈……

（一四三）最高的死火山——阿空加瓜山

阿空加瓜山，世界上最高的死火山，位于阿根廷门多萨省西北端，南纬32.39度，西经70.14度，海拔6960米。由安第斯山脉造山运动而形成，是南半球最高的山峰，被人们称为“美洲巨人”。阿空加瓜山峰顶较为平缓。东南侧雪线4500米，厚约90米，形成了现代冰川；西侧无终年积雪，且温泉众多。附近的自然奇观“印加桥”是著名的疗养和旅游胜地。

高大、雄伟、肃穆、壮美……罗列再多的词似乎都无法穷尽对阿空加瓜山的赞美。在这个“美洲巨人”身上，始终燃烧着一股刚劲的独特的魅力，吸引着众多登山爱好者不畏艰辛，奋力跋涉在冰天雪地中……

对于南美的登山爱好者来说，阿空加瓜山是绝不能错过的地方，它巍峨壮丽、雄浑刚劲，像一位巨人耸立在安第斯山脉的北部。登上此山，整个美洲都会被你踏在脚下，那是没有人能够抵挡的诱惑。在瓦皮族语中，阿空加瓜是“巨人瞭望台”的意思，它海拔高达6950米，是世界第二高峰，仅次于珠穆朗玛峰，是西半球最高的山峰。阿空加瓜山由第三纪沉积岩层褶皱抬升而成，同时伴随着岩浆侵入和火山作用，主要由火山岩构成。其外形呈圆锥状，山顶有下凹的火山口，是名副其实的火山，但自有人类存在后就没有喷发过，因此它被公认为世界上最高的死火山。

1897年1月14日，英国人爱德华·费滋杰罗率领瑞士登山队第一次登上山顶，征服了这个鸟瞰全美洲的巨人。而19世纪初，拉丁美洲独立战争的杰出领袖和民族英雄何塞·圣马丁，就带领安第斯山军越过山脉去解放智利和秘鲁，并在这里留下了著名的卡诺塔纪念墙。纪念墙以西的维利亚西奥镇坐落在海拔1800米的高地上，风景优美。阿空加瓜山上流淌而下的温泉，让维利亚西奥镇成为著名的温泉疗养胜地，吸引着众多的游人和登山队员。从这里经过一段叫作“一年路程”的大弯道，便来到了海拔2000米的乌斯帕亚塔镇，这里风景优美，旅游设施齐全，十分繁华。在乌斯帕亚塔镇，还能看到当年安第斯山军经过时砌成的拱形桥，以及兵工厂、冶炼厂的遗址，在向人们诉说着历史的巨变。

从位于瓦卡斯角小站的印加石桥起，就踏上了攀登阿空加瓜山的起点。一组高大的石峰矗立在那里，像站立忏悔的人群，被当地的印第安人称为“忏悔的人们”。登山者在它们的注视下缓缓攀登，两侧是被冰雪覆盖的巍峨山脉，在阳光照射下越发显得雄壮高耸。远远望去，一条条冰川从山脊中淌过，像依偎着巨人的美丽少女。在登山途中还建有不少木棚，供登山者休息和躲避风雪，直到越过海拔6500米处的最后一个木棚，峰顶便只有咫尺之遥了。然而，就是这最后的460米，却成为登山者最艰难的一段路程。

当历经艰险终于踏上阿空加瓜山的顶峰，你会觉得，一切困难都是值得的。那傍晚时分的山脉让人沉醉入迷，夕阳的余晖将山头染成一片炫目的金色，极目远眺，连绵的山脉全披上了红装，随着夕阳的下沉逐渐变幻色彩。那覆顶的冰雪在红霞满天的大背景下显得无与伦比的瑰丽。直到太阳收回最后一丝光彩，阿空加瓜山才重新恢复它一贯的沉静凝重，在冷月的光辉中渐渐睡去。

苍茫天地间，这巍峨的“美洲巨人”就这样年年岁岁孤独地矗立着，瞭望整个美洲，守卫着整个南美，让无数人为之折服、倾倒。

（一四四）最大的活火山——冒纳罗亚火山

冒纳罗亚火山，位于夏威夷群岛中部，是世界上最高大的活火山，海拔4170米，从海底算起高约9300米。平均每3年喷发一次，由熔岩流层层堆积才达到如今的高度。冒纳罗亚火山是一个活跃的盾状活火山，山顶的大火山口叫。“莫卡维奥维奥”，意为“火烧岛”。火山爆发时，熔岩不仅从火山口，也从岩层缝中溢出，景象十分壮观。

在热情如火的夏威夷人中流传着这样一个传说：当火神佩莉被姐姐海神赶走后，她来到了夏威夷火山：在群山之中，她四处云游，最后终于在基拉韦厄岛的赫尔莫莫火山口找到了一个安全的家园。这个地方就是今天的冒纳罗亚火山。

活火山总是危险的代名词。一提到活火山，人们不禁会想到黑云蔽日、浓烟滚滚、火流遍地、大地震颤的景象。而位于夏威夷中部的冒纳罗亚火山，正是这样一座火山。不仅如此，它还是全世界最高大的火山，海拔约4170米，如果从海底算起，冒纳罗亚火山的高度可以到达9300米，比珠穆朗玛峰还高。作为世界上最大的活火山，冒纳罗亚火山至少已经喷发了70万年。火山喷发期间，凡岩浆流经之处，森林焚毁，房屋倒塌，交通断绝。不断喷发出来的熔岩也使得冒纳罗亚火山不断变大。冒纳罗亚火山所处的夏威夷群岛是闻名世界的火山岛，正好位于太平洋底的地壳断裂带上，由地壳断裂处喷发出的岩浆形成。时至今日，一些岛上的火山还时常喷发，冒纳罗亚火山便是经常喷发的现代活火山之一。

火山熔岩带来了丰富的养料和地势起伏的地形。由火山组成的夏威夷群岛被浓密的森林和草地覆盖着，自然景色优美并拥有丰富的动植物资源。丰富的物种构成了夏威夷岛的多样性，在夏威夷岛上，有很多世界闻名的动植物，夏威夷的岛花——红色芙蓉花便是其一。每到红芙蓉花盛开的季节，漫山遍野一片火红。这种花花瓣大而舒展，红色直冲眼前，看着总让人想到身着红裙的夏威夷女郎。夏威夷群岛上不仅四处都是茂盛的植物，这里的昆虫也种类繁多，仅是蝴蝶就有万种以上，而且有些品种是这里所独有的。其中最著名的就是被蝴蝶爱好者们称为“绿色人面兽身蝶”的一种大蝴蝶，它的翅膀完全展开时长达 10 厘米。所以，在来岛的众多宾客中，不仅有来自世界各地的游客，还有许多昆虫爱好者和研究人员到这个岛上研究和采集蝴蝶标本。

或许是因为在冒纳罗亚火山那滚烫熔岩的烘烤下，夏威夷岛貌似从来不会经历严寒的冬天。这里处于热带太平洋上，一年四季岛上的温度都在 14~32℃间，气温变化很小，非常适宜人们的生活，若是住在山区，则更加凉爽宜人、这里不仅有品种繁多的动植物，还有世界著名的瓦基基海滨沙滩和深蓝色的海洋。火山喷发时带来了毁灭与灾难，但当那乌云般的火山灰慢慢沉淀下来之后，又给美丽的夏威夷群岛带来了多样的地形和充足的养料。不知道走在夏威夷群岛的小路上、观赏着美丽的景色、呼吸着略带硫磺味的潮湿空气是什么感觉呢?

（一四五）最湿润的地方——怀厄莱阿莱

怀厄莱阿莱，位于美国夏威夷群岛的考艾岛，地处威阿列勒山东北坡，平均年降雨量 12244 毫米，平均每年有 335 天在下雨，被称为“湿极”，是世界上最湿润的地方。考艾岛本是一座火山岛，地势高峻，然而岛上的高山挡住了东北信风，引起海风环流，形成面雨，地形雨等，使得它几乎全年都在下雨。

如果说阿塔卡马沙漠是干燥的极致，那么位于夏威夷考艾岛的怀厄莱阿莱，就是湿润的极致了。这里全年 365 天几乎有 335 天在下雨，人们出门随时都要带着雨伞、穿着雨鞋。阳光像白驹过隙一样划过天际，似乎也害怕被这个极湿之地给弄湿了。这就是怀厄莱阿莱，平均年降雨量 12244 毫米，几乎没有晴天的时候，被人们冠以“湿极”的称号。

怀厄莱阿莱位于考艾岛的威阿列勒山的东北坡，海拔 1539 米。在北太平洋副热带高压带的影响下，这里全年盛行下沉的东北信风，雨量偏低，每年只有 500 毫米左右。然而，考艾岛上其他的高峰，像一堵屏障挡住了东北信风，使得湿润的海风在这里环流，冷空气和热空气形成对流，最终形成了锋面雨、对流雨、地形雨等多种降雨，因此全年都雨水绵绵。充沛的雨水让热带密林越发广阔茂盛，成为许多野生动物的天堂。

远远看去，这里山势险峻，峰峰相连，山脉叠翠，在蒸腾的云雾中隐现，景象十分壮观。

丰富的降雨也造就了考艾岛优美的自然风光。这个位于夏威夷群岛最北端的岛屿，被称为“花园之岛”，也是夏威夷群岛中最古老的岛屿，相传夏威夷最初的神就是居住在这里的。Hawaii 源于波利尼西亚语，意为“原始之家”，早在公元200年，就有第一批居民来到考艾岛，比其他各岛的居民早了几百年。人们在这里和平快乐地生活着，如果不是航海家詹姆士船长在1778年登上这个岛屿，或许至今那些夏威夷人仍过着隐蔽、古老的生活。在高慕阿利伊国王统一夏威夷各岛屿时，考艾岛是唯一一个因不愿反抗而被占领的岛屿，它也因此闻名。

从飞机上往下看去，浩瀚的太平洋镶嵌着几颗晶莹剔透的翡翠明珠，宛若天使落下的眼泪，那就是夏威夷诸岛。夏威夷的首府火奴鲁鲁繁华热闹，冒纳罗亚火山游人如织、人满为患，只有坐落在群岛最北端的考艾岛宁静悠远。远远望去，笼罩在云雾中的怀厄莱阿莱峰高大葱郁，经年不断的雨水洗刷着山坡和树木，每一片树叶都干净油亮，散发着独属于大自然的勃勃生机。充沛的雨水充盈了怀梅阿峡谷，滔滔不绝的水流在峡谷中奔腾，沿着基岩打着漩涡。相比而言，怀卢阿河上的芬格罗托则是另一种景象，硕大的植物叶子从溶洞的天顶悬挂而下，像一幅庞大的绿色帷幕，在微风中祥和地飘动。不远处的考艾岛，有着几公里的空旷的长沙滩，洁白柔软。潮起潮落，人们在沙滩上奔跑嬉戏，一群群海龟排着队游上岸，安详地晒着太阳，更有可爱的海豚在那清澈的海水里觅食嬉戏，婀娜多姿地游动……蓝天、白云、清风、椰树、海龟，在这里，你将享受独属于考艾岛的宁静与浪漫。

此外，那热烈奔放的草裙舞更是这里的一大特色，明亮的光下，篝火燃起金红的火焰，跳舞的女郎身着金色的草裙，戴着鲜花织就的花环，随音乐的节拍向快乐地舞功腰肢。那舞姿轻快而热烈，奔放又优雅，年轻的脸庞被火光映得明亮闪耀，令人目眩神迷。传说，第一位跳草裙舞的便是舞神卡拉，她以此招待姐姐火神佩莱，佩莱高兴地用火焰点亮了夜空。自此，草裙舞便成了人们向神表达敬意的舞蹈，在历史的流转里代代传承……

（一四六）地势最高的岛屿——新几内亚岛

新几内亚岛，位于太平洋西部、澳大利亚以北，是太平洋第一大岛，也是世界第二大岛，又称伊里安岛。新几内亚岛全岛多山，大部分山地、高原海拔都在4000米以上，是世界上海拔最高的岛。随着气候的区域差异和高度变化的影响，植被的垂直分布十分明显，野生动物也随着气候和植物分布的地区差异，有各种不同的种类。

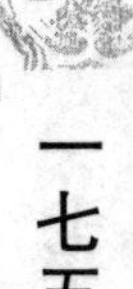

5000年前，如今已自成一体的新几内亚岛还和澳大利亚大陆连在一起，后来由于海平面的上升，一道托雷斯海峡将新几内亚岛和澳大利亚分隔开来。

新几内亚岛全岛多山，中部盘结的群山连绵延续而形成了中央山脉，西部则有雪山山脉傲然高耸，大洋洲的最高点——查亚峰便矗立于此。由于大部分地区海拔都在4000米以上，新几内亚岛因此成为世界上地势最高的岛屿，其高度几乎可以与世界屋脊青藏高原相媲美。也正因为海拔高度的变化，再加上区域间的气候差异，这里的植被呈现出非常明显的垂直分布：沿海的平原地区海拔多在1000米以下，热带雨林中有着种类繁多的植物，茂密的森林四季常青，攀援植物生长得尤其茂盛；到了海拔3500米以上的高山地区，蕨类、高山草甸、苔藓地衣等寒温带植物遍布于此；海拔4400米以上则是永久积雪带。

新几内亚岛虽位于赤道附近，但这里的不少山峰海拔都很高，山顶终年被皑皑白雪所覆盖，形成了闻名于世的“赤道雪”。这里有着大片的原始森林，各种各样的奇花异草争相斗艳，整个岛屿只在沿海地带和极少数山地铺设了686公里长的公路，因此被世人称为印度洋和太平洋上最后一片未被污染的净土。在这片广阔的热带土地上，栖息着数百种动物，而且还有大量新物种不断地被发现。这才是地球上真正的伊甸园，拥有无与伦比的原始风情。如果你喜欢远足、漂流、观察野生动植物、丛林探险，那就请到新几内亚岛来吧。

或许新几内亚岛的陆上景色并不算是独一无二的，但这里的海底景观绝对称得上举世无双：潜入这片清澈的热带海洋，便能看到多姿多彩的珊瑚如鲜花般绽放在海底，要知道这里任何一处礁石丛中生长的珊瑚种类都相当于加勒比海所有珊瑚种类的总和。色彩缤纷的热带鱼成群结队，在你的身边嬉戏游玩，展现着生命的活力和大自然的气息。

（一四七）喷发最频繁的活火山——埃特纳火山

埃特纳火山，欧洲著名的活火山，位于意大利西西里岛东海岸的墨西拿和卡塔尼亚之间，海拔3323米，火山下部为一个巨大的盾形火山，上部为高约300米的火山渣锥，底部周长约140公里。由于它处于亚欧板块和非洲板块交会处，一直活动频繁，其喷发史可以追溯到公元前1500年，迄今为止已有过500多次喷发，是世界上喷发次数最多的活火山。

“当诸神的铁匠将熔炉点燃，金红的火光就照亮了西西里的夜空，熔岩四溅、浓烟冲天，世间最坚硬的铁在这里融化，变成赫菲斯托斯手中诸神的利刃。于是，埃特纳火山开始燃烧……”在西西里的传说里，埃特纳就是火神赫菲斯托斯锻造武器的熔炉。

这位火神既不高大魁梧，也不英俊潇洒，他不留恋奥林匹斯山的安逸生活，反而更喜欢埃特纳山的铁匠铺。为了替女神雅典娜打造世间最完美的武器，他点燃了埃特纳火山。从此，埃特纳火山开始了持续千年的燃烧……

这座坐落在西西里岛的火山，海拔 3323 米，是欧洲最大、最活跃的火山。小喷火口共有 200 余个。其喷发史可以上溯到 2000 多年前，已有 500 多次喷发，被称为世界上喷发次数最多的火山。最猛烈的喷发则是在 1669 年，整整持续了 4 个月。当滚滚熔岩冲入附近的卡塔尼亚市，使整个城市成为一片火海，无情地夺去了数万人的生命。这座燃烧的火山一直处于活动状态，远远地就能看到火山上不断喷出的黄、白色烟雾状气体，伴随有如蒸汽喷发的爆炸声。它第一次已知的喷发是在公元前 475 年，距今已有 2400 多年。18 世纪以来，火山喷发更加频繁。在 1950-1951 年间连续喷射了 372 天，摧毁了附近几座市镇。1979 年起竟然持续喷发了 3 年，而最近的喷发则发生在 2013 年 11 月。据统计，自埃特纳火山喷发以来，累计造成的死亡人数已达 100 万。

尽管埃特纳火山给当地人民的生命财产造成了巨大威胁，但人们仍然不愿离开故土。火山的喷发孕育出周边地域独有的火山灰地质，肥沃的土地、温暖的气候为农业生产提了优渥的条件。这里广布着葡萄园、橄榄林、柑橘、樱桃和榛树园。每到收获的季节，果林里就变得五彩缤纷，像一幅色泽艳丽的油画，浓郁的水果香气氤氲在空气里，每一次呼吸都让人迷醉。从低处看去，埃特纳火山中部是一片葱郁的绿，越往上色彩越淡，最后变成山顶上晶莹的雪白，被火山口经年不断的浓烟染成氤氲的一片。乘着缆车登上山顶，黑色的土地呈现出一种极具苍凉的美感，地上的火山灰就像铺了一层厚厚的炉渣，随处可见那些凝固的熔岩。站在火山之巅，脚下的土地正在微微地颤抖，似乎整个人都存随着火山的脉搏一起跳动，脑海里不禁浮现出它喷发的画面：金红色的火光从山口冲天而起，像一轮爆炸的太阳；奔腾的熔岩倾泻而下，烈日融金的红，流淌出一条金红交织的河流，仿佛要将整个世界融化……那是只有大自然才能刻画的手笔，壮阔震撼到让人心生恐惧。

然而，就是在这个暴戾的喷火巨人身边，却有着西西里岛最不掺杂色的天空、海洋和橄榄树林，恍若爱情里最澄的空间。这是一个地域色彩极其浓烈的地方，浓得可以让摄影师欣喜若狂，让饕餮之人乐不思乡。被火山熏黑了的城市卡塔尼亚城镇，如珍珠般精巧富丽的小镇陶尔迷，还有灵秀风雅的阿基米德的故里西拉古司……每一个来到西西里的人，都会被这“艳丽”的地中海风光迷醉。徜徉在西西里岛的余晖里，你能感受神殿庙宇的残缺之美，那是 2000 多年前占希腊人民智慧的结晶；你能领略塔尼利亚红白黑三色火山雕刻的艺术，那是千年占城的不老传说；你能遍尝香味浓郁的各色美食，口齿留香……那些或辉煌或唯美或粗犷或带着些许破败的人文与风景，令人陶醉，令人伤感，令人怀旧，令人不知不觉醉在它的怀里。

（一四八）色彩最鲜艳的岛——布拉诺岛

布拉诺岛，位于意大利威尼斯湖，距水城威尼斯仅 7 公里，以蕾丝纺织闻名于世。岛上的居民都是渔民的后代，不知从什么时候起他们就用显眼的色彩装饰岛上的房屋，将小巧玲珑的房子漆成五颜六色的，组成了一个个彩虹般的小巷，色彩斑斓，被人们称为“彩色岛”，更被公认为世界上色彩最鲜艳的岛。

或许，世界上再没有哪个地方能像布拉诺一样让人迷醉、让人如进入绚丽斑驳的彩色幻城。那一座座五彩斑斓的房子，那海风中飘动的彩色布帘，那被漆成彩虹色的精致木门，那各式各样的手工蕾丝和彩绘玻璃……在阳光下闪闪发光，让整个小岛化成一座漂浮在海面上的童话城堡。

于是，布拉诺变成了一座“彩色岛屿”，它跌落于威尼斯湖的怀抱，距威尼斯仅有 7 公里。乘船行驶在海港里，两旁的七彩房屋倒映在水面上，映着阳光、白云和碧绿的水面，那么缤纷绚烂，仿佛童话世界的梦幻城堡。不知从什么时候起，小岛的地方政府规定，当地居民每年都要刷一次房子的外墙。最初，这里的居民按照自己喜好的颜色来粉刷墙壁，将对生活的热情融入那些浓丽缤纷的色彩中。后来政府有意识地规划了居民房屋的颜色，使得这个小岛渐渐变成了一个缤纷世界。玲珑的房屋被漆成了红色、绿色、暗绿色、天青色、柠檬黄……色彩斑斓多样，却又整齐一致。所有窗户都被整整齐齐地涂上了白色的外框，再加上绿色或褐色的窗板，与多彩的房屋外墙形成强烈的对比。置身其中，就像步入了一座异域的童话王国，总觉得从那样的小房子里，下一刻就会走出来森林动物或者小矮人。所以，人们将它称为“彩色岛”“蕾丝岛”，甚至有人将它称作“世界上最‘好色’的岛屿”，相比棉花堡的洁白无瑕，这里无疑是世界上色彩最艳丽的地方。

布拉诺岛上的居民都是渔民的后代。相传，岛上的渔民们每次出海捕鱼的时候，想念丈夫的妻子们就聚在一起，仿照渔网的样子，用棉线编织出类似的织物，并将其缀饰在衣服的边缘，希望时刻都能和丈夫心连心。那每一针、每一线都编织着无尽的思念，渐渐地，粗糙的“渔网”竟然变成了华丽的蕾丝！早在 16 世纪，布拉诺蕾丝刺绣就成为欧洲皇室的御用品，路易十五、维多利亚女王、玛丽皇后都是捧场客。而在 19 世纪更是达到全盛时期，岛上甚至还成立了一间蕾丝刺绣学校。那时候，家家户户都在刺绣，用灵巧智慧的双手编织出华丽的蕾丝，使得小小的布拉诺闻名欧洲。

走在热闹的 Viadi Galuppi 街道上，一间间蕾丝刺绣的专卖店在阳光下舒展着缤纷的色彩，每一间走进去，入眼的便是一片米白、纯白、柔软精巧的蕾丝轻飘飘地拂过脸颊，让人想起盛装的新娘。那一刻，仿佛自己穿上了最唯美洁白的婚纱，幻化成了童话中高贵纯洁的公主……在这里，美丽的蕾丝随处可见，蕾丝窗帘、蕾丝门帘以及当地女士身上的服饰，都给人细致精巧的美感。不过，真正的布拉诺蕾丝刺绣则需要一针一线手工绣出来，工序多达7道，而岛上真正懂得这种古老工艺的妇人不到50个，她们每天只能工作3个多小时，所以，即便一张只有2尺的小布，也要绣足足3个月。

来到这个"蕾丝博物馆"的小岛，每走一步，眼前的色彩就变化一次，在这里，相邻的房屋从来不会出现相同的颜色。曲曲折折的河道从小岛中穿过，几步便是一座桥，姿态各异，就连停泊的船儿也是色彩鲜艳的。这里还有高高的尖顶教堂、著名的贝皮公馆；贯穿小岛的巴尔达萨莱加鲁皮大街，是为了纪念著名作曲家布拉诺而命名；还有历史悠久的鱼市，各种手工制品的蕾丝……小岛美丽而缤纷，边走边看，仿佛连时光都停滞了，我们所熟悉的那个喧嚣世界越来越远，唯有眼前新奇又亲切的一切就像童年做过的最斑斓的梦……

（一四九）面积最小的国家——梵蒂冈

梵蒂冈，世界上面积最小的国家，只有0.44平方公里，仅相当于北京故宫的3/5。它位于意大利首都罗马城西北角的梵蒂冈高地上，四面都与意大利接壤，是一典型的"国中国"。虽然在地理上是一个小国，但它却是世界天主教的中心、罗马教皇的所在地，具有巨大的历史意义和精神意义。

对很多人来说，罗马教廷是一个神圣不可侵犯的地方，教皇更是高高在上；而教皇所在的梵蒂冈，自然也成为一个充满着神性的圣地。是的，从宗教上来说，梵蒂冈是天主教的中心，是全世界近13亿天主教徒的精神圣地；从政治上来说，梵蒂冈却是一个独立国家，一个全世界最小的国家。

梵蒂冈

那么，梵蒂冈究竟有多小呢？梵蒂冈的领土面积仅有0.44平方公里，只相当于北京故宫的3/5大小。人们肯定无法想象，这样小的一个地方，竟然也能成为一个独立的国家？然而，事实就是如此。梵蒂冈城国在1929年2月11日正式成立，成为世界上最小的主权国家，也是世界上人口最少的国家。

究其原因，还要从数百年前说起。在拉丁语中，梵蒂冈意为"先知之地"，曾是中世纪宗教国的中心，而并非一个国家。宗教国即教皇国，位于亚平宁半岛的中部，曾由罗马教皇统治。1861 年，教皇国东部 2/3 的土地被意大利吞并，仅剩下以罗马城和拉齐奥地区为中心的 1/3 领土。1870 年意军攻陷罗马城，教皇国灭亡，教皇被迫退至梵蒂冈城堡内，进行了长达 69 年的对意大利统治的抗议。最终，这场持久战在 1929 年结束，双方于这一年签署了《拉特兰条约》，教皇承认意大利的统治，而意大利王国也承认教皇在梵蒂冈城堡内至高无上的权威和世俗统治权力，梵蒂冈城堡成为独立的梵蒂冈城国。延续了 11 个世纪的教皇国在 1929 年 2 月 11 日这一天正式灭亡，由梵蒂冈城国取而代之。

然而，“麻雀虽小，五脏俱全”，梵蒂冈国土虽小，却拥有不输于其他任何地方的人文景观。从罗马的圣天使古堡进入梵蒂冈的圣彼得广场，首先映入眼帘的，就是位于广场西面的圣彼得大教堂。这座雄伟宏大、结构精巧的建筑，是教徒心中的上帝居所。它由意大利最优秀的建筑师米开朗基罗、贝尼尼和卡洛—马泰尔相继主持设计，特征是罗马式的圆顶穹窿和希腊式的石柱及平的过梁相结合，整栋建筑呈现出一个十字架的结构，造型神圣而传统。教堂内部更是令人惊叹，拱形的殿顶、色彩艳丽的图案、栩栩如生的塑像、精美细致的浮雕，每一个地方都让人赞叹不已。

从兴建到经历多次的扩建和改建，再到最后装饰完毕，圣彼得大教堂总共经历了 1300 多年的历史，留下了不同历史时期的文化印记，向今天的人们展示着往日的辉煌与兴衰。

登上教堂顶端，整个梵蒂冈和罗马都尽收眼底。那位于北面的梵蒂冈博物馆中收集了无数稀世文物和艺术珍品，12 个陈列馆和 5 条艺术长廊汇集了希腊、罗马的古代遗物以及文艺复兴时期的艺术精华，堪比伦敦大英博物馆和巴黎卢浮宫。博物馆是一个国家文明最好的栖身之所，在这里，你将饱览这个国家传承千年的瑰丽文化。

（一五〇）岛屿最多的海——爱琴海

爱琴海，位于希腊半岛和小亚细亚半岛之间，南北长 610 公里，东西宽 300 公里，海岸线曲折，港湾众多。因为拥有众多岛屿，所以爱琴海又有“多岛海”之称。爱琴海的岛屿大部分属于西岸的希腊，小部分属于东岸的土耳其，大大小小共有 2500 多个，是全世界岛屿最多的海。其中最大的一个岛名叫克里特岛，面积约 8300 平方公里，外形狭长，曾孕育了古老的米洛斯文明，是爱琴海南部的屏障。

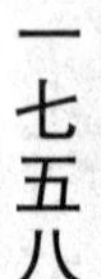

享有度假天堂之称的爱琴海，是一个充满神话色彩的地方。传说，古希腊著名的竖琴师为了纪念她深爱的国王，用一生收集了 5213440 瓶露水。在她逝世后，人们把露水倒在她沉睡的地方，当最后一滴露水滴落的时候。蔚蓝的爱琴海出现了。又传说，雅典的国王爱琴，因为误以为心爱的儿子死去，心碎地跳海自尽，为纪念这位国王，后人将那片海域命名为爱琴海。

爱琴海孕育了整个希腊文明，是古希腊文化的发祥地。这里有随处可见的古代文明遗址，有瑰丽华美的神话传说。房屋的古典的象牙白，海天通透的靛蓝，交织出令人窒息的美。没有人不为它着迷、不为它倾倒……

爱琴海处于多火山地带，火山喷发、地震时有发生。由于欧陆版块与非洲板块的挤压碰撞，使得爱琴海的海岸线破碎曲折，形成了无数海湾、岛屿，大大小小共有2500个，是世界上岛屿最多的海。其中克里特岛、米洛斯岛、圣托里尼岛、波罗斯岛、伊兹拉岛更是享誉盛名的明星岛屿。

克里特岛位于地中海北部，是希腊的第一大岛，也是爱琴海南面的屏障。早在公元前2800年，这里就出现了青铜文化；公元前2000年有了国家和文字，米诺斯人开始在这里建造城市，制造陶器、铜器和各种精美的金银饰品，并且出现了最早的奴隶制国家。古老的米洛安文明点亮了大西洋文明，豪华的王宫建筑、从克诺萨斯到法埃斯特平原的驿道、带脊的长柄铜剑、鲜丽的彩绘陶器、初期的象形文字……无不显示出当时高度发展的文化，让这座岛屿在历经千年的时光洗礼后，仍然屹立于历史名册。

岛上有错综美丽的深谷和山地，美丽迷人的海岸是由断崖、石质岬及沙滩构成的。岛上风和日丽、植物常青、鲜花遍地，种植有各种水果，如橄榄、葡萄、柑橘等。四周是万顷碧波，风光旖旎，素有“海上花园”之美誉。

除此之外，拥有独特梦幻气息的米洛斯岛，五光十色的风光美不胜收，犹如爱琴海上一颗璀璨的珍珠。岛上的建筑风格独特，圣洁如羽毛的白墙与五彩鲜艳的门窗、阳台形成鲜明的对比，具有独特的风味；幽静的小巷里鲜花朵朵，透出诗一般的意境；圣洁的教堂、博物馆，透露着希腊浓郁的宗教气息和民族文化。

拥有“白屋森林”之称的波罗斯岛、享有“艺术家之城”称谓的伊兹拉岛、宙斯情人的住地爱琴那岛、能看到最美的落日的圣特里尼岛……星罗棋布的岛屿在这里汇聚，蓝与白交织的建筑向你诉说着历史的传奇。当红日从天际沉入幽蓝的海底，余晖将潮水点亮，爱琴海就在这酒色般的诗意里静静睡去……

（一五一）最少生物生存的海——黑海

黑海，位于欧洲东南部和亚洲的小亚细亚半岛之间，是世界上最大的内陆海，因水色深谙、多风暴而得名。黑海形似椭圆，面积约42.2万平方公里，东西长约为1150公里，南北最宽为611公里，最大水深2210米。深层海水严重缺氧，而海水中的硫酸盐分解产生的硫化氢等有害气体，使得生物几乎绝迹，是地球上生物最少的海洋。

如果说黑土地是大自然赐予人类的得天独厚的宝藏，那黑色海洋就是大自然对海洋生物关闭的一个禁区了。位于欧洲东南部和亚洲的小亚细亚半岛之间的黑海，就是这样一个生命的禁区。它共有42万多平方公里，水深2000多米，是世界上最大的内陆海，但其中的海洋生物却几乎绝迹，因此人们将它称为“死亡之海”。

黑海原是古地中海的一个残留海盆，古新世末期小亚细亚半岛的结构变化使它与地中海分离，并逐渐与外海隔离。由于地壳的变化，黑海和地中海经历了多次的隔绝和连接，如今的形状大约出现于5800万年前，是由于古安纳托利亚的地壳上升造成的。新形成的黑海盆地与大洋分隔，使得其含盐量下降，几乎只有世界各大洋海水含盐量的一半。由于深层海水极度缺氧，只有厌氧微生物可以生存，它们新陈代谢释放的硫化氢含有很大的毒素，使得鱼类无法生存，因而，黑海除边缘浅海区和海水上层有一些海生动植物外，深海区和海底几乎是一个死寂的世界。

尽管它不是海洋生物的乐园，却因为独特的地理位置成为连接东欧内陆和中亚、高加索地区出入地中海的主要航道。它还是古代丝绸之路连通中亚和罗马北线的必经之道，而对于17世纪崛起的沙俄王朝来说，黑海更是影响该国对欧洲联系的命脉。直到近现代，仍有因抢夺黑海的控制权而引发的战争和军事行动。

与地中海海滨相比，土耳其的黑海并不是美丽的。然而，当你乘坐四通八达的小巴来到这个具有奥斯曼时代古风的地方时，依旧会被它的美所打动。漫步在萨夫兰博卢古镇，仿佛穿越了百年光阴，连夕阳的余晖都变成了14世纪的缓慢和宁静，明亮的橱窗里陈列着稀奇古怪的器皿：金属盾牌、宝剑、小型雕像……在余晖中闪耀着美丽的金色。集市上的小贩兜售着各种香水和彩色香皂；古老的街道上，女人们戴着彩色的头巾沐浴在金色的阳光里；老式的汽车在狭窄的小巷里行驶，在有人经过时耐心地停下……时光在这里停止，宁静与祥和似乎让萨夫兰博卢仍停留在14世纪。

从古镇漫步而出，便能看见山坡上矗立的奥斯曼时代的房屋。每幢房屋都有着石片瓦的屋顶、宽大的窗户和质朴的外观，让习惯了钢筋水泥的眼睛重温古典的柔情。青葱乡野里景色宜人的海边村庄、山岩崎岖的堡垒和古朴雅致的奥斯曼城镇，还有那田野里点缀着的蓝色圆顶清真寺，每一处风景都可入画，每一幅画都让人动情。乘小巴穿过舒缓的平原和茂密的松树林，在即将进入阿玛斯拉城时，眼前豁然开朗。气势恢宏的黑海出现在眼前，像一只沉睡的巨兽。在海边还能看到隐蔽的洞穴、无人居住的小岛，以及在绿树葱茏的山坡上矗立着的热那亚古堡和罗马遗址的残垣断壁。

阿玛斯拉的居民热情善良，他们为自己的小城骄傲。这里盛产各种美味的特产，游人可以在这里品尝极具特色的阿玛斯拉鱼和各种风味的色拉，享受一场场味觉的盛宴。登上植被繁茂的卡拉德尼兹山，沿着陡峭的山坡拾级而上，你能观赏到最壮丽的海边日落。布满红霞的天空倒映在蓝色的海水里，像一幅变幻的油画；风吹云动，被夕阳浸染的云彩漂浮在城市上空，如同斑斓的巨幅地毯，美得如诗如画……

（一五二）最洁白的山丘——棉花堡

棉花堡，世界上最洁白的山丘，被誉为世界七大奇观之一。它位于土耳其西南部，距离伊兹密尔约250公里，从山顶流下的泉水所经之处，经过千百年钙化的沉淀形成了层层相叠的半圆形白色阶梯，远远看去，像一朵朵飘落在山丘上的棉花。棉花堡是远近闻名的温泉胜地，早在2000年前，就有许多达官贵人来到这里，以泡温泉安享晚年为荣。在他们心里，这样美丽的地方就是神的居所。

或许每一处美景的背后都有一段动人的传说。传说英俊的牧羊人安迪密恩，为了与希腊月神塞尼妮幽会，而忘记了挤羊奶，使得恣意横流的羊奶覆盖了整座丘陵，于是造就了如今雪白的棉花堡（从地理上说，棉花堡地处亚洲，但所属国家土耳其通常被认为是欧洲国家，所以本书在介绍棉花堡的时候，将其放在欧洲一章。）——人间的瑶池。

虽是传说，但棉花堡却是真实存在的，它坐落在土耳其西南部，距离旅游胜地伊兹密尔约250公里，土耳其语为“帕穆卡莱”，意为棉花城堡。早在古罗马时期，天然的温泉便吸引着当时的达官贵人、财阀富豪来到这里，享受温泉、安度晚年。甚至有些来此治病的人永远安息在这片神所居住的土地上。据说，埃及艳后也曾经在这里享受过温泉，而文献史书记载的第一个到当地泡温泉的人，竟然就是拜占庭帝国的伊琳娜女皇。历史总是让人感慨而惊叹。公元前190年，帕加马王朝在这里修建了著名的希拉波利斯古城，在公元2-3世纪发展至鼎盛时期，成为古罗马浴场的中心。直到现在还留有大浴场、竞技场、古街道、大剧场和古坟场等历史遗迹。2000多年前，希腊和罗马人还修建了阿佛洛狄西亚卫城，雪白的大理石雕筑出希腊风格的拱门、横梁、长廊，圣洁的月女神殿在月光下闪烁着清冷的光辉，向后人讲述着阿佛洛狄西亚曾经的故事和传说。

从城市的喧嚣中走出，来到这个圣洁如雪的地方，远远望去，黄色的土地上惊现一抹亮丽的白，仿佛一片冰川。当轮廓渐渐清晰后，眼前俨然出现了一座巨大的白色城堡，整个山坡都被熔岩染成了白色，大大小小的“白棉球”层层相叠，如白莲花般的玉阶铺满山坡，盛开在这片晶莹之中。涓涓细流顺沿山而下，在平台处蓄积成水潭，一汪汪碧蓝的泉水像翡翠般嵌在座座白玉台上，一个个棉朵般洁白的石阶披着水纱，在阳光漫射下熠熠生辉。置身其间，恍若踏上了通往天国的阶梯，又像梦游在琼楼玉宇的瑶池仙境。

傍晚，当太阳的光芒一点点由金色变成绯红、殷红、桃红、玫瑰红色，棉花堡也像一朵绮丽的莲花般盛开，白色的岩石被霞光染透，清澈的泉水倒映出天空变幻的奇异色彩，雪白的棉花堡在这一刻幻化出彩色的光影奇迹，使人仿佛来到了电影《纳尼亚传奇》中的世界。登上棉花堡的山顶，会意外地发现在这并不幽深的谷底竟然也会有“云海”出现！其实那团蒸腾的淡蓝色并非云彩，也不是雾气，而是大量含有碳酸钙的温泉水流沉到谷底形成的一种近似泥浆的沉淀物，在阳光的照耀下折射出珐琅般的孔雀蓝光泽，就像茫茫云块在山间漂浮。云海极其难得一见，天气、阳光、时间、运气缺一不可。

一个柔软的名字、一段唯美的神话、千年流淌的温泉水、万朵绽放的石棉花，畅游在这片“上古神灵收获和晾晒棉花之地”，请慢下来，静静聆听棉花堡洁白的过往……

（一五三）最小的海——马尔马拉海

马尔马拉海，世界上最小的海，东西长 270 公里。南北宽约 70 公里，总面积 1.1 万平方公里，只相当于 4.5 倍的太湖。然而。面积虽小，它的地理位置却是举足轻重的。马尔马拉海位于亚洲的小亚细亚半岛和欧洲的巴尔干半岛之间，东北面连接黑海，西南面连接地中海，是黑海—地中海—大西洋的必经之地，是欧、亚两洲的天然分界线，更是历来兵家必争之地。

在人们的观念中，海洋是辽阔的代名词，一望无际的海平面蔚蓝壮阔，让身处其间的人感到渺小而微弱。但有一个海却是例外，那就是马尔马拉海。马尔马拉海整体呈椭圆形，面积仅 1.1 万平方公里，只相当于 4.5 倍的太湖，而且在地质史上也很年轻，大约只有 100 万年。

虽然航行在马尔马拉海中，你甚至可以清楚地看到它的两岸，一切关于海的神秘与遐想似乎都与它无缘。但这片小小的海却占地理要冲，自古以来就是兵家必争之地。著名的伊斯坦布尔、达达尼尔海峡和博斯普鲁斯海峡都位于马尔马拉海，它是沟通欧亚两洲的交通要道，也是黑海沿岸国家出外海的第一道关口。公元前 5 世纪的波斯帝国国王率军西侵欧洲时，曾在海峡上建造了一座浮桥；东罗马帝国时期十字军东征时，也曾乘船渡过这里，直逼耶路撒冷；第一次世界大战期间，俄、英、法等国甚至将其列为战利品。由此可见它在地理位置上的举足轻重。

此外，马尔马拉海本身也摇曳着令人心驰神往的美丽。在希腊语中，“马尔马拉”是大理石的意思。碧蓝的水面上，荡漾着变幻无穷的白色线条和花纹，一座座海岛从水中潜出，如同守护海洋的卫士。太阳西沉，余晖照耀在绿树成荫的海岛和小山似的白色大理石建筑上，圣洁美丽，那是大自然无可比拟的独特手笔。登上驶向马尔马拉海的轮船，白色的浪花就在视线里翻卷，蔚蓝色的激流在眼前涌荡，洁白的海鸥在湛蓝的天空中盘旋，那是独属于海洋的景致，海天一色，澄空碧波。每到鱼群洄游的季节，成群结队的鱼儿就往来于黑海和马尔马拉海之间，历经艰险回到自己出生的地方，完成一代代生命的传承。

马尔马拉海周边国家众多，民风各异，但独特的气候特征还是让各国呈现出相近的“地中海风格”。白灰的泥墙、连续的拱廊与拱门、彩色的陶砖、海蓝色的屋瓦和门窗，在片片翠绿的树林草地中，展现着它独具一格的蔚蓝色浪漫情怀……走在街上，你能看许多上穿西服下穿喇叭裤的土耳其男人和穿着花哨灯笼裤的女人，他们将传统与现代融合，彰显着他们独有的民族特色。然而，位于左边海岸的加利波利镇，却完全是另一种风格了，它呈现出如北方瑞典城镇一样的灰色格调。放眼望去，除了高耸的白色宣礼塔，每座房屋都带着北欧风格的红色尖顶，门上方有木质的阳台，漆成朱红色，窗子悬在墙外，上面爬满了藤蔓。

矗立在岸边的巍峨王宫，是罗马和奥斯曼帝国遗留下来的古堡，傍水耸立，诉说着千年前的王朝兴衰。14-15 世纪建造的古堡像一对威武的雄狮，昂首挺立，向前来观光的游人展示着它们的雄姿。优美的自然风光与历史古迹相映生辉，让这个世界上面积最小的海散发出令人迷醉的魅力。

（一五四）海拔最低的城市——杰里科

杰里科，世界上海拔最低的城市，也是以色列著名的旅游城市。它位于约旦河西面，西距耶路撒冷 38 公里，南距死海 6 公里，低于海平面约 420 米，被认为是世界上最低的城市，有“世界肚脐”之称。杰里科地区总面积约 365 平方公里，杰里科市只有 25 平方公里，却是世界上最古老的、一直以来有人居住的地方，其历史可以追溯到近万年前。

“间谍战中不能没有女人，除非这个世界上只剩下男人了。”妖冶美貌的埃及女王莉奥帕特拉曾这样说道。确实，在古今中外的间谍史中，到处都能看见女子的身影。她们用得天独厚的美丽外形和出色表演，在刀光剑影中书写着间谍界的传奇。然而，要追溯间谍的源头，还要来到杰里科，这个孕育了西方间谍鼻祖的古老之城。

位于死海之畔的杰里科，是世界上海拔最低的城市，低于海平面 300 米，被称为“世界肚脐”，就连有着“低地国家”之称的荷兰、卢森堡，也比杰里科的海拔高。同时，杰里科也是世界上第一座城市。据学者考证，杰里科有着近万年的悠久历史，是人类历史上的第一个定居点，比其他居民点早了几千年。

而被公认为“地球上第一个女间谍”的娣莱拉，就出生在这个美丽的地方。当时，非利士人和希伯来人为争夺“迦南地”而厮杀，一个名叫参孙的大力士后打败了人多势众的非利士人。传说，参孙骁勇善战，杀人如麻，但他有一个致命的弱点——生性好色。那时的娣莱拉已在战难中沦落为当地有名的烟花女子，和参孙是公开的情人，于是被非利士人选为内线。在她的帮助下，非利士人制服了参孙，却在准备将其斩首时，参孙一头撞断了支撑会场的大石柱，整个大厦轰然坍塌，全屋的人都被压在下面，娣莱拉和参孙也被砸身亡。人们在她的墓碑上这样写道：“她毁了一个英雄，同时也造就了一个英雄，毕竟，能够这样做的女人，她是千古第一位。”

历史总是充满了传奇，这位“地球上第一个女间谍”书写了间谍界的历史，也向世人展示着杰里科的独特魅力。从宗教圣城耶路撒冷驱车北上，放眼望去，到处都是黄褐色的戈壁。然而，正当你为这里的荒凉单调感到乏味的时候，一片郁郁葱葱的绿洲扑入眼帘。绿色的棕榈树铺满了谷地，肥沃的土地上种满了香蕉瓜果，星罗棋布的村镇中矗立着高高的尖塔，塔顶的新月标志在阳光下闪烁着圣洁的银光。远处，死海像一面蓝色的镜子，在阳光的照耀下倒映出这座有着“上帝花园”之美誉的城市。

走出城市，来到耶利哥旧城遗址，曾经的辉煌被时光的风霜无情地消磨，如今只剩下一片废墟。走在土黄色的泥土与岩壁间，能看到许多挖掘自原始社会时期的耶利哥石器，它们来自 1 万年之前住在山地上面的赫人、耶布斯人、亚摩利人……这些最简陋的工具，向人们展示着这座城市悠久的古代文化。从耶利哥山下来，会途经另一个遗址，那就是 7300 年前伍麦叶王朝的希夏姆宫殿。公元 8 世纪，国王希夏姆阿德玛立克在耶利哥城外建造了一座华丽的宫殿，但在完工后的第 4 年毁于一场大地震，如今只能从那些雕刻精美的石柱石梁间，窥探它千年前的辉煌。

（一五五）世界上最大的岛群——马来群岛

马来群岛，在海岛世界中，是个“人丁兴旺”的群岛“家族”。由印度尼西亚 13000 多个岛屿和菲律宾约 7000 个岛屿组成，马来群岛的“家族成员”，大大小小共有 2 万个以上，总面积达 255 万平方千米，人口众多。在这 2 万多个岛屿中，有名有姓的海岛，仅占总数的 1/5，其余都是“无名小卒”。有人居住的岛，仅占岛屿总数的 1/10，数目也是极少的，绝大部分岛屿无人居住。在整个地球所有的群岛中，无论是岛屿的数目，还是面积、人口，马来群岛都独占鳌头，其他任何群岛都不能与之相比。

马来群岛上的地形以山地为主，且多分布在岛屿中部。平原比较狭小，主要分布在沿海，只有爪哇岛北部和苏门答腊岛东部平原面积较大。马来群岛处于地壳运动活跃的地方，由于三大板块（太平洋板块、印度洋板块和亚欧板块）彼此挤压，时常引

发地震。在地壳隆起形成山地的同时，地下灼热的岩浆也顺地裂缝上涌，在地面喷发形成火山。印尼和菲律宾是东南亚火山数量最多的国家，这些火山主要分布在印尼的苏门答腊岛、爪哇岛、努沙登加拉群岛和菲律宾的一些岛屿上。这些岛屿呈弧形自东向西延伸，因而人们形象地称之为“灯火走廊”，这里是世界上地震和火山爆发最多的地区，是东南亚“最不安定”的区域。

马来群岛的气候分属于两种类型。印度尼西亚群岛主要是赤道多雨气候，全年高温多雨，是典型的赤道气候。但由于受位置（分居南北半球）和地形等因素的影响，内部气候仍有差异。另外，印度尼西亚群岛的气候介于亚、澳两大陆气候之间，亦兼有热带季风气候的特色，这是印度尼西亚群岛气候与非洲和南美大陆赤道多雨气候的不同之处。菲律宾群岛属于典型的海洋性热带季风气候，全年炎热、湿润，年分二季，随着季风方向的更换，雨量的季节分配和空间分布发生变化，此外，强大台风的频繁出现是菲律宾群岛气候的重要特征之一。除菲律宾北部外，各岛都在赤道10°以内，平均气温21℃，年降水量从8100~500毫米不等，大部分地区越过2000毫米线。每年7~11月西南太平洋生成台风20余次，常袭击菲律宾。

因受地形和气候的制约，马来群岛的水系都短小急湍，河流的地面蚀低率很大。马来群岛的自然植被分属于热带雨林和热带季风林；土壤是与其热带雨林和热带季风林相适应的热带土壤类型；马来群岛的动物界成为亚、澳两大陆动物的分界处。因此，马来群岛的动植物群非常丰富且种类各异。农村和农业经济占压倒优势，农村居民绝大多数为定居耕种者，主要农作物是水稻，商品作物有橡胶、烟叶、糖等。森林资源重要，提供贵重木材、树脂、藤条等。石油为主要矿产，锡产量占世界产量的10%。水力资源丰富，但未充分开发，制造业不发达，轻工业主要是纺织、造纸、玻璃、肥皂、卷烟等。

（一五六）世界最大的岛屿——格陵兰岛

格陵兰在它的官方语言丹麦语的字面意思为“绿色的土地”。这块千里冰冻、银装素裹的陆地为何享有这般春意盎然的芳名呢？关于格陵兰岛名字的来历有这样一个故事。

相传古代，大约是公元982年，有一个挪威海盗，他一个人划着小船，从冰岛出发，打算远渡重洋。朋友都认为他胆子太大了，都为他的安全捏一把汗。后来他在格陵兰岛的南部发现了一块不到1000平方米的水草地，绿油油的，他十分喜爱。回到家乡以后，他骄傲地对朋友们说：“我不但平安地回来了，我还发现了一块绿色的大陆！”于是格陵兰变成为它永久的称呼。格陵兰岛以217.5万平方千米的面积堪称世界第一大岛，全岛约 4/5 的地区在北极圈内，格陵兰岛全年的气温在 0℃以下，有的地方最冷可达到-70℃！

因为终年只有雪，没有雨，除西南沿海等少数地区无永冻层，有少量树木与绿地之外，格陵兰岛尽是冰雪的王国。站在格陵兰岛上吟诵“千里冰封，万里雪飘”可以找到十足的感觉。全岛 85%的地面覆盖着道道冰川与厚重的冰山。千姿百态的冰山与冰川成为格陵兰的奇景，对着它们展开丰富的联想。格陵兰岛的冰块内含有大量气泡，放入水中，发出持续的爆裂声，是一种非常好的冷饮剂。人们将其称为“万年冰”。这种冰既洁净，纯度又高，在炎热的夏日喝上一口“万年冰”是种难得的享受。格陵兰盛产“万年冰”，冰层平均厚度为 2300 米，仅次于南极洲的现代巨大的大陆冰川。

格陵兰岛为世界最大岛，面积 2166086 平方千米，在北美洲东北，北冰洋和大西洋之间。从北部的皮里地到南端的法韦尔角相距 2574 千米，最宽处约有 1290 千米。海岸线全长 35000 多千米。丹麦属地。首府努克布。人口约 57100 人（2005 年）。

其实，这个岛并不像它的名字那样充满着春意。格陵兰在地理纬度上属于高纬度，它最北端莫里斯·杰塞普角位于南纬 83°39′，而最南端的法韦尔角则位于南纬 59°46′，南北长度约为 2600 千米，相当于欧洲大陆北端至中欧的距离。最东端的东北角位于西经 11°39′，而西端亚历山大角则位于西经 73°08′。那里气候严寒，冰雪茫茫，中部地区的最冷月平均温度为-47℃，绝对最低温度达到-70℃′。

格陵兰岛无冰地区的面积为 341700 平方千米，但其中北海岸和东海岸的大部分地区，几乎是人迹罕至的严寒荒原。有人居住的区域约为 15 万平方千米，主要分布在西海岸南部地区。该岛南北纵深辽阔，地区间气候存在重大差异，位于北极圈内的格陵兰岛出现极地特有的极昼和极夜现象。

居民主要分布在西部和西南部，因纽特（爱斯基摩）人占多数。西海岸有世界最大的峡湾，切入内陆 322 千米。包括其首府努克在内的大部分居民点都分布于此，首府约有 12000 人。全岛 2/3 在北极圈以北，气候凛冽，仅西南部无永冻层。格陵兰岛 5/6 的土地为冰所覆盖，中部最厚达 3411 米，平均厚度接近 1500 米，为仅次于南极洲的现代巨大大陆冰川。

公元前 3000 年因纽特人首先到达这里。1894 年丹麦首建殖民点位于岛的东南岸，1921 年丹麦宣布独占，但是在 1979 年丹麦政府允许格陵兰人自治，并通过了《格陵兰自治条例》。

格陵兰岛是一个由高耸的山脉、庞大的蓝绿色冰山、壮丽的峡湾和贫瘠裸露的岩石组成的地区。从空中看，它像一片辽阔空旷的荒野，那里参差不齐的黑色山峰偶尔穿透白色、炫目并无限延伸的冰原。但从地面看去，格陵兰岛是一个差异很大的岛屿：

夏天，海岸附近的草甸盛开紫色的虎耳草和黄色的罂粟花，还有灌木状的山地楞树和桦树。但是，格陵兰岛中部仍然被封闭在巨大冰盖上，在几百千米内既不能找到一块草地，也找不到一朵小花。格陵兰岛是一个无比美丽并存在巨大地理差异的岛屿。东部海岸多年来堵满了难以逾越的冰块，因为那里的自然条件极为恶劣，交通条件极差，所以人迹罕至。这就使这一辽阔的区域成为北极的一些濒危植物、鸟类和兽类的天然避难所。矿产以冰晶石最负盛名。水产丰富，有鲸、海豹等。

（一五七）最洁白的沙漠——白色沙漠

白色沙漠，位于开罗西南方300公里处的巴哈尼亚绿洲附近，与利比亚沙漠相接。穿过白色沙漠，就可达到著名的撒哈拉沙漠。白色沙漠的沙子呈现出奶油一样的白色，沙漠中还有很多经过风化形成的白色岩石，别有一番情趣。

读过三毛所著的《撒哈拉的故事》，一定会被那一望无际的沙漠所震撼。就是在这样金黄色的世界里，有着一处区域，它的沙子好似奶油一般洁白，轻轻地覆盖在金黄色的大地上，成就了世界著名的白色沙漠。在世人眼中，沙漠不都应该是黄色的吗，但正是有了白色沙漠，才能体现出大自然的造物神奇。

原本，白色沙漠的沙粒也是黄色的，但因为沙漠里有着大量的白色岩石，这些岩石常年受到风化影响，被剥离的沙粒不断被风带到沙漠的各个角落，久而久之，这片沙漠就变成白色的了。

而造就白色沙漠的岩石，也被时光打磨成各种形状。蘑菇状的白色岩石，一大簇一大簇地堆积在一起：骆驼状的巨型岩石，匍匐在白色沙丘上，好似凝望着远方的撒哈拉；音符状的小岩石，错落地分布着，好似跳动的旋律，在风中敲打出美妙的乐章；成片的云朵状小岩石覆盖在沙漠上，远远望去，好似天上的白云飘浮在沙漠中。

在白色沙漠中，时常可以看到来露营的游客，他们在各种形状的岩石下模仿其造型，拍照留念。其中有一处景观是最受游客欢迎的：一朵巨大的白色蘑菇下，“蹲着”一只白色“小鸡”，小鸡静静地仰望着蘑菇的顶端。整座岩石的造型生动逼真，被游客戏称为“小鸡炖蘑菇”。

白色沙漠景色迷人，尤其是日山日落时分。每当晨曦微露，太阳从远处的地平线上慢慢升起，晨光静静地洒在白色岩石上，升腾起一片炫目而圣洁的白色微光。等到夕阳西下，昏黄的阳光拉长了岩石的影子，此时便可真切地体会到“大漠孤烟直，长河搭日圆”的壮丽。

白色沙漠附近是美丽的巴哈尼亚绿洲。绿洲草木葱郁，热带风情浓郁。绿洲中最著名的就是“黄金木乃伊山谷”了。相传，这片掩埋在黄沙下的山谷，是在1996年由几只驴子不小心“用蹄子”发现的。山谷中有着不计其数的木乃伊，迄今已经发现了100多个。

巴哈利亚小镇位于巴哈尼亚绿洲中，小镇的主基调虽然是黄色，但却显得非常干净。漫步小镇，随处都能看到通路两旁洋溢着热带风情的精致建筑，远处是成片的树林。每当傍晚，树下便会坐满闲聊的人，打发着一天最后的时光。

（一五八）最鲜艳的湖——玫瑰湖

玫瑰湖，又名“瑞特巴湖”，是一个面积只有3平方公里的咸水湖。它位于西非塞内加尔的首都达喀尔，是塞内加尔最著名的景点。它的名字来源于浪漫的法语“lac Rose”，湖水呈粉红色，好似西非大地上盛开的红玫瑰，故而称为“玫瑰湖”。湖中生长着嗜盐微生物，有着丰富的盐矿资源。

从飞机上俯瞰塞内加尔，一片广袤的沙漠中，镶嵌着一块粉红色的宝石，与远处碧蓝色的大西洋相望，这便是塞内加尔著名的“玫瑰湖”。相传这是撒哈拉大沙漠的魔鬼——波德拉凹地为大西洋献上的爱之玫瑰。粉红色的湖水如玫瑰一样在金黄色的沙漠中盛开，为大西洋的浩瀚点上了温柔浪漫的一笔。

玫瑰湖是世界上最鲜艳的湖。它在每年的12月到次年的1月，阳光与水中的微生物、矿物质等发生化学反应，使得湖水变为粉红色。阳光照射越强，湖水颜色还会随之变成深紫色。每当风起，湖面卷起千层浪，就好似盛开的红玫瑰，美丽妖娆。远处金黄色的沙漠、碧绿的大西洋，将玫瑰湖环抱其中，衬托得湖水更加明艳动人。玫瑰湖不仅湖水美丽动人，湖中含盐量也丝毫不逊于死海，故而粉红色的湖水也可以让人躺在湖面上而不沉。

玫瑰湖是达喀尔著名的旅游胜地，它有着和死海相媲美的漂浮现象。但是相对于死海的宽广，玫瑰湖显得更玲珑婉约。而相对于死海的漂浮，玫瑰湖则更显得浪漫：平躺在湖面，头顶是湛蓝的天空，身边是艳丽的粉红色，远处隐隐约约可看到碧绿的大西洋。鞠一捧粉红色湖水，好似整个世界的浪漫都捧在了手心里。玫瑰湖就是这样一个艳丽而浪漫的湖，它隔着一条细细的沙滩，安静地躺在大西洋身侧。金色的沙滩，刚好将碧蓝的海水和粉红色的湖水分开。而最美妙的是海与湖都镶嵌着白色的花边，海是卷起的浪花，湖是凝结的晶盐。从高空望下去，便是这样一幅明艳动人的风景画，让人敬佩大自然高超的“绘画技巧”。

玫瑰湖是塞内加尔著名的盐湖，有着丰富的盐矿资源、每天都有小舟漂浮在瑚面上，光着膀子的男子站在齐腰深的湖水里打捞鱼虾。岸边的女子身着艳丽的衣裙，忙碌地往返于盐丘之间。艳丽的衣裙、粉色的湖水、忙碌的身影，构成了一幅“日出而作，日落而息”的劳作图，恬静而美好。玫瑰湖附近的居民大多以手工采盐为生，在美国知名电视节目《极速前进》的赛事中，参赛者的其中一项任务就是要在玫瑰湖用传统采盐的方式从湖底采盐。同时，玫瑰湖也是达喀尔汽车拉力赛的终点站。

这便是大自然的神奇，在烈日炎炎的大沙漠中，有着这样一个恍如仙境的地方，在大西洋的彼岸盛开的最奇妙的“玫瑰”……

（一五九）最大的盆地——刚果盆地

刚果盆地，又称“扎伊尔盆地”，位于非洲中西部，外形呈方形，面积达 337 万平方公里，是世界上最大的盆地。刚果河穿境而过，自然资源丰富，是全球最大的基因库之一。

东方微白，清晨的第一抹阳光暖暖地抚摸着刚果盆地，大地上万物皆已苏醒，整片盆地开始变得生机勃勃起来。远处的湖泊在晨风吹拂下，漾开圈圈涟漪；阳光照射在岸边茂盛的雨林里，泛着翠绿的光；丛林深处的大猩猩，挪动着庞大的身躯，慢悠悠地走出来……

这就是著名的刚果盆地，它位于非洲中西部，面积约 337 万平方公里，横跨在几内亚高原、南非高原、东非高原、阿赞德高原之间，是全世界面积最大的盆地。刚果盆地的东面是米通巴山脉，东南是刚果河和赞比西河的发源地加丹加高原，西面是喀麦隆低高原等一系列高地，西南是刚果河、开赛河和安哥拉河的分水岭隆达高原。刚果盆地几乎包含了整个刚果河流域。

众多的支流构成了密集的河道网。庞大的水系从四周海拔 270~460 米不等的上坡流下，汇集在一个中央洼地里，形成了刚果盆地。不同于吐鲁番盆地的炙热，有刚果河滋润的刚果盆地就显得温润一些。刚果河是非洲第二大河，整个干流贯穿刚果盆地，充沛的水量为刚果盆地带来了源源不断的水源。在刚果河中部，有着著名的基桑加尼瀑布群。瀑布群由 7 个瀑布组成，这些瀑布以奔腾磅礴的气势横跨赤道和刚果河，倾泻形成的巨大的水流声，几里外都可听见，飞溅的水花形成的雾气笼罩在山间，让远处的雨林若隐若现。

刚果河流域充沛的水资源，孕育出了刚果盆地丰茂的热带雨林，被称为“世界第二肺”。这片雨林覆盖了中部非洲国家刚果共和国一半以上的面积，为这个国家提供了乌木、红木、花梨木等 20 多种珍贵木材。在河中则有着丰富的鱼类资源，时常可以看到生活在附近的当地人划着小船在河中撒网捕鱼，河滩上则挂满了他们的收获，就连清爽的河风都飘浮着淡淡的鱼腥味。

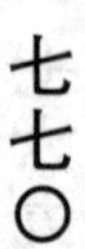

（一六〇）最大的熔岩湖——尼拉贡戈火山坑

尼拉贡戈火山坑，尼拉贡戈火山位于非洲东部维龙加山脉，是非洲最危险的活火山。火山口内有一个巨大的熔岩湖，这便是尼拉贡戈火山坑。1960 年，哈伦·塔捷耶夫拍摄的纪录片《魔鬼的高炉》，首次向公众展现了尼拉贡戈火山炕熔岩湖中岩浆翻滚的场景。

1960 年，哈伦·塔捷耶夫拍摄了纪录片《魔鬼的高炉》，首次向世人展示了尼拉贡戈火山熔岩湖岩浆翻滚的场景。巨大的火山口，翻滚的岩浆，浓浓的烟雾，给观众留下了深刻印象。

尼拉贡戈火山是非洲最危险的火山，火山口的直径达 2000 米，深 244 米，底部有世界上最大的熔岩湖。熔岩湖深达 339 米，自 1948 年来，已经喷发了 5 次，其中 1977 年火山喷发时，仅在 30 分钟内就造成了 2000 人死亡。2010 年，一个由科学家和探险者组成的团队，深入到了尼拉贡戈火山坑深处。科学家们在翻腾的熔岩湖边，穿着厚重的隔热服、戴着防毒面具进行了考察和探险。摄影师奥利维尔·格鲁内瓦尔德更是冒着生命危险，在距离熔岩湖岸边不到 1 米的地方，拍摄了大量精彩的画面，真实地再现了“魔鬼的高炉”壮观神奇的画面。

有科学家说过，尼拉贡戈火山是世界上最危险的火山；坐落在火山脚下的戈马市，是世界上最危险的城市，因为它迟早会重蹈庞贝古城的覆辙。但即使有着这样的预言，戈马市人还是选择留在家园。火山喷发虽然带来了不可避免的灾难，却也为这片土地带来了肥沃的土壤，以及优美的火山风光。

登上戈马山峰，站在山顶，可以俯瞰整个戈马市的全景：高矮错落的房屋，繁忙的街道，以及匆匆而过的居民。环望四周，可以看到火山爆发后形成的湖泊、山洞，远近不一地分布在火山周围。远眺则是壮观的尼拉贡戈火山，远远地飘来一股浓烈的硫磺味。火山口堆积着厚厚的石灰，形成险峻的地势；滚滚的浓烟好似奔跑的巨人，不停地喘着大气；巨大的熔岩底部，好似干涸皲裂的大地，裂缝中不断地涌出金红色的岩浆，沸腾的岩浆在肆意地咆哮，好似阿鼻地狱的烈火在不停锤炼着灵魂。火山四周是黑灰色的岩石，将金红色的熔岩湖衬托得更加娇艳，金红的火光让天上的太阳也瞬间失色不少。时而还会有岩浆从边缘奔涌而出，金红色的液体好似恶魔的爪子，慢慢延伸到黑灰色的岩石上，景色诡异而妖娆。白天的熔岩湖就已经让天空失色不少，夜幕降临，当四周一片黑暗，炙热的红色却将整个星空照亮，即使在戈马城中，也可以远远地仰望到那一抹红色，十分壮观。

或许你会觉得生活在这样一个喷火巨人的身边是一件危险的事情，但这里独特的火山景观，足以让所有的摄影师为之倾倒；这里独特的地质结构，也成为所有探险家梦想中的圣地。

（一六一）规模最大的动物迁徙——塞伦盖蒂动物迁徙

塞伦盖蒂，位于非洲坦桑尼亚境内，在马赛语中“塞伦盖蒂”是“无边的平原”的意思。在每年的5-6月，这里有全世界规模最大的动物迁徙。上百万只角马和数十只斑马，瞪羚大举迁徙，场面极为壮观。

当清晨的阳光才开始微微吐露时，塞伦盖蒂草原就已经开始繁忙起来了。数不清的各种动物汇成一道洪流，朝着水草丰美的地方迁徙而去，这就是塞伦盖蒂动物大迁徙。

塞伦盖蒂的动物迁徙，是世界上规模最大的动物迁徙：每年5-6月，生活在草原上的各类动物会离开干旱的草原，朝着有丰沛水资源和草场的地方进行大规模的迁徙，10月之后又再次迁徙回来。每当这个时候，上百万的角马、斑马、数十万的瞪羚、数千只狮子、花豹，以及规模巨大的斑鬣狗、长颈鹿、大象、犀牛群会在草原上拉开一条漫长的迁徙线，这条线路全程1000公里，两次经过遍布鳄鱼、危险重重的马拉河。

草原上，永远是秉承“强者生存”的宗旨的，所以在整个迁徙中，最不幸的应该就是角马、羚羊这样的主力军。它们既要寻找丰富的水草，又要提防身后的狮子、猎豹等食肉动物，每天都在与死神抗争，赢得活下来的机会。而对于鳄鱼来说，每到这个时候，就是享受美食大餐的机会。当迁徙的队伍来到马拉河时，此时的角马、羚羊们才是真的到了生死边缘。河中隐藏的巨鳄、河岸上体型庞大的河马、湍急飞涨的河水，都在威胁着它们的生命，故而马拉河又被称为“天国之渡”，成为整个迁徙过程中的一大亮点。

几十万只角马，势如破竹般从远处蜂拥而至，黑色的身体密密麻麻地挤在岸边；河中隐藏的鳄鱼嚣张地露出水面，挑衅地看着河岸上的猎物；岸边的河马挪动着庞大的身躯找寻休憩地，事不关己地看着岸边焦灼的角马群。此时的角马群始终保持着安静、焦虑、挣扎、犹豫……它们清楚地知道，自己的命运即将被改写，或生或死。当然，作为种群的首领，即使面对死亡也要首先迈出关键的一步。当它纵身跃入河水中，后面成千上万的角马也随之开始命运的轮回，一头挤着一头，一群接着一群，有的被湍急的河流卷走，有的被凶残的鳄鱼咬住脖子，有的被撞到庞大的河马身上，有的被同伴压倒……前仆后继的种群，在马拉河上演“千军万马”的生死交战。

雨季来临时，塞伦盖蒂有着一望无际的草原，绿油油的水草、清澈充沛的水源、悠闲饮水的角马，与碧蓝的天空形成了一幅优美的油画。然而，当迁徙开始时，经常只是一眨眼中，有些鲜活的生命就已经成为过去……

（一六二）最狭长的大半岛——加利福尼亚半岛

加利福尼亚半岛也叫“下加利福尼亚”。该半岛地处墨西哥的西北部，处在太平洋和加利福尼亚湾之间，自西北向东南和美洲大陆平行延伸，北邻美国，而行政上属墨西哥。

加利福尼亚半岛自西北向东南延伸 1223 千米，宽 50～250 千米，平均宽度 75 千米，面积 143396 平方千米，形似北美大陆的“瘦臂”，是世界上最狭长的大半岛。

因北美海岸山脉纵贯，由于大断层，靠海湾一侧急遽抬升而地势陡峭；临太平洋一侧平缓下倾。西北—东南走向的山岭纵贯其间。大部分海拔 500～1500 米。

地势北高南低，最高点为北部的恩坎塔达峰，海拔 3078 米；中部多火山，海拔 1995 米的特雷斯—比赫内斯火山闻名于世，熔岩西流形成副半岛；拉巴斯附近为低窄地峡，拉巴斯和奥霍德列夫雷潟湖之间的太平洋沿岸为广阔平原。拉巴斯以南，海拔降至 250 米。山地东坡陡峭，沿海平原狭窄；西坡平缓，平原较宽。海岸曲折，海岸线长 3280 千米，多小岛，有深水避风港。此半岛为亚热带气候，年降水量低于 250 毫米，东岸甚至不足 100 毫米，是全美最干热地区之一。

（一六三）世界最大的沙岛

崇明岛位于长江入海口和中国东部海岸的中心位置，处于长江黄金水道和以上海市为中心的黄金海岸的交汇点，内通长江沿岸 18 个省市，外通太平洋。岛南沿有深水岸线 40 多千米，具有良好的建港条件。

崇明岛也是世界上最大的沙岛。崇明岛狭而长，形如春蚕，东临浩瀚的东海，西接万里长江，北与启东、海门一衣带水，南依上海市，属长江冲积平原。是我国仅次于台湾岛和海南岛的第三大岛。

崇明岛于公元 618 年露出水面，迄今已有 1300 多年历史。由于长江携带的大量泥沙淤积，崇明岛每年以 143 米的速度向东海延伸，增加土地约 487 公顷。

崇明岛大气污染程度较轻微，水、土地也较净化，加之气候属北亚热带，温度适中，四季分明，光照充足，有利于多种农作物生长。崇明岛有许多名、优、特、稀产品，如面丈鱼、凤尾鱼、鳗鱼、对虾、白山羊、金瓜、甜玉米、芦笋、食用菌、崇明大白菜等。无数候鸟到岛上栖息、觅食，崇明岛已成为我国候鸟重点保护区。

（一六四）世界上水温最高的海——红海

红海是位于非洲东北部和阿拉伯半岛之间的狭长海域，面积约 45 万平方千米，由埃及苏伊士向东南延伸到曼德海峡，长约 2100 千米。红海最宽处为 306 千米。西岸的埃及、苏丹、衣索比亚和东岸的沙特阿拉伯、也门隔海相对。在北端，红海分成两部分：西北部为水浅的苏伊士湾，东北部为亚喀巴湾，水深达 1676 米。

苏伊士运河连接苏伊士湾和北面的地中海，使红海成为欧洲、亚洲间的交通航道。北纬 25°~16°，红海的中央部分的海底地形十分崎岖，这里的主要海槽复杂多变，海岸线参差不一，整个红海平均深度 558 米，最大深度 2514 米。红海受东西两侧热带沙漠夹峙，常年空气闷热，尘埃弥漫，明朗的天气较少。降水量少，蒸发量却很高，盐度为 4.1%，夏季表层水温超过 30℃，是世界上水温和含盐量最高的海域。8 月表层水温平均 27℃~32℃。海水多呈蓝绿色，局部地区因红色海藻生长茂盛而呈红棕色，红海一称即源于此。年蒸发量为 2000 毫米，远远超过降水量，两岸无常年河流注入。海底为含有铁、锌、铜、铅，银、金的软泥。自古为交通要道，但因沿岸多岩岛与珊瑚礁，曼德海峡狭窄且多风暴，故航行不便。重要港口有苏伊士、埃拉特、亚喀巴、苏丹港、吉达、马萨瓦、荷台达和阿萨布。红海北端分叉成两个小海湾，西为苏伊士湾，并通过贯穿苏伊士地峡的苏伊士运河与地中海相连，东为亚喀巴湾，南部通过曼德海峡与亚丁湾、印度洋相连，是连接地中海和阿拉伯海的重要通道，是一条重要的石油运输通道，具有战略价值。红海两岸陡峭壁立，岸滨多珊瑚礁，天然良港较少。北纬 16°以南，因珊瑚礁海岸的大面积增长，使可以通航的航道十分狭窄，某些港口设施受到阻碍。在曼德海峡，要靠爆破和挖泥两种方式来打开航道。红海地区发现有 5 种主要类型的矿藏资源：石油沉积、蒸发沉积物（由于升华沉淀作用而形成的沉积物，如岩盐、钾盐、石膏、白云岩）、硫黄、磷酸盐及重金属沉积物，均在主要深海槽底部的淤泥中。

红海是印度洋的陆间海，实际是东非大裂谷的北部延伸。按海底扩张和板块构造理论，认为红海和亚丁湾是海洋的雏形。据研究，红海底部确属海洋性的硅镁层岩石，在海底轴部也有如大洋中脊的水平错断的长裂缝，并被破裂带连接起来。非洲大陆与阿拉伯半岛开始分离在 2 千万年前的中新世，目前还在以每年 1 厘米的速度继续扩张。

（一六五）世界最淡的海——波罗的海

波罗的海得名于芬兰湾沿岸从什切青到的雷维尔的波罗的山脉。

波罗的海是欧洲北部的内海、北冰洋的边缘海、大西洋的属海，世界最大的半咸水水域，在斯堪的那维亚半岛与欧洲大陆之间。从北纬54°起向东北展伸，到近北极圈的地方为止。长1600多千米，平均宽度190千米，面积42万平方千米。波罗的海位于北纬54°~65.5°的东北欧，呈三岔形，西以斯卡格拉克海峡、厄勒海峡、卡特加特海峡、大贝尔特海峡、小贝尔特海峡、里加海峡等海峡和北海以及大西洋相通。

波罗的海四面几乎均为陆地环抱，整个海面介于瑞典、俄罗斯、丹麦、德国、波兰、芬兰、爱沙尼亚、拉脱维亚、立陶宛9个国家之间。向东伸入芬兰和爱沙尼亚、俄罗斯之间的称芬兰湾，向北伸入芬兰与瑞典之间的称波的尼亚湾。

从第三纪以来，波罗的海及其周围区域曾经经历了陆地和水域的多次相互交替。波罗的海是在最后一次冰期结束，冰川大量融化后才形成的。这使得波罗的海的海岸复杂多样，海岸线十分曲折，南部和东南部是以低地、沙质和潟湖为主的海岸，北部以高陡的岩礁型海岸为主，海底沉积物主要有沙、黏土和冰川软泥。波罗的海中岛屿林立，港湾众多，散布着奇形怪状的小岛和暗礁，有博恩霍尔姆岛、哥得兰岛、厄兰岛、吕根岛、果特兰岛等岛屿，以及深入陆地的波的尼亚湾、芬兰湾、里加湾等海湾。

波罗的海是世界上盐度最低的海域，这是因为波罗的海的形成时间还不长，这里在冰河时期结束时还是一片被冰水淹没的汪洋，后来冰川向北退去，留下的最低洼的谷地就形成了波罗的海，水质本来就较好；其次，波罗的海为海区闭塞，与外海的通道又浅又窄，盐度高的海水不易进入；加之波罗的海纬度较高，气温低，蒸发微弱；这里又受西风带的影响，气候湿润，雨水较多，四周有维斯瓦河、奥得河、涅曼河、西德维纳河和涅瓦河等大小250条河流注入，年平均河川径流量为437立方千米，使波罗的海的淡水集水面积约为其本身集水面积的4倍。因此波罗的海的海水就很淡了。海水含盐度只有7%~8%，大大低于全世界海水平均含盐度（34.5%）。

波罗的海的海水含盐度自出口处向海内逐渐减少，大贝尔特海峡和小贝尔特海峡海水含盐度15‰，西部为8‰~11‰，默恩岛以东降至8‰，中部为6‰~8‰，芬兰湾为3‰~6‰（靠近内陆处仅为2‰），波的尼亚湾一般为4‰~5‰（最北部为2‰）。深层和近底层的盐度，西部为16‰，中部为12‰~13‰，北部为10‰左右。当流入的大西洋海水增加时，西部的盐度可增加到20‰。波罗的海深层海水盐度较高，是由于含盐度较高的北海海水流入所致。

（一六六）世界上最古老的海——地中海

地中海被北面的欧洲大陆、南面的非洲大陆和东面的亚洲大陆包围着，东西共长约4000千米，南北最宽处大约为1800千米，面积（包括马尔马拉海，但不包括黑海）

约为251.2万平方千米，是世界最大的陆间海。以亚平宁半岛、西西里岛和突尼斯之间突尼斯海峡为界，分东、西两部分。平均深度1450米，最深处5092米。盐度较高，最高达39.5‰。地中海有记录的最深点是希腊南面的爱奥尼亚海盆，为海平面下5121米。地中海是世界上最古老的海，历史比大西洋还要古老。

地中海西部通过直布罗陀海峡与大西洋相接，东部通过土耳其海峡（达达尼尔海峡和博斯普鲁斯海峡、马尔马拉海）和黑海相连。西端通过直布罗陀海峡与大西洋沟通，最窄处仅13千米。

航道相对较浅。东北部以达达尼尔海峡—马尔马拉海—博斯普鲁斯海峡连接黑海。东南部经19世纪时开通的苏伊士运河与红海相通。地中海是世界上最古老的海之一，而其附属于的大西洋却是年轻的海洋。地中海处在欧亚板块和非洲板块交界处，是世界最强地震带之一。地中海地区有维苏威火山、埃特纳火山。

地中海的沿岸夏季炎热干燥，冬季温暖湿润，被称作地中海性气候。植被叶质坚硬，叶面有蜡质，根系深，有适应夏季干热气候的耐旱特征，属亚热带常绿硬叶林。这里光热充足，是欧洲主要的亚热带水果产区，盛产柑橘、无花果和葡萄等，还有木本油料作物油橄榄。

最早犹太人和古希腊人简称之为“海”或“大海”。因古代人们仅知此海位于三大洲之间，故称之为“地中海”。英、法、西、葡、意等语拼写来自拉丁Mare Mediterraneum，其中“medi”意为“在……之间”，“terra”意为“陆地”，全名意为“陆地中间之海”。该名称始见于公元3世纪的古籍。公元7世纪时，西班牙作家伊西尔首次将“地中海”作为地理名称。

地中海曾被认为是以前环绕东半球的特提斯海的残留部分。现在知道它是在结构上较为年轻的盆地。其大陆棚相对、较浅。最宽的大陆棚位于突尼斯东海岸加贝斯湾，长275千米。亚得里亚海海床的大部分亦为大陆棚。地中海海底是石灰、泥和沙构成的沉积物，以下为蓝泥。海岸一般陡峭多岩，呈很深的锯齿状。罗讷河、波河和尼罗河构成了地中海中仅有的几个大三角洲。大西洋表层水的不断注入是地中海海水的主要补充来源。其海水循环的最稳定组成部分为沿北非海岸经直布罗陀海峡注入的海流。整个地中海海盆构造活跃，常有地震发生，是世界上强地震带之一。这里水下地壳破碎，地震、火山频繁，世界著名的维苏威火山、埃特纳火山即分布在本区。

西西里岛与非洲大陆之间有一海岭将地中海分为东西两个部分。西地中海中有3个由海岭隔开的主要海盆。由西向东分别为：阿尔沃兰海盆、阿尔及利亚海盆和第勒尼安海盆。地中海东部为爱奥尼亚海盆（其西北为亚得里亚海）和勒旺海盆（其西北为爱琴海）。地中海中的大岛屿有马略卡岛、科西嘉岛、萨丁尼亚岛、西西里岛、克里特岛、塞浦路斯岛和罗得岛。海域中的南欧三大半岛及西西里岛、撒丁岛、科西嘉岛等岛屿，将地中海分成若干个小海区：利古利亚海、第勒尼安海、亚得里亚海、伊奥尼亚海、爱琴海等。地中海海底起伏不平，海岭和海盆交错分布，以亚平宁半岛、西西里岛到非洲突尼斯一线为界，把地中海分为东、西两部分。东地中海要比西地中海大得多，海底地形崎岖不平，深浅悬殊，最浅处只有几十米（如亚得里亚海北部），最深处可达4000米以上（如爱奥尼亚海）。有的地方，一条航行着的船只，船头与船尾之间，水深相差竟有四五百米之多。

（一六七）世界最大的珊瑚礁——珊瑚海

珊瑚海因有大量珊瑚礁而得名，世界有名的大堡礁就分布在这个海区。它像城垒一样，从托雷斯海峡到南回归线之南不远，南北绵延伸展2400千米，东西宽约2~150千米，总面积8万平方千米，为世界上规模最大的珊瑚体，大部分隐没水下成为暗礁，只有少数顶部露出水面成珊瑚岛，在交通上是个障碍。

位于太平洋西南部海域，澳大利亚和新几内亚以东，新喀里多尼亚和新赫布里底岛以西，所罗门群岛以南，南北长约2250千米，东西宽约2414千米，面积479.1万平方千米。南连塔斯曼海，北接所罗门海，东临太平洋，西经托里斯海峡与阿拉弗拉海相通。是世界上最大的海，相当于半个中国的国土面积。

珊瑚海的海底地形大致由西向东倾斜，平均水深2394米，大部分地方水深3000~4000米，最深处则达9174米，因此，它也是世界上最深的海。南纬20°以北的海底主要为珊瑚海的海底高原，高原以北是珊瑚海海盆。南所罗门海沟深7316米，新赫布里底海沟深达7540米。此外，还有北部的塔古拉堡礁，东南部的新喀里多尼亚堡礁为澳大利亚东部各港往亚洲东部的必经航路。此处为亚热带气候，有台风，以1~4月为甚。经济资源有渔业和巴布亚湾的石油。

海水相当洁净，珊瑚海海水的含盐度和透明度很高，水呈深蓝色。在珊瑚海的周围几乎没有河流注入，这也是珊瑚海水质污染小的原因之一。又由于受暖流影响，大陆架区水温增高，珊瑚海地处赤道附近，因此，它的水温也很高，全年水温都在20℃以上，最热的月份甚至超过28℃。这些都有利于珊瑚虫生长。珊瑚堡礁以位于澳大利亚东北岸外16~241千米处的大堡礁为最大，长达2012千米；珊瑚礁为海洋动植物提供了优越的生活和栖息条件。珊瑚海中盛产鲨鱼，还产鲱、海龟、海参、珍珠贝等。

（一六八）世界上最大的内海——加勒比海

加勒比海面积约275.4万平方千米，是世界上最大的内海，位于大西洋西部边缘，北纬9°~22°，西经89°~60°。

加勒比海以印第安人部族命名，意思是“勇敢者”或是“堂堂正正的人”。有人曾把它和墨西哥湾并称为“美洲地中海”，海洋学上称中美海。南接委内瑞拉、哥伦比亚和巴拿马海岸；西接哥斯达黎加、尼加拉瓜、洪都拉斯、危地马拉、伯利兹和犹加敦半岛；北接大安地列斯群岛；东接小安的列斯群岛。由于处在两个大陆之间，西部和南部与中美洲及南美洲相邻，北面和东面以大、小安的列斯群岛为界。其范围定为：从尤卡坦半岛的卡托切角起，按顺时针方向，经尤卡坦海峡到古巴岛，再到伊斯帕尼奥拉岛（海地、多米尼加共和国）、波多黎各，经阿内加达海峡到小安的列斯群岛，并沿这些群岛的外缘到委内瑞拉的巴亚角的连线为界。尤卡坦海峡峡口的连线是加勒比海与墨西哥湾的分界线。加勒比海东西长约2735千米，南北宽805~1287千米，容积为686万立方千米，平均水深为2491米，为世界上深度最大的陆间海之一。现在所知的最大水深为7680米，位于开曼海沟。

加勒比海地区一般属热带气候，但因受高山、海流和信风影响，各地有所不同。多米尼克部分地区年平均雨量高达8890毫米，而委内瑞拉沿海博奈尔岛只有250毫米。每年6~9月，时速达120千米的热带风暴（飓风）在北部和墨西哥湾比较常见，南部则极为罕见。海底可分成5个椭圆形海盆，彼此之间为海脊和海隆所分隔。自西往东依次为犹加敦、开曼、哥伦比亚、委内瑞拉和格瑞纳达海盆。

海区地壳很不稳定，四周多深海沟和火山地震带。海底被宽阔的牙买加海岭分为东西两部分；西部有尤卡坦海盆和开曼海沟，其间被从古巴岛马埃斯特腊山向西延伸的海底山脉所分开，海底山脉露出海面的山峰构成大、小开曼等岛屿。尤卡坦海盆深度在4000米左右，开曼海沟平均深度5000~6000米，最深点达7680米。东部被东北西南走向的贝阿塔海岭分成哥伦比亚海盆和委内瑞拉海盆。哥伦比亚海盆平均深度约3000米，最深处4535米；委内瑞拉海盆深度平均4500米左右，最深处达5630米。牙买加海岭是从海地、牙买加向西南一直延伸到中美的洪都拉斯和尼加拉瓜以东，深度一般在500米左右，其中一半以上深度还不到200米。加勒比海海底是新生代沉积物，较深海盆和海沟大部是红黏土，海台上是抱球虫软泥，而海底山脉和大陆坡上是翼足类动物软泥。

加勒比海盆被若干海脊分隔，使之海盆与海沟成交错分布。最北的尤卡坦海盆，水深约为5000米，北以220千米宽的尤卡坦海峡为界，南有开曼海脊与开曼海沟分隔开。该海脊从古巴直达中美近岸，其东部露出海面的就是开曼群岛。开曼海沟相当狭窄，加勒比海的最大水深（7100 米）就在这里。再往南，有较宽的楔形尼加拉瓜海隆，把海沟与哥伦比亚海盆分开，牙买加岛就在此海隆之上。哥伦比亚海盆深达 3666 米，与委内瑞拉海盆相连接，再往东就是北委内瑞拉海沟。但从伊斯帕尼奥拉岛往西，有贝阿塔海脊把哥伦比亚海盆与委内瑞拉海盆分开。委内瑞拉海盆水深为 5058 米，与狭窄而又弯曲的阿韦斯海隆相邻接。

（一六九）最大独立式山脉——乞力马扎罗雪山

乞力马扎罗雪山，非洲最高山脉，位于坦桑尼亚东北部，被称作“非洲屋脊”。在斯瓦希里语中，“乞力马扎罗雪山”意为“闪闪发光的山”。山上终年冰雪覆盖，有着众多山林和哺乳动物。

“它像整个世界那样宽广无垠，在阳光中显得那么高耸、宏大，而且白得令人不可置信，那是乞力马扎罗山方形的山巅。”这是海明威眼中的乞力马扎罗，它美得让人心醉，让人不自觉地想去探寻这座非洲之巅。

相传，在很久以前，天上的神保佑着乞力马扎罗这片土，隐藏在山中的恶魔却想独霸这里，用尽了办法想赶走天神。于是它们在山中点上了大火，使得烈火和岩浆不断喷涌而出。天上的众神唤来冰雪将喷涌的山口填满。此后，乞力马扎罗的山顶就成了一片冰雪世界。

乞力马扎罗山虽然是世界上最大的独立式山脉，但它也是一座孤独的山脉。在辽阔的非洲高原上，乞力马扎罗山遗世而独立，远远看去，就只有这样一座山脉耸立在高原上，故而它又被称为“非洲屋脊”。乞力马扎罗山南 3 个死火山构成，由东向西绵延 80 公里，有两个主峰。最年轻的主峰乌呼鲁峰海拔 5892 米，是非洲第一峰，面积达 756 平方公里。

乞力马扎罗山的主峰乌呼鲁峰离赤道仅有 300 多公里。虽然在这样炎热的地带，乌呼鲁峰山顶却是终年冰雪覆盖，有着美丽迷人的冰雪风光，让人不得不感叹造物主的神奇。在乌呼鲁峰山顶，有一个直径 2400 米、深度约 200 米的火山口。火山口就像一个巨大的冰盆，四壁都是厚厚的冰层，盆中伫立着大小不一的冰柱，火辣辣的阳光投射到冰柱上，造就了一个晶莹剔透的世界。到了黄昏，山顶的景色更加迷人。昏黄的阳光为整个山体披上了一层薄纱，冰雪散发着淡淡的红晕，美丽而妖娆。

山顶的冰雪风光旖旎迷人，山下的景色也丝毫不逊色。乞力马扎罗山带有明显的垂直地带特征，有着丰富的自然景观：山脚是郁郁葱葱的热带雨林；山麓是稀疏的热带高原，高原上生长着非洲象、斑马、长颈鹿等野生动物；山腰是肥沃的土壤，种植着咖啡、剑麻等热带经济作物，整个就是一座庞大的热带动植物观赏园。

乞力马扎罗山下是马赛族人的家园。他们是典型的游牧民族，身上穿着艳丽的红色服装，脸上挂着明媚的笑容，耳朵上钻着大洞。鲜艳的衣着、黝黑的肤色，更衬得远处的乞力马扎罗山洁白耀眼。当他们狩猎时，更是如同一片片火云一般，飞翔在非洲的大草原上……每年，各个部落都会在山下举行大型的祭祀活动，跪拜山神，祈求平安。在2000年的时候，坦桑尼亚政府还在乞力马扎罗山举办了“世纪登山活动”，吸引了众多登山爱好者前往挑战。从那以后，这座“赤道雪峰”成了登山运动的圣地。

乞力马扎罗山是大自然赐予的礼物，让我们在最炎热的地方，感受到冰雪的魅力，正如海明威所说，“美得令人难以置信”……

（一七〇）声音最大的瀑布——维多利亚瀑布

维多利亚瀑布，又称为莫西奥图尼亚瀑布，位于非洲赞比西河中游。它高约108米，宽1700多米。在托卡莱雅汤加语中，其名称意为“像雷霆般轰轰作响的烟雾”，是世界上声音最大的瀑布，是赞比亚最重要的旅游地。

在美丽的赞比西河上，有这样一处景观：绵延的瀑布群从山上飞泻而下，水花四溅，水雾升起形成的彩虹能让20公里以外的人都能看到，这便是维多利亚瀑布。关于这个瀑布，当地一直流传着动人的传说。相传有一群如花似玉的姑娘，身着五色彩衣，在瀑布的深潭下日夜不停地敲着非洲金鼓，金鼓发出的声响变成了瀑布的轰鸣，彩衣在太阳的照射下变成了彩虹，跳舞溅起的水花变成了云雾，萦绕在瀑布四周，从此形成了壮美的景观。

维多利亚瀑布以其规模、声响而声名远播。维多利亚瀑布与尼亚加拉瀑布、伊瓜苏瀑布并称为世界三大瀑布。但维多利亚瀑布的宽度和高度，却比尼亚加拉瀑布大了一倍。原本宽广的赞比西河在流经瀑布之前，在宽而浅的河床上慢悠悠地流淌着。当它抵达瀑布时，地势却骤然变化，让它从宽约1800米、高约50米的悬崖峭壁上，跌入百米深的峡谷中，形成一道水帘。巨大的落差，使得水花溅起发出巨响，即使你距离瀑布65公里远也可以听到轰鸣的声音。如果此时你站在岸边，顿时就会感觉到地动山摇。

沿着水流往前，有一座铁桥飞跨两岸，那便是著名的维多利亚大瀑布桥。关于大桥，有着一段让人悲怆而振奋的历史。探险家利文斯通在1855年发现了大瀑布，1890年英国人来到大瀑布，“发现”并统治了津巴布韦；时隔5年，又控制了赞比亚。殖民者对于“发现”有着近乎疯狂的热爱，为了继续“发现”之路，他们在赞比西河上修建了大铁桥。如今站在大桥上，轰鸣的水声似乎还在为那些年强加在非洲人民身上的噩梦而怒吼着。

维多利亚瀑布是由魔鬼瀑布、主瀑布、马蹄瀑布、东瀑布、彩虹瀑布组成。其中气势最雄伟的当属“魔鬼瀑布”，它以排山倒海的气势席卷而来，发出震耳欲聋的声响。东面是优雅的“马蹄瀑布”，因为其外形像马蹄而得名。位于“魔鬼瀑布”和“马蹄瀑布”之间的是“主瀑布”，它高122米，宽1800米，落差将近百米，以超大的流量和巨大的落差，形成“飞流直下三千尺”的奇观。“彩虹瀑布”瀑如其名，其形状好似巨大的水帘，水花飞溅而产生的巨大水雾在空中遇到阳光折射，形成了美丽的彩虹。而形成的彩虹可以上升到百米高空，就是远隔20公里，也可遥遥望见彩虹悬挂空中的景象。“东瀑布”相对其他瀑布则变化更多，旱季时它是嶙峋的峭壁，雨季时它又是飞泻而下的巨瀑。

瀑布顶部有著名的“魔鬼池”，它是一个天然的岩石水池。水池在旱季时水量较小，水面平静。“暴风雨来临前的夜晚都异常平静”，用这句话来形容魔鬼池再贴切不过。没有人会想到，看似清透平静的水面，实则是“魔鬼”。每当雨季，魔鬼池的水量是旱季的15倍，巨大的流水量不断地冲刷峭壁，翻滚的水浪好似万马奔腾。对它隐藏的危险，众多的探险者都用“走近我，淹没你”来戏称。

“魔鬼池”让人感觉到了瀑布的阴暗的一面，然而瀑布周边的雨林则将这一点阴暗抹去，并添上了几许生机。瀑布形成的水汽为周边的树林带来了充足的水源，因此周围的雨林无不是郁郁葱葱、生机勃勃。

（一七一）最长的海峡——莫桑比克海峡

莫桑比克海峡，世界上最长的海峡，位于非洲东南大陆与马达加斯加岛之间。莫藾比克海峡水深峡？方便世型油轮通航，以至于从波斯湾去欧洲各国以及北美的超级油轮，皆是从此经好望角到达各地，它是南大西洋和印度洋之间的重要航道。海峡中，莫桑比克暖流南下，气候湿润，加上赞比西河注入，使海峡盛产龙虾，对虾和海参，其金枪鱼的产量是印度洋最高的。

清晨的第一缕阳光，柔柔地照射在碧蓝的大海上。此时，东方微白，海上隐隐传来悠扬的汽笛声，巨大的油轮缓缓地从远处驶来。当阳光渐渐明朗，海面上来往的船只也越来越多。此刻，莫桑比克海峡又迎来了繁忙的一天……

莫桑比克海峡是世界上最长的海峡，它全长1670公里，中间窄两端宽，峡内水深在2000米以上。据研究，在1亿多年前，马达加斯加岛和非洲大陆是一体的，但是由于东非地壳运动而发生断裂，导致马达加斯加岛西部地面下沉，从而形成了巨大地堑海峡。因为海峡水深峡阔，可以使巨型轮船通过，而成为东非重要的海上航道。也因其重要的海上位置，使莫桑比克海峡自古便成了殖民者所青睐的地方。从16世纪开始，先后有葡萄牙、荷兰等多国争夺该区域。葡萄牙和法国在莫桑比克、马达加斯加建立了殖民地，并修建了多个重要的港口，使得莫桑比克海峡沿岸不仅有丰富多咨的景色，也有悠久的历史文化。

莫桑比克海峡繁忙的海上景观是一道美丽的风景。众多的轮船终年不绝，来往穿梭的油轮、袅袅升起的烟雾，成为莫桑比克海峡一道壮丽的景观。海峡内的伊尼扬巴内海湾，有著名的巴扎鲁托群岛。岛上有着细腻的沙滩、绚丽的珊瑚礁、五彩斑斓的热带观赏鱼，以及其他众多动植物。其中最有意思的是巴扎鲁托海洋公园，有数不清的热带鸟类栖息于此，是个观鸟的好地方。与莫桑比克隔海相望的是马达加斯加岛，在这里你可以看到可爱的孤猴——世界排名第一的濒危动物，马达加斯加岛是它们最后的乐园。在莫桑比克的东北端，是马达加斯加的诺贝四岛。岛上有着世界最美的沙滩，是捕鱼活动的最佳场地。同时诺贝西岛也是世界上最美的潜水地，水中有小丑鱼、蝴蝶鱼、拿破仑鱼等海鱼，以及各式贝类，珊瑚。岛上遍布华尼拉果和依兰等香料，被誉为“香岛”。在诺贝西岛，没有海滨度假地的喧嚣，只有海风轻拂的舒缓和自然纯朴的宁静。

悠久的历史文化造就了莫桑比克海峡多姿多彩的人文景观。10世纪以前，阿拉伯人在莫桑比克进行贸易；明朝时期，郑和下西洋也曾到过莫桑比克海峡。其中莫桑比克城是著名的历史文化古城，是地理大发现和开辟新航路时期的古老港口，是非洲大陆上重要的海上交通口岸。优越的地理位置，使得莫桑比克海峡盛产龙虾、对虾等海产品，并凭借鲜美的肉质，一跃成为世界首屈一指的龙虾产地。

夕阳西下，海上的轮船渐渐稀少，海岸边的渔民也收网归航，海面逐渐平静下来，只留下夕阳的余晖，洒在波光粼粼的海面上……

（一七二）最大的石林——大馨吉

大馨吉，位于马达加斯加的馨吉·德·贝玛拉哈国家公园内，占地面积达595平方公里，是世界上最大的石林。石林的英文名为“Tsingy”，意为“无法通行”，因为石林中遍布锋利的石灰岩尖塔，分布紧凑，让人无法顺利通过。

“在世界的另一端，在时间的另一头……”这是多数人对于马达加斯加的印象。莫桑比克海峡灵巧地将它与非洲大陆隔开，让它遗世独立地漂浮在海上，孤独而又美丽。就是这样特殊的地理位置，给予了马达加斯加最独特的自然景观。

大馨吉是世界上最大的石林，它位于马达加斯加馨吉·德·贝玛拉哈国家公园。整个石林占地595平方公里，比早已声名在外的、中国最大的昆明石林大了近200平方公里。由于石林常年受到雨水的侵蚀，因而形成了锋利的石灰岩尖塔，这些高度达 90 米的尖塔密布石林，紧密连接在一起，让人寸步难行。如果硬要在石林中穿行，一天最多只能走 800 米左右。这是一个最不适合人类生存的地方，但却有着多种动物生存于此，其中包括 11 种狐猴。

站在高处俯瞰整个大馨吉，一望无际的灰色石块密密麻麻地罗列着，在满眼的灰色中偶尔可以看到一簇绿色的植物，稀疏地穿插在其中。时不时还可以看到狐猴活动在石林中，它们有的身手矫健地穿梭在尖塔石缝中；有的紧紧抱着塔尖，睁着大眼睛看着远方，不知在思考什么；有的躺在石缝中的树上，惬意地晒着太阳；有的三三两两，温声细语地说着悄悄话……温柔的阳光、灵动的狐猴，为大馨吉静谧的空间增添了不少生机，让枯燥死板的石块有了些许灵气。狐猴是灵长类动物中最古老的成员，它们的体型比较娇小，类似猴子，却长着貌似狐狸的嘴脸。它们对太阳有着执着的热爱，“晒太阳”也是它们日常生活中必做的事情，你时常会看到它们慵懒地伸展着四肢，正面朝向太阳，让阳光洒满全身。因为狐猴是最古老的种类，在世界上存活的也不多，几乎所有的狐猴都聚集在了马达加斯加，故而马达加斯加被称作“狐猴最后的避难所”。

马达加斯加拥有长达 4000 公里的海岸线，充沛的水资源为岛上带来了丰富的热带雨林。“森林连着海，这是自然的和谐赞美。”这是马苏阿拉人对马达加斯加的赞美。清澈碧蓝的海水，温柔地将马达加斯加环绕，柔软洁白的沙滩，就像是玉带紧紧地环绕在周边；葱郁的热带雨林，从海边一直绵延到海拔千米的高山，云雾缭绕在山间，好似海上仙境。

“如果没有猴面包树，就没有我们。”这是马达加斯加人对猴面包树的信仰。这种树胖胖的躯干笔直地矗立着，顶上生长着枝桠，发出绿色的叶子；硕大的果实是重要的食物，吃起来有着类似于面包的味道。当你行走在树林中，猴面包树的果实可以烤着吃；粗大的身躯，可以做成树洞乘凉；躯干中的汁液可以用来解渴。每到翻尸节，当地的土著居民会把祖先的尸体挖出来，撒上美酒和香料，扛在肩上，在猴面包树下起舞，用这样独特的方式向祖先表达敬意。

（一七三）海拔最高的国家——莱索托

莱索托，位于非洲南部，是世界上海拔最高的国家，其国土均在海拔 000 米以上，被称为“空中王国”。该国的面积只有 30000 平方公里，且均被南非环绕，是世界上最大的国中国，其首都和最大的城市为马塞卢。

对于“国中国”，大多数人最熟悉的应该是梵蒂冈，它四周都被意大利所包围，是世界上最小的国家。有最小当然就有最大，最大的“国中国”便是位于非洲南部的莱索托，它的四周被南非所环绕。

然而莱索托最令人称道的并不是“国中国”，而是它是世界上海拔最高的国家。莱索托位于非洲南部地区，国土面积刚好是 30000 平方公里，但是它的每一寸国土的海拔均在 1000 米以上。就是这样的海拔高度，将世界上其他国家远远地抛在了脚下，以世界海拔最高的姿态坐落在非洲大陆上，也让莱索托如此近距离地接触天空，让它拥有“空中王国”的美称。

早在 4 万年前，莱索托就已有人类生活的痕迹。1822 年，莱索托的酋长莫苏苏建立了巴苏陀兰王国。在随后的统治时期，巴苏陀兰人与邻近的布尔人战争不断。莫苏苏为了保护他的臣民，于 1868 年宣布成为英国的“保护地”，并在 1871 年并入了开普敦殖民地。1966 年宣布独立，定名为莱索托王国。

虽然莱索托国家较小，但是它拥有丰富的历史文化和独特的物产资源。因为地势较高，昼夜温差大，莱索托人的服装具有典型的特点。他们身穿艳丽的传统服饰；头上戴着一种叫“巴索托”的草帽，草帽是用当地特有的山草编织的，样子酷似小花篮，有着各种设计；肩上披着各种样式的毯子。在莱索托人的生活中，毯子是他们必不可少的日常用品，当气温降低时，披上毯子御寒；晚上睡觉时，可以用毯子作被子；下雨时，毯子可用作雨衣。莱索托盛产钻石、黄金，因此这里的钻石开采业十分发达。自 2006 年以来，在莱索托发现了“莱索托诺言”等多颗特大的高级原钻。2012 年开启了钻石切割和抛光等建设，每月所切割和抛光的钻石可达 2000 克拉。

莱索托不仅因钻石美誉世界，它的风景也是一大亮点。因位于海拔较高的地区，莱索托座座山峰绵延错落，好似锯齿般排列；山脚一片片绿茵茵的草坪，开满了野花。锯齿状的山峰和草地为莱索托赢得了“非洲瑞士”的美称。因为主要位于山间，莱索托的山川风景成为旅游重点。当地政府在山区中开发了多个度假村，并建立了国家公园。德拉肯斯堡国家公园位于南非和莱索托的边界。公园中有一条蓝色的步道，走在步道上，两边的绿色植物参天蔽日，隐隐约约露出梭托牧人的小屋。图盖拉河流经公园，从 900 多米的高空倾泻而下，形成了世界第二大瀑布。

莱索托经济虽然不发达，但作为世界上海拔最高的国家，它以独特的高海拔的美丽，展示给世人属于莱索托人的风情……

（一七四）渔获量最高的海区——北海道渔场

地处亚洲东部的日本北海道渔场，位于千岛寒流与日本暖流的交汇于北海道附近的海域，是世界第一大渔场。

北海道渔场，由于海水密度的差异，密度大的冷水下沉，密度小的暖水上升，使海水发生垂直搅动，把海底沉积的有机质带到海面，为鱼类提供了丰富的饵料，从而使海区成为世界著名的渔场。寒暖流交汇可使海水发生扰动，上泛的海水将营养盐类带到海洋表层，使浮游生物繁盛，进而为鱼类提供丰富的饵料，渔业资源丰富。另外寒暖流交汇可产生“水障”，阻止鱼群游动，而且因为捕鱼业的科技发达，国家的养殖渔业发达，所以成为世界第一大渔场。

日本暖流又叫“黑潮”，是太平洋北赤道洋流遇大陆后的向北分支，起源于菲律宾群岛的吕宋岛以东海区，流经我国台湾一带，东到日本以东与北太平洋西风漂流相接，为世界著名的暖流。其特点是：高温、高盐、水色高、透明度大。其形成有三方面的因素：北赤道暖流遇大陆而偏转北上；夏季海洋风的吹拂和东南信风越过赤道形成的西南风的吹拂；地转偏向力的影响。

日本暖流是北赤道暖流在菲律宾群岛东部向北偏转而形成的。它的主流沿台湾岛的东岸、琉球群岛的西侧向北，直达日本群岛的东岸，在北纬40°附近与千岛寒流相遇，在西风吹送下，再折向东，成为北太平洋暖流。日本暖流是北太平洋西部流势最强大的一股暖流，它在台湾岛东面的外海处，其宽度约有100~200千米，深200米，最大流速每昼夜可达60~90千米，平均流量每秒约2200万立方米。由于日本暖流来源于北赤道暖流，因此水温和盐度均较高。水温夏季达29℃，冬季为20℃，二者向北逐渐降低；盐度在150~200米层达到最大值，为3.48%~3.5%。日本暖流是整个东中国海环流的主干，对该海区的水文气象条件有重大影响，又称亲潮。北太平洋西北部寒流，源于白令海区，自堪察加半岛沿千岛群岛南下，在北纬40°附近，日本本州岛东北海域，与黑潮相遇，并入东流的北太平洋暖流。亲潮主干流速在1米/秒以下，表面水温低、水色浅、透明度小。寒流密度较大，潜入暖流水层之下。在其前缘与黑潮之间形成“潮境”，鱼类饵料极其丰富，成为世界著名渔场。

（一七五）最长的水闸式运河——巴拿马运河

巴拿马运河位于中美洲的巴拿马，横穿巴拿马地峡，连接太平洋和大西洋，是重要的航运要道，被誉为世界七大工程奇迹之一和“世界桥梁”。巴拿马运河由巴拿马共和国拥有和管理，属于水闸式运河。其长度，从一侧的海岸线到另一侧海岸线约为65千米，而由大西洋（更确切地讲是加勒比海）的深水处至太平洋的深水处约82千米，宽的地方达304米，最窄的地方也有152米。

巴拿马运河是世界上最具有战略意义的两条人工水道之一，另一条为苏伊士运河。巴拿马运河是世界上第二长的运河，仅次于中国京杭大运河。行驶于美国东西海岸之

间的船只，原先不得不绕道南美洲的合恩角，使用巴拿马运河后可缩短航程约1.5万千米。由北美洲的一侧海岸至另一侧的南美洲港口也可节省航程多达6500千米。航行于欧洲与东亚或澳大利亚之间的船只经由该运河也可减少航程3700千米。巴拿马运河全长81.3千米，水深13~15米不等，河宽150~304米。整个运河的水位高出两大洋26米，设有6座船闸。船舶通过运河一般需要9个小时，可以通航7.6万吨级的轮船。

巴拿马运河

巴拿马运河位于北纬9°馨，北美大陆分水岭在该处剧降至其最低点之一。运河并不是如一般人所想象的由东向西横过地峡。而是在大西洋一侧科隆的入口向南通过加通水闸进到加通湖的最宽处；然后急转向东，沿一条大致向东南的航道到达太平洋一侧的巴拿马湾。其位于巴尔博亚附近之终点在科隆附近之起点的东南，相距约40千米。与运河平行的交通设施有巴拿马运河铁路和博伊德—罗斯福公路。

船只从大西洋通过运河到太平洋时，先经由利蒙湾内长约11千米的进口航道到达加通水闸。在加通有连续3座水闸将船只升高26米，进入加通湖。加通湖系由查格雷斯河上的加通水坝拦蓄而成，湖水源自阿拉胡埃拉湖又名马登湖；由马登水坝拦蓄而成，面积425平方千米，水深14~26米不等，至甘博阿长约37千米。切穿大陆分水岭的盖拉德人工渠（又名库莱布拉水道）就是从甘博阿开始的。这条人工渠平均水深约13米，延伸约13千米至佩德罗米格尔水闸。佩德罗米格尔水闸将船只降低9米，进入高于海平面16米的米拉弗洛雷斯湖。船只通过一条长约2千米的水道，在米拉弗洛雷斯由两级水闸降低至海平面。运河的最后一段是挖掘而成的进口航道，长约11千米，船只经此进入太平洋。运河全程的底宽至少150米；在加通湖，航道的宽度不等，介于150米至300米，而在米拉弗洛雷斯湖段航道宽度为225米。

通过巴拿马运河的交通流量是世界贸易的晴雨表，世界经济繁荣时交通量就会上升，经济不景气时就会下降。1916年通过船只807艘，为史上最低，1970年交通量上升，通过的各类船只高达15523艘。当年通过运河的货物超过1.346亿公吨。其后，每年通过的船只数虽有所减少，但由于船舶平均吨位加大，载运的货物比以往还多。

穿过巴拿马运河的主要贸易航线来往于以下各地之间：美国本土东海岸与夏威夷

及东亚；美国东海岸与南美洲西海岸；欧洲与北美洲西海岸；欧洲与南美洲西海岸；北美洲东海岸与大洋洲；美国东、西海岸；以及欧洲与澳大利亚。

在运河的国际交通中，美国东海岸与东亚之间的贸易居于最主要地位。通过运河的主要商品种类是汽车、石油产品、谷物，以及煤和焦炭。

（一七六）通过船只最多的国际运河——基尔运河

位于德国北部的基尔运河，西南起于易北河口的布伦斯比特尔科克港，东北至于基尔湾的霍尔特瑙港，横贯日德兰半岛，全长 53.3 海里，是连接北海和波罗的海的重要航道，故又名“北海——波罗的海运河”。基尔运河的开通极大地缩短了北海与波罗的海之间的航程，比绕道厄勒海峡—卡特加特海峡—斯卡格拉克海峡减少了 370 海里。

德国修建这条运河，原为避免军舰绕道丹麦半岛航行，建成后，北海到波罗的海的航程缩短了 756 千米之多。在商业上，现为北海与波罗的海之间最安全、最便捷和最经济的水道。1907 年开始对河床进行拓宽和加深工程，于 1914 年第一次世界大战爆发前几周完成，已能通行大型舰船。

基尔运河于 1887 年年初次动工，于 1895 年 6 月 21 日建成通航。运河自易北河口的布伦斯比特尔科格到基尔湾的霍尔特瑙，全长 98.6 千米，两端各建有船闸两座。建成时，运河航道底宽 22 米，水深 9 米，过水断面面积 413 平方米。船闸闸室长 125 米，宽 25 米。运河于 1907~1914 年进行了第一次扩建，航道底宽拓至 44 米，水深增为 11 米，过水断面面积 828 平方米。运河两端各增建船闸两座，闸室长 330 米，宽 45 米。运河于 1965 年开始第二次扩建，计划于 1990 年完工，航道底宽将增至 90 米，水深仍为 11 米，过水断面面积将达 1353 平方米。运河上建有 7 座桥梁，桥梁净空均为 42 米。

第一次世界大战前，基尔运河属德国政府所有。第一次世界大战后，根据 1919 年《凡尔赛和约》，实行运河国际化，但由德国进行管理。1936 年希特勒推翻《凡尔赛和约》的有关规定，关闭了运河。第二次世界大战后，又重新实现所有国家船只自由通航的规定。

如今，每年通过运河的舰船约 65000 艘，其中 60% 属于德国。基尔运河是通过船只最多的国际运河，运输货物以煤、石油、矿石、钢铁为大宗。现在这条运河仍是波罗的海航运的重要路线。位于联邦德国北部，横贯日德兰半岛。波罗的海沿岸至北海、大西洋沿岸诸港的航程，取道基尔运河比绕日德兰半岛经卡特加特海峡和斯卡格拉克海峡约缩短 370~650 千米。

（一七七）最大的国家公园——落基山脉国家公园群

落基山脉国家公园群，位于加拿大西部的艾伯塔省和不列颠哥伦比亚省，总面积达2.3万平方公里，包括贾斯珀、班夫、约霍、库特奈等多个国家公园，是世界上面积最大的国家公园。它建于1915年，海拔超过3600米的山峰有60座，莲绵的山脉让这里充满了生机，是登山者、徒步者、摄影师和画家们的理想之地。

大大小小的湖泊，碧绿幽蓝；成片成片的松林，苍翠欲滴；白雪覆盖的群山，巍峨壮观；俊雅的麋鹿悠闲地吃着草，大角羊在公路上大摇大摆地走过，随处可见的可爱金栗鼠，克拉克星鸦在湖边放声高歌……划一叶扁舟，在蓝色的湖面漂荡，看远山如黛，碧水蓝天，白云悠悠，仿佛来到了人间仙境。这就是加拿大的落基山脉国家公园。这里每一处的风景都能够入画，每一处景观都让人动情，被美国《国家地理》杂志称为“最后的伊甸园”。

位于加拿大不列颠哥伦比亚省和艾伯塔省的落基山脉国家公园，是世界上最大的国家公园，它共有2.3万平方公里，包含了贾斯珀、班夫、约霍等众多国家公园。这里的风光或秀美、或雄奇，有冰川瀑布，又有幽湖峡谷，它们在这个年轻的公园里展示着独属于自己的魅力。曾有人这样评价它：“世界上美丽的山脉很多，但是没有一个可以和落基山脉相比。”

落基山脉国家公园内的山脉大都比较年轻，约形成于7000万年前，东部山脉高高隆起，形成一个个绵延的隆起地块，上面高山雄伟，风景优美；西部山脉则被断层覆盖，形成巨大的断层和褶皱，那是由于第三世纪的造山运动以及火山喷发而形成的。在海拔4000米以上的埃尔伯特山上，高耸入云的山峰此起彼伏，在云雾中形成一片峰海。茫茫的积雪、造型奇异的冰斗、冰凌随处可见，蔚为壮观。这里建有众多的国家公园。其中，位于艾伯塔省的贾斯珀国家公园，是加拿大最大的国家公园，它占地1.1万平方公里，建于1907年。因一位名叫嘉士伯·哈瓦斯的人而得名。公园内有众多的湖泊，如弓湖、巫药湖、派翠西亚湖，还有金字塔山，风景美丽如画，堪称鬼斧神工。坐落在这里的贾斯珀镇小巧精致，街道两旁是精巧雅致的商店，兜售着加拿大独具特色的各种工艺品，还有爽口的美食、淳朴的居民。这里有加拿大最长的缆车，可以带你去一睹大冰原神圣的风采。

建于1885年的班夫公园是加拿大历史最悠久的国家公园，据记载，这里早在公元前1万年就有人类生活的印记，比欧洲的开拓者还要早，包括库特奈人、西克西卡人等加拿大原住居民。他们过着原始的狩猎生活，靠捕杀美洲野牛繁衍生息。班夫公园里有众多的高山、冰川、湖泊、瀑布、峡谷，奇山秀水，风景极佳。每年冬天，这里都会举行盛大的冬季狂欢节，有越野滑雪、跳台滑雪、冰壶、雪鞋和滑雪游戏，人们在这个冰雪城堡里尽享冬日的浪漫与激情。美丽独特的风光也让班夫公园成为艺术的宠儿，《与狼共舞》《断背山》《秋日传奇》等著名电影的外景都是在这里拍摄的。

落基山壮丽的地貌孕育了各种动植物，挺拔的白杨、葱翠的松树和高大的云杉，环绕着谷中波光粼粼的湖水，与倒映的雪山相映成趣。上百种鸟类在森林里穿梭，小到几厘米的蜂鸟，大到凶猛的秃鹫。胖乎乎的灰熊过着独来独往的日子，警惕地注意着周围的一切；而壮硕的黑熊则喜欢热闹，经常在公园的小路上游荡，享受游人们馈赠的美餐。在这里，人和动物之间不再有距离，他们全都徜徉在大自然的怀抱中，享受被拥抱的温暖。

第六章　世界名胜

一、世界之奇

（一）像地球一样自转的岛

西印度群岛有个叫索马他的小岛，这个小岛竟然会像地球一样自转。1964 年一艘货轮无意中发现了这个无人小岛，当时船长命舵手绕岛一周也不过半小时而已，奇怪的是当人们下船在树上刻名留念，回头时赫然不见货轮，他们发现原来小岛竟然以缓慢的速度在自转。后来经研究团体实地勘察后，测出了其自转的周期恰好与地球一样是 24 小时，然而为何小岛会自转，至今大家还在大伤脑筋呢。

（二）会自动旅行的岛

在加拿大东南的大西洋中，有个叫塞布尔的岛，像长腿了一样会“旅行”，不断移动位置，而且速度很快，每当洋面大风发作，它就会像帆船一样乘风前进。该岛呈月牙形，东西长 40 千米，南北宽 1.6 千米，面积约 80 平方千米。近年来，小岛已经背离大陆方向向东“旅行”了 20 千米，平均每年移动达 100 米。

在南半球的南极海域，也有一个“旅行岛”，叫布维岛。这个面积 58 平方千米的小岛，不受风浪影响，能自动行走。1793 年，法国探险家布维第一个发现此岛，并测定了它的准确位置，谁知，经过 100 多年，当挪威考察队再登上此岛时，它的位置竟西移了 2.5 千米。

（三）红色藻类加灰白硼砂的双色湖

玻利维亚西南部（接近与智利的边界处）有一片红白相间的浅滩咸水湖，这就是著名的红湖，又叫科罗拉达湖。由于湖水含有红色矿物质，因此从远处往湖望去，会看到湖水一片红色；位于湖中的硼砂组成白色小岛屿，与散布的富含红色的藻类构成一道红白相间的美丽风景。

（四）遍布喷气孔的湖泊

在美洲加勒比海的多米尼加岛上，有一个长 90 米宽 60 米左右的湖泊。整个湖面热气腾腾，就像一锅煮开的水。湖水满时，从湖底喷出的蒸气水柱竟能高出水面 2 米多。

（五）高低错落的十六湖

十六湖是克普利特维察湖区的俗称，位于克罗地亚中部利卡地区。整个湖区南高北低，十六个湖泊就这样错落有致地由上到下分布着，最高的普罗什切湖海拔 636 米，最低的诺瓦科维奇湖海拔 503 米，二者落差 133 米。湖水漫溢下落形成了瀑布和溪流，也正是这些瀑布和溪流将十六个湖泊串接在了一起。茂密的树林、风格迥异的湖泊、奔腾的溪水、涌动的飞瀑，走在湖边如同走在画里。

（六）雅浦岛的“石币”

位于太平洋的克罗尼西亚的加罗林群岛，岛上有 5000 多居民，岛上的货币是巨大的石轮，叫作“费”。费中间有孔，方便插入木杠运输。在雅浦岛的石币与我们文明社会的黄金并无区别。

（七）会发出狗叫声的沙滩

太平洋上的考爱岛面积仅 1430 平方千米，其吸引人之处就是会发出狗叫声的沙滩。在岛的北部，有一片长 800 米、高 18 米的洁白沙丘。人走在沙丘上，沙子就会发出“汪汪”的狗叫声。用手搓沙子，也能发出同样的声音。如果在沙丘上迅速奔跑，还能听到类似打雷的声音。

（八）海水为什么是咸的

海水是盐的“故乡”，海水中含有各种盐类，其中 90%左右是氯化钠，也就是食盐。另外还含有氯化镁、硫酸镁、碳酸镁及含钾、碘、钠、溴等各种元素的其他盐类。氯化镁是点豆腐用的卤水的主要成分，味道是苦的，因此，含盐类比重很大的海水喝起来就又咸又苦了。

（九）萨特涡流

在北极圈附近的挪威海沿岸，常可看到一种奇特的海水涡旋现象。当这种涡旋出现时，先闻其声，响声在数千米以外就能听到，这是海水奔涌的巨响。随之，数股海水便在海岸附近翻腾转动起来，逐渐形成千百个小旋涡，越来越大，越转越急，终于形成汹涌澎湃，急剧旋转，中心深陷 10 多米，直径几十米的大漩涡。当这种涡旋急速旋转时，也带动着水面上空气的回旋，发出阵阵呼啸声。此时，水声风声相互融合在一起，构成一幅令人惊心动魄的场面，这就是闻名于世的萨特涡流。

（十）水库蓄水引发的地震

水库蓄水引发的地震简称水库地震，在原来没有或很少地震的地方，由于水库蓄水引发的地震。水库地震大都发生在地质构造相对活动区，且均与断陷盆地及近期活动断层有关。

水库蓄水是引起岩体中应力集中和能量释放而产生地震的直接原因。水体荷载产生的压应力和剪应力破坏地壳应力平衡，引起断层错动，产生地震。

（十一）南极“魔海”

威德尔海是南极的边缘海，南大西洋的一部分，位于南极半岛同科茨地之间。南极的夏天，在威德尔海北部，经常有大片的流冰群，连成一片，就像一个大冰原。这些流冰和冰山相互撞击、挤压，发出惊天动地的隆隆响声。船只在流冰群的缝隙中航行异常危险，说不定什么时候就会被流冰挤撞损坏或者驶入“死胡同”。绚丽多姿的极光和变化莫测的海市蜃楼，是威德尔海又一魔力。有时，船只明明在水中航行，突然间好像开到冰山顶上，把船员们吓得魂飞九霄，当晚霞映红海面的时候，眼前又出现

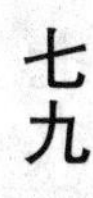

金色冰山，倒映在海面上，好像正向船只砸来，带来一场虚惊。遇到幻境的船只，有的为避虚幻的冰山而与真正的冰山相撞，有的则陷人流冰包围的绝境之中。“魔海”威德尔海的魔力首先在于它流冰的巨大威力。

（十二）变色湖

位于澳大利亚南部有一个以颜色的变化而著称于世的变色湖。冬天，湖水呈现黑色；春夏之际，则是灰蒙蒙的一片；秋天，又变为蔚蓝色。海洋地质学家认为这是湖水中含有大量碳酸钙的缘故。冬天，由于气温较低，碳酸钙晶体析出并沉人湖底，透过湖水的光线被吸收，因而使湖水呈暗黑色；春夏时分，气温转暖，碳酸钙颗粒逐渐溶解于湖中，导致湖水呈灰色；秋季来临，天气转凉，碳酸钙结晶又重新析出，且大部分微粒浮于湖面，反射了天空的蓝色，所以湖水一片蔚蓝。

（十三）五彩湖

位于我国四川西北部的千里岷山之中，有一个叫“五花海”的五彩湖，当阳光透过树梢，撒向五彩湖时，湖面上有的地方呈海蓝色，有的地方呈翠绿色，有的地方则呈橙黄色。当你投石击水，水面就会立即出现粉红、雪青的双色涟漪。科学家们认为，这是因为湖底的岩石组成和生活在湖中的有色藻类。由于五彩湖的湖底是由石灰岩组成，加之多年沉积的古树叶、有色矿物质和各种藻类的染色作用，因而使得湖水犹如一幅五彩缤纷的画卷，故得此名。

（十四）墨水湖

位于拉丁美洲的特立尼达岛有一个“黑湖”，整个湖面黑乎乎的，是因为湖底有石油和天然气源源涌出，同泥沙混合为沥青所致。

（十五）甜湖

在前独联体乌拉尔有一个湖，湖水含甜味，因为湖水里含碱和氯化钠。如果洗衣服，只要把衣服浸在湖水里揉搓，不必用洗涤剂便能洗得很干净。

（十六）五层湖

前独联体北部巴伦支海中的基利金岛有一个湖，同一湖中分为 5 层不同的水。

第一层是淡水，由融冰和雨雪组成，其中生存着淡水鱼。

第二层含微量盐的水，内有水母和节肢动物的甲壳类动物。

第三层是咸海水，其间生存有小的海鱼、海葵和海星。

第四层呈红色，内有许多紫细菌。

第五层水里充满了硫化氢。

（十七）空湖

俄罗斯的库兹涅茨克地区，有一个没有任何鱼类的湖，经科学化验湖水中并没有毒。有人将别处的鱼放入该湖中，鱼很快就会死亡，因此被称为“空湖。”

（十八）发光湖

位于美洲大巴哈马岛上，有一个神奇的发光湖。每当夜幕降临，游于湖面时就会惊奇地发现：船桨激起的水波会发出光芒，从船桨上掉下来的水滴呈耀眼的浅黄色，且光线很强，科学家们发现，原来是湖水里生物发出的一种冷光。发光湖地处靠近北回归线的温、热带交界处，气候温暖，湖水又与海水相连，这就为大量繁殖海洋发光物甲藻提供了良好的生存条件。甲藻体内含有丰富的荧光酶，当它们受到惊扰和刺激时，就会发光。

（十九）纸湖

位于非洲罗德西亚的赛潞利湖边，到处堆放着白色的纸张，这些纸张是出自纸湖里的天然产品。由于这个湖面终年漂浮着一层泊状的液体，在阳光照射下，会凝固成一层薄膜，人们用杆子把它轻轻挑起，晾干后，就是一张纸。据说这种纸还很耐磨，可做包装、裱糊等使用，故人们把这个湖称之为“纸湖”。

（二十）变幻湖

位于澳大利亚堪培拉和悉尼之间有一个乔治湖，这个奇异的湖从 1920 年发现至

1990 年最后一次消失。已经重复出现消失六次了，其原因至今不明。

（二十一）不沉湖

位于意大利西西里岛的一个湖，湖底有两口泉眼喷出强酸，因此整个湖水变成腐蚀性极强的“酸水”，这种酸水可以杀死一切生命，也有人称它为“酸湖”。

（二十二）火湖

位于拉丁美洲西部印度群岛的巴哈马岛上有一个“火湖”，湖水闪闪发光，就像燃烧时冒出“火焰”一样。湖水里含有大量荧光素，如果信手拨动湖水，便会“火花”四溅。

（二十三）白湖

位于智利的特亚斯柯敦湖，湖面漂浮着似一片白茫茫的东西盖在湖上，人称“白湖”。白湖内含有大量硼砂，是一种很有用的矿藏。

（二十四）沸湖

位于美洲加勒比海的多米尼加岛上，是一个长 90 米宽 60 米左右湖泊。整个湖面热气腾腾，就像一锅煮开的水。湖水满时，从湖底喷出的蒸汽水柱竟能高出水面 2 米多。

（二十五）咸湖

位于亚洲西部的死海是含盐最多的湖，这里的水每升含盐 272 克，湖水的比重很大，不会游泳的人，也可以舒服地躺在湖面上看书。

（二十六）乳泉

广西象州县百丈乡的雷山半腰上有一乳汁泉。该泉平常喷出来的水与一般的山泉无异，但在早晚会喷出乳汁状的水，有时一天出现一至二次，有时十多天才出现一次，乳状水生饮或煮沸，皆清甜无比。

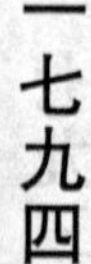

（二十七）风泉

位于广东阳江县城西北 25 千米的一座山上有一深泉，可以预报大风降临。每当泉中呜呜作响时，三天内此地必有大风，呜呜声停止，大风也就渐渐平息。

（二十八）虾泉

虾泉地处广西南宁市西北 120 千米的右江北岸，平果县城西虾山脚下，有一泉口，离江边很近，清澈明净的泉水注入右江。每年农历三四月夜深时，密密匝匝的虾群云集右江水和泉水汇合处以上的浅水洼里，争先恐后地逆水奋进。

（二十九）鱼泉

位于四川省城口县有一眼鱼泉，每年春天发水，岩洞里会流出大量鱼来，原来这条泉有一条阴河与河流相通，鱼是从河里流出来的，每到一年的谷雨前后都会从泉水里流来大量的鱼，最多的一年竟流出一万多千克鲜鱼。

（三十）喊泉

地处施秉县城东阳舞阳河的江凯河支流上有一奇特的喊泉。喊泉位于灵官崖下的小石窟内。内侧为石壁，外侧为沙池。游人到此，只要喊声“讨口茶喝”，泉水便汩汩涌出，让你享受山泉的甘甜，当喊声“谢谢”，泉水便应声而止。人们发现呼喊的音量大而长时，泉水拥出量则多，音量小而短时，泉水涌出量则少。这是一种地下水的毛细现象。这类泉多分布于石灰岩、白云岩地区的岩溶间、地下河与岩溶潭星罗棋布的地带。

（三十一）取之不尽的“沥青湖”

沥青湖面积仅有 0.47 平方千米，位于拉丁美洲加勒比海的东南端的一个叫特立尼达和多巴哥的小岛上，湖中滴水不见，鱼虾绝迹，以盛产黑乎乎的天然沥青闻名于世，被人们称为“沥青湖”。

（三十二）梦游镇

秘鲁东南部的泰莱镇有两万多居民，大多都患有梦游症，一到夜晚，他们就身不由己地四处游荡，街上熙熙攘攘，甚是热闹。据说，此病是先天遗传所致，医生也是束手无策。

（三十三）瑞士七怪

1 怪：瑞士没有统一的语言，德语、法语、意大利语、罗马语是瑞士的正式语种。瑞士的官方文件，都要同时以德、法、意三种语言公布于众。

2 怪：瑞士没有瑞士民族。瑞士由日耳曼族、法兰西族和意大利族等多种民族组成，其中日耳曼人最多，约占 72%。

3 怪：瑞士的国家元首、政府首脑的任期只有一年，瑞士的国家元首、政府首脑由掌握行政权力 7 人联邦委员会的 7 人轮流担任，任期一年，逐年轮换，不得连任。

4 怪：瑞士是“永久中立国”，却有军队。

5 怪：瑞士国土狭小，地下资源贫乏，但人均收入居世界前列。

6 怪：瑞士有各不相同的教育制度，瑞士的 26 个州，有 26 种不同的教育制度，各州管理自己的教育事业，自筹经费，自编教材，实行十年义务教育。

7 怪：瑞士不是联合国成员国，但联合国的前身——国际联盟总部却设在瑞士的日内瓦。

（三十四）蝴蝶泉

蝴蝶泉位于大理市周城北 1 千米处，滇藏公路西侧，苍山的云弄峰下，原名无底潭，泉水清澈如镜。每年到蝴蝶会时，就会有成千上万的蝴蝶从四面八方飞来，在泉边漫天飞舞。其中大的蝴蝶如巴掌，小的如铜钱。无数蝴蝶还钩足连须，首尾相衔，一串串地从大合欢树上垂挂至水面。五彩斑斓，蔚为奇观。

（三十五）月牙泉

月牙泉位于甘肃省河西走廊西端的敦煌市，古称沙井，俗名药泉，自汉朝起即为“敦煌八景”之一，得名“月泉晓澈”。月牙泉南北长近 100 米，东西宽约 25 米，泉水东深西浅，最深处约 5 米，弯曲如新月，因而得名，有“沙漠第一泉”之称。

（三十六）茴香石

在广西壮族自治区，有人发现了一些“茴香石”。它们看上去跟普通石头差不多，外表呈棕褐色及不规则的三角形状。它们的独特在于能散发出一种极为浓郁的茴香气味，如果单独取下小部分，大石头会抗议，因为一旦石头离开它的母体，就再也散发不出任何香味。

二、陆地海拔在 0 米以下的地区

（一）亚洲西部死海沿岸

死海地处约旦和巴勒斯坦之间南北走向的大裂谷的中段，它的南北长 75 千米，东西宽 5 至 16 千米，死海湖面海拔-392 米。海水平均深度 146 米，最深的地方大约有 400 米。死海的源头主要是约旦河，河水含有很多的矿物质。河水流入死海，加之期间的不断蒸发，矿物质沉淀下来，经年累月，越积越多，便形成了今天世界上最咸的咸水湖——死海。

（二）中国新疆的吐鲁番盆地

地中央的艾丁湖湖面海拔-154 米。

（三）东非大裂谷的低陷处的湖泊阿萨勒海

湖面海拔-153 米。

（四）美国西部的死谷

最低处海拔-85 米。

（五）亚欧大陆中部的里海北部沿岸低地伏尔加河下游沿岸地区

里海湖面海拔-28 米。

（六）荷兰首都阿姆斯特丹

地面海拔-7 米。

（七）澳大利亚中部的北艾尔湖

湖面海拔-16 米。

三、世界五极

（一）冷极

在位于南极点附近，曾测到-94.5 摄氏度的世界最低气温。

（二）热极

在位于非洲亚丁湾沿岸曾测得最高温度 60 摄氏度的气温。

（三）旱极

位于非洲撒哈拉大沙漠，年平均降水量不足 1 毫米，智利阿塔卡马沙漠到 1971 年为止，已有 400 年之久没下雨。

（四）雨极

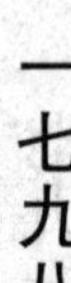

位于大洋洲的韦阿利尔年降雨量平均达 12244 毫米。

（五）风极

位于南极洲号称世界风库，终年为积雪覆盖，年平均风速 17～18 米/秒，维多利亚地年平均风速 19.4 米/秒（8 级）最大风速达 100 米/秒、即 360 千米/小时。

四、世界五大奇河

（一）香河

位于西非的安哥拉境内，河仅长 6 千米，原名勒尼达河。河水香味浓郁，百里之外也能闻到扑鼻奇香，越走近香味越浓。

（二）甜河

位于希腊半岛北部，有一条奥尔马河，全长 80 余千米。河水甘甜，其甜度可与甘蔗相媲美。地质学家认为，甜是因为河床的土层中含有很浓的原糖晶体的缘故。

（三）酸河

哥伦比亚东部的普莱斯火山地区有一条雷欧维拉力河，全长 580 千米。河水里约含 8%的硫酸和 5%的盐酸，成了名副其实的“酸河”，河水中无鱼虾及水生植物。

（四）墨水河

在阿尔及利亚有一条被称为“墨水河”的河流。这条河由两条含有墨水原料成分的小河汇集而成。当两条河水汇流在一起后便化合成了墨水，人们可以用这不花钱的墨水写字作画。

（五）彩色河

位于西班牙境内的延托河上游流经一个含有绿色原料的矿区，河水呈绿色，往下有几条支流经过一个含硫化铁的地区，水变成翠绿色，流入谷地后，一种野生植物又把它染成棕色和玫瑰色，再往下，流经一处沙地，最后汇聚到一起，又变成了红色。该河亦被称为“变色河”。

五、世界十大高峰

（一）珠穆朗玛峰

位于喜马拉雅山脉的主峰，海拔 8844. 43 米。

（二）乔戈里峰

位于喀喇昆仑山脉的中巴边境上，海拔高度是 8611 米。

（三）道拉吉利峰

位于喜马拉雅山脉中段尼泊尔王国境内海拔 8172 米。

（四）安纳普尔纳峰

位于喜马拉雅山脉中段尼泊尔境内，海拔 8091 米。

（五）干城章嘉峰

位于喜马拉雅山脉中段尼泊尔和锡金的边界线上，海拔 8586 米。

（六）洛子峰

位于喜马拉雅山脉中段的中尼边界线上，海拔8516米。

（七）马卡鲁峰

位于喜马拉雅山脉中段中尼边界线上。海拔8463米。

（八）南迦帕尔巴特峰

位于喜马拉雅山脉西段巴基斯坦境内，海拔8125米。

（九）卓奥友峰

位于喜马拉雅山中部中尼边界线上，海拔8201米。

（十）马纳斯鲁峰

位于喜马拉雅山脉中段尼泊尔王国境内，海拔8156米。

六、世界著名温泉

（一）大棱镜温泉

位于黄石国家公园内，面积约250英尺×300英尺，水深约160英尺。它每分钟喷发的水量为560加仑，水温为71摄氏度。大棱镜温泉最突出的特点就是它的颜色变化，由绿色到鲜红色再到橙色。温泉水中富含矿物质，使得水藻和菌落中带颜色的细菌在水边得以生存。大棱镜温泉是美国第一大、世界第三大温泉。

（二）猛犸温泉

位于美国黄石国家公园还有另外一个温泉，叫作猛犸温泉。它是世界上已知的最大的碳酸盐沉积温泉。猛犸温泉内有一个温泉，该温泉的热水流出后被冷水冷却，水中的碳酸盐沉淀了下来，历经数千年形成了层层叠叠的梯台。每天有两吨含碳酸盐的泉水流入猛犸温泉内。

（三）血池温泉

血池温泉位于日本别府市。血池温泉群由九个天然温泉汇聚而成，只能观赏，不能入浴。泉水因富含铁质而使整个温泉呈红色。

（四）蓝潟湖

蓝潟湖是冰岛最大的旅游胜地，是由部分火山熔岩形成，热气腾腾的水流入其中，水温约 104 华氏度。湖水富含硅、硫等矿物质，牛皮癣等皮肤病患者常来这里浴疗。

（五）格伦伍德温泉

格伦伍德温泉位于美国科罗拉多州，泉水流速为 143 升每秒，这里有世界上最大的天然温泉游泳池。

（六）地狱谷温泉

温泉处于地狱谷中，之所以称地狱谷温泉是因为那里有火山喷发。地狱谷温泉已被日本当地的雪猴占据，位于日本长野县的地狱谷猿猴公园内，有 100 多只短尾猿在此安家落户。

（七）德尔达图赫菲温泉

德尔达图赫菲温泉位于冰岛的瑞克霍斯达鲁市，水温为 96 摄氏度，泉水以 180 升每秒的高流速著称，是欧洲水流速度最高的温泉。温泉附近的居民将泉水接到 34 千米之外的家中用来取暖，同时也避免了地热资源的浪费。

七、世界自然奇观

（一）瑟尔塞岛

瑟尔塞岛位于冰岛的最南端，是远离冰岛南海岸线的一座火山岛，瑟尔塞岛是以挪威神话中火神的名字命名。它是位于海平面以下 130 米的火山爆发形成的，瑟尔塞岛 1963 年 11 月 14 日露出海面。并一直持续到 1967 年 6 月 5 日，此时该岛达到它的最大面积——2.7 平方千米。之后因风和海浪侵蚀导致它的面积不断下降，到 2002 年该岛的表面积是 1.4 平方千米。如今生命在这座最初荒芜的小岛上已逐渐繁盛起来。

（二）新喀里多尼亚环礁

新喀里多尼亚环礁是由 6 个海洋珊瑚礁组成，它象征着法国太平洋新喀里多尼亚群岛珊瑚礁和相关生态系统的多样性，是世界上三个最广阔的珊瑚系统之一。这里是红杉树到海草的栖息地，是世界上珊瑚结构密度变化的最大的地方，潟湖内有不同年代的珊瑚，其中有活着的，也有远古珊瑚化石。新喀里多尼亚环礁里生活着健康的大型食肉动物群体和大量不同的大鱼。这里还为大量受到威胁的鱼类、海龟和海洋哺乳动物提供了栖息地，其中儒艮数量位居世界第三。这里是一个完整无损的生态系统。

（三）美洲王蝶生态保护区

美洲王蝶生态保护区是拥有占地 56259 公顷的生态圈，位于墨西哥城西北大约 100 千米处草木丛生的山上。每年秋天都有数百万或者十亿只蝴蝶从北美洲的广阔区域来到这里，汇聚森林保护区，将丛林树木点缀成橙色，它们将树枝压弯。春天，这些蝴蝶经过 8 个月迁徙，往返东加拿大一次，在这个过程中，有 4 代蝴蝶出生和死亡的过程。

三清山国家公园

（四）三清山国家公园

三清山位于江西省玉山、德兴两县交界处。是历代道家修炼场所，三清山南北狭长，约56平方千米，主峰玉京峰海拔1819.9米，因山有三峰，名为玉京、玉华、玉虚，列坐其巅，故名三清山。由于长期地貌变化，形成了三清山别具一格的奇峰怪石、急流飞瀑、峡谷幽云等雄伟景观。

（五）萨亚尔-哈萨克斯坦北部草原和湖泊

萨亚尔由瑙尔祖姆及科尔加尔辛两个自然保护区组成，总面积达450344公顷。具有特色的沼泽地。萨亚尔—哈萨克斯坦北部草原和湖泊是迁徙水鸟的重要途中的重要落脚点和交汇处。这些水鸟包括一些受到全球性威胁的物种，例如极其罕见的西伯利亚白鹤、卷羽鹈鹕、玉带海雕等等。20万公顷的中亚大草原为该地区一半多的植物群和大量受到威胁的鸟类及濒临灭绝的赛加羚羊提供了庇护所。

（六）萨多纳环形地质结构

格拉鲁斯阿尔卑斯山脉是一座被冰雪覆盖的山脉，它屹立在狭窄的河谷上，是阿尔卑斯山中部最大的冰河期以后的山崩地点。瑞士东北的萨多纳环形地质结构覆盖3.285万公顷山区，其中具有特色的7座山峰海拔高达3000米以上。这个区域展现出造山运动的异常实例，它通过大陆板块碰撞和独特的地质断面等过程，将较老的深层岩石搬迁到较年轻的浅处的岩石上面。清晰的三维立体结构和刻画这种现象的过程是这个地点的最大特征。

（七）世界七大最怪异洞穴

1. 中国西南部贵州东中洞穴。
2. 美国奇异洞穴深渊。
3. 新西兰北岛怀托摩萤火虫洞。
4. 委内瑞拉的“魔鬼洞”。
5. 奥地利的艾斯瑞塞威尔特冰洞。
6. 苏丹苏尔塔娜特地区的阿曼 MajlisalJinn 洞穴。
7. 墨西哥“水晶洞”。

（八）世界十大怪岛屿

1. 旋转岛。
2. 加拿大东岸死神岛。
3. 加拿大东南的大西洋中会“旅行”的岛。
4. 南极洲的企鹅岛。
5. 太平洋上的能分能合岛。
6. 太平洋中会啼哭的岛。
7. 太平洋中部沙尘积成的岛
8. 南美洲西部太平洋上的龟岛
9. 南太平洋汤加王国西部海域中的幽灵岛。
10. 意大利南部的天然美容岛。

（九）世界上最惊险的十条路

1. 在拉巴斯和歌罗伊歌镇之间的玻利维亚北永加斯山路。
2. 位于太行山的中国郭良隧道。
3. 位于吕宋岛的菲律宾哈尔斯玛公路。
4. 位于巴基斯坦境内喀喇昆仑山的巴基斯坦和中国边界处的喀喇昆仑公路。
5. 俄罗斯远东地区和西伯利亚的俄罗斯科雷马公路。
6. 西澳大利亚沙漠的澳大利亚 CanmingStock Route。

7. 位于印度到缅甸的丛林之路史迪威公路。
8. 位于圣安娜与蓝色热带雨林之间的玻利维亚通向蓝色热带雨林的荒野公路。
9. 阿尔及尔到尼日利亚的拉格斯的横贯萨哈拉公路。
10. 在莫雷蒂斯之上的大山里的巴西格拉西奥萨道。

（十）世界十大窟窿

1. 美国加州蒙地赛罗水坝。
2. 南非金伯利钻石矿坑。
3. 土库曼斯坦达尔瓦扎天然气坑洞。
4. 洪都拉斯蓝洞。
5. 俄罗斯西伯利亚米尔钻石矿坑。
6. 美国犹他州宾汉姆峡谷铜矿坑。
7. 危地马拉污水池洞。
8. 加拿大戴维克钻石矿洞。
9. 俄罗斯乌达奇纳亚钻石矿洞。
10. 智利铜矿坑。

（十一）世界最神秘的十大洞穴

1. 冰河洞穴——当季节性冰雪融化或地热喷口产生裂缝和通道贯穿冰原时，就会形成这种形式的冰河洞穴。由于它们是由冰构成的，因此，冰河洞穴特别不稳定，随时都有崩塌的可能。

2. 熔岩管洞穴——位于美国加州的熔岩基地国家纪念碑下。类似这种熔岩管洞穴全世界都有发现。这些独特的地下结构是在长期的熔岩流中形成的。当熔岩流经一个通道，其溢出的熔岩会沿途建造一条自然大堤，此大堤最终会相互连接，变硬，形成拱顶。

3. 石灰岩溶洞——石灰岩溶洞是水和时间打造的大自然奇观。石灰岩是一种可溶解的岩石，经过几十万年的漫长岁月，这种缓慢流动的水能像凿子似的工作。地质学家称这种结构为可溶解的洞穴。

4. 格陵兰冰河洞穴——格陵兰冰河洞穴的一位洞窟探勘者向上注视着洞穴颜色和形状，它们看起来更像旋涡星系，而不是洞穴建造。此冰室的来世轮廓是由地热温泉形成的。

5. 芦笛岩洞——我国的芦笛岩洞沐浴在一片紫蓝色光芒中。此岩洞又名“国宾洞”，位于桂林市西北的光明山，洞深 240 米，游程约五百米。洞内天然形成密集的钟乳石，它们的线条丰富流畅，有雄伟广阔之势。

6. 列楚基耶洞——1986 年发现，美国新墨西哥州的列楚基耶洞穴系统有 193 米长、500 米深，而且洞内悬挂有让人惊异的晶体结构，石笋周围还有非常清澈的水。

7. 人与石柱——相对美国新墨西哥州的列楚基耶洞穴城堡之巅上伸出的 15 米高的方解石石柱来说，人简直就是一个矮子。此洞穴吸引全球无数洞窟探勘者前来探测。

8. 洞穴小麦片——位于美国新墨西哥州的列楚基耶洞穴深处的洞壁上发现的这些珍稀方解石沉积物，看起来有点像小麦片。科学家认为这些波纹结构就是我们所知道的薄层，当水面反复升降，只剩下方解石沉积物时，就形成了这种薄层。

9. 巧克力状洞穴珍珠——洞穴中的矿物沉积物能产生令人惊讶的形状，如这些巧克力状洞穴珍珠。这些独特的球形结构是在洞穴池中创造的，当层层方解石慢慢沉积时，就会形成粒状沙粒或尘埃。

10. 杳无生息的洞穴——洞穴潜入者在探测美国佛罗里达的代波尔德洞穴被洪水淹没的洞室。代波尔德洞穴深 76 米，是以拥有此地的一美国男子的名字命名的。一名探测者称：“阳光照耀不到代波尔德洞穴的内部，这使得这个深达 250 英尺（和 76 米）的巨大密室毫无生机。这对于潜水者来说也是没有例外的。自 1960 年来已有大约 300 人死于水下。”

八、世界七大自然奇景

（一）美国科罗拉多大峡谷——地球上最大的裂缝

美国亚利桑那州西北部的大峡谷。由科罗拉多河水深切而成。自北部州界之马布尔峡谷至内华达州界附近格兰德瓦什崖，全长约 350 公里，深 1800 米；谷顶部宽 8~25 千米，谷底水面线的宽度小于 1 千米，个别地方仅 120 米。两侧谷壁呈阶梯状。气候干燥，植物稀少，谷壁可观察到从古老的元生代到新生代的各期地层，在阳光下显示出各种不同色彩。其中最深的一段峡谷（长约 170 千米）辟为国家公园。

（二）非洲维多利亚瀑布——“咆哮的云雾”

维多利亚瀑布位于南部非洲赞比亚和津巴布韦接壤的地方，在赞比西河上游和中游交界处，是非洲最大的瀑布，也是世界上最大和最美丽的瀑布之一。地球上很少有这样壮观且令人生畏的地方。曾居住在维多利亚瀑布附近的科鲁鲁人很怕那条瀑布，从不敢走近它。邻近的汤加族则视它为神物，把彩虹视为神的化身：他们在东瀑布举行仪式，宰杀黑牛以祭神。

（三）世界最高峰珠穆朗玛峰一“地球之巅”

珠穆朗玛峰山体呈巨型金字塔状，威武雄壮昂首天外，地形极端险峻，环境异常复杂。雪线高度：北坡为5800~6200米，南坡为5500~6100米。东北山脊、东南山脊和西山山脊中间夹着三大陡壁（北壁、东壁和西南壁），在这些山脊和峭壁之间又分布着548条大陆型冰川，总面积达1457.07平方千米，平均厚度达7260米。

（四）美国肯塔基州地下洞穴猛犸洞——变化无穷的洞穴

猛犸洞穴拥有已经探明的350多英里的通道和其他尚未探明的通道，因而成为世界上最为庞大的洞穴体系。它坐落于肯塔基州中部，这个地下洞穴是几百万年以前水流经过灰岩沉积区时，溶蚀岩石形成的地下暗河通道。日久年深，由于水位下降，留下了这些狭窄的水平通道、宽广的洞室和联系这个巨大迷宫的垂直通道。最底下的通道现在仍然在水流的作用下不断扩大。

（五）阿拉斯加的冰河湾——“冰雪幻境”

冰河湾位于美国阿拉斯加，距旧纽西50英里，占地330万公顷，围绕在陡峭的群山中，只能乘船或飞机到达。那里有无数的冰山、各类鲸鱼和爱斯基摩人的皮划舟。冰河湾游人在那里居住在帐篷中或在乡村田舍中。根据碑文的记载，冰河湾国家公园最引人入胜的景观之一就是巨大海湾中活动着的冰河。

（六）贝加尔湖——世界最古老和最深的湖

贝加尔湖是大自然安放在俄罗斯东南部伊尔库茨克州的一颗璀璨的明珠。贝加尔湖是亚欧大陆最大的淡水湖。长640千米，平均宽50千米，是世界上第七大湖泊和世界上最深的湖泊。它容纳了地球全部淡水（河湖淡水）的五分之一，相当于北美洲五大湖的总水量。它平均宽约48千米，南北长约636千米，周长2000千米，总面积大约为3.15万平方千米。贝加尔湖就其面积而言只居全球第九位，却是世界上最古老的湖泊之一（据考有2500万年历史）。据说，贝加尔湖的淡水够人类喝100年。

（七）美国黄石公园——“世外桃源”

黄石公园（Yellowstone）位于西部北落基山和中落基山之间的熔岩高原上，绝大部分在怀俄明州的西北部。海拔2134~2438米，面积8956平方千米。黄石河、黄石湖纵贯其中，有峡谷、瀑布、温泉以及间歇喷泉等，景色秀丽，引人入胜。其中尤以每小时喷水一次的“老实泉”最著名。园内森林茂密，还牧养了一些残存的野生动物如美洲野牛等，供人观赏。园内设有历史古迹博物馆。

九、不可不去的旅游胜地

（一）雅鲁藏布大峡谷

雅鲁藏布大峡谷获得中国世界纪录协会世界最深大峡谷、世界最长大峡谷两项世界纪录。雅鲁藏布大峡谷的特点被概括为十个字：高、壮、深、润、幽、长、险、低、奇、秀。

高：峡谷两侧，壁立高耸的南迦巴瓦峰（海拔7782米）和加拉白峰（海拔7234米），其山峰皆为强烈上升断块，峰岭上冰川悬垂，云雾缭绕，气象万千。

壮：在东喜马拉雅山无数雪峰和碧绿的群山之中，雅鲁藏布江硬是切出一条笔陡的峡谷，穿越高山屏障，围绕南迦巴瓦峰作奇特的大拐弯，南泻注入印度洋，壮丽无比。

深：在南迦巴瓦峰与加拉白垒峰间的雅鲁藏布江大峡谷最深处达5382米，围绕南迦巴瓦峰核心河段，平均深度也有5000米左右，远远超过深2133米的科罗拉多大峡谷、深3200米的科尔卡大峡谷和深4403米的喀利根德格大峡谷。

润：雅鲁藏布大峡谷是青藏高原上最大的水汽通道，受印度洋暖湿气流的影响，

大峡谷南段年降水量高达 4000 毫米，北段也在 1500~2000 毫米之间，故整个大峡谷地区异常湿润，布满了郁密的森林。

幽：由于地势险峻、交通不便、人烟稀少，而且许多河段根本没有人烟，加上云遮雾罩、神秘莫测，所以大峡谷的环境特别幽静。

长：雅鲁藏布江大峡谷以连续的峡谷绕过南迦巴瓦峰，长达 496.3 千米，比号称世界“最长”的大峡谷——科罗拉多大峡谷还长 56 千米。

险：雅鲁藏布江大峡谷中许多河段两岸岩石壁立，根本无法通行，所以至今还无人全程徒步穿越。相比其他三条大峡谷，谷地中都有路相通；科罗拉多大峡谷，游人可乘牲畜在谷地中穿行游览。就水道而论，雅鲁藏布江大峡谷河段，河水平均流量达 4425 立方米/秒，其水流的险恶程度也远在诸峡谷之上。

低：是指雅鲁藏布江大峡谷最低处的巴昔卡，海拔仅有 155 米，远远低于上述三个峡谷的任何一个最低点。

奇：雅鲁藏布大峡谷最为奇特的是它在东喜马拉雅山脉尾间，由东西走向突然南折，沿东喜马拉雅山脉南斜面夺路而下，注入印度洋，形成世界上最为奇特的马蹄形的大拐弯。它不仅地貌景观奇特，还造就了青藏高原东南缘奇特的森林生态系统景观。

秀：整个大峡谷的自然景观可以用“雅鲁藏布大峡谷秀甲天下”概括。大峡谷是山秀、水秀、树秀、草秀、云秀、雾秀、兽秀、鸟秀、蝶秀、鱼秀；大峡谷之水，从固态的万年冰雪到沸腾的温泉，从涓涓溪流、帘帘飞瀑直至滔滔江水形态变化多端。

（二）厄瓜多尔加拉巴哥群岛

加拉巴哥群岛为孤悬的火山岛群，位于南美洲厄瓜多尔以西，距美洲大陆约 600 英里。

200 万年前海底火山喷出的熔浆，形成了 50 多座岛屿。岛上原无任何生物，后来随风飘来植物种子；鸟类、爬虫类和昆虫，则是飞行或是随着浮木来到加拉巴哥群岛。从此在这与世隔绝的天堂繁殖演化出众多特有物种，有奇异种子、双旋式水母等。

1835 年，一个二十六岁的英国年轻人跟随一艘名叫“小猎犬”号的英国海军测量船第一次来到了这里。年轻人在岛上花了一个多月的时间搜集标本，岛上一些物种间的差异和类似现象让他百思不得其解。1859 年他发表了《物竞天择的物种起源》一书，阐明了进化论的思想。这个年轻人便是达尔文。他的著作让加拉巴哥群岛成为生物学爱好者必去的“圣地”。

（三）冰岛瑟尔塞岛

瑟尔塞岛是远离冰岛南海岸线的一座火山岛，位于冰岛的最南端。这座岛是位于海平面以下 130 米的火山爆发形成的，1963 年 11 月 14 日露出海面。这次爆发可能开始于几天前，并一直持续到 1967 年 6 月 5 日，此时该岛达到它的最大面积——2.7 平方千米。从那以后，风和海浪侵蚀导致它的面积不断下降，到 2002 年该岛的表面积是 1.4 平方千米。

这座新岛是以挪威神话中火神的名字命名，在这座小岛形成过程中和爆发结束后，火山学家一直在对它进行大量研究。现在由于生命在这座最初荒芜的小岛上逐渐繁盛起来，它又引起植物学家和生物学家的极大兴趣。

（四）也门索科特拉群岛

索科特拉群岛坐落在阿拉伯海与亚丁湾的相交处，总面积 3650 平方千米。由于该群岛至今仍处于未开发的状态，故被人们称为“印度洋上的处女岛”。

世界遗产委员会认为，索科特拉群岛的重要性在于它的生物多样性，包括丰富多样的植物和动物。岛上 825 种植物中的 37%，爬虫类动物中的 90%~95%的蜗牛品种，都是世界其他地方未见的。群岛上还生活着大量陆地和海洋鸟类，包括许多濒危鸟类。

在索科特拉群岛上还生长着一种“龙血树”，目前在地球上只有索科特拉群岛等少数地区还有龙血树。龙血树是一种古老的植物品种，寿命最长的龙血树距今已有 6000 年之久。

（五）乔金斯化石断崖

加拿大乔金斯化石断崖是一处世界级古生物学遗址。这个地区受到世界上最高的潮汐影响，形成 23 米高的断崖，科学家经常会在这里发现新化石。这里产生的化石，已经让人们对石炭纪时期的生命有了更多了解。

1851 年，乔金斯化石断崖开始出名，当时《地质学规则》的作者查尔斯·莱尔和《加拿大地质学》及《煤炭时代通气口》的作者威廉·道森对这个地点进行了考察。道森和莱尔检查其中一个化石树桩时注意到一些非常微小的骨骼。结果这些貌似无关紧要的骨骼变成了最重要的化石发现。事实上这些是世界上首批爬虫动物的遗体，也是能证明陆生动物生活在“煤炭时代”的第一个证据。

（六）美洲王蝶生态保护区

这片占地 56259 公顷的生态圈位于墨西哥城西北大约 100 公里处草木丛生的山上。每年秋天都有数百万或者十亿只蝴蝶从北美洲的广阔区域来到这里，汇聚在森林保护区的狭小空间内，将丛林树木点缀成橙色，它们的重量能将树枝压弯。

春天，这些蝴蝶经过 8 个月迁徙，往返东加拿大一次，在这个过程中，有 4 代蝴蝶出生和死亡。它们是如何找到返回越冬地的路线的至今仍是一个谜。墨西哥曾在这里拍摄一部纪录片：《迁徙的王蝶》。

（七）三清山国家公园

三清山位于江西省玉山、德兴两县交界处。主峰玉京峰海拔 1819.9 米，因山有三峰，故名三清山。由于长期地貌变化，形成了三清山别具一格的奇峰怪石、急流飞瀑、峡谷幽云等雄伟景观。

三清山为历代道家修炼场所，自晋朝葛云、葛洪进山以后，便渐为信奉道学的名家所向往。最先在三清山修建道观的为唐朝信州太守王鉴的后裔。唐僖宗时，王鉴奉旨抚民，到达三清山北麓，见到此山风光秀丽，景色清幽，卸任后即携家归隐在此。

宋朝时，其后裔王霖捐资兴建道观，成为道家洞天福地。延至明景泰年间，王霖后裔王祜又在三清山大兴土木，重建三清宫。从登山处步云桥直至天门三清福地，共兴建宫观、亭阁、石刻、石雕、山门、桥梁等 200 余处，使道教建筑遍布全山，其规模与气势，可与青城山、武当山、龙虎山媲美。

（八）萨亚尔—哈萨克斯坦北部草原湖泊

萨亚尔由瑙尔祖姆及科尔加尔辛两个自然保护区组成，总面积达 450344 公顷。这里独具特色的沼泽地对迁徙水鸟非常重要。这些水鸟包括一些受到全球性威胁的物种，例如极其罕见的西伯利亚白鹤、卷羽鹈鹕、玉带海雕等。这些沼泽地是从非洲、欧洲和南亚飞往西和东西伯利亚繁殖地的中亚候鸟迁徙途中的重要落脚点和交汇处。20 万公顷的中亚大草原为该地区一半多的植物群和大量受到威胁的鸟类及濒临灭绝的赛加羚羊提供了庇护所。

（九）萨多纳环形地质结构

瑞士东北的萨多纳环形地质结构覆盖3.285万公顷山区，其中具有特色的7座山峰海拔均高达3000米以上。这个区域展现出造山运动的异常实例，它通过大陆板块碰撞和独特的地质断面等过程，将较老的深层岩石搬迁到较年轻的浅处的岩石上面。清晰的三维立体结构和刻画这种现象的过程是这个地点的最大特征，自18世纪以来，这里一直是重要的地质学研究基地。

（十）彩色沙林

彩色沙林位于云南曲靖市南部陆良县的召夸镇境内。景区面积6平方千米，座座沙峰或独矗，或相连，参差有致，远看成林，近看成峰，高者达30余米。沿谷两壁呈现一簇簇屏、嶂、峰、崖，以及千姿百态的造型。

由于是立体造型，沙林在早、晚、雨、晴、春、夏、秋、冬随着光线的强弱，阳光投射角度的不同，会产生不同色调构成的景观，酷似一幅幅绝妙的“丹青国画”。

沙林的地质地貌具有重要的科学价值，是不可多得的古地质地貌的标本。游人到此，不仅可以获取自然常识，还可以凭物怀古，领会沧海桑田的自然变迁。

（十一）南美火地岛

1520年10月，航海家麦哲伦发现了被他命名的麦哲伦海峡时，首先看到的是当地土著居民在岛上燃起的堆堆篝火，遂将此岛命名为“火地岛”。

火地岛是拉丁美洲最大的岛屿，隔麦哲伦海峡同南美大陆相望，面积4.87万平方千米。主岛南端的乌斯怀亚为阿根廷火地岛区的行政中心，世界上最南端的城市。

火地岛有着极地之外最大型的冰川——壮观的莫雷诺大冰川，还有世界最南端的国家公园——火地岛国家公园。莫雷诺大冰川千姿百态，有的像飞禽走兽，有的如人物浮雕，有的形似利剑直刺蓝天。由于极地气候变化无常，夏日昼长夜短，晚上10点以后太阳才慢慢地消失在山谷；夜晚刚过三四个钟头又迎来了新的黎明。漫长的白昼艳阳高照，突然间又狂风骤起，风雨交加，一日之内几度春秋。

（十二）挪威盖伦格峡湾

Geiranger被公认为是“全世界最美丽的峡湾”。河谷全长16千米，两岸山顶终年

积雪，峡湾由冰河作用而来，冰层退去后，留下的深沟形成无数大小瀑布宣泄而下，巧妙点缀在山谷之中。

峡湾已列入联合国教科文组织世界遗产名录，挪威政府每年投入 3000 万挪威克朗，完善和完美的保护峡湾环境。2006 年，美国国家地理协会杂志评选世界管理最佳自然遗产地，挪威盖伦格峡湾榜上有名。

十、著名国家公园

（一）奥林匹克国家公园

奥林匹克国家公园位于美国华盛顿西北部的奥林匹克半岛上，濒临太平洋，1938 年建立，1946 年正式开放。离西雅图约有 3~4 小时的车程。1981 年被列为世界遗产公园。

奥林匹克国家公园占地面积 3628.54 平方千米。国家公园由雪山、温带雨林和海滨三部分组成，是著名的温带雨林生态环境保护区，以杉树为主，有云杉、冷杉、铁杉、希特卡松等。从太平洋吹来的温暖湿润的西南风，遇高山阻挡形成降雨，高山上的积雪终年不化，形成了大大小小的冰川。山脚下由于一年四季都有丰富的雨水，平均每年有 2000~3000 毫米降水，每年春天又有稳定的融雪，所以山腰处形成雨林生态。公园内动植物繁多，森林茂密，以“温带雨林”著称。公园山高，湖多，景色宜人，有高耸的峭壁、富饶的岛屿，退潮时有海星、海胆等海洋生物。海滨部分的公园内有 180 种鸟禽，包括本南特貂和斑纹猫头鹰等濒危动物，还可以看到雄伟的奥林匹斯山。游客可在同一次参观经历中体会一年四季的气候以及相应的不同自然生态。

（二）黄石国家公园

黄石国家公园简称为“黄石公园”。它始建于 1872 年，位于美国西部爱达荷、蒙大拿、怀俄明三个州交界处的洛基山区，是世界上第一个国家公园。密苏里河的一条支流发源于这个山地区域，并沿着一条岩壁呈黄色的峡谷流淌，所以人们把这里的山叫黄石山，河叫黄石河。公园位于河的源头区，因此被称为“黄石公园”，是美国建园历史最悠久、规模最大的国家公园。

黄石国家公园

黄石公园长168千米，宽142千米，总面积达8956平方千米，主要游览区由一条长达390千米的环山公路连接起来。园内最高峰海拔5350多米，全园海拔均在2450米以上。黄石公园中有许多令人陶醉的美景，公园中多峡谷景观，以黄石峡谷最著名。谷长40千米，深400米，宽500米，峡谷两岸有五彩的岩石。间歇喷泉和温泉是公园最富特色的景致，约占全世界间歇喷泉总数的50%以上。最具代表性的是"老实喷泉"，它每隔65分钟喷发一次，每次持续4~5分钟，水柱高达40米，它喷发时，姿态万千，引人入胜。瀑布也是公园中美丽的风景，以位于峡谷村的上、下瀑布最著名。黄石公园四季都有美景，此公园以保护自然风光著称于世，已经被列为世界自然遗产。另外，公园也是野生动物的保护地，生活在公园里的有重达1000千克的美国野牛，数量众多的大角鹿，以及黑熊、灰熊、麋鹿等，还有白鹭和天鹅等鸟类。

（三）峡湾国家公园

峡湾国家公园是新西兰最大的国家公园，位于新西兰南岛西南端，建于1952年，面积12120平方千米，也是世界上最大的国家公园之一。1990年，联合国宣布峡湾国家公园为世界遗产保护区。

峡湾国家公园是水创造的世界，除了过去冰川的深刻浅凿之外，湖泊、瀑布、河流、雨水、冰雹，都是塑造峡湾国家公园多变生态系统的主要力量。公园内最著名的湖泊位于南岛最深的马纳波里湖和最大的特阿瑙湖。马纳波里湖，毛利语为"伤心湖"，长约29千米，面积约190平方千米，最深处达447米。三个狭长的湖湾伸向南、北、西方向，形状如驰骋的骏马。湖内绿岛漂浮，较大的岛屿约有30个。湖的周围群山环拥，碧波闪闪，岛屿隐现，被誉为"新西兰最美之湖"。其西湾还建有新西兰最大的水电站。特阿瑙湖，面积约352平方千米，长约61千米，最宽处仅不足10千米，湖体狭长，西部三个狭长湖峡直插山间，形如低头吃草的长颈鹿。湖西山高林密，是狩猎胜地。1984年在湖滨发现一个岩洞，洞中石笋丛生，钟乳吊顶，景色非常迷人。一般的岩洞幽深黑暗，令人害怕，但这里的岩洞别有奇景：从洞外向里望，即使先前没有安装照明灯具，洞内也依然明光

熠熠蓝光闪烁，一石一景清晰可见，但当你进入洞内后，偶尔发出脚步声或其他声音时，顷刻间，亮光突然消失，一切归于黑暗。静静地等待一些时候，漆黑的洞顶又会渐渐明亮起来。在峡湾国家公园旅游会接触到当地原有的土著民族——毛利人。他们是新西兰的第二民族，有着世界上独一无二的迎宾礼节。

（四）奇特万国家公园

奇特万国家公园全称为“奇特万皇家国家公园”，位于尼泊尔南部特拉伊平原的天然动物保护区，是印度和尼泊尔之间喜马拉雅丘陵地带中为数不多的未遭破坏的自然区域之一。1984 年，被列入《世界遗产名录》。

奇特万国家公园地处两个河谷之间的亚热带平原，占地面积 932 平方千米。东西走向的河谷在喜马拉雅山脉支脉西瓦利克山脚下，海拔 150~760 米之间。公园里有世界上罕见的亚洲独角犀牛和孟加拉虎。这里生活着尼泊尔唯一的一群亚洲独角犀，这种动物仅产于尼泊尔、印度及印尼的少数地区，极为珍贵。孟加拉虎也是公园里的重点保护动物。奇特万国家公园的植被几乎都是盐质森林，覆盖面积达 60%。河水两岸的树林和野草错落相间，山上遍布松树和海枣树，潮湿的山坡上生长着竹子。

（五）大雾山国家公园

大雾山国家公园位于美国东部北卡罗来纳州和田纳西州交界处的南阿巴拉契亚山脉中，它是一个原始森林，四季浓雾笼罩，所以被称为“大雾山国家公园”。1983 年被列入《世界遗产名录》。

不同时刻，山雾呈现出不同的景象。清晨，大雾充满整个山谷，只有高处的山峰影影绰绰闪现于远方；中午，山雾变成了缕缕轻烟，缓缓地滑过山腰；日落时分，山雾又成了玫瑰色的云帘，映衬着夕阳下紫色的山岭。大雾山国家公园物产丰富，气候适宜，保存了很多古老的物种。树木繁多，有 130 多种，还有苔藓、菌类和地钱，这儿一年四季百花争艳。动物繁多，以美洲狮、黑熊最有名；其中两栖动物繁多，光蝾螈就有 27 种；鸟类有 200 多种，包括红花结啄木鸟。

（六）维龙加国家公园

维龙加国家公园是刚果的动物园，建于 1925 年，全园长约 100 千米，占地面积 7800 平方千米，是非洲最早创建的国家公园，1979 年联合国将其列入《世界遗产名录》。

大幅度的海拔高度使园内具有多样性的生态环境，园内有沼泽地，熔岩平原，生长着乔木、灌木的草原，山地森林等，被称为“非洲缩影”。动物种类也非常繁多，有羚羊、斑马、角马、大象、长颈鹿、黄羊、狮子、豹、野猪、猴类、河马、狒狒、野水牛、罗非鱼、非洲肺鱼、金鲶以及成群的鸟类等。其中羚羊有4.5万只、野牛4万头、大象1500多头、狮子600只、河马3.5万头，是目前世界上最大的河马群。还有珍稀动物——长毛大猩猩。游人若留宿于湖边的维希勃渔村，则会观看到当地渔民从湖里打捞上来的各种鲜鱼，其中包括罗非鱼、金鲶及富有研究价值的非洲肺鱼等。

（七）火山口湖国家公园

火山口湖是美国最深的湖泊，也是世界第七深的湖泊。在俄勒冈州西南部喀斯喀特山脉的南段，平面近似圆形，直径10千米，面积54平方千米，海拔1882米，最深589米。后火山爆发，积水成湖。1902年被辟为国家公园，是美国的第五个国家公园。

火山口湖国家公园占地面积650平方千米，湖中有许多小岛，湖水呈深蓝色，是一种少见的蓝。平静的湖面令人心旷神怡，这里景色秀丽，动植物繁多，公园中有环湖公路，水上有游艇，可以钓鱼。悬崖上有可爱的花栗鼠跳来跳去。公园的美景吸引了世界各地的许多游客，是不错的游览胜地。每年游客可以达到50万人。

（八）大沼泽地国家公园

大沼泽地国家公园建于公元1974年，现在已经覆盖5666平方千米。它位于美国南部的佛罗里达州南部尖角位置，有一条淡水河缓缓流过广袤的平原，造就了这种独特的大沼泽地环境。整个大沼泽长约160千米，宽约80千米，其中央是一条浅水河，河上有无数的低洼小岛。

辽阔的沼泽地、壮观的松树林和星罗棋布的红树林，为无数野生动物提供了安居之地。这里是美国本土上最大的亚热带野生动物保护地。园内栖息有300多种鸟类，成千上万只鸟儿被杀以供给羽毛。公元1905年，当局通过了一项法律以保护这一带被禁猎的鸟雀。现在有超过350种鸟雀在此栖息或经常来访，包括篦鹭、苍鹭、白鹭、白鹤及蛇鸟。目前，公园内鸟类数量减少93%，共有63种鸟类，其中14种濒临灭绝，外来物种的入侵、鱼类及其捕食中毒等都严重威胁着这个公园中鸟类的生存。目前在美国，大赛普里斯是这些美洲鳄的唯一栖息地。体形优美的海牛在佛罗里达半岛附近的海中游动，海牛一般长3米，重500千克。1993年12月大沼泽地国家公园被列入

《濒危的世界遗产名录》中，大沼泽地稀有的美洲豹、鳄鱼和水獭才在这片温湿多雨的荒野深处得以生存。

（九）乌卢鲁国家公园

澳大利亚是世界上仅次于美国，第二个开始建国家公园的国家，它的第一个国家公园便是1877年建立的乌卢鲁国家公园。公园位于澳大利亚炎热的内陆沙漠地区，东距艾利斯泉城300多千米。公园以坐落着爱尔斯岩和奥尔加岩而著称，代表着这个国家的远古历史。

乌卢鲁国家公园里，有植物480种、爬行动物70种、哺乳动物40种。爬行动物中最著名的是巨蜥，它的体长可达2.5米，皮呈橄榄绿，装点着美丽的花纹。这个地区还有剧毒的褐眼镜王蛇和西部眼镜蛇，长达1.8米，生活在沙丘间的青蛙、蜥蜴、袋鼹以及跳鼠都是毒蛇很容易捕捉的猎物，也是澳大利亚野狗的猎物。红袋鼠有时也到这个地区来吃草，而胆小的岩袋鼠白天躲在岩洞里。大约有150种鸟在这里栖息，包括鸸鹋、楔尾雕和吸蜜鸟。奇异的岩石是乌卢鲁国家公园最独特的风景，世界上最大最高的单体岩石——爱尔斯岩就静卧在这里，石上没有天生的节理和层理，是一块完整的巨石。巨石正好耸立在澳大利亚的几何中心，四周是平原，它高出四周平地348米，长3000米，宽2500米，一石凸起，雄伟神秘。石中有一个极大的谷穴，内壁呈波纹状，风吹过，穴内会发出古怪的呼啸声，被称为“音谷”。奥尔加岩在爱尔斯岩东部约20多千米处，由28块圆形大岩石组成，有的连在一起、有的个别独立，最高处约540米，从地面算起，比爱尔斯岩高190多米。1994年，公园得以在世界文化遗产中进行重新登记，成为世界上第二个被称为“文化景观”的世界遗产。

（十）卡卡杜国家公园

卡卡杜国家公园，坐落在澳大利亚北部达尔文港以东约250千米的地方，面积约2万平方千米。卡卡杜国家公园保存了澳大利亚大陆最初的人类足迹，这是卡卡杜国家公园驰名世界的一大原因，较完整的自然生态原始环境和优美的景色是公园最值得称道之处。

卡卡杜国家公园由三部分组成，即沙石平原、一直起伏延伸到阿瑞纳黑姆西部悬崖的土地以及低处的洪积平原和潟湖。卡卡杜国家公园的三个中心分别在1981年、1987年、1992年被联合国教科文组织列入《世界遗产名录》。悬崖是公园里最具特色的景观，悬崖的底部和岩石平台上生活着大量的野生生物。有大约58种植物具有重要的保护价值。这些植物可以大致划分为13个门类，其中7个以桉树的独特属种占优势为特征，有美洲红树、草地、桉树林和成片的雨林。动物种类异常丰富，是澳大利亚北部地区的典型代表。公园中64种土生土长的哺乳动物占澳大利亚已知的全部陆生哺乳动物的1/4还要多。澳大利亚1/3的鸟类也在这里聚集繁衍，品种在280种以上，其中各种水鸟为其代表性鸟类。悬崖上有许多岩洞，里面已经发现了约1000处享有盛名的岩石壁画，有的壁画有1.8万~2.5万年的历史。卡卡杜国家公园内有瑙瑞兰哲河和玛哲拉河，它们分别是东、南阿尔季特河的支流。公园里的另一个著名景点就是图温瀑布，瀑布从高大的悬崖上倾泻下来，场面十分壮观。卡卡杜国家公园地区属热带草原气候，雨季和旱季对比明显。

（十一）汤加里罗国家公园

汤加里罗国家公园位于新西兰北岛中央，建于1887年，是新西兰最著名的火山公园。公园内有15座近代活动过或正在活动的火山口，呈线状排列，向东北延伸。1990年和1993年联合国教科文组织将汤加里罗国家公园作为文化和自然遗产，列入《世界遗产名录》。

鲁阿佩胡火山是北岛的最高点，海拔2796米，是一座只有75万年的年轻的活火山。鲁阿佩胡火山顶上终年白雪皑皑，是著名的滑雪胜地。鲁阿佩胡火山1996年的一次喷发，使白雪皑皑的山坡被一层厚厚的火山灰覆盖。火山中最壮观的是奈乌鲁赫火山，顶部为直径40米的火山口，是典型的圆锥形火山，自19世纪30年代以来，它一直处于活动状态，火山喷发多姿多彩，有时熔岩顺山坡流淌，改变了火山的形状，爆发也使火山口本身形状不断变化。汤加里罗火山海拔1968米，峰顶宽广，包括一系列火山口。这里有许多间歇泉向空中喷射沸水，还有许多泥塘沸腾翻滚，向上冒泡。气泡爆裂声震耳欲聋，空中弥漫着浓烈的刺鼻的硫黄味。汤加里罗国家公园有着丰富的地热资源，比如：沸泉、间歇泉、喷气孔、沸泥塘。泥塘中黄色的泥浆突突沸跳，就像熬稠的米粥，是这里的一大奇观。新西兰的国鸟几维鸟就生活在这个公园里，新西兰的国徽和硬币都用它做标记。几维鸟没有翅膀和尾巴，长着一个长嘴。长嘴除了觅食外，休息时也可以用来支撑自己的身体。此外，公园沼泽里还栖息着褐色、灰色的野鸭；森林中生活着成群的黑燕鸥、吵吵闹闹的鹦鹉等。

（十二）雷奥普拉塔诺生物圈

雷奥普拉塔诺生物圈位于洪都拉斯东北部的莫斯基蒂亚地区，格拉西亚斯—阿迪奥斯省。1982年被列入《世界遗产目录》。

生物圈占地总面积为50万平方千米，其中生物圈保留地面积有35万平方千米，缓冲地区为15万平方千米。海拔高度介于海平面与1326米之间。雷奥普拉塔诺生物圈内有数量丰富、种类繁多的植物和野生动物。生活着180多种两栖动物和爬行动物、39种哺乳动物、377种鸟类。珍稀动物有美洲湾鳄、古比埃姆鳄、美洲豹等。濒危动物包括大型食蚁动物、貘、美洲虎。雷奥普拉塔诺生物圈气候潮热，年均降水量随着地区的不同而变化，从2850毫米到3000~4000毫米之间。年平均气温约为26.6℃。此生物圈保留地还是玛雅文化的重要遗址，曾发现古代石雕和动物图案的磨石。保护区内的白色城市——布兰卡城，是最重要的玛雅文化考古遗址之一。

（十三）库克山国家公园

库克山位于南阿尔卑斯山景色最壮观秀丽的中段，南起阿瑟隘口，西接迈因岭，公园长64千米，最窄处有20千米，占地70696平方千米，冰河面积占40%，1990年被列入《世界名产遗录》。

公园内共有15座海拔3000米以上的山峰，海拔2000米以上的山峰则多达140座，山峰连绵起伏，气势磅礴，蔚为壮观。登山是一个不错的活动。公园里面聚集着雪山、冰川、河流、湖泊、山林，以及动物和高原植被等。低地地区年降雨量约为4200毫米，高山地区由于冰雪的影响，年降水量可达5000毫米。公园的2/3被南部的山毛榉所覆盖，有一些树已有800年的高龄。公园动物繁多，里面的大鹦鹉是世界上仅有的高山鹦鹉。这里还有一种巨大的不会飞的南秧鸟，也属于稀有的濒危物种。

（十四）肯尼亚山国家公园

非洲的第二高峰——肯尼亚山海拔5199米，它是古代的一座著名死火山。山上有12条小冰川，它们融化迅速，还有4个次级山峰坐落在U形冰川谷的顶部。

肯尼亚山国家公园位于肯尼亚东部，距离首都内罗毕东北193千米处，它横跨赤道，距肯尼亚海岸480千米。肯尼亚山国家公园位于海拔1600~5199米，占地面积为1420.2平方千米，包括：肯尼亚山国家公园715平方千米，肯尼亚山自然森林70.52平方千米。1997年被列入《世界遗产目录》。随着海拔高度的变化，肯尼亚山上植物的种类也在不断变化，海拔较低的山坡上是山地森林，从海拔2500米以上长着浓密的竹林。公园里也生活着多种动物，有猴子、长颈鹿、水牛、大象、狒狒、大羚羊、小羚羊、野猪、香猫、土狼等动物，珍稀动物有大羚羊、肯尼亚鼹鼠、蜥蜴等。这里是

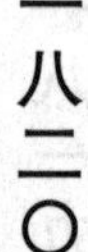

野生动物的天堂，较低的森林和竹林区的哺乳动物有大林猪、岩狸、白尾獴、非洲象、黑犀牛、岛羚、黑胸麂羚以及猎豹（高山区也可见到）。沼泽地的哺乳动物有肯尼亚山特有的鼩鼱、岩狸、麂羚。在整个北部斜坡和深达4000米的峡谷中生活着特有的瞎鼠。

（十五）冰川国家公园

冰川国家公园位于阿根廷圣克鲁斯省西南部的边境地区，纵贯南美大陆西部的安第斯山脉南段巴塔哥尼亚山脉东侧。冰川公园所在的冰川湖名为阿根廷湖，湖的面积达1414平方千米。1981年被列入联合国世界自然遗产。

这里的冰川是世界上最大的现代冰川之一，面积4459平方千米，有47座冰川，冰川公园有10座，消融的冰川注入大西洋。它的著名在于它是世界上少有的现在仍然“活着”的冰川，在这里每天都可以看到冰崩的奇观，最著名的莫雷诺冰川长35千米，前面有一道宽4000米、高60多米的水坝，冰川隔两三年会截断湖面一次，这种情况来回反复，极为壮观，是公园的一大奇景。公园中有着崎岖高耸的山脉和许多冰湖，其中包括167千米长的阿根廷湖。在湖的远端三条冰河汇合处，乳灰色的冰水倾泻而下，像小圆屋顶一样巨大的流冰带着雷鸣般的轰响冲入湖中，令人心惊胆战。主要植物群落是伦卡树，动物有分趾蹄鹿、水獭等。

（十六）丹那利国家公园

丹那利国家公园位于美国的阿拉斯加州，是仅次于黄石公园的美国第二大国家公园，是一片雄伟的高山陵绿区。

公园以北400千米就是北极圈，气候寒冷，人烟稀少，风景独特。著名的北美第一峰麦金利山就在这座公园里，是公园的主要景观。公园里拥有多种野生动植物，有几百种动植物，有35种以上的动物和130余种植物。1964年，阿拉斯加大地震彻底地毁坏了这里，从地震后直到人们回到这里重建家园，这里都保持着原状，所以这里是一片类似原始森林的土地。可以说是一个完全自给自足的生态系统。在这里可以感受到古代的深邃和静谧。麦金利山的雄伟和这里令人难忘的动物使丹那利国家公园吸引着世界各地的众多游客前来观赏。

（十七）化石林国家公园

化石林国家公园位于美国亚利桑那州北部的阿达马那镇，是世界上最大、最绚丽的化石林集中地，有许多古老的化石，所以被称为“化石林国家公园”。

化石林国家公园最吸引人的景色是由2.5亿年前的树木演化沉积而成的彩色岩石。这些景点或侧重于横穿彩色沙漠的狭长山谷的恢宏气势，或侧重于富有印第安土著文化特色的岩石雕刻。化石林地区有6片密集的“森林”，最美丽的叫作彩虹森林，其他的如碧玉森林、水晶森林、玛瑙森林、黑森林和蓝森林。它们原是史前森林，约在1.5亿年前的三叠纪年代被洪水冲刷裹带，逐渐被泥土、砂石和火山灰掩埋。几经地质变迁、陆地上升，才使这些埋藏在地下的树干得以重见天日。在公元6~15世纪，就有印第安人在此生息，他们在这里从事生产。公园中央有一条长45千米的公路。在“报纸岩”上，游人可以看到许多古印第安人留下的石刻，石刻的内容包括象形文字、大块砂石上雕刻的各种花纹、巨狮石刻以及人形和含有宗教象征意义的图案。这里的居民曾用化石树做成房屋和桥梁。

（十八）普林塞萨地下河国家公园

普林塞萨地下河国家公园位于巴拉望省的首府普林塞萨港市的市中心西北大约80千米处，北临圣保罗湾，东靠巴布延海峡，占地面积2.02万平方千米。公园的主要景观是被人们称为“地下河”或“圣保罗洞”的8千米多长的地下河，由此得名“地下河国家公园”。

公园有各种各样的地形：广袤的平原、起伏的丘陵和高峻的山峰，最令人瞩目的是圣保罗山区喀斯特岩溶地貌景观。公园90%多的地貌都由圣保罗山周围的尖锐喀斯特灰岩山脊组成，而圣保罗山本身是一系列的灰岩山峰沿着巴拉望岛的西海岸南北轴向连绵而成。这里有三种森林形式：低地森林、喀斯特森林和灰岩森林。大部分受保护的植被都处于原始状态，龙脑香属植物占多数。低地森林是巴拉望潮湿森林的一部分，有许多珍贵的野生动物，它拥有亚洲最繁荣的树木植物群。喀斯特森林只生长在土壤较多的有限区域内。海岸森林占地面积不大，红树林也是乌卢甘湾的重要植被，另外还有苔原、远岸海草地和珊瑚礁。

十一、世界地质公园

（一）坎普禾世界地质公园

坎普禾世界地质公园位于下奥地利州，距离维也纳西北大约 60 千米处。该区沿坎普禾向南延伸大约 40 千米，沿东西方向延伸大约 30 千米。坎普禾地区原来是意大利大陆上的亚平宁山脉的最后一个分支，后来由于地壳的运动，由元古代到二叠纪形成，这里出现了色彩斑斓的岩石。中生代和新生代期间的剥蚀作用，把这座高山削成了平地。此后，在地球腹地形成了陆源沉积物、蒸发沉积物和碳酸盐沉积物，上面覆盖着许多美丽的珊瑚礁和盐类。这里便形成了著名的坎普禾世界地质公园。公园地区的居民多以农业和林业为主，下游和曼哈茨山脉东翼是著名的葡萄种植区。有许多景点展示出地质历史，还有一个景点种植着“活化石”植物。

（二）普罗旺斯高地世界地质公园

普罗旺斯高地世界地质公园位于法国东南部的普罗旺斯阿尔卑斯山脉和瓦尔省中心的一个小镇上，距离尼斯以北约 150 千米、巴黎以南 800 千米，与阿尔卑斯山脉接壤。此公园是一个高 400～2960 千米的高地，公园里自然环境各种各样，生有橄榄树和造酒用的原料。地质保护区位于西阿尔卑斯山脉外部，位于南部亚高山链区域与南部倒转石灰岩区交界处，南部亚高山链经历过中等规模逆掩作用。公园地区的主要农业活动是养羊，旅游业也比较发达。

（三）贝尔吉施——奥登瓦尔德山世界地质公园

贝尔吉施——奥登瓦尔德山世界地质公园位于德国西南部，公园东西被夹在美因河谷和莱茵河谷之间，南临莱卡河谷。2004 年 2 月被联合国教科文组织列入《世界地质公园名录》。公园占地面积约 2300 平方千米。公园中两个著名景观是两次全球地质构造的遗迹。一是由于华力西造山运动形成的岩浆弧，是一个峡谷；一是阿尔卑斯造山运动期间的欧洲大陆分裂时形成的莱茵河地堑。这些地质遗迹在欧洲中部是独一无

二的，具有特殊的地质学意义，有很高的研究价值，可以研究地球形成的历史。

（四）布朗斯韦尔地质公园

布朗斯韦尔地质公园位于德国北部，环绕哈尔茨山脉，北部在布朗斯韦尔境地，直至弗莱希廷根山脊。公园占地面积为 11.5 平方千米，包括德国 3 个州的 18 个地区。公园的地层主要是由早三叠纪叠层石和鲕粒岩、中三叠纪的含有化石的石灰岩以及晚三叠系的三角洲沉积物组成的。这里有许多古生物的化石，如：菊石、昆虫和脊椎动物等。白垩纪地层的特征是沉积型铁矿石矿床（扎而茨吉特/派讷型）和萨博赫塞恩白垩纪向斜岩相，它是从陆地硅酸质碎屑物经三角洲向海相碳酸盐岩沉积物的过渡地带。哈尔茨山脉有许多独特的矿藏和岩石，已经具有 1000 多年的采矿历史。在哈尔茨山脉的北部可以清楚地看到典型的地质沉积年代的历史。

（五）麦克兰堡冰川地貌地质公园

麦克兰堡冰川地貌地质公园位于德国东北部，最后一次冰河时代创造了一个巨大的湖泊地形。公园里著名的景观就是有许多湖泊和水路，周边许多丘陵和田园般的城镇及乡村吸引了众多的游客。

梅克伦堡州的湖泊从萨克森的边境延伸到山谷的东部地区的山谷，北临波美拉尼亚的边境，这里平均每平方千米有 78 个居民，此湖区是德国居民最稀少的地区之一。1000 多个形状和大小各异的湖泊连接成了一个复杂的运河系统，形成了欧洲中部最大的水体。其中里兹湖面积 117 平方千米，是德国第二大内陆湖，湖的名字来源于斯拉夫语。湖上可以划船和冲浪。

（六）莱斯沃斯石化森林世界地质公园

莱斯沃斯石化森林世界地质公园位于希腊的莱斯沃斯岛的西部，占地面积 0.286 平方千米。这里保存了完好的石化树根、果实、树叶和树种等，记录下至少 2000 万年爱琴海盆地的地质历史，被誉为“自然保护纪念碑”。公园里的主要景观无疑是森林植物的树干、树枝、树叶等的化石。大约 2000 多万年以前，爱琴海北部的火山爆发，喷出了大量的碎屑和火山灰，掩埋了莱斯沃斯岛西部的茂密森林。由于将植物纤维与外界环境相隔绝，以及确保了黄铁矿中强烈的热液流体循环，植物纤维在最佳条件下发生了完整石化，并形成了形态特征和树木的内部结构都完好的植物化石。

（七）蒲赛罗芮特世界地质公园

蒲赛罗芮特世界地质公园位于希腊爱琴海南部的一个岛屿，占地面积 1159 平方千米，包括周围 157 个城镇和 42234 名居民。

蒲赛罗芮特山脉在蒲赛罗芮特世界地质公园中，它的北部区域在克利特岛的中心。蒲赛罗芮特山是克利特岛上的最高峰，高出地中海海底 5 千米。此公园包含独特的自然环境，有久远的历史、个性的文化、杰出的文明和迷人的地质特征，曾经是希腊克利特文明的发源地。公园的主要地质特征是叠层结构的岩石，大部分岩石都是岛上露出地面的岩层或片段。公园里有许多令人难忘的化石遗迹、洞穴、峡谷和丘陵，这些东西以及公园里的每一个角落都有清晰可见的地质结构。这些地质遗迹每年都吸引了众多的科研工作者。

（八）科佩海岸世界地质公园

科佩海岸世界地质公园位于爱尔兰的东南海岸，是爱尔兰唯一的一个世界地质公园。公园得名于 19 世纪坐落于此地的铜矿采集中心。公园包括长 25 千米的具有圆尺形状的海滩。大约 4.6 亿年以前海洋、火山、冰川的混合作用在沙漠上堆积下了层层老红砂岩，是构成此地质公园的主要地貌。公园里的著名景观是一个采矿遗迹，每年可以吸引众多游客来这里追寻那个属于欧洲工业的黄金时代。这里的地质环境多种多样，这里的地质可以研究黑色页岩、石灰岩、红色砂岩的形成过程。大约在 7000 年前，人类开始利用这里的岩石。周围散布着上几个世纪人类居住的遗迹，包括新石器时代的墓石碑坊、铜器时代的墓穴、凯尔特人的防御要塞、基督以前的碑铭以及中世纪遗迹。

（九）马东尼世界地质公园

马东尼世界地质公园位于意大利的西西里岛，占地面积 400 万平方千米，是亚平宁山脉的最后一个分支。大约 2 亿年前在相当于目前撒丁岛的位置上，由于地壳的运动形成了海盆沉积物。后来，在大约 1.5 亿年的时期内，某些沉积物沉没而其他部分上升，便在地球腹地形成了陆源沉积物、蒸发沉积物和碳酸盐沉积物，其上覆盖着钻石般的珊瑚礁和盐类。这里有许多地质遗迹和野生动植物，为地质学家的研究提供了宝贵的资料。

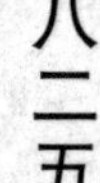

（十）马埃斯特世界地质公园

马埃斯特世界地质公园位于距阿利亚加7千米范围内。公园里的主要地质遗迹是陆地和海洋沉积物、矿物和化石以及壮观的褶皱与构造断层，还有一些地方提供了地层、大地构造和地貌的全景图，具有很高的地质研究价值。马埃斯特世界地质公园还有一个重要的古生物遗迹，包括恐龙化石以及脚印等。公园地区建有博物馆等，每年都有许多国外的学生来这里实习。

（十一）北奔宁山世界地质公园

北奔宁山世界地质公园位于英格兰北部的丘陵地区，占地面积约2000平方千米，包括坎布里亚郡、达拉谟郡和诺森伯兰郡。2004年2月被联合国教科文组织列入《世界地质公园名录》。公园的主要地质意义是通过石炭纪的岩石连续分布可以了解到这些岩石是如何形成和被压覆的，为研究英国以及其他地区的岩石提供了依据。公园内存在的大量矿藏可以成为在世界上其他地区研究和勘探类似矿床的理想参考物。此地质公园还有多种矿产，如：铅、银、铁、煤、重晶石和氟石，并且已经被开采。

（十二）阿伯雷与莫尔文山世界地质公园

阿伯雷与莫尔文山世界地质公园位于英国西米德兰兹郡地区，其边界落在赫里福郡、格洛斯特郡、什罗普郡和伍斯特郡境内，占地面积1250平方千米。公园里有两座著名的山脉：阿伯雷与莫尔文山。该公园的地质遗迹是一系列从寒武纪到侏罗纪和三叠纪的火成岩、变质岩和沉积岩，与一些具有国家意义的露头，展现出了5亿多年的地球演化史。莫尔文山是西米德兰兹郡地区最大的半天然植被区之一。该区还有珍奇的石松等一些稀有植物，包括国家稀有的鲜明棕色豹纹蝶在内的蝴蝶和飞蛾以及鸟兽。公园内还有濒危的动植物大叶榕和雄赤鹿。

（十三）苏格兰西北高地地质公园

苏格兰西北高地地质公园位于英国苏格兰大陆的北部，是苏格兰的第一个世界地质公园。公园从罗斯西部的一个小岛绵延到萨瑟兰郡的西部，并到达北部沿岸。大约30亿年以前，这里的岩石比山脉更为古老，由于地壳的运动，形成了现在的一系列高地，这些高地形状各异，具有重要的地质遗迹，吸引了众多的游人。

十二、世界著名文化遗产

（一）美国

1. 美国科罗拉多州梅萨维德印第安遗址（1979 年 7 月，被列入世界文化遗产，主要景点有：悬崖宫、绝壁宫殿等）。

2. 美国费城独立大厅（1979 年被列入世界文化遗产，主要景点有：华盛顿站立像、自由钟等）。

3. 密苏里州圣路易斯城东卡俄基亚土丘历史遗址（1982 被列入世界文化遗产，主要景点有：寺庙丘、古代部落）。

4. 大烟雾山国家公园（田纳西、北卡罗来纳州，1983 年，被列入世界文化遗产，主要景点有：博物馆、爬山观赏风景、钓鱼、划船、访问印第安人家庭等）。

5. 波所黎各的古堡与圣胡安历史遗址（1983 年被列入世界文化遗产，主要景点有：要塞、外围阵地、弹药库、城墙和埃尔卡纽埃罗塞等）。

6. 纽约港口自由岛上的自由女神像（1984 年被列入世界文化遗产，主要景点有：自由岛）。

7. 查科文化国家历史公园（1987 年被列入世界文化遗产，主要景点有：落基山脉的三个生态区、四个国家公园等）。

8. 夏洛茨维尔的蒙蒂塞洛和弗吉尼亚大学（1987 年被列入世界文化遗产）。

9. 陶斯印第安村（1992 年被列入世界文化遗产，主要景点有土著部落等）。

（二）老挝

1. 琅勃拉邦的古城（1995 年被列入世界文化遗产，主要景点有：普寺、国家博物馆等）。

2. 占巴塞文化风景区（2001 年被列入世界文化遗产，主要景点有：普高山、百细、瓦普神庙等）。

（三）巴拿马

1. 波托韦洛—圣洛伦索（1979 年被列入世界文化遗产，主要景点有：圣赫罗尼莫、古堡等）。

2. 巴拿马城考古遗址及巴拿马历史名区（1997 年及 2003 年被列入世界文化遗产，主要景点有：巴拿马运河、历史博物馆、国家公园、观景/古步行区域等）。

3. 硫磺石山要塞国家公园（1999 年被列入世界文化遗产，主要景点有：圣基茨 Basseterre、圣基茨和尼维斯圣基茨等）。

4. 塔瓦兰格的耶稣和巴拉那的桑蒂西莫—特立尼达耶稣会传教区（1993 年被列入世界文化遗产，主要景点有：迈克尔教堂、墨丘利教堂、天使长加百列、拉斐尔教堂等）。

（四）越南

1. 顺化历史建筑群（1993 年被列入世界文化遗产，主要景点有：皇城、皇陵、天姥寺塔、御屏山，还有静心湖、南郊坛、万年渡口、耀帝寺、慈航寺、灵光寺、祥云寺、保园寺等）。

2. 圣子修道院（1999 年被列入世界文化遗产，主要景点有：岘港、会安和美山）。

3. 会安古镇（1999 年被列入世界文化遗产，主要景点有：唐人街、观音庙、关帝庙等）。

（五）伊朗

1. 恰高·占比尔（神塔和建筑群）（1979 年被列入世界文化遗产，主要景点有：宫殿、陵墓和祭祀建）。

2. 波斯波利斯（1979 年被列入世界文化遗产，主要景点有：大会厅、觐见厅、宫殿、宝库、储藏室等）。

3. 伊斯法罕王侯广场（1979 年被列入世界文化遗产，主要景点有：阿里·卡普宫大门、正殿等）。

4. 塔赫特苏莱曼（2003 年被列入世界文化遗产，主要景点有：塔赫特苏莱曼纪念碑、袄教主圣堂、宫殿等）。

5. 帕萨尔加德（2004 年被列入世界文化遗产，主要景点有：赛勒斯二世的陵墓、警卫室、观众会堂、寝宫和花园）。

6. 巴姆城堡（2004 年被列入世界文化遗产，主要景点有：皇城、皇陵、天姥寺塔、御屏山，还有静心湖、南郊坛、万年渡口、耀帝寺、慈航寺、灵光寺、祥云寺、保园寺等）。

（六）柬埔寨

吴哥窟区（1992 年被列入世界文化遗产，主要景点有：须弥山金刚坛、宝塔等）。

（七）孟加拉

1. 巴凯尔哈特清真寺历史名城（1985 年被列入世界文化遗产，主要景点有：伊斯兰纪念碑、清真寺等）。

2. 帕哈尔普尔的佛教毗诃罗遗址（1985 年被列入世界文化遗产，主要景点有：博物馆、大寺院等）。

（八）哈萨克斯坦

1. 霍贾·艾哈迈德·亚萨维陵（2003 年被列入世界文化遗产，主要景点有：美山寺庙、罗赫达斯要塞、石窟庵等）。

2. 泰姆格里考古景观岩刻（2004 年被列入世界文化遗产，主要景点有：自然洞窟、崖壁岩阴、天井岩床等）。

（九）土库曼斯坦

古梅尔夫国家历史文化公园（1999 年被列入世界文化遗产，主要景点有：哈马达尼清真寺、斯兰教经学院、陵墓和宫殿遗址等）。

（十）印度

1. 阿旃陀石窟群（1983 年被列入世界文化遗产，主要景点有：石雕佛像、藻井图案和壁画等）。

2. 埃洛拉（埃卢鲁）石窟群（1983 年被列入世界文化遗产，主要景点有：德斯阿瓦特拉窟、罗婆那伽凯、凯拉萨神庙等）。

3. 亚格拉古堡（1983 年被列入世界文化遗产，主要景点有：希施宫、即镜宫、古堡的南门等）。

4. 泰姬·玛哈尔（1983 年被列入世界文化遗产，主要景点有：陵寝、寝宫、葡萄园等）。

5. 科纳拉克太阳神庙（1984 年被列入世界文化遗产，主要景点有：太阳神苏利耶的战车、2 对巨大的石雕车轮和 7 匹拉着战车的石马等）。

泰姬·玛哈尔

6. 默哈伯利布勒姆古迹群（1984 年被列入世界文化遗产，主要景点有：胜利女神庙、胜利女神浮雕、庙前石狮象征胜利、湿婆神庙等）。

7. 果阿教堂和修道院（1986 年被列入世界文化遗产，主要景点有：圣卡塔林娜小教堂、阿西斯教堂及修道院、大教堂、圣卡也达诺神学院和小教堂、圣母罗萨里奥教堂、圣奥古斯汀塔和仁慈耶稣修道院等）。

8. 卡杰拉霍建筑群（1986 年被列入世界文化遗产，主要景点有：瓦拉哈神庙、威斯瓦纳斯神庙和南迪神庙等）。

9. 汉皮古迹群（1986 年被列入世界文化遗产，主要景点有：露天广场、神殿等）。

10. 法塔赫布尔西格里（1986 年被列入世界文化遗产，主要景点有：清真寺、觐见宫、五层宫、土耳其素丹宫、水池、内宅等）。

11. 帕塔达卡尔建筑群（1987 年被列入世界文化遗产，主要景点有：马里卡纠纳寺、维努帕克沙寺、卡达斯德素瓦拉寺等）。

12. 埃勒凡塔石窟（1987 年被列入世界文化遗产，主要景点有：埃勒凡塔石窟佛像、象岛等）。

13. 坦贾武尔的布里哈迪斯瓦拉神庙（1987 年被列入世界文化遗产，主要景点有：牡牛殿、礼拜殿、前殿和毗摩那等）。

14. 桑吉佛教古迹（1989 年被列入世界文化遗产，主要景点有：佛塔、修道院、寺庙及圣堂等）。

15. 新德里的胡马雍陵（1993 年被列入世界文化遗产，主要景点有：新德里的胡马雍陵、东庙群、西庙群等）。

16. 新德里的顾特卜塔及其古建筑（1993 年被列入世界文化遗产，主要景点有：婆罗门寺庙、库瓦图伊斯兰清真寺等）。

17. 大吉岭喜马拉雅铁路（1999 年被列入世界文化遗产，主要景点有：哥特式教堂、总督官邸、宝塔等）。

18. 菩提伽耶的摩诃菩提寺（2002 年被列入世界文化遗产，主要景点有：娑巴纽塔、阿南达庙、阿难陀寺塔、卡拉威宫、他冰瑜塔等）。

19. 温迪亚山脉的比莫贝卡特石窟（2003 年被列入世界文化遗产，主要景点有：石窟遗址、石窟岩画等）。

20. 贾特拉帕蒂·希瓦吉终点站（2004 年被列入世界文化遗产，主要景点有：石头圆屋顶、塔楼、尖拱等）。

21. 尚庞—巴瓦加德考古公园（2004 年被列入世界文化遗产，主要景点有：迦密清真寺、史前（红铜时代）遗址、早期印度首都的一个山地要塞以及 16 世纪古吉拉特邦首都的遗迹等）。

（十一）澳大利亚

皇家展览馆和卡尔顿园林（2004 年被列入世界文化遗产，主要景点有：轨电车、歌剧院、画廊、博物等）。

（十二）斯里兰卡

1. 阿努拉德普勒圣城（1982 年被列入世界文化遗产，主要景点有：鲁梵伐利塔、伊苏鲁穆尼亚寺等）。

2. 波隆纳鲁沃古城（1982 年被列入世界文化遗产，主要景点有：楞迦帝罗迦殿、兰拘特·毗诃罗塔、吉里毗诃罗塔、伽尔寺、达米罗大塔等）。

3. 锡吉里亚古城（1982 年被列入世界文化遗产，主要景点有：清凉殿、喷泉公园等）。

4. 康提圣城（1988 年被列入世界文化遗产，主要景点有：佩拉尼亚王家植物园、佛牙寺、康提博物馆等）。

5. 加勒老城及其城堡（1988 年被列入世界文化遗产，主要景点有：新教礼拜堂、荷兰教堂和民舍等）。

6. 丹布勒金殿（1991 年被列入世界文化遗产，主要景点有：庙宇、佛骨堂、宫殿等）。

（十三）尼泊尔

1. 加德满都谷地（1979 年被列入世界文化遗产，主要景点有：朝圣中心、寺庙、圣祠、洗浴场所和公园等）。

2. 佛祖诞生地兰毗尼（1997 年被列入世界文化遗产，主要景点有：佛塔和佛寺、寺内有释迦牟尼的巨大塑像等）。

（十四）叙利亚

1. 大马士革古城（1979 年被列入世界文化遗产，主要景点有：篷市场、旅行车队圈地、宫殿、光塔和顶塔等）。

2. 阿勒颇古城（1986 年被列入世界文化遗产，主要景点有：乌马亚德大清真寺、伊斯兰建筑等）。

3. 帕尔米拉古城遗址（1980 年被列入世界文化遗产，主要景点有：凯旋门、王宫、雕像和贝勒神庙等古代建筑遗迹）。

（十五）朝鲜

高句丽古墓群（2004 年被列入世界文化遗产，主要景点有：五女山城、国内城、丸都山城、12 座王陵、26 座贵族墓葬、好太王碑和将军坟 1 号陪冢等）。

（十六）印度尼西亚

1. 婆罗浮屠寺庙群（1991 年被列入世界文化遗产，主要景点有：大堵波中的佛像）。

2. 普兰巴南寺庙群（1991 年被列入世界文化遗产，主要景点有：主庙拉腊·琼河格兰、毗湿奴殿、湿婆殿、梵天殿等）。

（十七）乌兹别克斯坦

1. 伊特察思·卡拉（1990 年被列入世界文化遗产，主要景点有：卡拉伊特岛，原始森林与红树林沼泽区）。

2. 布哈拉历史中心（1993年被列入世界文化遗产，主要景点有：各王朝修建的宫殿、清真寺等）。

3. 沙赫利苏伯兹历史中心（2000年被列入世界文化遗产，主要景点有：伊斯梅尔萨曼王陵、卡里安尖塔、马高基—阿塔里等）。

4. 处在文化十字路口的撒马尔罕城（2001年被列入世界文化遗产，主要景点有：列吉斯坦伊斯兰教神学院、比比·哈内姆大清真寺、贴木尔家族陵墓和兀鲁伯天文台等）。

（十八）多哥

古帕玛库景观（2004年被列入世界文化遗产，主要景点有：富有特色的泥制塔屋）。

（十九）巴基斯坦

1. 摩亨佐达罗考古遗迹（1980年被列入世界文化遗产）。

2. 塔克希拉（1980年被列入世界文化遗产，主要景点有：健陀罗王朝时期的石雕和泥塑佛像、伞形宝塔等）。

3. 塔克特依巴依寺庙和萨尔依巴赫洛古遗址（1980年被列入世界文化遗产，主要景点有：中心修道院、古城等）。

4. 塔塔城的历史建筑（1981年被列入世界文化遗产，主要景点有：加迈阿清真寺）。

5. 拉合尔古堡和夏利玛尔公园（1981年被列入世界文化遗产，主要景点有：纳乌卡拉官、镜厅等）。

6. 罗赫达斯要塞（1997年被列入世界文化遗产，主要景点有：宫殿、法庭、清真寺、坟墓等）。

（二十）菲律宾

1. 菲律宾巴洛克教堂（1993年被列入世界文化遗产，主要景点有：圣奥古斯丁教堂、奴爱斯特拉·塞纳拉·台·拉·阿斯姆史奥教堂、比略奴爱巴教堂等）。

2. 菲律宾科迪勒拉水稻梯田（1995年被列入世界文化遗产，主要景点有：巴塔克城、巴塔克城等）。

3. 维甘历史古城（1999 年被列入世界文化遗产，主要景点有：各式建筑、城镇）。

（二十一）蒙古

鄂尔浑峡谷文化景观（2004 年被列入世界文化遗产，主要景点有：宫城、外城、宗教建筑等）。

（二十二）泰国

1. 素可泰历史城镇及相关历史城镇（1991 年被列入世界文化遗产，主要景点有：古塔、佛像、石碑、池塘、堤坝和古瓷窑等）。

2. 阿育他亚（大城）历史城及相关城镇（1991 年被列入世界文化遗产，主要景点有：古城公园、寺庙、佛像）。

3. 班清阿考古遗址（1992 年被列入世界文化遗产，主要景点有：阿波罗神庙、露天剧场）。

（二十三）肯尼亚

拉穆古城（2001 年被列入世界文化遗产，主要景点有：斯瓦希里住宅博物馆、驴子避难所等）。

（二十四）贝宁

1. 阿波美王宫（1985 年被列入世界文化遗产，主要景点有：阿波美历史博物馆、兵器室等）。

2. 博茨瓦纳措迪洛山（2001 年被列入世界文化遗产，主要景点有："男人"山、"女人"山等）。

（二十五）马达加斯加

安布希曼加的皇家蓝山行宫（2001 年被列入世界文化遗产，主要景点有：塔那那里佛王宫陵墓、王宫等）。

（二十六）冈比亚

詹姆斯岛及附近区域（2003 年被列入世界文化遗产，主要景点有：村庄和城堡）。

（二十七）埃塞俄比亚

1. 拉利贝拉岩石教堂（1978 年被列入世界文化遗产，主要景点有：圣玛丽亚教堂比耶稣基督教堂、圣迈克尔、各各他教堂等）。

2. 贡德尔地区的法西尔盖比城堡及古建筑（1979 年被列入世界文化遗产，主要景点有：宫殿、教堂、修道院等）。

3. 阿瓦什低谷（1980 年被列入世界文化遗产，主要景点有：动物化石）。

4. 蒂亚（1980 年被列入世界文化遗产，主要景点有：蒂亚石雕、墓群等）。

5. 阿克苏姆考古遗址（1980 年被列入世界文化遗产，主要景点有：院、雕刻和碑文、巨大的石桌、石凳、王陵等）。

6. 奥莫低谷（1980 年被列入世界文化遗产，主要景点有：恩达・马里安姆・西翁大教堂、巨型石塔、石柱等）。

（二十八）几内亚和科特迪瓦

宁巴山自然保护区（1981~1982 年被列入世界文化遗产，主要景点有：峡谷、热带稀树大草原、长廊林等）。

（二十九）加纳

阿散蒂传统建筑（1980 年被列入世界文化遗产，主要景点有：露天剧场、王宫和博物馆等）。

（三十）马耳他

1. 哈尔・萨夫列尼地下宫殿（1980 年被列入世界文化遗产，主要景点有：岩石宫殿、地宫等）。

2. 瓦莱塔古城（1980 年被列入世界文化遗产，主要景点有：大公宫、圣约翰联合

大教堂等）。

3. 马耳他巨石庙（1980~1992 年被列入世界文化遗产，主要景点有：哈格尔基姆神殿、杰刚梯亚神殿、克雷蒂等）。

（三十一）苏丹

博尔戈尔山及纳巴塔地区（2003 年被列入世界文化遗产，主要景点有：麦罗埃城、陵墓、神庙等）。

（三十二）塞内加尔

1. 戈雷岛（1978 年被列入世界文化遗产，主要景点有：奴隶屋、圣佛郎西斯要塞等）。

2. 圣路易斯岛（2000 年被列入世界文化遗产，主要景点有：博物馆、美术馆、歌剧院等）。

（三十三）乌干达

巴干达国王们的卡苏比陵（2001 年被列入世界文化遗产，主要景点有：巴干达宫殿建筑群、宫殿）。

（三十四）阿根廷

1. 库埃瓦—德尔阿斯—马诺斯（1999 年被列入世界文化遗产，主要景点有：岩画画像）。

2. 科尔多巴耶稣会牧场和街区（2000 年被列入世界文化遗产，主要景点有：耶稣会牧场、大学、教堂等）。

3. 塔夫拉达·德乌玛瓦卡（2003 年被列入世界文化遗产）。

（三十五）马里

1. 杰内古城（1988 年被列入世界文化遗产）。

2. 廷巴克图（1988 年被列入世界文化遗产，主要景点有：贝尔大清真寺、伊斯兰金库等）。

3. 阿斯基亚王陵（2004 年被列入世界文化遗产，主要景点有：金字塔形坟墓、两个平顶清真寺建筑、清真寺公墓和露天的集会场地等）。

（三十六）津巴布韦

1. 大津巴布韦国家纪念地（1986 年被列入世界文化遗产，主要景点有：马耳他巨石庙、杰内古城、阿斯基亚王陵、戈雷岛、圣路易斯岛等）。

2. 卡米国家遗址纪念地（1986 年被列入世界文化遗产，主要景点有：萨迈帕塔考古遗址、奇洛埃教堂、欧鲁普雷图、卢嫩堡、卡塔赫纳、魁北克古城区等）。

3. 马托博山（2003 年被列入世界文化遗产）。

（三十七）南非

1. 罗布恩岛（1999 年被列入世界文化遗产）。

2. 斯泰克方丹，斯瓦特科兰斯，科罗姆德拉伊和维罗恩斯的化石遗址（1999 年被列入世界文化遗产，主要景点有：化石洞、科罗姆德拉伊化石洞）。

3. 马蓬古布韦文化景观（2003 年被列入世界文化遗产，主要景点有：杰内大清真寺等）。

（三十八）毛里塔尼亚

瓦丹、欣盖提、提希特和瓦拉塔古镇（1996 年被列入世界文化遗产，主要景点有：瓦拉塔、清真寺等）。

（三十九）尼日利亚

宿库卢文化景观（1999 年被列入世界文化遗产，主要景点有：酋长宫殿）。

（四十）哥伦比亚

1. 卡塔赫纳港口、要塞和古迹群（1984 年被列入世界文化遗产，主要景点有：圣彼得·克拉佛大教堂，还有十六、十七世纪建筑的修道院）。

2. 蒙波斯的圣克鲁斯历史中心（1995 年被列入世界文化遗产，主要景点有：宗教的纪念碑、教堂等）。

3. 铁拉登特罗国家考古公园（1995 年被列入世界文化遗产，主要景点有：雕塑、石刻、石棺以及雕有人物、动物、神话传说的岩石雕刻等）。

4. 圣奥古斯丁考古公园（1995 年被列入世界文化遗产，主要景点有：古典主义雕塑群、自然主义雕塑群、表现主义雕塑群等）。

（四十一）厄瓜多尔

1. 基多旧城（1978 年被列入世界文化遗产，主要景点有：圣弗朗西斯科教堂、孔帕尼亚耶稣教堂和明斯德女修道院）。

2. 昆卡的洛斯·里奥斯的圣安娜历史中心（1999 年被列入世界文化遗产，主要景点有：特色的乡村店铺、琼斯袖珍农场等）。

（四十二）古巴

1. 哈瓦那旧城及其工事体系（1982 年被列入世界文化遗产，主要景点有：拉富埃尔萨城堡和莫罗城堡）。

2. 特立尼达和洛斯因赫尼奥斯山谷（1988 年被列入世界文化遗产，主要景点有：尼特宫殿和坎特罗宫殿）。

3. 古巴圣地亚哥的圣佩德罗德拉罗卡堡（1997 年被列入世界文化遗产，主要景点有：罗卡圣地亚哥的圣佩德罗莫罗城堡和贝拉斯克斯纪念馆）。

4. 比尼亚莱斯山谷（1999 年被列入世界文化遗产，主要景点有：橡树、软木棕榈等）。

5. 古巴东南第一座咖啡种植园考古风景区（2000 年被列入世界文化遗产，主要景点有：咖啡种植园）。

（四十三）萨尔瓦多

霍亚—德赛伦考古遗址（1993 年被列入世界文化遗产，主要景点有：博物馆）。

（四十四）坦桑尼亚

1. 基尔瓦基斯瓦尼遗址和松戈马拉遗址 1981 年被列入世界文化遗产，主要景点有：宫殿、5 座清真寺）。

2. 桑给巴尔石头城（2000 年被列入世界文化遗产，主要景点有：阿拉伯式房屋、清真寺等）。

（四十五）加拿大

1. 拉安斯欧克斯梅多国家历史遗址（1978 年被列入世界文化遗产，主要景点有：木结构泥草房屋）。

2. 安东尼岛（1981 年被列入世界文化遗产，主要景点有：房屋、图腾柱、丧葬柱等）。

3. 美洲野牛涧地带（1981 年被列入世界文化遗产，主要景点有：分屠宰区、加工处理场和圈牛区）。

4. 魁北克古城区（1985 年被列入世界文化遗产，主要景点有：教堂、女修道院和一些纪念碑）。

5. 卢嫩堡旧城（1995 年被列入世界文化遗产，主要景点有：大西洋渔业博物馆、蓝鼻子二号等）。

（四十六）玻利维亚

1. 波托西城（1987 年被列入世界文化遗产，主要景点有：胡安·巴蒂斯塔教堂、多卡尔莫教堂、内维斯教堂、圣本托教堂等）。

2. 奇基托斯基督教传教区（1990 年被列入世界文化遗产，主要景点有：圣弗朗西斯科哈维尔、康塞普西翁、圣阿尼娅、圣米格尔、圣拉斐尔和圣霍斯）。

3. 苏克雷城（1991 年被列入世界文化遗产，主要景点有：大学、博物馆、独立战争纪念碑、独立宫）。

4. 萨迈帕塔考古遗址（1998 年被列入世界文化遗产，主要景点有：巨型石塔、石柱）。

5. 蒂瓦纳科文化的精神和政治中心（2000 年被列入世界文化遗产，主要景点有：梯形金字塔、法庭和城市中心建筑）。

（四十七）危地马拉

1. 安提瓜危地马拉（1979 年被列入世界文化遗产，主要景点有：巴洛克教堂和修

道院）。

2. 基里瓜考古公园和玛雅文化遗址（1981 年被列入世界文化遗产，主要景点有：千柱广场、武士庙及庙前的斜倚的两神石像）。

（四十八）智利

1. 拉帕努伊国家公园（1995 年被列入世界文化遗产，主要景点有：岛上的 1000 座以上的巨大石雕像以及大石城遗迹）。

2. 奇洛埃教堂（2000 年被列入世界文化遗产）。

3. 瓦尔帕莱索港口城市历史区（2003 年被列入世界文化遗产，主要景点有：博物馆）。

（四十九）洪都拉斯

科潘玛雅古迹损址（1980 年被列入世界文化遗产，主要景点有：科潘遗址祭奠台、科潘遗址文物、科潘遗址建筑、科潘遗址石雕神像）。

（五十）黎巴嫩

1. 安杰尔（1984 年被列入世界文化遗产，主要景点有：倭马亚清真寺、宫殿）。

2. 巴勒贝克（1984 年被列入世界文化遗产，主要景点有：巴勒贝克神庙、朱庇特神殿等）。

3. 比布鲁斯（1984 年被列入世界文化遗产，主要景点有：雄伟的十字军城堡、施洗者圣约翰教堂）。

4. 提尔城（1984 年被列入世界文化遗产，主要景点有：罗马使列柱大街、宏伟的凯旋门、浴场、剧院和战车竞技场等）。

（五十一）海地

国家历史公园：城堡、圣苏西宫、拉米尔斯堡垒（1982 年被列入世界文化遗产，主要景点有：皇家独木舟码头、神庙、茅草屋等）。

（五十二）尼加拉瓜

莱昂·别霍遗址（2000 年被列入世界文化遗产，主要景点有：萨格拉里奥教堂、耶稣会教堂和圣弗朗西斯科教堂）。

（五十三）阿富汗

1. 查姆回教寺院尖塔和考古遗址（2002 年被列入世界文化遗产，主要景点有：小型城堡、墓地、水库和地下水道）。

2. 巴米扬谷文化景观和考古遗址（2003 年被列入世界文化遗产，主要景点有：佛教寺院、庙宇）。

（五十四）阿尔及利亚

1. 贝尼·哈玛德的卡拉城（1980 年被列入世界文化遗产，主要景点有：贝尼·哈迈德城堡、祷告室、清真寺）。

2. 杰米拉（1982 年被列入世界文化遗产，主要景点有：卡拉卡拉拱门、容纳 3000 人的歌剧院）。

3. 蒂帕萨（1982 年被列入世界文化遗产，主要景点有：庙宇、教堂、商店、剧院、斗售场、喷泉、古罗马大道等）。

4. 蒂姆加德（1982 年被列入世界文化遗产，主要景点有：剧场、图书馆、市场、客店、旅馆、作坊遗址）。

5. 阿尔及尔城堡（1992 年被列入世界文化遗产，主要景点有：要塞、古清真寺和土耳其风格宫殿遗址）。

（五十五）圣基特和威尼维斯岛

1. 突尼斯的阿拉伯人聚居区（1979 年被列入世界文化遗产，主要景点有：基督徒的地下墓窟、罗马人的镶嵌工艺品、拜占庭城堡的遗迹和阿拉伯人聚居区的壁垒等）。

2. 迦太基遗址（1979 年被列入世界文化遗产，主要景点有：古罗马斗兽场、古城遗址和剧场）。

3. 杰姆的圆形竞技场（1979 年被列入世界文化遗产，主要景点有：古罗马竞技

场）。

4. 耶路撒冷旧城及其城墙（1981 年被列入世界文化遗产，主要景点有：岩石圆顶寺、圣殿广场上、哭墙等）。

5. 苏塞古城（1988 年被列入世界文化遗产，主要景点有：古老土著人聚居区、建有大清真寺的阿拉伯人聚居区、伊斯兰教修道院等）。

6. 凯鲁万（1988 年被列入世界文化遗产，主要景点有：大清真寺、总督府等）。

7. 沙格镇（1997 年被列入世界文化遗产，主要景点有：女神宫殿和喀拉凯拉大帝的庙宇等）。

（五十六）巴拉圭

塔瓦兰格的耶稣和巴拉那的桑蒂西莫—特立尼达耶稣会传教区（1993 年被列入世界文化遗产，主要景点有：大教堂、大学、修道院、墓地等）。

（五十七）墨西哥

1. 帕伦克古城和国家公园（1987 年被列入世界文化遗产，主要景点有：神庙、宫殿、广场、民舍）。

2. 墨西哥城与赫霍奇米尔科历史中心（1987 年被列入世界文化遗产，主要景点有：五座阿兹特克庙宇、五座阿兹特克庙宇等）。

3. 特奥蒂瓦坎（1987 年被列入世界文化遗产，主要景点有：太阳神金字塔、月亮神金字塔、羽蛇神庙等）。

4. 瓦哈卡历史中心与阿尔班山考古遗址（1987 年被列入世界文化遗产，主要景点有：金字塔形神殿、球类游戏场、天文台等古建筑）。

5. 普埃布拉历史中心（1987 年被列入世界文化遗产，主要景点有：双塔大教堂、圣莫尼卡隐修院、圣多明各教堂）。

6. 瓜纳托历史名城及周围矿藏（1988 年被列入世界文化遗产，主要景点有：拉科姆帕尼阿教堂和拉巴伦宪阿教堂）。

7. 奇琴伊察古城（1988 年被列入世界文化遗产，主要景点有：金字塔神庙、柱厅殿堂、球场、市场和天文观象台）。

8. 莫雷利亚城历史中心（1991 年被列入世界文化遗产，主要景点有：瑰教堂、拉斯·蒙哈教堂和瓜达卢佩圣母教堂等）。

9. 埃尔塔津古城（1992 年被列入世界文化遗产，主要景点有：羽蛇神庙、月亮金

字塔）。

10. 萨卡特卡斯历史中心（1993 年被列入世界文化遗产，主要景点有：教堂、戏院）。

11. 圣弗兰西斯科山脉岩画（1993 年被列入世界文化遗产）。

12. 波波卡特佩特火山坡上最早的 16 世纪修道院（1994 年被列入世界文化遗产）。

13. 乌斯马尔古镇（1996 年被列入世界文化遗产，主要景点有：南神殿、鸽子宫）。

14. 克雷塔罗历史遗迹区（1996 年被列入世界文化遗产，主要景点有：国家大教堂、圣器收藏室等）。

15. 瓜达拉哈拉的卡瓦尼亚斯救济所（1997 年被列入世界文化遗产，主要景点有：建筑物的墙壁、拱顶和炮塔）。

16. 大卡萨斯的帕魁姆考古区（1998 年被列入世界文化遗产，主要景点有：土坯建筑和 T 型门）。

17. 塔拉科塔潘历史遗迹区（1998 年被列入世界文化遗产，主要景点有：带柱廊房屋、街道等）。

18. 霍齐卡尔科的历史纪念区（1999 年被列入世界文化遗产，主要景点有：霍奇卡尔科的博物馆、大金字塔寺庙）。

19. 坎佩切历史要塞城（1999 年被列入世界文化遗产，主要景点有：玛雅古迹、卡门等）。

20. 坎佩切卡拉科姆鲁古老的玛雅城（2002 年被列入世界文化遗产，主要景点有：中心广场、宫殿等）。

21. 克雷塔罗的谢拉戈达圣方济会修道院（2003 年被列入世界文化遗产，主要景点有：红色的墙壁、绿色的树荫、五彩的雕塑、喷泉流淌的广场）。

22. 路易斯·巴拉干故居和工作室（2004 年被列入世界文化遗产，主要景点有：花园、广场）。

（五十八）秘鲁

1. 科斯科古城（1983 年被列入世界文化遗产，主要景点有：巴洛克风格的教堂和宫殿、萨克萨曼圆形古堡）。

2. 夏文考古遗址（1985 年被列入世界文化遗产，主要景点有：老庙宇建筑、画廊）。

3. 昌昌城考古地区（1986 年被列入世界文化遗产，主要景点有：绿宝石庙和彩虹

庙）。

4. 利马的历史中心（1988~1991 年被列入世界文化遗产，主要景点有：圣法兰西斯修道院地下墓穴、圣马路丁广场、大教堂）。

5. 纳斯卡和朱马纳草原的线条图（1994 年被列入世界文化遗产，主要景点有：卡瓦奇大金字塔、庙宇和神龛）。

6. 阿雷基帕城历史中心（2000 年被列入世界文化遗产，主要景点有：坚固的城墙、拱门和拱顶、庭院）。

（五十九）西班牙

1. 拉曼恰自治大区的托莱多古城（1986 年被列入世界遗产名录，主要景点有：伊斯兰寺庙、托莱多大教堂等）。

2. 莱昂自治大区的布尔戈斯大教堂（1984 年被列入世界遗产名录的，主要景点有：布尔戈斯地方特色的石雕、穹窿碑石、门雕装饰、熙德夫妻的墓穴等）。

（六十）埃及

1. 孟菲斯及其墓地金字塔（1979 年被列入世界文化遗产，主要景点有：金字塔墓室、木乃伊、吉萨金字塔俯瞰图、太阳船等）。

2. 底比斯古城及其墓地（1979 年被列入世界文化遗产，主要景点有：卢克索神庙、太阳神、自然神和月亮神的庙宇）。

3. 阿布辛拜勒至菲莱的努比亚遗址（1979 年被列入世界文化遗产，主要景点有：阿布辛拜勒寺、小阿布辛拜勒庙、努比亚博物馆等）。

4. 伊斯兰开罗（1979 年被列入世界文化遗产，主要景点有：清真寺、苏丹哈桑清真寺、萨拉丁城堡）。

5. 阿布米那基督教遗址（1979 年被列入世界文化遗产，主要景点有：教堂、洗礼池、古罗马长方形会堂、公共建筑、街道、修道院等）。

6. 圣卡特琳娜地区（2002 年被列入世界文化遗产，主要景点有：修道院）。

（六十一）利比亚

1. 莱波蒂斯考古遗址（1982 年被列入世界文化遗产，主要景点有：神殿、露天剧场、市场、凯旋门、角斗场）。

2. 萨布拉塔考古遗址（1982 年被列入世界文化遗产，主要景点有：意大利神庙、伊西斯神庙等）：

3. 昔兰尼考古遗址（1982 年被列入世界文化遗产，主要景点有：神庙、柱廊、人工喷泉）。

4. 塔德拉尔特·阿卡库斯石窟（1982 年被列入世界文化遗产，主要景点有：城堡、庙宇、剧场、体育场等）。

5. 加达梅斯古镇（1986 年被列入世界文化遗产，主要景点有：加达梅斯古镇建筑、加达梅斯古镇遗址）。

（六十二）摩洛哥

1. 非斯的阿拉伯人聚居区（1981 年被列入世界文化遗产，主要景点有：伊斯兰学校、集市、宫殿、民居、清真寺、喷泉等）。

2. 马拉柯什的阿拉伯人聚居区（1985 年被列入世界文化遗产，主要景点有：邦迪阿宫、本·尤素福穆斯林大学、萨阿迪墓、数处宏伟的宫殿）。

3. 阿伊特·本·哈杜筑垒村（1987 年被列入世界文化遗产）。

4. 历史名城梅克内斯（1996 年被列入世界文化遗产，主要景点有：达尔马克赫宰王宫、西迪清真寺，穆拉伊·伊斯梅尔陵墓等）。

5. 瓦卢比利斯考古遗址（1997 年被列入世界文化遗产）。

6. 缔头万城（1997 年被列入世界文化遗产，主要景点有：十字军城堡、星形堡垒等）。

7. 索维拉城（原摩加多尔）（2001 年被列入世界文化遗产，主要景点有：达尔马克赫宰王宫、西迪清真寺，穆拉伊·伊斯梅尔陵墓等）。

8. 马扎甘葡萄牙城（2004 年被列入世界文化遗产，主要景点有：拉巴特王宫、乌达亚城堡、罗马古城废墟、缔头万城、奈加因工艺博物馆、摩洛哥达德河谷等）。

（六十三）约旦

1. 佩特拉（1985 年被列入世界文化遗产，主要景点有：卡兹尼宫殿、西克峡谷等）。

2. 库塞尔阿姆拉（1985 年被列入世界文化遗产，主要景点有：沙漠宫殿、大马士革大清真寺等）。

3. 乌姆赖萨斯考古遗址（2004 年被列入世界文化遗产，主要景点有：剧场、竞技

场和赛马场等）。

（六十四）也门

1. 萨那古城（1986 年被列入世界文化遗产，主要景点有：大清真寺、多层塔等）。

2. 城墙环绕的希巴姆古城（1982 年被列入世界文化遗产，主要景点有：阿尔·坎哈清真寺、星期五清真寺）。

3. 乍比得历史古城（1993 年被列入世界文化遗产，主要景点有：城堡、大清真寺和 Asa 清真寺等）。

（六十五）阿曼

1. 巴赫莱要塞（1987 年被列入世界文化遗产，主要景点有：小清真寺、巴赫莱堡垒）。

2. 巴特·库特姆和艾因考古遗址（1988 年被列入世界文化遗产，主要景点有：居民房和公共墓地的遗址、塔楼）。

3. 乳香之路（2000 年被列入世界文化遗产，主要景点有：神殿）。

（六十六）伊拉克

1. 哈特拉（1985 年被列入世界文化遗产，主要景点有：基督城、利特尔顿、港口、丘陵等）。

2. 亚述古城（2003 年被列入世界文化遗产，主要景点有：宫殿、神兽、尼尼微王家图书馆等）。

（六十七）韩国

1. 石窟庵和佛国寺（1995 年被列入世界文化遗产，主要景点有：青龙桥、白云桥、莲华桥、七宝桥、无说殿和极乐殿等）。

2. 印寺及八万大藏经藏经处（1995 年被列入世界文化遗产，主要景点有：大藏经板殿、秀搭拉藏等）。

3. 宗庙（1995 年被列入世界文化遗产，主要景点有：景福宫、曲祀厅、正殿）。

4. 昌德宫建筑群（1997 年被列入世界文化遗产，主要景点有：昌德宫、宣政殿、仁政殿等）。

5. 华松古堡（1997 年被列入世界文化遗产，主要景点有：哨楼、城垛、秘密通道和射箭台等）。

6. 庆州历史区（2000 年被列入世界文化遗产，主要景点有：史前石架墓碑、居昌、和顺和江华史前巨石纪念碑遗址）。

7. 济州火山岛与熔岩洞窟（2007 年被列入世界文化遗产，主要景点有：贝迪窟、北岳洞、大林洞、万丈窟、金宁窟、龙泉洞窟、当楚洞窟等）。

（六十八）日本

1. 法隆寺地区的佛教古迹（1993 年被列入世界文化遗产，主要景点有：金堂、梦殿等）。

2. 姬路城（1993 年被列入世界文化遗产，主要景点有：好子园、男山千姬天满宫和兵库县立历史博物馆等）。

3. 古京都历史古迹（京都、宇治和大津城）（1994 年被列入世界文化遗产，主要景点有：本愿寺、京都国立博物馆等）。

4. 白川乡和五屹山历史村座（1995 年被列入世界文化遗产，主要景点有：荻町、相仓和菅沼这三个村庄）。

5. 广岛和平纪念公园（原爆遗址）（1996 年被列入世界文化遗产，主要景点有：广岛和平纪念资料馆、和平纪念碑、凭吊原子弹受害者的供养塔和慰灵碑及上面点亮着和平之灯的喷水池等）。

6. 严岛神殿（1996 年被列入世界文化遗产，主要景点有：严岛神殿主殿、祈祷殿、附属殿堂、五层宝塔等）。

7. 古奈良的历史遗迹（1998 年被列入世界文化遗产，主要景点有：东大寺、春日大社、兴福寺、药师寺、唐招提寺、元兴寺等）。

8. 日光的神殿与庙宇（1999 年被列入世界文化遗产，主要景点有：仁王门、二天门、御水房、夜叉门、唐门等）。

9. 琉球王国时期的遗迹（2000 年被列入世界文化遗产，主要景点有：城墙遗迹、古城以及王陵等）。

10. 纪伊山脉胜地和朝圣路线以及周围的文化景观（2004 年被列入世界文化遗产，主要景点有：熊野那智大社、熊野速玉大社、熊野本宫大社等）。

11. 知床（2005 年被列入世界文化遗产，主要景点有：原始森林、知床五湖等）。

12. 石见银山遗迹与文化景观（2007 年被列入世界文化遗产，主要景点有：龙源

寺、大森街道、温泉)。

十三、世界上的长城

(一)朝鲜长城

公元1033~1044年修筑从朝鲜西北部的鸭绿江下游起，沿着崇山峻岭伸展到东海的东朝鲜海湾滨，长370多千米的城墙，被称为朝鲜的千里长城。

(二)印度长城

500多年前印度人民为了抵御外来侵略，修建了一条全长70千米的长城，建有烽火台32座，是国外至今保存最完好的长城。

(三)澳大利亚长城

建于20世纪60年代，位于昆士兰州，长达5531千米，高1.8米。是目前国外最长的长城。

(四)英国长城

公元117~138年古罗马皇帝哈德良在英国的英格兰与苏格兰之间，沿着分界线上修建的一条土墙，称为英国的哈德良长城。它自东海岸至西海岸，全长73英里。

(五)德国长城

公元1世纪，古罗马人在莱茵河和多瑙河之间修建了一座防御墙，此后不断扩建加长，总长达584千米，是国外最早的长城，但比中国的长城仍要晚4个世纪。

十四、世界著名古堡

（一）德国瓦尔特堡

瓦尔特堡坐落在德国图林根州的北部山区，文化名城艾森纳赫西郊的山巅。属艾森纳赫市，为罗曼式建筑。于1073年起建，在1952~1966年，东德政府出资对城堡进行了修复，如今是欧洲保存最完整的中世纪古城堡之一。在1999年，瓦尔特堡被联合国列为世界文化遗产。

（二）瑞士的西庸城堡

西庸城堡位于莱蒙湖畔的瑞士小城蒙特勒旁，城堡保持着中世纪独一无二的美丽。在其12世纪成了Savoy王族的所有和13~14世纪成了王族的夏宫时是西庸城堡的黄金期。从1536年到1798年，成了伯恩人统治，19世纪浪漫主义时代西庸城堡因为在Jean-Jacques Rousseau，Victor Hugo，Alexandre Dumas，Byron等著名作家的故事中登场而广为人知，其中《西庸城堡的罪人》（The Prisoner of Chillon）是闻名世界的名著。

（三）英国霍华德府邸

霍华德府邸（Castle Howard）位于约克市以北24千米处，约克市位于英格兰北约克郡。18世纪初，英国少数大贵族开始执掌内阁，那时他们的庄园府邸不仅规模赶上了王宫，风格也力图宏伟，在这类府邸中最著名的就有霍华德府邸。

（四）德国宁芬堡

建于1664至1728年，坐落在慕尼黑西北郊，是历代王侯的夏宫。它正面长达600米。这座宫殿虽然没有法国国王路易十四王宫那样的规模，但还是德国这类宫殿中最大的一座。其中以南端的仕女画廊最为著名。

德国新天鹅堡

（五）德国新天鹅堡

新天鹅岩城堡的名字来源于中世纪，是座白墙蓝顶的神话城堡，位于德州福森小镇上，始建1869年。新天鹅城堡又名“福森白雪公主城堡”，新天鹅城堡是德国的象征，被德国人引以为傲。

（六）法国的朗热堡

朗热城堡修建于15世纪，城堡完工于15世纪后半叶，是一座典型的防御堡垒，城堡中许多房间都有十五六世纪的锦缎装饰画。

（七）德国霍亨索伦堡

德国南部最著名的两大城堡之一，位于图宾根南方20千米的丘陵上。霍亨索伦堡建于11世纪，现今的霍亨索伦堡是于1850至1867年，由普鲁士建筑家Von Prittwitz和Stuler共同改建的，古堡等于是霍亨索伦家族的发源地，霍亨索伦堡就似充满英雄主义的阳刚之气，这也正代表普鲁士王朝的辉煌历史。

（八）芬兰的图尔库城堡

图尔库城堡位于奥拉河的入海口旁。建于1280年，古朴的城堡是用岩石垒成的，高大的外墙没有任何装饰，露出常年风雨侵蚀的痕迹。图尔库城堡不仅是芬兰最早、最大的城堡，而且还是芬兰最重要的城堡，在芬兰乃至整个北欧的历史上扮演着重要的角色。

（九）瑞典的格里普斯科尔摩城堡

格里普斯科尔摩城堡位于瑞典，建于450多年前。世界九大著名魅力古堡之一。也是瑞典国家肖像画廊所在地。

（十）英国的爱尔兰朵娜城堡

城堡因其主人St. Donan而命名。St. Donan，原名是Abbot Donan。城堡因其地理位置三面环水又在西海岸，从来都是遭受入侵首当其冲的地方。日耳曼人，维京海盗，以及后来的西班牙人，都在这里登陆。

十五、世界著名博物馆

（一）森根堡自然博物馆

位于法兰克福市，是德国最大的自然博物馆，森根堡自然博物馆从世界各地收集的动植物标本、古生物化石标本和矿物岩石标本有数百万件，许多馆藏都是稀世之宝。其中的古生物展品非常丰富，包括各种古鱼类、恐龙、鱼龙、翼龙、始祖鸟和哺乳动物等各种门类。是世界上最著名的自然博物馆之一。

（二）故宫博物院

位于中国北京市中心，建立于1925年10月10日，有明清先二十四位皇帝在这里临朝为政和日常生活。它拥有世界上现存规模最大、保存最完整、建构最精致的古代宫殿建筑群，拥有150万件历史文物典籍和艺术工艺珍品，故宫博物院因此而举世闻名。是世界上现存最大最完整的古代建筑群，也是人类珍贵的文化遗产。

（三）伦敦大英博物馆

大英博物馆，又名不列颠博物馆，位于英国伦敦新牛津大街北面的大罗素广场，成立于1753年，距今已有200多年历史，1759年1月15日起正式对公众开放，位于英国伦敦新牛津大街北面的大罗素广场，是世界上最早成立的国家博物馆。博物馆里不仅有上千万部藏书，而且还有400万种邮票、100万枚金、铜币和各式各样、令人目不暇接的徽章。这里包罗万象的收藏，堪称世界之最。

（四）梵蒂冈博物馆

梵蒂冈博物馆的馆址是世界上博物馆中最早的，公元5世纪末就有了雏形。在16世纪与圣彼得大教堂同时扩建，总面积为5.5公顷，位于意大利罗马圣彼得教堂北面，原是教皇宫廷。分12个博物馆和5个艺术长廊，有著名的西斯汀教堂、庇奥·克里门提诺美术馆、伊突利亚美术馆等艺术殿堂。

（五）卢浮宫博物馆

卢浮宫博物馆又称罗浮宫，位于法国巴黎市中心的塞纳河北岸，始建于1204年，历经800多年扩建、重修，是世界上最古老、最大、最著名的博物馆之一。在这里珍藏着被誉为“世界三宝”的蒙娜丽莎、维纳斯和胜利女神。

（六）艾尔米塔什博物馆

艾尔米塔什博物馆位于圣彼得堡市中心涅瓦河畔的宫廷广场。艾尔米塔什源出于法语，意为“幽民的宫院”或“空灵之所”。博物馆于1764年由俄国女王叶卡捷琳娜二世创立，1852年开始向上层社会开放，博物馆有353个展厅，藏品达287万件，著名的有：达·芬奇的《圣母像》、拉斐尔的《圣母圣子图》和《圣家族》、伦敦朗的《浪子回头图》、提香、鲁木斯、委拉斯凯兹、雷诺阿等人的名作，艾尔米塔什博物馆与伦敦的大英博物馆、巴黎的卢浮宫、纽约的大都会艺术博物馆一起，被称为“世界四大博物馆”。

（七）纽约大都会博物馆

纽约大都会博物馆建于 1870 年，占地 8 公顷，是美国最大的博物馆。纽约大都会艺术博物馆又称“纽约城博物馆”“都城艺术博物馆”，是故宫博物院的 2 倍。仅画廊就 200 多个，藏有 36.5 万件各类文物和艺术品，号称是西半球最大的博物馆，是世界五大博物馆之一。

（八）盔甲博物馆

盔甲博物馆位于奥地利第二大城市格拉茨的海仁街州政府斜对面的军械库，兵器博物馆被誉为全世界最大的武器装备历史博物馆。1642 年建成，是中世纪时奥地利对土耳其军作战用的武器库，收藏了三万多件稀奇珍贵的古代军械，是全世界规模最大的古代兵器收藏馆。

（九）京都国立博物馆

京都国立博物馆是明治中叶时期建造的法式文艺复兴风格的博物馆，于 1897 年建成开放。占地 102.623 平方米，京都国立博物馆的馆藏品偏重于 11 世纪到 14 世纪的平安朝到室町幕府时期。还收藏了亚洲古代工艺美术品共 88800 多件，其中包括了普贤菩萨像、松林图屏风、平治物语绘词和白氏诗卷等 87 件国宝。由于京都国立博物馆具有特殊的历史价值，1969 年被列为日本的国家重要文物。

（十）皇家马来西亚三军历史博物馆

皇家马来西亚三军历史博物馆位在马来西亚国防部所在的营区内，共分成五个展示馆，每个馆均有不同主题，分别是一馆（太平洋战争）、二馆（马来亚内战）、三馆（名将录）、四馆（英雄榜）和五馆（联合国维和行动）。

十六、世界著名建筑

（一）克里姆林宫和红场

位于莫斯科的市中心，克里姆林宫初建于12世纪中期，红场长695米，宽130米，总面积9.035万平方米。

（二）杰内古城

坐落在尼日尔河与巴尼河交汇处，建立于公元765年，城内的古建筑约有2000座。

（三）埃夫伯里巨石遗址

位于英格兰威尔特郡索尔兹伯里平原上，建于约公元前4000~前2000年，属新石器时代末期至青铜时代。有5000年的历史，1986年收入世界文化遗产名录。

（四）贝宁阿波美王宫

位于贝宁南部，是古阿波美王国的王宫，1985年被列入世界文化遗产名录。

（五）也门希巴姆老城

位于阿拉伯半岛的沙漠中央，现存的建筑多为100年前或300年前建造的，1982年被认定为世界遗产。

（六）拉利贝拉岩石教堂

位于势比较高的埃塞俄比亚中的拉斯塔山脉，有“非洲奇迹”之称。是十二三世纪文明在埃塞俄比亚繁荣发展的非凡产物。

（七）挪威卑尔根

位于挪威西海岸，1070 年挪威王在此建都，故有“德国码头”之称。

（八）多瑙河及布达城堡区

多瑙河是一条著名的国际河流，形成的流域面积达 81.7 万平方千米，被人赞美为“蓝色的多瑙河”，1987 年被列入世界遗产目录。

（九）斯凯利格—迈克尔岛

建于公元 7 世纪，为欧洲现存最古老的修道院之一。

（十）圣米歇尔山及其海湾

位于诺曼底和布瑞坦尼之间离海岸很近的孤立岩石岛上，1979 年列入世界遗产名录。

十七、世界著名剧院

（一）澳大利亚雪梨歌剧院

雪梨歌剧院是澳洲人的骄傲，这座耗资十亿澳元之巨的歌剧院，被称为“世界上最有灵感的建筑”。

雪梨歌剧院造型新颖奇特，外形宛如一组扬帆出海的船队，又像一枚枚屹立在海滩上的洁白的大贝壳，与周围海景浑然一体，富有诗意。自 1973 年建成以来，雪梨歌剧院上演过无数经典歌剧，如瓦格纳的《众神的黄昏》，理察·施特劳斯的《随想曲》，莫扎特的《唐璜》，威尔第的《茶花女》和《西蒙·波卡涅拉》，普契尼《托斯卡》等。

（二）美国大都会歌剧院

美国大都会歌剧院是歌剧界中举足轻重的超一流艺术殿堂，有“歌剧之王”之称的普拉西多、多明戈、帕瓦罗蒂、卡雷拉斯等歌唱演员都曾在大都会歌剧院登台献艺。

目前的大都会歌剧院建于 1965 年，是纽约林肯表演艺术中心的核心部分。其建筑格融古典与现代于一体，是全世界屈指可数的大剧院之一。精彩剧目有普契尼的《阿依达》，威尔弟的《福斯塔夫》和《奥塞罗》，莫扎特的《魔笛》等。

（三）美国百老汇

百老汇，原意为“宽阔的街”，因此它不是一家剧院，而是以纽约市巴特里公园为起点，由南向北纵贯曼哈顿岛，全长 25 千米，两旁分布着几十家剧院的一条街。

百老汇的表演内容多以经典剧目为主，演员的表演服从剧情需要，以群体的肢体语言和出色的音乐吟唱来表现晚会主题。百老汇表演的基调为黑色，夸张、幽默、风趣、自然、轻松、活泼是百老汇的一贯表演风格。而今，百老汇大道是美国现代歌舞艺术、美国娱乐业的代名词。

（四）奥地利维也纳国家剧院

维也纳国家歌剧院是全世界公认第一流歌剧院，这栋有着希腊和罗马式混合建筑风格的歌剧院素有“维也纳的灵魂”之称。从 1869 年歌剧院落成的那天起，它就是音乐圣殿的象征。莫扎特的《魔笛》首演，从此揭开辉煌序幕。全世界最著名的作家、指挥家、演奏家、歌唱家和舞蹈家，都以能够在国家歌剧院演出而感到荣幸。

维也纳国家歌剧院每年演出达 300 多场，无论是歌剧还是芭蕾舞、歌剧院的节目没有一天是重复的。被世界公认的精彩剧目有莫扎特的《费加罗的婚礼》，贝多芬的《费岱得奥》，瓦格纳的《纽伦堡名歌手》等。

（五）维也纳金色大厅

金色大厅，全称为维也纳音乐协会金色大厅，并非一座独立的建筑，而是音乐之友协会大楼的一部分。有人会把维也纳国家剧院和金色大厅混为一谈，其实是两回事。

金色大厅是维也纳音乐生活的支点，也是维也纳爱乐乐团的常年演出场地。维也纳新年音乐会按照传统都会在这里举行，每年随着新年音乐会通过电视转播将该大厅金碧辉煌的装饰和无与伦比的音响效果展现在全世界的观众面前。该协会大楼由 Th · 汉森于 1867 年至 1869 年建造。

（六）意大利米兰拉 · 斯卡拉剧院

米兰的斯卡拉剧院一向被誉为“歌剧之麦加”，并以米兰大公的妻子斯卡拉王后的名字命名。歌剧院装修豪华，剧场内雕梁画栋，金碧辉煌，而且音响效果也极其突出。唐尼采蒂的《唐棣之花》、威尔地的《茶花女》、普契尼的《图花朵》和《蝴蝶夫人》等作品均在此进行首演。

（七）意大利威尼斯凤凰剧院

于 1792 建成，演出过《弄臣》《塞米拉米德》《卡普莱蒂与蒙泰奇家族》《罗密欧与朱丽叶》等，米兰斯卡拉歌剧院 1776 年重建，1907 年重修，1946 年修复完成。演出过《蝴蝶夫人》《伦巴底人》《阿伊达》《图兰朵》等。

（八）英国皇家歌剧院

法国大作曲家德彪西曾称赞英国皇家歌剧院代表了英国人最优秀的一方面，不但装修富丽堂皇，而且音效也尽善尽美。

从 1858 年直到现在，除了两次世界大战期间有过中断以外，每年都在特定的伦敦“演出季”推出歌剧作品。1892 年，科文特花园剧院得到了“皇家歌剧院”的荣誉称号，这期间，享有国际声誉的艺术家门纷纷来此登台献艺。

（九）俄罗斯莫斯科大剧院

莫斯科大剧院几度烧毁重建。1856 年 8 月，大剧院像“凤凰涅槃”一样再次获得新生。从此以后，剧院的内部结构和外貌没有发生过变化。

1919 年，俄罗斯五家历史最悠久的剧院被冠以“模范剧院”的称号，名列榜首的就是莫斯科大剧院。1941 年 10 月，一颗炮弹击中了大剧院，造成了很大的破坏。1943 年 9 月 26 日，修复后的莫斯科大剧院上演的第一部戏就是表现抵御外族入侵的《伊万 · 苏萨宁》

（十）俄罗斯莫斯科小剧院

建于 1824 年，1838~1840 年重建，剧院在 1840 年重新翻修过一次，以后就基本保持原样，剧院是一座三层建筑，式样淳朴大方，其观众大厅有 1100 个座位，演出过《聪明误》《食客》《单身汉》《钦差大臣》等。

（十一）法国巴黎大歌剧院

1875 建成的巴黎大歌剧院是法国拿破仑三世时期建筑艺术中的经典之作。剧院的立面布满了装饰性元素，这在那个时代是很典型的。结构复杂的豪华前厅比观众席大数倍，观众席内有 4 层包厢，可容 2100 人。许多著名的歌剧、舞剧都曾在此首演，如《拉可梅依》《非洲少女》等。

（十二）中国国家大剧院

于 2007 年 9 月建成，总占地面积 11. 89 万平方米，总建筑面积约 16. 5 万平方米，演出过《胡桃夹子》《天鹅湖》《尼金斯基》《魔笛》等。

中国国家大剧院

（十三）希腊雅典酒神剧场

1841 年开始，1895 年建成。能容纳 1. 4 万人观众。古希腊最伟大的剧作家埃斯库罗斯、索福克勒斯和阿里斯托芬，在酒神剧场演出自己的作品。

（十四）乌克兰敖德萨国立歌舞剧院

建于1809年，主台宽29米，深19米，后舞台宽17.5米，深12.5米，高11.6米。

（十五）爱尔兰都柏林阿比剧院

1951年剧院烧毁，1964年重建完成。能够容纳600名以上的观众。《枪手的影子》《朱诺与佩各》《犁与星》等。

（十六）德国柏林德国歌剧院

创建于1911~1912年，1961原址重建完成，演出了莫扎特的《唐璜》。拜罗伊特节日剧院，有1800个座位，演出过《特里斯坦和伊索尔德》《罗恩格林》《漂泊的荷兰人》《汤豪舍》《帕西发尔》等。

（十七）捷克布拉格民族剧院

1868年兴建，1881年建成，1883年修复，演出过如《扬—胡斯》《查理城堡之夜》《我们的那些傲慢者》《玛丽霞》《灯笼》《夏天》《罗素姆万能机器人》等。

（十八）阿根廷科隆大剧院

剧院于1889年始建，1908年建成。面积7050平方米，拥有观众座位3200个厅内设有世界最大的舞台，长35.25米，深34.5米。有很多世界有名望的指挥家、作曲家都曾在此指挥乐队演出过。

十八、世界著名墓地

（一）维也纳中央陵园

维也纳中央公墓坐落在奥地利首都维也纳东南郊，占地240公顷，共有墓穴33万

座，是维也纳最大，也是全欧洲第二大公墓，共安葬了250多万人。

历史上，许多维也纳乃至奥地利各界名人都安葬于此，然而，使维也纳中央公墓声名远播的，却不是这些名门政要，而是长眠于此的音乐家们。这里除了安葬着莫扎特、海顿、贝多芬、舒伯特和施特劳斯父子等20多位世界著名的音乐家外，还有一座被誉为“音乐神童”的莫扎特的纪念碑。

（二）莫斯科新圣女公墓

在莫斯科郊外有一个新圣女公墓，那里埋葬了俄罗斯民族历代的精英和骄傲。每天都会有大批的莫斯科市民来到这里，似乎只要在这里停留片刻，那些紧缩的心灵就会得到舒展和放松，平淡无奇的生活又会重新燃起希望的烛光。新圣女公墓是欧洲三大公墓之一，总面积7.5公顷，2.6万多个俄罗斯各个历史时期名人长眠于此。

（三）布宜诺斯艾利斯瑞克莱塔公墓

去布宜诺斯艾利斯，瑞克莱塔公墓总是首选之地。它在阿根廷历史上可谓是非常迷人的。最著名的坟墓非伊娃裴隆之墓莫属。安葬在那里的还有很多阿根廷的政治家、诗人和其他的名人。这个墓地设计的像一个城市，有宽阔的大道以及交错的小径，在其两旁，都是一些家族或个人的“房子”。有许多墓都维持得很好，然而也有很多墓穴因为没有家族沿袭下来而年久失修。有很多地穴被作为维修的小室。而清洁用的工具被放在灵柩的上面。

（四）法国拉雪兹神父公墓

拉雪兹神父公墓是巴黎市内最大的墓地，面积118英亩。被葬这里的是过去200年中为法国做出贡献的名人，每年吸引数十万来访者。它也是五场大战争的纪念地。

1804年让·德·拉封丹和莫里哀的遗体在一次盛大仪式中被改葬到拉雪兹神父公墓。1817年彼得·阿伯拉和爱洛依丝的墓也在盛大仪式中被迁到这里。在名人效应下，数年内拉雪兹神父公墓的永久墓葬就从十多个增加到了3.3万个。

（五）罗马尼亚欢乐墓园

欢乐墓园是一个奇怪的令人高兴的墓园，在那里有上百的木制墓碑，上面详细地画出了已故之人生平的点点滴滴，以及一些关于他们生平的诗文。在那些墓碑上没有任何风化的痕迹，因此那些绘画不会随着死去的人的记忆一起消退殆尽：

（六）布拉格旧犹太人公墓

在这里，你可以买到观看个人墓地的门票，但是不能参观周围的犹太人教会区。在对犹太人的大屠杀中，许多犹太墓区都被破坏了，而希特勒明确指出要完整的保存这一墓地，很明显，希特勒想要在他胜利之后将这里建成博物馆。

十九、世界上的凯旋门

（一）巴黎凯旋门

位于法国巴黎市中央星形广场，公元 1836 年为纪念拿破仑在奥克帕尔打败俄奥联军而建，门高 49. 54 米，宽 44. 82 米，刻有法国十八、十九世纪著名战士浮雕。

（二）柏林凯旋门

位于德国柏林市菩提树下大街西端，公元 1791 年为纪念普鲁士国王统一德意志而建，门高 11 米，宽 60 多米，顶部立女神、战车雕像。

（三）罗马凯旋门

位于意大利罗马帝国大道，为世界最早的凯旋门。北门是为纪念塞维罗皇帝远征波斯国而建。中门为纪念地都皇帝亲征耶路撒冷而建，南门为纪念君士坦丁大帝战胜暴君而建，三门中以南门最大。

（四）米兰凯旋门

位于意大利米兰市古城堡旁，公元 1807 年为纪念拿破仑征服意大利而建。门高 25 米，并矗立骏马、武士、古兵车塑像。

（五）平壤凯旋门

位于朝鲜平壤市牡丹峰下凯旋广场，公元 1982 年为纪念金日成投身共产主义革命而建。门高 66 米，宽 52.5 米，全部采用花岗岩砌成，门侧有浮雕群像，规模居世界诸凯旋门之首。

二十、世界各国标志建筑

（一）中国

天安门、万里长城、鸟巢

（二）法国

埃菲尔铁塔、凯旋门、巴黎圣母院、卢浮宫

（三）意大利

比萨斜塔、罗马斗兽场、米兰大教堂、圣马可大教堂

（四）德国

勃兰登堡门、科隆大教堂、新天鹅城堡、无忧宫

（五）英国

白金汉宫、伦敦塔桥、威斯敏斯特教堂、圣保罗大教堂、大本钟

（六）美国

白宫、自由女神像、金门大桥、林肯纪念堂

（七）俄罗斯

冬宫、红场、克里姆林宫、圣巴西利亚大教堂

（八）韩国

昌德宫、崇礼门、佛国寺、景福宫

（九）埃及

金字塔

（十）雅典

帕特农神庙

（十一）澳大利亚

悉尼歌剧院

（十二）印度

泰姬陵

（十三）马来西亚

双子塔

（十四）柬埔寨

吴哥窟

（十五）印度尼西亚

婆罗浮屠

（十六）缅甸

仰光大金塔

（十七）捷克

布拉格广场

（十八）梵蒂冈

圣彼得大教堂

（十九）西班牙

马德里皇宫

（二十）土耳其

圣索菲亚教堂

（二十一）比利时

布鲁塞尔大广场

（二十二）芬兰

赫尔辛基大教堂

（二十三）巴西

耶稣山

（二十四）匈牙利

马加什教堂

（二十五）埃塞俄比亚

拉利贝拉岩石教堂

（二十六）日本

东京塔、桂离宫、江户城、姬路城

二十一、古代世界文明七大奇迹

（一）吉萨金字塔

古埃及的吉萨金字塔耸立在尼罗河两岸的沙漠之上，离当时的首都孟菲斯不远，是古埃及时期最高的建筑成就。3 座最大、保存最完好的金字塔是由第四王朝的 3 位皇帝胡夫（Khufu）、海夫拉（Khafra）和门卡乌拉（Menkaura）在公元前 2600 年至公元前 2500 年建造的。胡夫金字塔高 146. 6 米，底边长 230. 35 米；海夫拉金字塔高 143. 5 米，底边长 215. 25 米；门卡乌拉金字塔高 66. 4 米，底边长 108. 04 米。胡夫金字塔是 10 座金字塔是最大的一座。

在海夫拉金字塔祭祀厅堂的门厅旁边，有一座高约 20 米、长约 46 米的狮身人首像，大部分就根据原地的岩石凿出。

（二）奥林匹亚宙斯神像

宙斯（Zeus）是希腊众神之神，是奥林匹亚（Olympia）的主神，为表崇拜而兴建的宙斯神像是当时最大的室内雕像，神像所在的宙斯神殿则是奥林匹克运动会的发源地。拜占庭的菲罗撰写记述七大奇观说：“我们以其他六大奇观为荣，而敬畏宙斯神像。”

在旅行家沙尼亚斯巴的《希腊游记》一书中，曾对宙斯神像做了详细的描述：“宙斯神主体为木制，身体裸露在外的部分贴上象牙，衣服则覆以黄金。头顶戴着橄榄枝编织的皇冠，右手握着象牙及黄金制成的胜利女神像，左手则拿着一把镶有各种耀眼金属打造的权杖，杖顶停留着一只鹫。”

神像昂然地接受人们崇拜达九百多年，但最后基督结束了一切。公元 393 年，罗马皇帝都路斯一世颁发停止竞技的命令，古代奥林匹克竞技大会也在这一年终止；公元 426 年，又颁发了异教神庙破坏令，宙斯神像遭到破坏，古希腊从此灰飞烟灭。

（三）罗德岛巨像

希腊罗德岛巨像是七大奇观中最神秘的一个，这座巨像建立在罗德市港口的入海处。它是希腊太阳神赫利俄斯的青铜铸像，高约 33 米，由建筑师查尔斯设计，经过十二年的兴建，于公元前 282 年完工。

公元前 226 年，一场大地震把这尊巨大的造像推倒。公元 654 年，罗德岛被阿拉伯人入侵，入侵者更便把遗迹运往叙利亚，使这个奇观的考察更加困难。

（四）巴比伦空中花园

跟罗德岛巨像一样，考古学家至今都未能找到空中花园的遗迹。

巴比伦的空中花园当然不是悬于空中，这个名称的由来，是因人们把原本希腊文“kremastos”及拉丁文“pensilis”，（除“悬挂”之外还有“突出”之意）错误翻译成“悬空”所致。

一般认为，空中花园是由尼布甲尼撒二世王（公元前 604 年）为了安慰思乡成疾的王妃安美依迪丝，仿照王妃在山上的故乡而建造的。据说它要由奴隶们转动机械装置，从下面的幼发拉底河里抽水来灌溉空中花园里的花草。

（五）阿尔忒弥斯神殿

阿尔忒弥斯是希腊神话中的月亮神、狩猎女神，是太阳神阿波罗的妹妹；而罗马神话则称她为戴安娜，埃及人称她为依西斯。在古代，希腊阿尔忒弥斯女神深受敬仰，人们为她建筑了七大奇观之一的阿尔忒弥斯神殿。

神庙建筑以大理石为基础，上面覆盖着木制屋顶。神殿最大的特色是内部有两排、至少 106 立柱，每根大约 12 至 18 米高。神庙的底座约为 60 乘 120 米。

神庙建成后，公元前 356 年毁于一场大火；在原址重建后，神殿于公元 262 年再罹火难。阿尔忒弥斯神殿曾经历过七次重建。公元前 356 年，神殿被大火及侵略者所毁，其后的重建，大理石柱长度增至 21.7 米，并且增建了十三级阶梯。后来，由于爱菲索斯人转信基督教，神殿在公元 401 年被毁。

（六）摩索拉斯基王墓庙

这座伟大的白色大理石陵墓是为摩索拉斯和他的妻子修建的，甫一建成就声名远播，不幸在公元 15 世纪初毁于大地震。现在伦敦大英博物馆还收藏有一点剩余的雕刻。

毛索洛斯墓庙底部建筑为长方形，面积是 40 米乘 30 米，高 45 米，其中墩座墙高 20 米，柱高 12 米，金字塔高 7 米，最顶部的马车雕像高 3 米。

在 15 世纪初哈利卡纳素斯被侵占，新的统治者为了建一座巨大的城堡，在 1494 年将毛索洛斯墓庙的一些石头用作建筑材料，时至今日，有不少的雕塑仍然幸存，并存放在英国伦敦的博物馆内。

（七）亚历山大灯塔

遵照亚历山大大帝（马其顿国王）的命令，亚历山大城的法罗斯灯塔于公元前 300 年建在一座人工岛上，它至少有 122 米高，用闪光的白色石灰石或大理石建成。

灯塔建成后，它的高度当之无愧地使它成为当时世界上最高的建筑物。一位阿拉伯旅行家在他的笔记中这样记载：“灯塔是建筑在三层台阶之上，在它的顶端，白天用一面镜子反射日光，晚上用火光引导船只。”1500 年来，亚历山大灯塔一直在黑暗中为水手们指引进港的路线。它也是六大奇迹中最晚消失的一个。十四世纪的大地震彻底摧毁了它。

二十二、中古世界六大奇迹

（一）意大利的罗马大斗兽场

罗马大斗兽场位于古罗马广场较低的一头，占地六英亩，像一座由石灰石垒成的顶部凹陷的小山。外墙高约一百五十七英尺，布满大得令人生畏的拱门；内部周长一千七百九十英尺，为一裂痕累累的巨大椭圆形砖石建。这座庞大的斗兽场在血腥味最浓的鼎盛时期始终座无虚席，可以想象看台上那狂热的场面。

（二）埃及亚历山大地下陵墓

亚历山大地下陵墓坐落在亚历山大城西南的马里尤特沙漠中，1980 年列入世界遗产名录。公元 3 世纪，埃及的殉教者美纳斯葬在这里，其墓地成为埃及最初的基督教徒朝拜圣地之一。在亚历山大主教和拜占庭王室的支持下，崇拜美纳斯的浪潮不仅席卷拜占庭帝国，而且波及罗马、高卢和日耳曼等地。阿拉伯人夺取埃及后，朝拜之风随之中断。到了法特米时代，圣地已无人问津。

（三）英格兰巨石阵

巨石阵又称索尔兹伯里石环、环状列石、太阳神庙、史前石桌、斯通亨治石栏、斯托肯立石圈等名，是欧洲著名的史前时代文化遗址，位于英格兰威尔特郡索尔兹伯里平原，约建于公元前 4000~公元前 2000 年，属新石器时代末期至青铜时代。

（四）南京大报恩寺琉璃宝塔

大报恩寺琉璃宝塔是明成祖朱棣为纪念其生母贡妃而建，高 80 米，9 层 8 面，周长百米。这项工程耗时近 20 年，使用的匠人和军工达 10 万人，耗资 248.5 万两银子。据传，塔建成后，9 层内外共设篝灯 146 盏，每盏芯粗 1 寸左右。

大报恩寺琉璃塔被西方人视为代表中国文化的标志性建筑之一。

比萨斜塔

（五）意大利比萨斜塔

比萨斜塔位于意大利托斯卡纳省比萨城北面的奇迹广场上。广场的大片草坪上散布着一组宗教建筑，它们是大教堂、洗礼堂、钟楼（即比萨斜塔）和墓园，它们的外墙均为乳白色大理石，各自相对独立而又风格统一。

钟楼始建于 1173 年，设计为垂直建造，但是在工程开始后不久便由于地基不均和土层松软而倾斜。1372 年完工，塔身向东南倾斜。

（六）土耳其索菲亚大教堂

索菲亚大教堂于 1037 年修建于雅罗斯拉夫城的中心。教堂长 37 米，宽 55 米，高 29 米，是智者雅罗斯拉夫为庆祝古罗斯军队战胜突厥佩切涅格人和颂扬基督教而修建的。

二十三、正在消失的世界古迹

（一）埃及卢克索神庙群

卢克索神庙群位于尼罗河西岸，聚集着大小 40 多座庙宇和成千座贵族的墓地，历史可以追溯到公元前 14 世纪。其中卡纳克神庙是世界上最壮观的古建筑物之一。但由于近年来尼罗河水位上涨导致神庙建筑表面有一层白色结晶，有盐碱化的迹象。卢克索神庙周围土壤沉积，海水不断侵蚀着神庙塔基，许多古墓中还灌满海水。古迹面临危险，目前世界文化遗产基金会正为卢克索神庙遗址保护制定管理方案。

（二）印尼珊瑚礁三角区

印度尼西亚珊瑚礁三角区是世界上种类最为繁多的海洋生物栖息地之一，从印度尼西亚东部水域一直延伸到巴布亚新几内亚、菲律宾、马来西亚部分和所罗门群岛。目前为止，科学家已在那里发现了逾 3000 种鱼类、600 种珊瑚。但是由于过渡捕捞和破坏性捕捞（如用毒药、炸药、破坏性网具捕鱼）越来越大的威胁，这不仅使海洋动物的数量急剧减少，而且还不断危及其栖息地。像石斑鱼、拿破仑隆头鱼等诸多鱼类正濒临灭绝。不断升高的海水温度还延长了“珊瑚漂白”的时间，加速珊瑚礁的消失，而且海水升高，生态破坏严重。

（三）马尔代夫群岛

印度洋上的群岛国家，南北长 820 千米，东西宽 130 千米，位于印度南部。由 26 组自然环礁、1192 个珊瑚岛组成，分成 19 个行政组，分布在 9 万平方千米的海域内，拥有世界上最丰富的海洋资源。2004 年印度洋海啸不仅毁坏了马尔代夫的基础设施，而且令一些小环礁消失，由于该国逾 80%的领土位于海平面以上 1 米处，因此更加受到全球变暖所引起的海平面上升被淹没的危险。

（四）伊拉克巴比伦遗址

巴比伦是古巴比伦王国的首都，位于美索不达米亚。是尼布甲尼撒国王建立的最大建筑世界七大奇迹之一的巴比伦空中花园，也位于这里。20 世纪以来，自从考古学家发现巴比伦古城遗址后，古城内的古物不断遭到抢掠、破坏和污染。

（五）中国长城

长城是中国悠久历史的见证。1987 年 12 月长城被列入《世界遗产名录》。中国的长城是人类文明史上最伟大的建筑工程，它始建于 2000 多年前的春秋战国时期，秦朝统一中国之后联成万里长城。长城位于中国北部，东起山海关，西到嘉峪关，全长约6700千米，通称万里长城。但近年来长城已有近三分之二被腐蚀，加之没有节制的旅游开发，目前对长城的保护不容乐观。

（六）秘鲁马丘比丘古城

位于秘鲁境内安第斯山脉中的马丘比丘，被称作印加帝国的“失落之城”。“马丘比丘”在印加语中意为“古老的山巅”。马丘比丘又被称为“消逝在云雾中的城市”，也被形容为神秘的空中之城。马丘比丘古城建于1460年左右，1911年被美国历史学家海勒姆·宾厄姆所发现，马丘比丘古城拥有200座各式建筑，每年吸引50万游客前来参观。不过由于位于地质断层带，游客的不断涌入令古城古老的石基日益受到磨损和破坏。而遗址周围的商业开发使马丘比丘古城面临着山崩的威胁。

（七）水上城市威尼斯

威尼斯是闻名的水上城市，自公元452年建城起，意大利所处的非洲板块目前正滑落到欧洲板块下面，引起亚得里亚海的海平面上升。使威尼斯一直以每百年超过一厘米的速度下沉。此外，意大利重工业不断从威尼斯城下抽取地下水，而货船和油轮经过时留下的潮水痕迹更加剧了这一趋势。

二十四、新世界五大奇迹

（一）约旦佩特拉古城

在死海和约旦阿克巴湾之间的沙漠峡谷中，藏着一座神秘的古城——佩特拉，公元前4~公元2世纪为纳巴泰王国首都。佩特拉在希腊语中是“岩石”之意，这个名字取代了《旧约圣经》中的“塞拉”一词。据神话传说，这里是摩西点出水的地方。公元前1世纪，在国王阿雷特斯三世统治时极其繁荣，疆土曾扩大到大马士革。公元106年被罗马帝国皇帝图拉真攻陷，沦为罗马帝国的一个省。曾作为商路要道盛极一时。3世纪起，因红海海上贸易兴起代替了陆上商路，佩特拉开始衰落，7世纪被阿拉伯军队

征服时，已是一座废弃的空城，直至 1812 年为瑞士人 J. L. 伯尔克哈特重新发现。

2007 年 7 月，佩特拉古城被评为“新世界七大奇迹”，票数排名第二，仅次于万里长城。

（二）巴西基督像

巴西基督像是一座装饰艺术风格的大型耶稣基督雕像，位于巴西里约热内卢，俯瞰着整个里约热内卢市，是该市的标志。他张开双臂欢迎来自世界各地的游客，是巴西人民热情接纳和宽阔胸怀的象征，也是世界最闻名的纪念雕塑之一。

这尊雕像体积庞大，有 200 吨重，左右手的指间距达到了 23 米。雕像中的耶稣基督身着长袍，双臂平举，深情地俯瞰山下里约热内卢市的美丽全景，预示着博爱的精神和对独立的赞许。耶稣像面向着碧波荡漾的大西洋，张开着的双臂从远处望去，就像一个巨大的十字架，显得庄重、威严。耶稣基督的身影与群山融为一体，一些云团不时飘浮在山峰之间，使耶稣像若隐若现，使他显得更加神秘圣洁。

（三）马丘比丘印加遗址

马丘比丘位于秘鲁库斯科省乌鲁班巴河左岸海拔 2430 米高的山上，三面临河，一面连山，常年笼罩在云雾之中。

马丘比丘建于公元 15 世纪，占地 13 平方千米，包括太阳神庙、军事堡垒、祭坛、贵族庭院、平民住房、市场、作坊、广场、浴池等近 200 座建筑和连接山坡与城市的约 3000 级台阶，与周围的自然环境浑然一体。山脊斜坡和后山辟有百余层梯田，用于种植粮食、蔬菜。遗址境内分布着许多“卫星城”，处处可见花园、通道、宫殿等宏伟建筑。公元 6~17 世纪之交遭到废弃。在大多数印加城市被西方殖民者破坏的情况下，唯有此处还保留着印加时代的风貌。

（四）奇琴伊察玛雅城邦遗址

奇琴伊察玛雅城邦遗址曾是古玛雅帝国最大最繁华的城邦。遗址拉于尤卡坦半岛中部，始建于公元 514 年。城邦的主要古迹有：千柱广场、武士庙及庙前的斜倚的两神石像。9 层，高 30 米的呈阶梯形的库库尔坎金字塔以及圣井（石灰岩竖洞）和筑在高台上呈蜗形的玛雅人古天文观象台。

（五）泰姬陵

泰姬陵全称为“泰吉·玛哈尔陵”，又译泰姬玛哈，是印度知名度最高的古迹之一，在今印度距新德里200多千米外的北方邦的阿格拉城内，亚穆纳河右侧，是莫卧儿王朝第5代皇帝沙贾汗为了纪念他已故皇后阿姬曼·芭奴而建立的陵墓，被誉为“完美建筑”。

泰姬陵由殿堂、钟楼、尖塔、水池等构成，全部用纯白大理石建筑，以玻璃、玛瑙镶嵌，绚丽夺目、美丽无比，有极高的艺术价值，是伊斯兰教建筑中的代表作。

二十五、考古发现

（一）吴哥窟

1860年的一天，法国博物学家姆奥为了寻找珍禽异兽，来到金边西北25千米处的洞里沙湖岸，并在这个荒凉的密林深处发现了震惊世界的吴哥遗址。这片重见天日的“废墟”却是一个辉煌灿烂的古文明曾经存在的铁证。吴哥窟又称“吴哥寺”，也叫“小吴哥”，梵语意为“寺之都”，是吴哥古迹群里最负盛名的一座古迹。吴哥窟位于柬埔寨的西北方，是柬埔寨最有名的古代建筑，也是世界上最大的宗教建筑。

吴哥窟建于公元12世纪，原是一千多座建筑群落的总称，现在保存下来的、尚有价值的只有数十座。整个庙宇由大石块砌成，缝隙严密，没有任何黏结物，有点像金字塔。吴哥窟坐东朝西，可分为东西南北四廊，每廊都有城门。一道由正西往正东的长堤，横穿护城河，直通寺庙围墙西大门。过西大门，又一条较长的道路，穿过翠绿的草地，直达寺庙的西大门。在金字塔式的寺庙的最高层，可见矗立着5座宝塔，周围4个小宝塔，主塔被围绕其中，塔内布局对称，有许多雕像、长廊。长廊外雕有许多神像。一百多年来，世界各国投入大量资金在吴哥窟的维护工程上，以保存这份世界文化遗产。吴哥窟的造型，已作为标志展现在柬埔寨的国旗上。1992年，联合国将吴哥窟列入世界文化遗产。

（二）图坦卡门之墓

1922 年，英国考古学家霍华德卡特发现了图坦卡门之墓，它位于帝王谷——一个充满传奇色彩的地方。这是一个重大发现，出土古物数量繁多，具有珍贵的历史价值。

图坦卡门之墓坐落于尼罗河西岸，与卢克索和卡纳克隔河相望，是典型的埃及十八王朝的设计。墓的入口有一段楼梯通往短走廊，第一个房门是前室，内有许多陪葬品。前室边上是附加室，远端通往墓室开口，墓里有图坦卡门的棺材，墓室旁边的库房是“宝藏室”，有墓壁画，最引人注目的是有 12 只猴子，代表夜间 12 个小时，在古埃及，猴子预示“太阳升起的动物”，进而意味“起死回生”，12 只猴子象征法老在阴间跨越生死交界处所需的 12 小时，墓室有 4 件镀金神龟，是法老的陪葬物。红色石英棺中有 3 层套棺，图坦卡门的木乃伊在最里层，由纯金制成重 110. 4 千克。

（三）乌尔发掘

历史上许多人曾经对乌尔进行发掘，许多人认为乌尔是一个容易发掘而又丰富的遗址。最早在乌尔进行发掘工作的是一位英国的总领事泰勒，他发掘了神庙的一小部分。在神庙最上层的 4 个角上有巴比伦最后那位国王拿波尼度（公元前 639 年）的书文，其结尾是一个为他儿子做的祈祷。泰勒后还有不少旅行家来到这里，他们都发现地面上散布着古老的巴比伦遗迹和写有符号的石头等。

在考古学家查尔斯·伦纳德·伍利的领导下，从 1922～1934 年大英博物馆和宾夕法尼亚大学开始资助对乌尔的发掘。他们一共发掘了约 1850 个墓葬，包括 1 6 座被称为“皇家墓葬”的、拥有众多古迹的墓，绝大多数墓已经被盗。在庙宇区外还发现了许多普通人的住房。在皇家墓葬的下面考古学家发现了一层淤积的黏土，在它的下面他们发现了更早的遗迹，其中包括欧贝德文化的陶瓷。

（四）科潘遗址

1576 年西班牙人迭戈·加西亚从危地马拉去洪都拉斯的圣佩德罗苏拉城途中，发现了这个淹没在草莽丛中的古城遗址，这就是有名的科潘遗址。遗址包括金字塔、祭坛、广场、6 座庙宇、石阶、36 块石碑和雕刻等。它位于洪都拉斯西部、靠近危地马拉边界的圣塔罗萨西 56 千米处的峡谷中。公元前 2000 多年为玛雅古王国首都，也是当时的科学文化和宗教活动的中心。

广场修建在林木丛生、起伏不平的丘原上，其中一座小丘上矗立着一座庙宇，它的台阶上竖立着一个巨大的代表太阳神的头像，上面有金星的雕饰。另一座庙宇台阶上有两个狮头人身像，嘴里叼着一条蛇，一只手攥着几条蛇，另一只手握着一把象征雨神的火炬。在山坡和庙宇的台阶上，耸立着一个个巨大的、神态各异的人头石像。在广场的山丘上，还有一座被称为“象形文字的阶梯”的祭坛阶梯，共有63级台阶，高约30米，宽10米，有60°的坡。它由2500块方石垒成，方石上刻着花纹及象形文字，每隔12米立有一个人头雕像。石阶两侧雕刻着两条倒悬着的花斑大蟒蛇。在广场中央，有两座有地道相通、对峙而立的祭祀太阳神和月亮神的庙宇。两座庙宇各长30米，宽10米。庙内墙壁和门框上有姿态各异的人像浮雕。两座庙宇之间的空地是一个球场。广场中心有14块矗立着的石碑，上面刻满了象形文字和男女人像。石雕都是由整块岩石雕刻而成，高低不一。据说是记载玛雅人发生重大事件的年鉴。

（五）帕哈尔普尔的毗诃罗遗址

19世纪初，一个重大的考古发现之一就是帕哈尔普尔的毗诃罗遗址被发掘出来，它位于瑙冈地区东北角，大约100年后，此遗址被列入世界文化遗产。

帕哈尔普尔的毗诃罗遗址的主体建筑是一座带有围墙的大型砖制寺庙，该庙占地0.09平方千米。在这个遗址从高达20多米的神庙的基座下发掘出了大量精美的雕刻品。这座名叫“索马普拉”的寺庙是公元8世纪达马帕拉国王在位时期修建的。寺庙位于一个四方形的庭院之中，在建筑风格上受一些东南亚国家尤其是缅甸和爪哇等国的影响，这些庙宇呈金字塔形、十字形。索马普拉寺庙建成之后的几百年内历经洗劫掠夺，之后索马普拉寺逐渐衰落、失修，直到被遗弃。

（六）美国梅萨沃德印第安遗址

美国的梅萨沃德印第安遗址位于科罗拉多西南部海拔2600米的梅萨沃德高原上。这些建筑大约建于6—12世纪。目前大约有3800处遗址被保存下来，其中包括现在被人们称为“绝壁宫殿”的建筑，它由200多个房间组成，风格独特，其宏伟的气势至今被人们称道。出土的许多史前器具都珍藏在博物馆，吸引着众多游人。早在公元前6世纪，阿那萨兹人或者别的古代人就在这块既高又平的土地上繁衍生息。极目远眺，只见悬崖之上坐落着5个壮观的聚居区，遗址之巅散布着无数阿那萨兹人在公元前600—公元1300年生活过的村落。1978年9月8日联合国认定此遗址为“世界文化遗产公园”，因为这里保存着迄今最为完整的阿那萨兹人的文化记录。

（七）埃及金字塔

埃及的金字塔是世界公认的古代世界七大奇迹之一，它是古埃及辉煌文明的见证，代表了埃及悠久的历史和灿烂的文化。埃及的金字塔位于首都开罗西南约 10 千米的吉萨，是古埃及法老的陵墓。1979 年被联合国教科文组织列入《世界遗产名录》。

埃及已发现大大小小的金字塔 110 座，大多建于埃及古王朝时期。在埃及已发现的金字塔中，最大最有名的是位于开罗西南面的吉萨高地上的祖孙三代金字塔。胡夫金字塔、海夫拉金字塔和门卡乌拉金字塔，与其周围众多的小金字塔形成金字塔群，为埃及金字塔建筑艺术的顶峰。第四王朝法老胡夫的陵墓——胡夫金字塔是其中规模最大最高的一座金字塔，被称为世界古代七大奇迹之一。胡夫金字塔原高 146.59 米（约 48 层楼高），大约是公元前 2560 年完成的。在经历了几千年的风化之后，顶端剥落，现高 136.5 米，塔身由约 230 万块巨石组成，平均每块石头重约 2.5 吨，其中最大的一块重约 16 吨。金字塔上的巨大岩石非常平整光滑，石块之间没有任何黏结物，却拼合得天衣无缝。古人是怎样把这种金字塔修建起来的，至今还是一个未解之谜。1993 年初，考古学家在埃及吉萨省的金字塔区考察时，意外地发现了一个规模庞大的古墓群，里面共有 160 多个古墓，墓里的象形文字记录了金字塔修建时的情况。

埃及金字塔

（八）尼安德特人

尼安德特人又称尼安德塔人，简称尼人。尼安德特人 17 万年前生活在欧洲、中亚和中东等地区。

尼安德特人是穴居者，偶尔也在露天地建造营地。洞穴的入口有时用石块砌小，岩穴也常常用这种方法加以改善。他们使用火，猎取一些小的和中等大小的动物，如山羊和小鹿，并且吃其他大型食肉动物吃剩下的猎物。他们身高约为 1.5~1.6 米左右，额头平扁，下颌角圆滑，下巴并不像现代人那样前突。骨骼强健，有着耐寒的体格，具体就是肱骨与尺桡骨的比例，以及股骨与胫骨腓骨的比例比现代人大，这是典型的适应寒冷气候的解剖特征。他们生活在欧洲，肤色应该是浅色的。3 万多年前，随着冰川蔓延过整个欧洲大陆，尼安德特人便灭绝了。尼安德特人之死也是历史上的一个谜团，通常认为是由于环境的变化导致他们不能适应在摄取食物方面的变化。

（九）阿尔塔米拉洞穴壁画

1875 年，一个名叫索特乌拉的工程师到这里收集化石，发现了许多动物的骨骼和燧石工具，这就是阿尔塔米拉洞穴遗址。它位于西班牙北部桑坦德西面约 30 公里的地方。但当时并没有发现壁画，直到 1879 年，索特乌拉再次来到这里，才发现了闻名世界的阿尔塔米拉洞穴壁画。

阿尔塔米拉洞穴是一个很大的洞穴，其长度大约 300 多米，索特乌拉所发现的壁画是绘制在洞穴的顶部，壁画 12 米多长，6 米多宽，上面绘有各种动物，整个画面线条活泼、色彩鲜艳、布局合理、疏密有致，而且栩栩如生。有一幅画是一头野牛受伤卧地，低头怒视前方，把牛的野性表现得十分逼真、淋漓尽致。1902 年，经考古新方法审定，这幅壁画是 3 万年前的作品，此画被公认为世界美术史上原始绘画的代表作。现代考古成果表明，凡是人类曾居住过的洞穴遗址绝大部分都有原始壁画的痕迹。然而，我们从现在世界各地的洞穴遗址看，原始人类的艺术成就是十分低下的，它既幼稚又朴拙，大多是线条呆板、比例不当。即使在几千年前的洞穴壁画中，其绘画水平同样是十分低劣的。而阿尔塔米拉洞穴壁画造型准确，线条生动流畅，所绘画的各种动物栩栩如生、十分逼真，使人难以相信是 3 万年前的作品。

（十）斯通汉克遗址

斯通汉克遗址又称巨石阵，它位于英国伦敦的风景胜地索尔兹伯里平原上，几乎可以和埃及的金字塔相媲美。这些巨大的石柱群建于公元前 3000—公元前 1600 年，已经经历了 5000 多年的风霜雨雪，依旧岿然不动。放眼望去，人们就会被它的巍峨气势所震撼。

这些石柱一根一根地矗立在地面上，约高 7 米，拔地而起的长方形大石块好像一根根扁平的圆柱，分散竖立在一个直径为 100 米同心的圆内。在那上面横放着几吨重的楣石，它们令人惊讶地保持着精确的平衡，高高在上，好像悬挂在空中，不禁使人心跳。单从石柱群本身来看，它们像一个个巨人屹立在那里，非常壮观。石柱群的影子更是令人惊叹，每年夏至前后几天，在太阳的斜射下，一条条石柱的影子躺在大地

上，纵横交错，构成十分奇妙的图案，使人顿觉石柱群之大。以古人的力量，这些巨石是怎样开采的？又是如何搬运，如何竖起的？至今仍是一个未解之谜。

（十一）特洛伊城遗址

古代特洛伊城的遗址在土耳其达达尼尔海峡南端的重镇恰纳卡莱以南 40 多千米的地方。大约建于公元前 16 世纪。

考古学家经过了几十年的发掘，在 30 米深的地层中发现了 9 个不同时期的特洛伊城遗址。特洛伊城遗址坐落在平缓的城堡山脚下，西面是宽阔的平地，这里曾发生过一次激烈的战争。著名的“木马计”就是希腊人取得胜利的战策。从这 9 个时期的堆积物中可以看出，第一层至第五层相当于青铜时代早期，第六层和第七层属于青铜时代中期和晚期，第八层和第九层属于铁器时代。人们从公元前 3000—公元 400 年的特洛伊城遗迹中，找到了罗马帝国时期的雅典娜神庙以及议事厅、市场和剧场的废墟。这些建筑虽已倒塌败落，但从残存的墙垣、石柱来看，仍然可以看出当年宏伟的气势。这里有公元前 2600—公元前 2300 年的城堡，城中有王宫以及其他建筑，还有那时居民的生活用具。荷马时期的特洛伊城最为引人注目，这座城市是被烧毁的。据说特洛伊国王普里阿莫斯的宝库和海伦的项链也是在这里被挖掘出来的。距特洛伊城遗址不远有一座博物馆，是土耳其目前唯一收藏特洛伊文物的地方，大多数出土的文物都珍藏在此博物馆中。

（十二）亚特兰蒂斯

亚特兰蒂斯，又名大西洲、阿特兰提斯。其首都是波赛多尼亚。它是一座纪念碑样的城市，代表了大西洲的精粹，是文化、艺术和工艺水平的集合体现，是其他国家的典范，显示亚特兰蒂斯的伟大。这个城市的经典模式，是由一系列浮于海上的同心圆连接成的，这些同心圆由低到高向中心排列。中心部分是大本营，直径约 2.5 千米。从城市内部朝外看去，可以看到城市的另一层。这是亚特兰蒂斯的内海区域，右边有座灯塔，两座金属雕塑支撑着巨大的灯。中心城市的一些庄严建筑的整体设计尽可能地体现了各种艺术的巅峰。城市中心最辉煌的建筑是具有天文意义的，那些金碧辉煌的建筑在风中会发出和谐的音调。镀金的音乐圆顶是天象馆和其他一些公众建筑。有一块祖母绿被雕刻成透明，被安放在一个地下房间严密看守着，那是亚特兰蒂斯最神圣的地方。城市的主要法典写在这块祖母绿上面。

（十三）巴特农神庙

巴特农神庙，又译为巴台农神庙、巴特农神庙、帕特农神殿。神庙是为雅典城的守护神雅典娜而建的祭殿，坐落于希腊首都雅典卫城中央最高处，庙内还存放着一尊黄金象牙镶嵌的全希腊最高大的雅典娜女神像，是雅典卫城最重要的主体建筑。

神庙背西朝东，耸立于3层台阶上，玉阶巨柱，画栋镂檐，遍饰浮雕，蔚为壮观。其建筑风格采取八柱的多利亚式，东西两面是8根柱子，南北两侧是17根，东西宽31米，南北长70米。东西两立面（全庙的门面）山墙顶部距离地面19米，其立面高与宽的比例接近为19∶31，接近希腊人喜爱的“黄金分割比”，所以让人觉得优美无比。柱高10.5米，柱底直径近2米，其高宽比超过了5，比古风时期多利亚柱式（三种希腊古典建筑柱式中最简单的一种）通常采用的4∶1的高宽比大了不少，柱身也相应颀长秀挺了一些。这座神庙历经两千多年的沧桑之变，如今庙项已坍塌，雕像荡然无存，浮雕剥蚀严重，不过我们从巍然屹立的柱廊中，仍旧可以看出神庙当年的风姿。它代表了全希腊建筑艺术的最高水平。

（十四）比布鲁斯古城遗址

比布鲁斯古城遗址，位于今黎巴嫩首都贝鲁特北部的朱拜勒村，由于埃及纸草途经此地传入爱琴地区而得名。1921年法国考古学家P. 蒙泰（1885~1966年）开始系统发掘，5年后，由迪南继续发掘。

遗址中有新石器时代的棚屋、铜石并用时代的瓮葬墓、青铜时代的神庙建筑和埃及器物，以及中世纪的城墙、十字军的城堡和教堂等各时期的遗物。比布鲁斯是世界上最古老的、且有连续居址的城市。它临近山林，盛产木材，建城之初，就成为埃及在黎凡特北部开采雪松等木材的主要港口。这里有大量的墓地、铭文、埃及王公的石室墓、石棺以及火石刀、磨光手斧、雕像等随葬品，说明了埃及对比布鲁斯的政治、商业、宗教和艺术产生过重大的影响。

（十五）庞贝古城

公元1748年的春天，一个名叫安得列的农民在挖自己的葡萄园时，发现了一个有名的古城，就是庞贝古城。它位于意大利南部那不勒斯附近，维苏威火山西南脚下10千米处。西距风光绮丽的那不勒斯湾约20千米，西北离罗马约240千米，始建于公元前7世纪，公元79年8月24日毁于维苏威火山大爆发。

古城略呈长方形，有城墙环绕，四面设置城门，城内大街纵横交错，重要建筑围绕市政广场，有朱庇特神庙、阿波罗神庙、大会堂、浴场、商场等，还有剧场、体育馆、斗兽场、引水道等罗马市政建筑必备设施。作坊店铺众多，都按行业分街坊设置，连同大量居民住宅，构成研究罗马民用建筑的重要实物。阿波罗神庙是一组庞大的宗教建筑群，位于市政广场西侧。神庙区内的人们发现的陶器可以证明庞贝人对阿波罗神的崇拜是从希腊引入的，因此其神庙的建筑式样也具有希腊风格。这座寺庙自建成之日起，曾进行过多次维修，最后一次大的修建工程是从公元62年大地震后开始的，工程未完工，就发生了公元79年的火山爆发。意大利政府于1876年开始组织科学家进行有序发掘庞贝古城。经过科学家们的不懈努力，终于让这个古城再现了当年的雄姿。出土后的庞贝城东西长千120米，南北宽700千米，城内面积1.8平方千米，有7扇城门。城内4条大街，呈“井”字形纵横交错。主街宽7米，由石板铺就，沿街有排水沟。

（十六）克诺索斯宫

1878年，伊拉克里翁的考古学家偶然发现了这座埋于地下的古城，并发现了古钱币和陶瓷瓦片。1879年考古学家米诺斯·卡洛凯林诺斯开始对古城进行发掘，遭土耳其政府的严厉反对，最终停止。

克诺索斯宫始建于公元前2000年，公元前1600年最后完工。克诺索斯宫遗址位于希腊克里特岛上的伊拉克里翁市南约5千米叫凯夫拉山的缓坡上，是一座规模巨大的多层平顶建筑，占地2.2万平方米，王宫有5层，1500多间客室，建筑物不连贯，散布在山麓上。王宫由一位经验丰富的人设计制造，他甚至设计了复杂的排水系统。许多人把米诺索斯文化看作是最早出现的欧洲文化。宫殿中央的院子长51.8米，宽27.4米，周围有许多房间，有一石膏制成的保存完好的御座。中央有一庭院南边的墙上有一件高2.22米的壁画，名为“国王—祭司”，显示了当时生活的繁华。宫内的觐见室位于西宫底层，觐见室的壁画是3只鹰头狮身、带有翅膀和蛇尾的怪兽。皇后寝宫描绘着舞女和海豚在水中游荡的图画。长廊上有《蓝色的姑娘》《持杯者》《蛇神》等大幅壁画。宫中出土的许多文物都保存在伊拉克里翁的博物馆里。

（十七）耶路撒冷古城

耶路撒冷是巴勒斯坦的历史名城，带有异常浓厚的宗教色彩，是犹太教、基督教和伊斯兰教的圣地。三大宗教都认为耶路撒冷是亚伯拉罕的殉难地。它距地中海约58千米，分旧城和新城两部分。19世纪中期，对其进行考古发掘。自1968年起，希伯来大学、以色列考古学会等在旧城进行考古发掘。1981年联合国教科文组织将其列为《世界遗产名录》。

耶路撒冷旧城是不规则的四边形，海拔720~790米。现今的城墙是400年前土耳其苏丹苏莱曼时代重建的。城墙长5千米，高约14米，有34座城堡和8座城门。这些城门有的开放，有的已被石头封死。最主要的城门有4个，即雅法门、大马士革门、锡安门和狮子门，它们按罗盘针所指的4个方位建造，分别通向国内的4座主要城市。耶路撒冷的古迹都集中在旧城，圣殿山是犹太教徒最为注重的圣地，保护至圣所的著名大殿——希律圣殿被古罗马提图斯军团所毁，其遗迹仅为一段12米高的基础墙，这就是闻名于世的“哭墙”。另外圣岩清真寺和艾格萨清真寺，还有复活教堂也是旧城有名的建筑。新城在西面，是19世纪后建立起来的，比旧城大几倍，多为现代建筑，有鳞次栉比的高楼大厦、熙攘繁华的街道和商场，布局得当，错落有致。

（十八）波斯波利斯宫殿

19世纪初，考古学家逐渐开展对波斯波利斯的发掘工作。波斯波利斯建于120年，位于伊朗南部法尔斯省境内，距设拉子东北12千米。1980年联合国教科文组织将波斯波利斯宫殿列入《世界遗产名录》。

波斯波利斯宫殿始建于公元522年，前后共花费了60年时间，历经三个朝代才完成。东西靠拉赫马特山，下面是辽阔的法尔斯平原。波斯波利斯宫殿用坚固的石头建成，占地面积14万平方千米，宫殿中最大的是百柱厅，占地面积76平方米，内有100根11.3米高的石柱支撑着平房顶，大厅和门厅用72根石柱支撑，柱础覆钟形，柱身有40~48条凹槽。柱头有公牛雕饰，柱高21米，其中的13根至今依然屹立，景象非常壮丽。王宫外大门高18米，两边是对称的巨型神像，人面牛身，长有双翅，被认为是西亚地区的保护神，墙壁上装有浮雕，对称的狮子斗生浮雕位于北面和西面墙上。在多年的考古发掘中，波斯波利斯宫殿出土了大量的手工艺品，其中包括武器、家庭用具、新出土的皇家铭文以及描绘国王举行正式接见情景的大型浮雕。此外还出土了100多块刻有埃兰文字的土简，上面记录了金库支出的细节。这些都是宝贵的历史材料。

（十九）帕伦克及碑铭神殿

1830年的一天，一群西班牙殖民者沿奥托罗姆河考察，经过帕伦克一带时，发现丛林野草中有座高耸的古堡，继续探索，陆续发现一处古迹遗址，这就是帕伦克城。1949年，考古学家阿尔韦托·鲁斯在墨西哥帕伦克铭文庙的最上层平台发现了一个通向坟墓的台阶。里面有一个3.8米长、2.2米宽、带有神秘装饰图案的石板，这就是帕伦克碑。

帕伦克的主要建筑是1座宫殿和5座神庙，人们把这些建筑称为帕伦克宫、太阳神庙、狮子神庙、碑铭神殿等，这些都是现代考古学家所取的名字。碑铭神殿是帕伦克遗址最雄伟的建筑，是一座金字塔、庙宇、墓葬合一的建筑。这座建筑因藏有一大块的铭刻石而得名，其中的一座金字塔有9层高，千百年来，耸立在原始森林之中，饱经风霜，古老而永恒。碑铭神殿的底基边长65米，连同神殿高21米，675年起动工，683年建成。游客们爬上最后几级阶梯，可以进入碑铭神殿的主厅。后墙嵌着两块灰色大石板，上面镌刻着620个玛雅象形文字，排列得十分整齐，如同棋盘上的一颗颗棋子。这些文字有些看起来像人的脸庞、有些像怪物的面孔，还有一些仿佛是蠢蠢欲动的某种神话怪兽。

（二十）玛雅金字塔

玛雅文明大约发源于公元前1800年，始建于公元5世纪，7世纪时占地面积达25平方千米。玛雅人在这里用石头建造了数百座建筑物，其中最著名的是玛雅金字塔，它仅次于埃及金字塔。

玛雅金字塔的设计数据都具有天文学上的意义，玛雅金字塔塔基长22 5米，宽222米，和埃及的胡夫金字塔大体相等，它的底座呈正方形，呈“金”字的等边三角形，底边与塔高之比，恰好等于圆周与半径之比。阶梯朝着正北、正南、正东和正西，四周各有91层台阶，台阶和阶梯平台的数目分别代表了一年的天数和月数。巨大的石块是如何开凿又搬运到丛林的深处，再把一块块十几吨的石块堆积到70米处的，至今仍是未解之谜。这些都是玛雅文明发展到鼎盛时期的产物，这些高大雄伟的建筑几乎都雕有精美的装饰纹，显示了古玛雅人高超的建筑艺术水平。

（二十一）蒂亚瓦纳科

蒂亚瓦纳科遗迹位于玻利维亚境内的的喀喀湖南岸20千米处，在拉巴斯以西约72

千米处，海拔3840米。19世纪60年代，美国人类学家开始对此处的考察，并发布了这里的地图。蒂亚瓦纳科文化是印加文明的典型代表之一。2000年联合国教科文组织将其列为《世界遗产名录》。

蒂亚瓦纳科是印加文明的先驱，是这里最重要的土著城市。蒂亚瓦纳科遗址是蒂亚瓦纳科文化的宗教、政治中心，是玻利维亚印第安古文化遗址。大批宗教建筑、绘画雕刻以及高度发展的印第安古文化都集中在此。蒂亚瓦纳科遗址长约1000米，宽达450米，是一个古老的建筑群。蒂亚瓦纳科有许多巨石建筑，整个建筑群都由岩石筑成，取自4~5千米远的采石场，大多被加工成长方形，垒砌整齐。主要建筑物设在一座平台上，面积约65平方米，高15米。遗址上还有另外一个巨型平台，平台上竖有大型石板，石板间填有石块。这一平台上有一方形凹陷院落，可以从一块巨石凿成的台阶进入。院内有著名的建筑“太阳门”，它是由一块重约100吨的石头雕琢而成的石门，高3米，宽5米，厚1.8米。蒂亚瓦纳科遗址中出土了大量的手工艺品和许多遗骸，另外还有许多海洋生物的贝壳。说明这里曾经也许是一个海洋。出土的这些遗骸手拿长矛，出土的古物中画着代表蒂亚瓦纳科的神物美洲豹和美洲狮的图案，说明这里的人们一直敬奉着门神。这里的土壤和气候适合农作物的生长，当地居民大都以农业种植为生。

（二十二）摩亨佐·达罗

摩亨佐·达罗考古遗址，位于巴基斯坦南部的信德省拉尔卡纳县，在印度河的右岸。1980年联合国教科文组织将其列入《世界遗产名录》。

摩亨佐·达罗是今巴基斯坦所在地区最早的文明，公元前2500年左右，这里已出现规模较大的城市，最有名的就是摩亨佐·达罗。它包括一座位于高处的“城堡”和地势较低的“城区”。摩亨佐·达罗占地约8平方千米，由宽7.6米的大街分成东、西两大区。西区是城堡区，东区为居民区。城堡区设在东西长200米、南北宽380米、高15米的人造平台上，四周围以城墙，上有数处眺望楼。城墙内有大浴室、粮仓、带走廊的庭院、有柱子的大厅等。大浴室面积为1063平方米，浴池长12米、宽7米、深2.4米，南、北两面有阶梯可下至浴池。有许多出土的生活用品，显示了当时人们的生活状况。

（二十三）阿育王狮子柱头

阿育王狮子柱头出土于萨拉纳特，是一根高约12.8米的独石圆柱的柱头，柱身已

经断裂，但柱头保存完好。雕像采用的是浅褐色的楚那尔砂石，表面高度磨光，如镜面一般光滑、圆润，如玉石一般透明，增强了整个作品既粗犷又细腻、既雄浑又柔和的审美效果。这是4只一组的圆雕狮子，背靠背，颈脊相连，面向四方，前肢挺立在圆鼓形的顶板之上，顶板四周雕刻有浮雕大象、奔马、瘤牛和老虎4只小动物，两两用法轮隔开。再下面是钟形的倒垂莲花雕饰，整齐而华丽。4只雄狮轮廓鲜明，均衡对称，头颈和胸部的鬣毛如火焰般排列，眼睛呈三角形；整个雄狮威武雄壮，强劲有力。原来石狮的背上驮有代表佛法的大法轮，但已遗失。

印度是佛教的发源地，第三代皇帝阿育王把佛教尊为国教，进而佛教美术日渐繁盛。阿育王修建了大量的建筑物以铭记战功和宣扬佛法，包括大量的独石纪念碑式圆柱，其中最为著名的就是这尊阿育王狮子柱头。这尊雕塑显示了古代印度艺术家们高超的雕塑技巧，同时也体现了古代印度广为吸收外来艺术语言丰富民族文化的特点。

（二十四）泰姬陵

在印度，有一座蕴涵着美丽爱情故事的艺术瑰宝，这就是印度知名度最高的古迹泰姬陵，又叫“泰姬玛哈尔陵”。因其华丽壮观，气势磅礴而被称为世界七大建筑奇迹之一。

泰姬陵坐落于印度距新德里200多千米外的北方邦的阿格拉城内，亚穆纳河右侧。是莫卧儿王朝第五代皇帝沙·贾汗为他已故的皇后泰姬·玛哈尔而建立的陵墓。陵墓长576米，宽293米，占地0.17平方千米。陵墓的基座是高7米，长宽各95米的正方形。大理石正中央是陵寝。陵墓主体用雪白的大理石砌成，寝宫门窗及围屏都用白色大理石镂雕成菱形带花边的小格，墙上用翡翠、水晶、玛瑙、红绿宝石镶嵌着色彩艳丽的藤蔓花朵。泰姬陵中央圆顶高62米，四周有4座塔尖，高约41米。墓室的天花板呈莲花形，泰姬·玛哈尔的灵柩就安放在这里。泰姬陵主体陵墓的两侧有两座一模一样的建筑面向陵墓而立，西侧是清真寺，东侧为迎宾馆。这是一座伊斯兰风格的建筑，外形端庄宏伟，同样的白色圆顶，清真寺与主体陵墓构成了唯美的对称效果，给人极佳的视觉享受，令人无懈可击。

（二十五）婆罗浮屠佛塔

婆罗浮屠佛塔是举世闻名的佛教千年古迹，位于印度尼西亚爪哇日惹市西北39千米处的克杜峡谷。婆罗浮屠梵文意为“山丘上的佛塔”，俗称“千佛塔”。据称约建于公元8世纪后半期至9世纪初，它是一座宏伟瑰丽的佛教艺术建筑，与中国的长城、印度的泰姬陵、柬埔寨的吴哥古迹和埃及的金字塔齐名，被世人誉为古代东方的五大奇迹之一。1991年被联合国教科文组织列为《世界遗产名录》。

婆罗浮屠佛塔

婆罗浮屠佛塔呈上圆下方形，分10层平台，由上至下逐渐缩小，中间有一条笔直的石阶通道。第一层到第六层都是正方形，第七层开始变成圆形，一直到第九层，形成了顶塔的座脚。第十层是钟形的大塔，直径10米。塔的基底面积约为1.5万平方米，原高约42米，现已不到40米。佛塔是按照佛教“三界”之说划分为三部分的，下面两层基台表示“欲界”，中间四层回廊表示“色界”，上面的圆台及塔顶则表示“无欲界”，具有鲜明佛教特色。五层平台高大回廊的石壁以及栏杆上凿有描绘释迦牟尼生平事迹、佛教故事与宗教仪式的浮雕1460幅，内容都是取自佛教经典，包括当时爪哇宫廷及人民生产、生活形态、风俗以及各种动植物等。佛塔的装修结构更具有佛教特点。据说，下部四方形的台坪表示所谓“地界”，其各层建有石壁佛龛432个，每一佛龛内置一佛像；上部圆形台坪表示所谓“天界”，其各层建有72个钟形小塔，塔内也置有佛像。佛像按照东、南、西、北不同方向取有各自的名称，而且佛像的面部神情以及手指、手掌、手臂各部也都千姿百态，迥然各异，造型逼真，形象传神。主佛塔塔座上刻有莲花图案，内有两室，室内有一尊没有完成的佛陀像。

（二十六）巨人石像

在智利有一个被称为“世界肚脐”的地方，这就是复活节岛。它位于太平洋东南部，属于瓦尔帕莱索省，是荷兰航海家雅可布·洛基文1722年4月5日发现的。当天正值基督教的复活节，故得名复活节岛。岛上的居民则称它为“拉帕努伊”，意为“石像的故乡”。航天飞机上的宇航员从高空鸟瞰地球时，惊讶地发现复活节岛孤悬在太平洋上，很像一个小小的“肚脐”。

这个岛上的最大奇观便是被当地人称为“摩艾”的巨大石像，是复活节岛上最引人注目也最使人疑惑的风景。目前已发现的摩艾有887尊，没有两个是完全一样的，大多数摩艾是在一个采石场雕刻的，摩艾平均高度约4米，平均重量约12.5吨。最大的一座高 21.6 米，重 160~182 吨，但没有完工而遗弃在采石场。完工的摩艾中最大的高 9.8 米，重约 74 吨。大部分是用比较软和容易雕琢的凝灰岩（火山灰凝固形成）雕刻的。其中有 288 尊雕刻完了之后曾经被成功地运到称为阿胡的海滨祭坛立在上面，运输距离有的远达 10 千米。有 397 尊还未雕刻完扔在采石场，其余的 92 尊被遗弃在运输途中。这些石像至今仍是一道无与伦比的文化风景，使整个世界为之着迷。

（二十七）克尔白神庙

每个穆斯林教徒心中都有一个共同的神庙，这就是位于麦加的大清真寺广场内部的克尔白神庙。

克尔白神庙长 12 米，宽 10 米，高 15 米。圣殿外面，从上而下，中间用黑色锦幔覆盖，下有钢环固定于圣殿底座，锦幔中间围绕一条长 61 米的闹带，闹带和门帘上用镀金银线绣着《古兰经》，需用金线 120 公斤。当年穆罕默德进入麦加之后，清除了克尔白神庙中所有的部落神，只保留了圣殿克尔白神庙外的东南角处一块有名的黑石，相传这是从“天堂”坠落尘世的石头，称为“玄石”。穆罕默德把克尔白神庙改为清真寺，规定每一个穆斯林一生中必须到这里朝圣一次。

（二十八）巴米扬巨佛

巴米扬巨佛大约雕塑于公元 4—5 世纪间，历经风雨和战争，至今已有 1500 多年的历史，已经被联合国列入人类文化遗迹。

巴米扬巨佛是巴米扬石窟群中最引人注目的风景，分别开凿在东段和西段，俗称“东大佛”和“西大佛”。两尊大佛相距 400 米，非常壮观。“东大佛”凿于 1 世纪，高 36.5 米，身披蓝色袈裟，“西大佛”凿于 5 世纪，高 52.5 米，着红色袈裟；两尊大佛的脸部和双手均涂有金色。佛像的两侧均有暗洞，洞高数十米，可拾级而上，直达佛顶，佛像顶上平台可容纳一百多个人，可以欣赏下面的风景。2001 年 3 月 12 日，这两尊经历了一千多年风风雨雨的世界最高立佛——巴米扬巨佛在阿富汗塔利班的炮火和炸药声中灰飞烟灭。带给人们的是无限的惋惜，古代文明爱好者和国际社会对他们发出了强烈的谴责。

（二十九）阿布辛拜勒太阳神庙

阿布辛拜勒太阳神庙是努比亚地区最雄伟的埃及古建筑。公元前 1275 年由埃及历史上著名的法老王拉美西斯二世所建。

阿布辛拜勒以拉美西斯二世建立的两座神庙闻名全球。两座神庙中，大的是拉美西斯二世神庙，较小的一座是其妻子纳法塔莉祭祀哈特女神的纳法塔莉神庙。神庙建在尼罗河上游河畔。神庙在尼罗河西岸的悬崖峭壁上凿出，高约33米，宽约37米，纵深约61米。神庙入口处的两侧是4座高达20米的雕像，从左至右都是拉美西斯二世和王后的坐像。雕像中的拉美西斯王，头戴王冠端坐上方，双目慈祥地俯视着前面，厚实的双唇微合着，神态安详稳重，气势不凡。在他身旁的王后，头上戴着高高的王冠，显示出高贵典雅的气派。进入神庙内，是3个连接的厅，外面的厅最大，中间是两排站立的石雕像。四面的石壁上刻满了彩色壁画，描绘着拉美西斯二世的丰功伟绩、当时的生活情景以及征战情况。最里面的小厅是圣殿，供奉着太阳神。它的建造的方位使它能够在一天的多数时间里都沐浴在阳光中。每当太阳从东方升起，第一道光芒会照射到神庙大门上方的神像。据说，一年中有几天，初升太阳的第一道光芒能够穿过神庙的内殿，照亮最里面圣殿的神龛。

二十六、世界最美

（一）南非·纳马夸兰

每每到了八九月时，这里便是生命繁殖的季节，蜜蜂和蝴蝶们来往于姹紫嫣红中，为它们授粉，创造下一春的美丽。

小巧玲珑的太阳鸟在箭筒树上的花朵间吃着花蜜，传授花粉。

作为一个沙漠，纳马夸兰有着奇异的特色：在夏、秋、冬三个季节是孤寂苍凉的，但到了春天却有着灿烂而壮观的花海。有人这样形容纳马夸兰春天的沙漠花海："那是地狱之门的生命旗帜，那是孤独绝望中的一丝妩媚和安慰……"

在苍凉而孤寂的其他季节过去后，生命在春天蓬勃：姹紫嫣红的花海，绿莹莹的春草，在花红草绿中流连的各种动物……

纳马夸兰位于南非共和国的西北角，南边是好望角，西边是大西洋，受本格拉低气压寒流的影响，抵达这里的湿气极少，因而这里常年干旱，素有"地狱之门"之称。只有春天的雨露降临时才会有草萌花开的景象。

纳马夸兰的春雨在8月来临。当干旱贫瘠的土地得到滋润时，潜伏了夏秋冬三季

的种子便开始萌发。在这里不仅有蓝色的鸢尾，金色的百合，黄、红色的雏菊，橙色的松叶菊，还有紫罗兰、天竺葵、日中花、唐菖蒲等，它们肆意地绽放着自己美丽的生命，给春天的纳马夸兰带来灿烂的色彩。当人们看到它们艰难地站在贫瘠的沙砾中时，再看看目之所及的绚丽多彩，都会忍不住为其不甘被沙砾埋葬的盛放而震撼。只是很可惜，一旦过了9月，温度低于17℃，敏感的花卉们便又会归于沉睡，那呈现在游人眼中的繁华，竟像是海市蜃楼。

如果说百花的盛开，带给游人们的是视觉的盛宴，那么像松叶菊、Pietsnot这样的植物带给人们的则是实在的好处了。住在当地的人是以Pietsnot的根茎做成的糊糊为食物，饮松叶菊等植物的根茎里的汁水解渴。还有一种特别的植物叫作箭筒树，在春季里会盛放出绚丽的花朵。平日里，人们通常将箭筒树的树干掏空，盛放弓箭。过了春季，为了生活，人们就背着这样的箭筒，驾车赶羊离开这个地方，等到第二个春季来临时才会回来……

每每到了八九月时，这里便是生命繁殖的季节，蜜蜂和蝴蝶们来往于姹紫嫣红中，为它们授粉，创造下一春的美丽。身着红衣的吐泡蝗虫在花丛中肆意徜徉。吐泡蝗虫吐出的泡泡是有毒的，而一只吐泡蝗虫体内的毒素可以毒死近十只猫鼬。小巧玲珑的太阳鸟在箭筒树上的花朵间吃着花蜜，传授花粉。

而猫鼬，大约是最可爱的动物了，它们眼睛周围有一圈天生的黑色圈纹，那是用来遮挡太阳直射而来的光线的。它们总是将巢穴筑在百花丛中。为了防止老鹰、秃鹫、狞猫等天敌的偷袭，它们平日里都将前肢抬起，后肢伸直站立在隐蔽的位置，眼观六路、耳听八方，一旦发现不对劲，便立即尖叫着给同伴报警。

若要说最悠闲的，便要数鼹鼠了。它们总是躲在自己那安乐窝里，啃着植物茎球。若有吃不完的，便囤积在小安乐窝里，在春天过去后，凭借茎球里的水分度过并不安乐的漫漫长日，等待下一个春天的来临……

"人们在纳马夸兰旅游时会流两次眼泪，一次是来时，一次是离开时"，唯美的话语并不是矫情，而是内心的真实感动…

（二）南非·比勒陀利亚

在比勒陀利亚的万千花海之中，最美最奇的要数几乎蔓延整个城市的蓝花楹了，一缕缕望不尽的紫蓝色，一片片飘落纷飞的淡紫色雪花，把春天的比勒陀利亚粉妆成一个紫蓝色的仙境。

每年9月到11月，当北半球的大部分地方都处于严寒的冬天的时候，在南非的比勒陀利亚，却正迎来一年中最美也最珍贵的时光——春天。阳光灿烂，春风飞舞，从可爱娇小的小草，到参天挺立的大树，似乎所有植物都孕育着新生的力量，整个比勒陀利亚城都弥漫着一股春天的清新气息。万紫千红是春天的象征，在比勒陀利亚的万千花海之中，最美最奇的要数几乎蔓延整个城市的蓝花楹了，一缕缕望不尽的紫蓝色，一片片飘落纷飞的淡紫色雪花，把春天的比勒陀利亚粉妆成一个紫蓝色的仙境，散发着难以诉说的美丽……

蓝花楹在法语中被称为“蓝色火焰”，它的颜色并不是纯净的蓝色，而是在蓝色与红色交融之后透出的微妙的紫色。蓝花楹树的枝干是淡红棕色的，枝丫纤细，并沿着树干自由弯曲往上蔓延，在细细的枝丫上开满了紫色的小花，层层叠叠，直到枝头害羞般地低下了头。别看蓝花楹遍布了整个比勒陀利亚，其实在很早之前，比勒陀利亚是没有蓝花楹的。在 1888 年时，一位名叫 JA Celliers 的人从巴西的里约热内卢带回了两株蓝花楹树，并且把它种植在家附近的莫托客栈的花园里，于是蓝花楹悄悄开始在比勒陀利亚生根发芽了。到了 10 年以后，一位名叫詹姆士·克拉克的人爱上了这种有着浪漫而热烈色彩的树，于是从政府手中获得了蓝花楹的种植权。在接下来的时光里，克拉克发疯似的采购这种树的种子。经过他的精心种植与维护，这些种子得以在比勒陀利亚生根发芽，枝繁叶茂起来。在春日的暖阳下，城里七万多株蓝花楹竞相绽放，绵延的花树包围了几乎所有的街道，独有的馨香在空气中浅浅地弥散开来，仿佛童话一般。

蓝花楹

想要欣赏蓝花楹，最好的地方是在城市边缘的山顶上。从山顶俯瞰比勒陀利亚，并不像南非另一个首都开普敦那样满眼都是建筑和人潮，而是充斥着紫蓝色的海洋，不管从哪个角度，蓝花楹都在春日的阳光下展现着最美好的姿态。因为比勒陀利亚是个非常欧洲化的城市，所以透过蓝花楹的层层枝叶，还能见到很多一栋接一栋精致漂亮的欧式别墅，缤纷的色彩将满目的紫蓝色调和，独具风情。从山上下来，随意寻一个安静的露天咖啡馆，点上一杯香浓的咖啡，在蓝花楹的馨香中慢慢品尝，无疑是最美好的享受。到了傍晚时分，比勒陀利亚又迎来了一天中最动人的时光，夕阳的余光透着蓝花楹透映着大街小巷，光辉中伴有淡淡紫蓝，没有灯红酒绿，浮华喧嚣，所有的一切都安静地等待夜幕降临。此时踏着花瓣顺着道路慢慢前行，也不失为一种浪漫。

就跟日本人喜欢樱花一样，比勒陀利亚人也深爱着蓝花楹。每年春天的时候，比勒陀利亚人会开展庆祝蓝花楹盛开的活动。他们会集中在教堂广场，集中在先民纪念馆，集中在城市里蓝花楹开得最茂盛的大街小巷，边欣赏着蓝花楹，一边载歌载舞。不过这欢庆的，不仅仅是因为春天的到来以及蓝花楹的开放，还有对来之不易的生活的感恩。

在蓝花楹绽放得最茂盛的先民纪念馆里，生动地记录着那些硝烟弥漫的岁月。先民纪念馆建在比勒陀利亚的一座小山上，材质全是花岗石，远远看去好似座巨大的纪念碑。先民纪念馆是为了纪念当时作为拓荒者的荷兰人而建成的。南非种族隔离制度取消后，曼德拉还是毅然将先民纪念馆保留了下来。这不仅是对历史的尊敬，也是对来之不易的生活的纪念。每年春天，蓝花楹都会在先民纪念馆外绽放出最耀目眼的紫蓝色，仿佛映衬一段沉重的历史……

（三）英格兰湖区

华兹华斯的故居鸽舍位于格拉斯米尔村。灰瓦白墙掩映在翠绿的树木中，静谧安详。走在石头小径上，或许可以体会到当年诗人心中的安宁。

春日降临，英格兰湖区从沉睡中醒来。片片的牧场铺上了茵茵绿毯，散布其中的村镇传来了欢歌笑语，古老的建筑在阳光下静谧安宁，远处山涧溪谷中野花星星点点，温德米尔湖上浮动着优雅的天鹅影子……这一切一如两百年前湖畔诗人华兹华斯漫步时所见之景，依旧充满了田园牧歌式的恬淡，令人自然地呼吸，自然地思考，自然地享受。

1. 与诗歌相连的心灵之乡

温德米尔湖是湖区的中心。整个湖面长 17 公里，宽 1.6 公里，是英格兰最大的湖泊。它的美景是令人魂牵梦绕的。在春暖花开的季节，来到码头，便可以看到三三两两的游人在水边闲暇嬉戏，周围的野鸭和天鹅兀自整理着羽毛，毫不在意游人的脚步。若向它们招手，它们或许会徐徐向你走来，看看你是否带来了好吃的“礼物”。许多湖畔的居民带着狗儿在湖边漫步、发呆，静静享受着春日湖区的安宁和美丽……

上了游船，徜徉在温德米尔湖的怀抱中。清爽的湖风令人精神一振，身心似乎被洗涤了一番。眼前的湖光山色如诗一般美丽。不远处是一片片茂密的树林，远方丘陵起伏。蓝天白云倒映在水中，亦幻亦真。白天鹅优雅地划开水中云朵，不紧不慢地向前游去……周围时不时经过红的白的小帆船或者皮划艇，船上的人会爽朗地向你打招呼。怪不得华兹华斯说：“我不知道还有什么别的地方能在如此狭窄的范围内，在光影

的幻化之中，展示出如此壮观优美的景致。”

春日阳光下的温德米尔湖是人间仙境。在诗歌般浪漫的画卷中前行，只叫人心旷神怡，一切烦恼都融化在了潋滟波光中。

2. 油画般美丽的田园景致

春日的湖区田园有着清新之美。爬到一个小坡顶，四下望去，绿意在脚下无限延伸。远处树木的掩映中，能看到教堂的尖塔。躺在绿坡上，天高地阔，羊儿在不远处轻吮着小草，头顶朵朵的棉花云轻轻的，软软的，恍惚中，好像伸手就可以摘下一片来尝尝。走在田庄的小路上，鸟儿啾啾，蝴蝶翩翩，青草的味道不期然地窜入鼻息，令人不禁一阵迷醉。春风徐徐掠过，细碎的碧浪在阳光下轻轻翻滚。走着走着，就好像走进了一幅浪漫的油画里……

五彩斑斓的花朵散落在各个角落，随着任意一条田野小径或者林中小路漫步，都可以通向一个美好而令人惊喜的未知之地。若遇上一场春雨，明媚的湖区又换上一件朦胧的纱衣。草木间弥漫着氤氲的雾气，林中细雨拍打树叶的沙沙声，湿润的空气里夹杂了泥土的味道。

3. 古建筑的迷人气息

英格兰湖区除了迷人的自然风光，许多古建筑也值得人们慢慢品味。湖区因湖畔诗人华兹华斯而闻名。华兹华斯的故居鸽舍位于格拉斯米尔村。灰瓦白墙掩映在翠绿的树木中，静谧安详。走在石头小径上，或许可以体会到当年诗人心中的安宁。

鲍内斯小镇内的彼得兔博物馆，则充满了浪漫的童话气息。作家比阿特里克斯·波特在这个世外桃源不但创作了一个美丽的童话世界，也在此获得了美丽的爱情。而安布赛德小镇则以有着300多年的历史桥屋而著名，青苔布满了青灰色的石头，令人无限遐想。凯斯维克镇建于维多利亚时代，许多石板堆砌建成的房屋，都散发着古典而淳朴的味道。哈佛怀德小镇上古老的蒸汽火车已经冒着滚滚浓烟，向着旧时光驶去。

漫步在不同的湖区小镇，却可以感受到同样的舒适。春日的阳光暖暖，照射在路边咖啡屋门外的花藤上，慵懒闲适的气息令人忍不住驻足坐上一下午。

（四）英吉利海峡

春天大多是温暖宁和的，而在英吉利海峡，却因一种浸血般鲜艳的花儿，染上了浓浓的静默与悲壮——那些疯狂燃烧在英吉利海峡两岸的红罂粟。

英国和欧洲大陆之间的英吉利海峡是世界上最繁华的海峡之一。海峡两岸平直陡

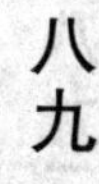

峭，风景怡人，特别是春季，更有着别样的美。

春天大多是温暖宁和的，而在英吉利海峡，却因一种浸血般鲜艳的花儿，染上了浓浓的静默与悲壮——那些疯狂燃烧在英吉利海峡两岸的红罂粟。远远望去，一片片绚烂的红色，蔓延在田野、山林、村庄，像奔腾的血海样声势迅猛，浸透了整个海峡两岸，壮丽而悲凉，让人叹为观止。

传说英吉利海峡两岸的罂粟花源于第一次世界战后的佛兰德斯原野。1914 年，第一次世界大战爆发，英、法两国相继向德国宣战，比利时的佛兰德斯原野成了主战场。上百万战士在这片土地上惨烈牺牲，无数亡灵被掩埋地下，而在战后不久的春天，这片土地上突然盛开了大片大片的红罂粟。人们说，每一朵娇弱的红罂粟都是一名战士的亡灵和英魂，于是渐渐的，红罂粟成了英国纪念第一次世界大战阵亡将士的“缅怀之花”。

红罂粟是罂粟科植物，花瓣为 4 瓣或重瓣，纸质而有光彩，呈血红色，娇艳异常。中国称之为“虞美人”，荷兰叫作“忘忧草”。红罂粟与可以提炼鸦片的罂粟是不同种类，属于庭园罂粟，不能用来制成毒品。每年春天，它们肆意侵袭着海峡两岸，从苏格兰到威尔特郡，从法国的奥弗涅到意大利的蒙蒂西比利尼国家公园，最后到英国的贝德利镇和比利时的佛兰德斯原野，将一点点红绿交融的原野逐渐演变成壮丽到极致的万里血海，以静默之姿诉说着沉重悲壮的历史。“在佛兰德斯原野上，红罂粟迎风开放。开放在十字架之间，一排排一行行。大地是你的色彩，云雀依旧高歌，展翅在蓝蓝的天上，可你却难以听见，因为战场上枪炮正响。我们死去了，就在几天之前。我们曾经拥有生命，沐浴曙光又见璀璨夕阳。我们爱人也为人所爱，可现在却安息在，佛兰德斯战场。”这样悲伤的诗句，让人不得不为那段沉重的历史发出喟叹。

位于比利时、法国、荷兰三国交界处的佛兰德斯原野是红罂粟绽放的开始，也是开得最繁盛之地。漫步在佛兰德斯的红罂粟花海，感觉那种红，似乎吸收了世界上所有的红色，是种无法超越的绚丽色彩。血红色的花朵静默安立在新生的阳光下，反射着耀眼的红色光芒，视野都被这一片红色所覆盖。佛兰德斯吸引了众多游客驻足观赏，自行车爱好者怡然自得地飞翔于花海，衣着清新的少女也小心翼翼地翩跹花海间，悠闲的农夫饶有兴致地凝望，艺术家在沉思中写生。

繁盛的花海还吸引了种类繁多的鸟类，茶隼、金翼啄木鸟、凤头麦鸡，也许它们才是这里最原始的欣赏家。花海与群鸟组成了一个俨然不可打破的静谧世界，这里的一切都配合着红罂粟淡淡的安详，夕阳西下时，余晖照射下的红色海洋，更是显得凄凉悲壮，仿佛在为逝去的英灵致以沉默的哀悼。

如果说佛兰德斯的红罂粟是对亡者的肃穆哀悼，是静默的追思，那么贝德利镇便是少了那份历史沉重的纯美之地，是新生的希望。贝德利镇位于英国米西米德兰兹的伍斯特郡。伍斯特郡位于塞文河东岸，如果按照人口来计算，它是英国最大的城市，曾以羊毛制品和瓷器闻名于全国，有着在艺术建筑史上赫赫有名的伍斯特大教堂以及贝德利小镇上的红罂粟花海。

贝德利镇的春天正是一年中最美好的时节，从英吉利海峡吹来的温暖和风驱走了冬日的阴霾，人们纷纷走出室外，路边不知名的花草也开始招摇，小狗追逐着蜜蜂奔跑，云雀开始在树梢上歌唱……一切的一切都让这座静谧的小镇流动着欢快的希冀。老式蒸汽机车轰隆驶过镇外，白茫茫的蒸汽中，一抹令人欣喜的殷红在鲜绿的原野中若隐若现——英格兰最盛大热烈的红罂粟花季已悄悄拉开了帷幕。

红罂粟一直被看作纪念阵亡战士的缅怀之花，但在贝德利镇的布莱克斯顿保护区，红罂粟却象征着希望，因为它在这里很容易种植成活，只要把种子撒在地上，来年春天便能开出繁盛的花朵。布莱克斯顿保护区内，一望无际的红色海洋瞬间填满了视野，在微醺的风中，无数花瓣微微翻涌，仿佛鲜红的波浪，一波接着一波肆意流动，热烈而让人迷醉。

（五）荷兰·阿姆斯特丹

阿姆斯特丹是一座与水紧密相连的城市。而风车则是这个城市留给世界的永恒表情。

阿姆斯特丹历史悠久，建筑保存完好，街景建筑多以蓝色、绿色、黑色和红色来装扮，看起来别有一番风韵。阿姆斯特尔河缓缓从市内流过，将城市一分为二，加上两百多条的运河支路，形成了纵横交错的水路。这里水道众多，当然桥梁也不会少，大约有1200座桥梁横跨在运河之上，而在运河两边，两千多户鳞次栉比的船屋，更成了运河上的一道独特的风景。

1. 幸福像花儿一样

荷兰郁金香美誉全球，它的出口量已经是荷兰的支柱型产业。被誉为“世界花后”的郁金香当之无愧地成了荷兰的国花，与风车、奶酪、木鞋一起被称为荷兰的“四大国宝”。

关于郁金香还有一个传说：古代有位美丽的少女住在雄伟的城堡里，有三位勇士同时爱上了她。一个送她一顶皇冠；一个送她一把宝剑；一个送她一块黄金。但她对谁都不钟情，只好向花神询问。花神深感爱情不能勉强，遂把皇冠变成鲜花，宝剑变成绿叶，黄金变成球根，这样合起来便成了郁金香了。在每年的情人节除了玫瑰，郁

金香也成了传达情意给情人的最佳选择。为此当地有了这样一句箴言："谁轻视郁金香，谁就是冒犯了上帝。"

看郁金香不能不去库肯霍夫公园。那里每年春天一到，无数的爱花之人就会涌进荷兰，走进库肯霍夫公园看正在盛放的郁金香，这里的花海，姹紫嫣红，五彩缤纷，种类繁多，应有尽有。

想象一下，春季郁金香盛开的时候，在一年一度的郁金香节上，在万千花丛当中，荷兰春日的温暖阳光洒在身上，花儿五彩缤纷地竞相开放，在这香气里尽情呼吸。走累的时候，随意在公园里找个长椅，安静地坐下，喝上一杯香茗，品尝一下荷兰式的甜点。花丛里，绿树葱茏，溪流潺潺，各色的郁金香组成多姿多彩的图案，游人宛如进入美妙绝伦的画卷中，尽情地在此留影、拍照，享受着荷兰式的浪漫与悠闲。

2. 艺术之城的饕餮盛宴

在整个阿姆斯特丹，有着 40 多家博物馆，他们都集中在阿姆斯特丹的博物馆区。其中，三大博物馆——国家博物馆、市立美术馆和梵高博物馆都在这里，所以这里成了旅客的必访之地。国家博物馆里名作荟萃，不乏伦勃朗、哈尔斯和富美尔等大师之作，而市立美术馆收藏有大量荷兰 17 世纪的艺术品。

阿姆斯特丹国家博物馆是一座哥特式的建筑，也是阿姆斯特丹的标志性建筑。它被公认为世界十大博物馆之一，约有 100 万件艺术品，并收藏了大量 17 世纪"黄金时代"的荷兰绘画，其中包括霍延、弗朗斯·哈尔斯、扬斯滕等人的杰作。当然，最为世人所知的就是伦勃朗了，他的《夜巡》是游客的必看之作。

在梵高博物馆，则收藏了大量荷兰著名画家梵高的作品，称得上是一本关于梵高的百科全书。这座博物馆建于 1973 年，是一栋 19 世纪风格的半圆形建筑，收藏有《向日葵》《吃土豆的人》《雷雨云下的麦田》等名作。当然，翁代尔公园、伦勃朗故居和音乐剧场等地，也是感受艺术、欣赏艺术者的良好去处。这里曾是艺术家云集之地，城市里随处可见名人所遗留的会所、雕像和轶事，在春风拂面的清爽下，来这里看一看这些不朽之作，接受一下各种艺术的熏陶也不为是种别样的旅程。

3. 恍如中世纪的风车村

荷兰被称为"风车之国"，沿海之地，到处伫立着风车。荷兰的国名在荷兰语中叫"尼德兰"，"尼德"是低的意思，"兰"是土地，合起来称为"低洼之国"，建这么多的风车一为排涝输水，二为提供动力。在荷兰有这样一句俗语来强调风车的作用："上帝创造了人，荷兰风车创造了陆地。"

桑斯安斯风车村，是保存最为完好的风车村落，这里建有风车博物馆和体验风车魅力的保留展区，它位于阿姆斯特丹北部，在这里可以感受到中世纪最为真实的荷兰生活。有意思的是，你可以通过风翼的位置来判断车主的状态，风翼共有四个位置，分别代表的寓意是庆祝、默哀、短暂休息和长期休假。是不是也别有一番趣味？

4. 红灯区的魅惑

据说，在阿姆斯特丹，自行车的数量和荷兰的郁金香一样多。在阿姆斯特丹，这座73万人口的城市里，竟有着60多万辆自行车。在阿姆斯特丹的街头，你可以随处看到骑着自行车的人。阿姆斯特丹人通常两三岁就开始学骑自行车，到六七岁差不多就换第二辆，到了十二三岁时已经有第三辆自行车了。

这一切都得益于阿姆斯特丹得天独厚的地理条件，因为地势平缓，道路笔直，且政府提倡，所以在阿姆斯特丹，几乎无论男女老幼，都骑自行车，整座阿姆斯特丹就好像是一座骑在自行车上生活的城市。

去阿姆斯特丹，不得不了解的就是红灯区。世界上各个国家的大城市往往有色情场所聚集的地方，一般都被称为红灯区，而阿姆斯特丹的特别之处在于他们的红灯区是可以合法经营的。对于很多关于性的话题，他们都可以在电视节目上加以讨论，因而日久天长，就形成了规模化的红灯区。阿姆斯特丹的红灯区就位于运河两岸，当夜晚降临的时候，两岸的橱窗里亮出暧昧色彩起伏的红灯，映得周围一片红艳，整个红灯区到处是一人大小的橱窗，红灯在里面亮起，窗帘拉上，留给路人一种不言而喻的想象。

（六）印度尼西亚·巴厘岛

街角或乡下的树荫下，随意的眺望，轻轻细嗅，稻田的绿和稻香交相呼应，融为一体，此时，你慢慢地闭上双眼，享受着大自然的恩赐。

春季给巴厘岛带来了各种春意，百花齐放，草木尽情地彰显它们的绿色。稻田在这个季节是巴厘岛风光的主角，一眼望去绿色尽收眼底。湛蓝的天空，白白的云朵，蓝蓝的海水构成了水天相连的一幅画面，岛与天浑然一体。当然，还有舒服安逸的SPA……

1. 惬意如画的海边生活

春风拂过，巴厘岛上林木复苏，遍地野花竞相怒放，岛边的绿色植物倒映在海水中，把海水映衬得更为湛蓝。

库塔海滩是巴厘岛最繁荣的地方之一，长约7公里。告别了冬日的清冷，春天的

来临让库塔海滩又开始活跃了起来。库塔海滩是冲浪的好地方，尽管春日的海水还有些微凉，但却挡不住健壮的人们火一样的激情。他们大呼小叫着，随着海浪高低起伏。而细腻的沙滩上，遮阳伞和沙滩椅一字排开，人们躺在椅子上悠闲地享受着日光浴，或者喝着自己喜欢的当地特色鲜榨果饮。到了华灯初上的夜晚，不妨乘上轮船来一次环岛游，春日的晚风无比清凉，风中偶尔传来几声吉他的声音，不知谁家小伙又在为心爱的姑娘演奏心曲了，这一切是那样的温馨甜蜜，仿佛心儿都要融化在这春日的细浪皎月之中了。

2. 在悠闲时光里的嫩绿稻田

巴厘岛四面海水环绕，气候温润，阳光充裕，雨水丰盈，火山灰所滋养出的大量肥沃的土地上，绿树葱茏，林木参天，生机盎然。

也许你看倦了繁华都市，览尽了名山大川，也体验过了一些浪漫的风情，但这个世界上还存在着巴厘岛这样个地方，会使你感受到不一样的体验，走进它的“绿”与“慢”。用心去触摸它，你会感到身心的宁静与轻松。绿是气候养育的精灵，慢则是千百年的印度教熏陶的产物。春季这里稻田的绿总是那么沁人心脾，行走在稻田中，一眼望去，四处的绿色，伴着淡淡迷人的稻香，是这么的让人迷醉其中。巴厘岛人的生活常常是处于一种懒散闲适的状态，他们似乎没有那些雄心壮志，也不会被利欲熏心，他们只想慢慢地慢慢地生活着。就像这一片又一片的稻田一般，如此纯粹而自然。

在街角或乡下的树荫下，随意地眺望，轻轻细嗅，稻田的绿和稻香交相呼应，融为一体，此时，你慢慢地闭上双眼，享受着大自然的恩赐，这早已远远胜过了太多人为的SPA体验。

3. 与神生活在一起

优美的自然景观是巴厘岛的经脉骨血，而有着悠久历史的文化却承载着巴厘岛的灵魂。早在夏连特拉王朝统治爪哇岛时期，巴厘岛的居民就开始信奉佛教和印度教。这从全岛上为数1.25万座的庙宇就能看出巴厘岛的宗教蔚然成风。作为巴厘岛最著名的寺庙之一，建造在一块巨岩之上的海神庙是不得不去的景点。春季的来临让海神庙的香火旺盛起来，不过，海神庙却不是随时随地都能去的，每当春潮翻涌的时候，海神庙就会被海潮阻隔，独立于大海巨岩之上，只有到了退潮时分，才会露出连接内陆的道路。

比起海神庙的遗世独立，圣泉寺则亲民了许多，寺内有两个长方形的泉池，池中的泉眼如大丽花般绽放出清澈的泉水，据说泉水能治百病，所以每天都有很多朝圣者前来沐浴。

温暖的春风吹绿了巴厘岛的稻田，也吹动了巴厘少女的心。在春日的夜晚，少女们开始翩翩起舞。巴厘岛的舞蹈是人们用来与神进行沟通的方式，包括迎宾舞、巴龙舞、凯卡克舞等，少女们穿着传统的巴厘服装，优美的身段翩跹，宛如春夜中的精灵，既热辣又含蓄，难以言喻的风情在岛上荡漾开来。

（七）保加利亚·玫瑰谷

金色的阳光悠悠地凝视着这片生机勃勃的花海，温柔地抚摸着粉红而柔嫩的唇瓣；伴着地中海暖流带来而温润空气，玫瑰花朝气蓬勃，欣欣向苯。

传说，上帝创世之初给他的子民们分配土地，结果保加利亚人来迟了，他们为了讨要到一块土地跟上帝软磨硬泡，最后上帝把自已的私藏后花园赐给了他们。上帝的后花园缀满了姹紫嫣红的玫瑰，于是保加利亚就有了著名的卡赞勒克玫瑰谷。

1. 被玫瑰统治的美丽小镇

在保加利亚卡赞勒克，一个被赋予了“玫瑰城”桂冠的小镇，几百年来沉醉在玫瑰的馥郁里，时光悠悠长长。卡赞勒克是一个色彩的世界，似乎是天上彩虹在人间的倒影。层层叠叠的玫瑰，分布于小镇的大小角落；当地辛勤忙碌的花农——古代色雷斯王国的后裔、快乐的游客，沐浴在玫瑰的芬芳里。他们的笑容，竟比玫瑰盛开得还要灿烂。

踏入卡赞勒克小镇，入眼即是清新温暖的色彩，两边的建筑古朴而美丽。它们多有着淡黄、淡粉的墙壁和深蓝深红的屋顶，窗棂上雕刻着各种花纹图案，给人一种神秘的感觉。家家户户都在阳台上种植了玫瑰，繁茂的花枝探出头来，像保加利亚女子浓密如波浪般的头发。

田野间更是布满了星星点点的玫瑰园。那些层层叠叠的花丛，远远望去，就像天幕中的点点繁星。蓝天白云下，起伏的田野一览无余，暖暖的金色的阳光悠悠地凝视着这片生机勃勃的花海，温柔地抚摸着粉红而柔嫩的唇瓣；伴着地中海暖流带来的温润空气，玫瑰花朝气蓬勃，欣欣向荣。在每年春天，便是玫瑰园最热闹的季节，空气中弥漫着玫瑰花香，卡赞勒克的居民全家出动前往自家的玫瑰园，此时此刻，你会强烈地感受到他们丰收的喜悦。

2. 玫瑰节，玫瑰皇后和她的子民

来保加利亚玫瑰谷一定不能错过玫瑰节。玫瑰节往往在暮春时分举行。

玫瑰节一般分为三个部分，最令人期待的莫过于“玫瑰皇后”的评选活动。从4

月开始，卡赞勒克16~19岁的姑娘们便开始精心地打扮自己，每个卡赞勒克姑娘都梦想成为“玫瑰皇后”，成为家族的荣光。评选结束后，会举行一个交接仪式，头年的玫瑰皇后就会在一片欣喜热烈的掌声中，把花冠戴在今年的新玫瑰皇后头上。

在玫瑰节当天的早上6点，玫瑰谷正在悠悠醒来之际，卡赞勒克小镇上的男女老少便提着一个花篮赶到玫瑰园，赶上太阳升起的步伐，欣喜地忙碌着，因为清晨的玫瑰花含油量最大，香气也最浓郁。他们穿着红白相间的民族服装在田间欢快地跳着舞，嘴里还高歌着《一枝保加利亚玫瑰花》。游人可能不仅会被玫瑰香水陶醉，更会被当地淳朴的民风所吸引。

大约中午时分，采摘完毕，人们便提着桶蜂拥至广场参加盛大的游行活动。打扮成国王、王后的当地人、提着花篮向众人抛撒着玫瑰花瓣的少女缓步而行，后面跟着敲锣打鼓的乐队，而高挑美丽的玫瑰皇后则优雅地微笑着向人们致意。每个人的脖子上都戴着粉红玫瑰花环，手拉着手跳着圆环舞。伴随着令人激越的爆竹声，一群头戴面具、腰围铜器、手舞刀棒的青年，手舞足蹈，伴着节奏跳跃起舞，这就是神秘古老的“驱魔”舞。幸运的话，还可以看到一群妇女拉着手，提着腰带的动作，可别觉得这再简单不过，这可是保加利亚民族舞蹈中的一个特殊的舞姿，那就是“抓腰带”。人们通过舞蹈相互传达着丰收的喜悦。广场上的喷雾机不停地喷洒浓郁的玫瑰香水，还有穿梭在人群中的孩子们会调皮地向你身上喷玫瑰油，这些热闹的场景跟繁盛的玫瑰花一样美不胜收。彼时，满城都是飘洒的玫瑰花瓣，空气中到处弥漫着玫瑰油的香味，真的是一个实实在在的“玫瑰之国”。

雨果曾说：“我平生最大的心愿，就是在玫瑰花盛开的季节死去。”在玫瑰的国度里，人们始终会明白他的喟叹。

3. 玫瑰谷里，王子的爱情往事

民谣《玫瑰人生》里唱道：“爱的夜永不终结，幸福悠长代替黑夜，烦恼忧伤全部消失，幸福一生直到死，玫瑰人生…”古往今来，玫瑰谷都是一个浪漫迷人的见证爱情的地方。历史悠久的色雷斯文化发源于玫瑰谷，色雷斯人大约形成于公元前21世纪中期，是巴尔干半岛上最早的居民。在现代被发现的色雷斯古墓里，你会看到各种各样的远古器具，许多价值连城，被称为国宝，如一些制作极其精美的金、银质器皿，头像首饰等。而墓中埋葬着的色雷斯王子夫妇则被五颜六色的壁画环绕千年，就像玫瑰花长生于此，祭奠着他们永不逝去的爱情。

玫瑰不但给这个小镇带来美丽的风景，也是小镇人民的衣食之源。正是有了玫瑰谷，保加利亚生产的玫瑰油产量才会占据世界第一位。玫瑰谷的玫瑰花有7000多种，保加利亚全国3/4的玫瑰都生长在玫瑰谷。因为粉红色和白色两种玫瑰花含油量最大，所以玫瑰谷多为粉色玫瑰花。玫瑰油素有“液体黄金”之称，可谓价值连城。它是一种无色或淡黄色的芳香液体，主要用于制作优质香水和甜烈酒，也可熬成果酱或用于药片的调味。如果来到玫瑰之谷，带回家的行囊里定不可少了玫瑰谷出产的玫瑰油，那样的话，即使很多年之后，依然会回忆起玫瑰谷的芬芳……

（八）韩国·济州岛

油菜花节和大樱花节是这场春季庆典的主角。每年四月，济州西归浦市表善面加时里居民就会举办油菜花节，此时的西归浦一路上都开满了朴素而轰轰烈烈的油菜花。

春季的济州岛，沉浸在高山白云、蓝天碧海和温润的海风中，油菜花、樱花、踯躅花争相开放，大片大片地覆盖在济州岛的土地上，这座缤纷的岛屿，继承了韩式的浪漫，山美水美人更美。春季作为一年新的开始，人们勤劳温和，更加辛苦劳作，庆祝春天的到来，万物在此间也愈加欣欣向荣，繁荣昌盛。

1. 迷醉在山水霞光之间

作为济州岛的第一高峰，汉拿山是济州岛的标志。它像一个与生俱来的王者，威严地俯视着这片臣服于它的土地。这座海拔 1950 米的火山，每到春季，就会呈现出一片醉人的嫩绿和艳丽的紫红，那是开满山腰的踯躅花。牧马在山间悠闲徘徊，仿佛在细细品尝着春草的鲜嫩。清泉在岩石间时隐时现，像活泼的仙女，在跳跃时露出白色的褶皱裙。在山腰上俯视济州岛，能看到山脚下盛开得金灿灿的油菜花和粉白的樱花。山顶的火山口如今已成为清澈的白鹿潭，像只绿幽幽的眼睛，俯瞰着这片壮美的大地。传说是一个因偷看仙女沐浴的汉拿山神仙被玉帝惩罚，贬成白鹿，终身守护此地而形成。春季微重的水气，使得幽静深邃的白鹿潭周围云雾缭绕，当夕阳如霞宛如仙境。

若说汉拿山是看晚霞的好去处，那么位于济州岛东端的城山日出峰便是因日出而得名。这是世界最大的突出海岸的火山口，也是最好的观看日出之地。春季微带寒气的清晨，太阳从海平面上的云层中透出一丝光亮，不一会儿便染红了半边天。周边的 99 块奇岩怪石，如同济州岛的精英卫士，时时刻刻监视着海上的一举动。

济州岛的春天，有了嫩绿的山，更少不了柔情蜜意的水。在济州岛南部，有一个著名的天地渊瀑布。瀑布分为三段，每段都如银幕一样垂落九天。天气渐渐回暖，动物们纷纷出来活动筋骨，山林间顿时鸟语花香。茂密的天地渊溪谷中有条著名的小路，叫偶来小路，是一条被全球徒步旅行者喜爱的路线。漫步在小路上，你能近距离地感受到大自然。你能看到海水轻拍着海岸，海滩泛着银光，棕榈树在海风中摇着扇，太阳穿透松林洒下点点光芒，芦苇闪着银光轻轻摇曳……

2. 石头爷爷的关爱，海女的淳美

春季的济州岛，有温婉的海水、雪白的细沙、柔媚的白云，这样的万种风情，怎能少了当地风土人情的滋润？

济州岛一开始便具有神话色彩。据说是三位仙人高乙那、梁乙那、夫乙那与东海碧浪国的三位公主结婚后渐渐繁衍兴盛起来的，她们带来牛马和五谷的种子，在春季播种，建立村落，开始过着男耕女织的生活。如今在济州岛一隅，有个历史遗迹“三姓穴”，纪念的就是这三位先祖。“三姓穴”包括三姓殿、焚香坛、典祀厅、崇报堂等部分，它们掩映在刚抽出新芽的树木中，安静而肃穆，洞口边的百年老树像一个个虔诚的朝圣者，守护着千年根基。

这座远离尘世的海上仙岛，席卷全球的工业革命没有在这里留下污染的痕迹。人们依旧保持着传统的生活方式。在海女博物馆，晕黄的灯光向你讲述着：她们，本是海的女儿。春季的清晨微寒，海女们依然起早贪黑，不顾危险潜入海底，徒手打捞海鲜，她们没有任何抵抗危险的装备，除了一副简单的潜水镜。岁月像把刻刀，毫不留情地在她们脸上刻上皱纹，皮肤在海水中的盐分和太阳共同作用下，显得黝黑苍老，但她们却是美的，因为她们勤劳朴素，淳朴而快活。

三姓穴

而在济州民俗村博物馆，你则会看到当地群众生活的缩影。在春季特有的湛蓝的天空下，低矮黑灰的韩国传统房屋前，绿意盎然，鲜花娇艳，树下屹立着一个个石头爷爷，它有着凸出的大眼睛、又矮又大的鼻梁、紧抿着的宽宽的嘴巴，头上顶着圆圆的石帽，两手似在轻轻抚摩着鼓鼓的肚子，据说摸摸石头爷爷的肚子和手可以升官发财，摸摸他们的鼻子可以生儿子。每年春季举行盛大的庆典时，总会有一个石头爷爷笑盈盈地矗立在一旁。它们是济州岛永远的保护神，见证着济州千百年的更迭。

如今的济州岛，历史文化与现代艺术使她更具有内涵。可爱的泰迪熊博物馆，收藏了百年来世界各地姿态万千的玩具熊，令你目不暇接，啧啧称叹。爱之岛主题公园，融入了传统避之不及的性爱元素，洗手间的拉手、指引游客的路标、喷泉、椅子等，无不设计得大胆非常、刻画得淋漓尽致，整个公园流露出赤裸裸的气息，到此一游，感觉“春意”更浓了。

3. 春季庆典

三四月早春季节，韩国各地还透露着些许寒意，济州岛天气已渐渐回暖，春天总是偏爱着这海上的明珠，早早地来参加这场春季的庆典。蓝天碧海，百花盛开，草长莺飞，一切都无比清晰。

油菜花节和大樱花节是这场春季庆典的主角。每年四月，济州岛西归浦表善面加时里居民就会举办油菜花节，此时的西归浦一路上都开满了朴素而轰轰烈烈的油菜花。从大鹿山油菜花广场进入油菜花田园，会瞬间被这样美丽的画卷吸引：碧空如洗，天空中偶有一朵厚厚的白云飘过，周围镌刻着太阳的金边，油菜花们一齐开放，一团团地簇拥在一起，眺望着远处突起的城山日出峰和蔚蓝的大海。此时，会看见许多新人在油菜花间拍婚纱照，还有骑着马车穿梭于油菜花间的游客，那种韩式的浪漫不言而喻。

市内的大小公园及路边的大樱花也盛开得极其灿烂，高大的樱花树好像披上了粉白的嫁衣，满街都带着浪漫的色彩。单看一朵大樱花，就仿若一个雍容大气的女子。时不时飘落下的花瓣柔柔地覆盖在上面。大樱花那令人惊艳的美，仅仅只能持续2~3天。

济州岛的各个角落都充斥着春的气息，各大城市会在公园里举行春季庆典，庆贺繁盛的春天的到来。人们会先举行仪式开启春季庆典，随后活动便会以野火燎原之势铺展开来，如迎春哑剧童话、交流城市公演团公演、迎春时装秀、Goodbye 樱花游戏等活动，时尚浪漫而热闹。此刻人们纷纷踏着落英缤纷的花径，惬意地欣赏着音乐与花海，感到生活热情如火又安宁如水。

（九）美国·德克萨斯

第二天清晨，果然降下了人们渴慕已久的甘霖，在雨后的田野上，人们惊奇地发现一种与宝石蓝色丝带颜色一样的宝石蓝色的奇特花朵繁茂盛开。

“一年之计在于春”，无论是哪个地方的春天，都是令人陶醉的。德克萨斯的春天，同样别具风味。清新的春风吹绿了辽阔的原野，唤醒了千枝万朵绚烂的野花，这些野花色彩鲜艳，浩浩荡荡地包围了整个德克萨斯州，是名副其实的野花王国。最美的要数一种浸着蓝宝石色彩的蓝帽花，它们让德克萨斯的春天沉浸在一片深沉的蓝色浪漫中。干净馨香的街道走着从容自然的人们，精致新颖的别墅整齐地排列，面目一新的人们身着令人欣喜的春装，激情四射的牛仔在斗牛场勇敢地驯服狂暴的野牛，高兴耕作的农民在田野哼着德州独特的民歌。德克萨斯的春天，一个充满激情而浪漫的季节，有着不可抗拒的魅力。

1. 被野花唤醒的春天

每到春天，德克萨斯都会异常热闹，无论是公路两旁，辽阔的草原，还是寂静的田野，都会遍开野花，红色的，黄色的，紫色的，蓝色的，不计其数。这些野花像春天的精灵，送给德克萨斯一件五颜六色的衣裳，唤醒了沉睡许久的德克萨斯。挥挥洒洒，浩浩荡荡，将清新的春意大片大片倾泻在德州每一寸土地上。

在这些野花中，最出名的要数一种被宝石蓝浸透的蓝帽花，花色和花瓣颇具特色，酷似当地妇女常戴的太阳帽。关于蓝帽花，还有一个美丽的传说：据说很久以前，定居在德克萨斯的印第安人深受干旱的折磨，后来上帝启示人们，只要部落中有人将自己最心爱之物献出，就会有甘霖降下，那天晚上，酋长的小女儿悄悄地将自己最心爱的系着宝石蓝色丝带的娃娃送给了上帝，第二天清晨，果然降下了人们渴慕已久的甘霖，在雨后的田野上，人们惊奇地发现一种与宝石蓝色丝带颜色一样的宝石蓝色的奇特花朵繁茂盛开。

蓝色是野花们的主调，漫步花丛，一眼望不尽的蓝色的花的海洋，微风习习，似乎这些宝蓝色的花朵在亲吻着柔软的肌肤，视野被一片蓝色朦胧，如身处画卷之中。

2. 德州牛仔的狂野

牛仔文化起源于美国西部，德克萨斯也是牛仔文化的发源地之一。德克萨斯州第六大城市沃斯堡则是牛仔文化最集中的地方。人们说，到了沃斯堡，才叫见到了真正意义上的德州。

沃斯堡街上到处都是脚穿牛仔靴坐在马背上的纯正牛仔，这些牛仔在当地人心中都是敢于冒险的勇敢者，他们衣着新奇而时尚，身体强壮，骑着一匹剽悍的马，充满了燃烧的热情和活力。春季更是这些牛仔激情表演的盛会，看勇敢的牛仔如何征服狂暴的公牛，别有一番西方风情。在斗牛场上，他们骑在被栅栏拴住的公牛身上，随着一声令下，凶猛的公牛被放出，开始疯狂地挣扎试图甩掉背上的牛仔，场面惊心动魄。但这些勇敢的牛仔丝毫不惧，随着牛身的甩动而甩动，据说在牛身上坚持的时间越长，战绩便越好。看着这些激情的牛仔，无一不感受到勇敢的力量，对牛仔顿生敬佩之情。

牛仔们还经常三五个组成一伙，骑着烈马，戴上一顶特有的草帽，在风光美好的郊外或者农场野餐。他们会搭起一个个简易的帐篷，架起一个个烤牛肉的支架，大声唱着德州的乡村民谣，大口享受牛肉的美味，一种与生俱来铭刻在血脉中的粗犷，在辽阔的原野上激荡着。闲暇时刻，他们也会在原野中比试一下赛马的技术，那在风中驰骋的身姿，仿佛连春天都躁动了起来。

3. 泛着诗意的野花节

德州人有浓厚的野花情节，去德克萨斯一定不能错过的就是他们那一年一度的盛会——野花节。每年春暖花开时，野花节都会在一个名为查普尔山的小镇热烈举行，吸引了来自世界各地的游客前来驻足观赏。

千姿百态的野花，洋洋洒洒地开放在广袤的原野上，蓝的晶莹，红的似火，黄的澄澈。各种鲜艳的颜色在原野竞相交错，阳光下的查普尔山小镇，是名副其实的野花的海洋。这些野花以蓝色为主调，宝蓝色的蓝帽花配合着天空的湛蓝，让整个野花节弥漫着蓝色的气息，充满诗意。

野花节上除了观赏空前的野花盛景外，丰富多彩的活动也同样让人流连忘返。场面浩大的花车游行，引得阵阵欢呼，清扬的音乐穿透了整个小镇，空阔的原野上举行着盛大的高尔夫比赛，还有大量精美的艺术品展览。野花节里，激情的青年骑着自行车穿梭在花海丛中，可爱的姑娘轻柔地漫步花间，嗅着野花芬芳的气息，专业的摄影师们架着相机，记录着这里的快乐与美好。野花节，让所有人沉浸在这一片迷人的风景中，度过一段清新与悠闲的时光。

（十）法国·普罗旺斯

人生来就是渴望着美好的，而普罗旺斯这个地方是那么的慵懒、闲适、美好，这里的空气都拥有让你忘掉一切的魔力！

人生来就是渴望着美好的，而普罗旺斯这个地方是那么的慵懒、闲适、美好，这里的空气都拥有让你忘掉一切的魔力！在普罗旺斯，你可以循着薰衣草的花香迷失在这个紫色浪漫之都，铺天盖地而来的向日葵花海，席卷一切的不安与忧伤。在梵高露天咖啡馆里，让香醇的味道萦绕身边，灵魂在这样古老的街道上日显厚重……

1. 薰衣草的故乡，在唯美紫色梦里等待爱情

夏天的薰衣草，有着最美的颜色，有着最深入人心的香味，就好像在与夏季的阳光应和，花开得热烈而唯美。在6月到8月，普罗旺斯的薰衣草花海绝对是最美的天堂。塞南克修道院是著名的薰衣草观赏地之一，这座朴实的西式修道院，坐落在一个宁静的山谷之中，修道院前一片不同品种、不同颜色的薰衣草开成了海洋，风吹过的花香，涌成了浪。在这湛蓝的天空之下，漫步在这撩人的紫色天堂，花香盈袖，美好得无与伦比。不同于修道院的肃穆，SAULT 是一个小小的村子，但是它的宁静自然让人沉醉，夏日暖阳里，院子里慵懒的晒太阳的猫，随意摆放着的农具，在薰衣草花田

里采摘的花农，都让这里的薰衣草的紫色多了一份平静的力量，这灿烂阳光下画一般的风景，成为很多作家或者画家的创作源泉。

薰衣草的花语是“等待爱情”，就像一个作家曾说：“在这里，你只要用力呼吸，就会看见奇迹，那是思念的芬芳……”这种花开得温和、淡然却又那样地让人无法忘怀，就像那年少时不可言说的青涩爱情，这样的浪漫，不必言说，全部融入淡淡的花香里，这让普罗旺斯一度成为“浪漫之乡”。在夏天的时候来普罗旺斯，还可以赶上这里的“薰衣草节”以及嘉年华，你可以看到当地人穿着传统服装庆祝节日，看到很多薰衣草做成的产品，可以参观热情友好的花农们的作坊，购买一两瓶薰衣草精油，让这样的香味和这里的记忆一起留在生命里。

2. 向日葵的海洋，梵高亲吻过的美

或许薰衣草被过多地提及，使大家忽略了普罗旺斯的另一份震撼的美景，那就是向日葵花海，在夏季炽热的阳光下，向日葵就像落在地上的太阳，开得明艳动人、绚烂而又温暖。

在阿尔勒城的郊外，你可以欣赏到最壮观的向日葵花海，那大片的金色热烈而张扬，在蓝得透明的背景之下，华美闪亮。梵高就是在这里，采集着他眼里的金黄色向日葵，用这种色彩来表达内心燃烧的激情。梵高曾说：“生活对我来说就是一次艰难的航行，但是我又怎么会知道潮水会不会上涨，乃至淹没嘴唇，甚至会涨得更高呢？但我将奋斗，我将生活得有价值，我将努力战胜，并赢得生活。”向日葵就像是阳光，一种生活的明媚，美了普罗旺斯的夏天。

向日葵的花语是“沉默的爱”，梵高名画《向日葵》上那些都是他的沉默的爱，对艺术，对生活，或许还有那个绝情的表姐……在阿尔勒，在这个有着“地中海阳光之城”之称的古老小城，有梵高的露天咖啡馆、画室，还有名字叫“黄屋”的故居，这些都是这个沉溺在阳光和金黄色向日葵中的疯狂的画家留下的最灿烂的记忆。如今，这里的向日葵依旧开放，依旧沉默，依旧爱着太阳。

3. 古老的街道城墙，夕阳下诉说着旧日时光

“教皇城”阿维尼翁，美丽的普罗旺斯古老小城，这是普罗旺斯地区最美丽的景点之一。1309 年，教皇克雷芒五世将教廷迁移至此，从此之后，这里就成了朝拜的圣地。教皇宫庄重古朴，俯视着普罗旺斯的美丽风光。先后有 7 位教皇在此居住，宫殿占地 1.5 万平方米，罗马式的建筑风格却又融入了哥特式的设计，里面收集的大量的中世纪艺术品让人目不暇接，更感叹这小城的时间流逝之缓慢悠长，就像是一种记录，诉说着旧日的时光。

阿维尼翁城里，罗讷河从圣贝内泽桥下缓缓流过，桥身已断。这里的安宁祥和让灵魂都为之沉静。夕阳余晖落在罗讷河上，成为阿维尼翁夏季的著名景观“断桥夕照”，桥下的河水年复一年地安静流淌，就像是在诉说着这个城市里的故事，一年又一年…

走在这里的街道上，感受这夏季特有的阳光，微醺的风，看街道两边的树木茂密而又青翠，不时有美丽的少女从树下走过，让人不禁想起毕加索的《阿维尼翁的少女》。夏天去阿维尼翁，还可以参加七八月份举办的阿维尼翁艺术节，看人们对艺术的追求。

3. 南法最迷人的阳光

普罗旺斯的首府艾克斯，是一个矛盾的存在。这里被誉为最有“都会”风情的地区，却有着被称为“法国最美丽的街道”的米哈波林荫大道，有着奢华的豪宅，却也有文艺清新的农家小院，其实，看似矛盾却并非无解，就像法国人自己说的，“谁叫这里有南法最迷人的阳光呢”。在阳光下，一切都理所当然。

艾克斯，作为画家塞尚的故乡，它保留着很多关于塞尚的记忆。这位被称为“现代艺术之父”的天才画家，是艾克斯的骄傲，塞尚出生的公寓、待过的画室、与左拉相遇的中学以及塞尚的墓地……都完好地保留在艾克斯。

不得不提的是艾克斯的米哈波林荫大道，夏季的炽热阳光被高大茂盛的梧桐阻挡切割，细细碎碎落在街道上。在大道北侧，有一家非常受人欢迎的“两兄弟”咖啡馆，它开张于1792年，历史悠久，在夏日的午后坐在这里喝咖啡都仿佛能喝出时光的味道……

在这条大道上，还有一个米黄色的博物馆，它静静地待着，用沉静的气质来吸引困于俗世的你，这就是南法最重要的艺术博物馆之一——葛哈内博物馆，艺术的精华被聚集在这里，在这个市中心的地方，它以一种岁月的思想的力量征服时代的洪流，这里是心灵的栖息之地，艺术灵感的源泉。

（十一）法国·卢瓦尔

提起法国，你不能不想到葡萄酒，法国人爱酒成痴，这不得不说与法国人天生的浪漫情怀和红酒的口味醇浓的特质有关。

越过阿尔卑斯山的明媚的气候，在卢瓦尔河谷广袤的平原上悄悄驻足，这里仿佛有着全欧洲最温暖的阳光，它将全部热情倾注于河谷两岸成片的小麦和向日葵身上。卢瓦尔，就好像掩藏在薄纱下的一泓清泉，在人们记忆的深处闪烁着微光。无论是那浓郁的人文情怀、浪漫迷醉的城堡，还是飘扬的葡萄酒香，无一不昭示着卢瓦尔河谷独一无二的魅力。

1. 法兰西的后花园

卢瓦尔是一个绝对适合夏季旅行的去处，在沿河的旅途中，享受着热情的阳光与绮丽湿润的众多河流，是人生中不可多得的愉悦体验。

作为法国最长的河流，卢瓦尔河途经众多大小的城镇，它虽不像世界上其他大河那样汹涌奔腾，却静静流淌着自己的满腔柔情。法兰西的历史尽管多舛，但卢瓦尔河却秉承着浪漫的人文情怀。它孕育了拉伯雷、乔治·桑、笛卡尔、普鲁斯特等众多世界文艺界不可攀折的高峰。伟大的现实批判主义大师巴尔扎克也是在这里完成了他的巨作——《人间喜剧》，拉伯雷更是曾动情地赞叹道："生我养我的，正是卢瓦尔这个法国的花园。"

卢瓦尔的河流滋润了这一片广阔的平原，也从历史的另一端为我们带来了数不清的灿若星辰的文化瑰宝。奥尔良主教堂西侧伫立着的法国民族英雄圣女贞德的故居，历经了数百年的风雨沧桑仍旧如其主人一样坚强地支撑着。在炎炎夏日，瞻仰这样一位用生命与热血保卫着潺潺流动的卢瓦尔河水的英雄的遗迹，是否会让你感受到这片看似温和，却从内心散发出坚韧力量的土地的精神呢?

静立于卢瓦尔河谷沿岸的，还有世界著名绘画大师达·芬奇晚年的故居。这位应弗朗索瓦一世之邀而来到卢瓦尔的艺术家，也为卢瓦尔河流的文化积淀的完成添加了最瑰丽的一笔。如今的南特克洛吕斯城堡，坐落在一片玫瑰丛中，夏日阳光下的草地犹如铺上了一层绿毯，各种鲜花点缀其中。城堡中还保留着画家生前使用过的各种画具草稿，人们很容易就可以想象出当年的达·芬奇本人是怎样在绿树环绕的南特克洛吕斯城堡中构思他的画作。

夏季来到卢瓦尔的游人们，在奔流不息的卢瓦尔河前驻足，感受着河水在夏季骄阳的炙烤下蒸腾起的潮湿水汽，似乎连空气都变得湿润起来。

2. 古堡深处的香艳往事

夏季绝对是一个恋爱的季节，在炽热的骄阳下向心爱的人深情地表白或是热烈地拥抱，周身散发的浓情蜜意会比卢瓦尔阳光的温度更能融化一个人的内心。

在卢瓦尔河谷，建造着许多皇家城堡，这些城堡拥有一切发生美妙爱情故事的独特环境，繁复的哥特式的玫瑰花窗，洛可可式精致华丽的雕花房廊，罗马式的圆顶立柱，他们犹如一件大型的精致宝石，在卢瓦尔夏季的赤日下，更显闪亮逼人。几乎每一座古老城堡中都有一段令人唏嘘、缠绵悱恻的爱情故事，这其中最负盛名的，当是香堡、神农城堡。

香堡的最初修建据说是因为国王弗朗索瓦一世爱上了住在这里的一位姑娘。为爱煎熬的年轻君主，将自己的一腔相思倾注于香堡的修建上，使得香堡的一砖一瓦都如同画师笔下的一幅灵感之作。随后，香堡逐渐成为法国王室的狩猎行宫，城堡内房间众多，特有的双舷梯交错纵横，珍贵的画作随处可见，使人眼花缭乱。

神农城堡依着卢瓦尔河而建，城堡左右两翼横跨卢瓦尔河支流察尔河，五孔廊桥为城堡增添了一份空灵之感，被誉为“停泊在察尔河上的船只”。它曾是法国国王亨利二世与爱妃戴安娜的住所。亨利二世将此作为礼物讨得爱妃的欢心，却不想受到了皇后卡特琳娜的嫉妒。亨利二世于一次射击比赛中受伤身亡后，卡特琳娜掌管了大权，赶走了戴安娜，将这曾经见证了亨利二世与爱妃淳挚爱情的宫殿作为了自己的行宫。即使是经历了几百年的风霜雨露，时光也未在神农城堡上留下凿痕。现在身处其中，仍能切身感受到数百年前法国王室奢侈靡费的生活，还能勾画出风流国王与美貌爱妃在这里留下的无数欢畅月下的美妙时光。

3. 沉醉于葡萄酒的芬芳中

提起法国，你不能不想到葡萄酒，法国人爱酒成痴，这不得不说与法国人天生的浪漫情怀和红酒的口味醇浓的特质有关。

作为法国后花园的卢瓦尔是法国北部尤为重要的葡萄酒产区。到了卢瓦尔，若是不尝一尝这里的葡萄酒，那真可谓是得不偿失。众所周知，卢瓦尔的夏季阳光十分充足，大片的平原地区也为葡萄树接受阳光的照耀提供了最大的保证。最好的观光季节，当然是葡萄成熟时的夏天了。许多热爱红酒的人都会来到卢瓦尔的葡萄种植区，一览葡萄成熟时的大好风光。一排排排列整齐的葡萄枝上挂满了累累果实，金色的阳光给予果实最健康的成长，闻着甜腻诱人的果香，使得夏天变得不再炽热，而是馨香甜蜜。在充满活力的夏季阳光下，似乎可以从酿好的酒汁中品味到特属于卢瓦尔夏季才有的阳光的味道。

卢瓦尔的葡萄酒历史最早可以追溯到中世纪伊始。悠久的历史使得掩映在众多古迹中的酒庄不计其数，他们大多掩藏在森林之中，默默地见证了法国葡萄酒文化的兴衰荣辱。无论是在爱谷酒庄，或是赛宏河坡酒庄，都可见大片的葡萄园林。在众多的葡萄品种中，以白诗南、长相思和勃艮第香瓜为主要代表，它们是酿成口感独特的法国葡萄酒的原料。在宁静明媚的夏日午后，饮上这样一口甘之如饴的美酒，无疑是悠闲漫长的假期中最令人回味无穷的片段。

（十二）德国·黑森林

夏日阳光下的黑森林就是一个童话世界。阳光下细软的土地就如同阳光穿过树叶，照射在钻石上发出的光芒。这里还是白雪公主和灰姑娘故事的发源地……

黑森林是德国著名的旅游胜地，夏日阳光下的黑森林就是一个童话世界。阳光下细软的土地就如同阳光穿过树叶，照射在钻石上发出的光芒。这里还是白雪公主和灰姑娘故事的发源地……

1. 黑森林：那片绵延无尽的墨绿

人们把黑森林分为北部黑森林、中部黑森林和南部黑森林三个部分，每一个地区都有着不同的韵味：或似少女的清新淡雅，或似舞者的妩媚灵动，或似孩童的天真浪漫。

北部黑森林从巴登到弗罗伊登施塔特，一汪汪清澈泛蓝的湖水点缀在松树与杉树相互交织的一片化不开的浓绿中，如埋藏在丛林中的绿宝石一般闪耀着奇异的光泽。阳光洒在海拔1036米的慕梅湖上，潋滟着点点光芒，群山都好似在梦中的仙境里。

中部黑森林从弗罗伊登施塔特到弗莱堡，这里随处可见德国南部风格的木制农舍建筑。在夏季，屋顶上、房檐中、门槛旁，都盛开着各色的小花儿，让人仿佛走进了童话中《白雪公主》的世界，想要寻找那七个可爱的小矮人。

南部黑森林从弗莱堡到德国和瑞士的边境，有片绵延不绝的大草原，在夏日的夕阳中，漫步在草原上，身上被阳光镀了一层橘黄的光芒，吹着从天空而来的纯洁的风，愉悦着每个人的心灵。海拔1493米的费尔德贝格峰是黑森林山的最高峰。站在高山之上极目远望，没有一览众山小的感觉，只能看到一大片的平原，心情也不由得开阔。这里是德国最大的休养中心，也是王子邀请灰姑娘跳舞的场所。

正如童话故事中，这里还生活着各种动物：眨着大眼睛的小鹿，灵活可爱的松鼠，悠闲漫步的骏马……

2. 妩媚巴登镇：温泉的惬意，皇室的遗事

巴登小镇位于黑森林西北部的边缘上奥斯河谷中。德语里“巴登”是沐浴或游泳的意思，所以可想而知这个城市是个浴室很多的地方。巴登小镇背靠青山，面临秀水，大大小小的河流贯穿着这座小镇，更显她的妩媚诱人。

在历史上，这儿是拿破仑三世钟爱的城市，也接待过俾斯麦、维多利亚女王、俄罗斯沙皇亚历山大和普鲁士的威廉皇帝。这些皇室贵族、政治家都喜欢在这儿商议国

事，与这儿怡人的气候和惬意的温泉有密不可分的关系。

巴登是欧洲最著名的SPA地点，各家饭店业主结合水疗与各种养生、美容和健体的名堂设计出SPA疗程。有一点不得不说，巴登的浸浴方式是男女同池，在Caracalla Therme内你尚可穿泳衣避免尴尬，但来到Friedrichsbad则不准穿衣。你能否在此浸浴，则要看胆量与勇气。

出人意料的，如此温婉的小镇，还是一座著名的赌城，被称为欧洲的拉斯维加斯，是世界上最美的赌城，甚至可能是最豪华的赌城。尽管它是一座赌城，却没有想象中的喧哗，它永远是安静的。赢了钱的，就到小镇买一些精美的艺术品，输了的呢，就豁达一笑，躺进温泉里假寐一下。

3. 圣洁滴滴湖：布谷钟声，追寻灰姑娘的童话

滴滴湖位于德国西南部巴符州的黑森林地区，海拔858米，是黑森林地区最大的天然湖；它是德国西南部最小的湖之一，却被视为黑森林地区最漂亮的湖泊之一。

滴滴湖就如同不食人间烟火的圣洁的少女。滴滴湖湖水清澈见底，环湖杉树浓郁成荫，周围绵延的丘陵和西部海拔近1500米的费尔德古堡，以及黑森林那浓浓的绿、幽幽的湖和林中鸟类天籁般的鸣啼，共同构成了这宛若仙境的存在。

在阳光明媚的夏季，滴滴湖边随处可见享受日光浴的人们。滴滴湖夏日的阳光既不灼热也不冷清，风吹在身上也是暖暖的。泛舟湖上，望着岸边摇曳的小花，感受着暖风吹拂耳边的秀发，听着鸟儿的鸣啼，这难道不是人间仙境吗？

“布谷，布谷……”在灰姑娘的故事中，每当午夜12点的钟声响起，她就必须离去。而这钟，正是嘀嘀湖区的布谷钟。滴滴湖区制作布谷钟的历史，要追溯到1640年了。

在滴滴湖区的小镇上，遍布着冰屋、咖啡馆、纪念品商店和众多钟表等精品店。买一只精巧的小钟，或许你就会带回一段遥远的童话。

4. 深沉弗莱堡：阳光灿烂的爱情之城

弗莱堡是一座拥有着森林般气息的小城，被称为黑森林阳光最灿烂的城市。在这个城市的夏季，喝一杯香浓的咖啡，接受阳光的抚慰，可能是最惬意的享受……

源自黑森林的清澈小溪缓缓流淌在城镇小巷中，静谧舒适。传说游客若不小心掉入溪中，就会在这里找到爱情，于是人们总会假装漫不经心地将鞋尖在水里蜻蜓点水似的点一下，期盼爱情快快到来。

尽管历经第二次世界大战的炮火摧残和战后重建，弗莱堡依然呈现出略带中世纪味道的古老风情。在弗莱堡随处可见的街头艺术，使得这座森林城市的风中都渗透着艺术气息和生活哲学。

5. 神秘多瑙埃兴根：私家花园中的多瑙河之源

多瑙埃兴根镇是位于黑森林与瑞士的汝拉山脉之间的美丽小城。镇上有两座建筑最为醒目，一座是圣约翰教堂，是供全镇人做礼拜的地方。另一座巴洛克式的宫殿建筑则是一位侯爵的宅邸。

走进宅邸园内，首先映入眼帘的是一座环形石阶砌成的清可见底的水池，泉边有竖刻着“多瑙河之源”的纪念碑。水池正对面，是一尊女神塑像，这个女神正用左手抱着一个比她略矮的“天使”，右手则指向远方。传说，女神手指的方向就是多瑙河。从地底流出的汩汩泉水经过地下引水道流入附近的小河，最后与布里加赫河、雷河汇聚，成为最终注入黑海的多瑙河。

6. 蛋糕和火腿：舌尖上的美丽诱惑

黑森林除了美丽怡人的景色外，还有不少令人垂涎的美食。其中最著名的就是黑森林蛋糕和黑森林火腿。

提到黑森林，大多数人的第一反应就是黑森林蛋糕。黑森林蛋糕的雏形最早出现于南部黑森林地区。每当初夏时节樱桃丰收时，农妇们将过剩的樱桃制成果酱或是做蛋糕。而在制作蛋糕的时候会加入鲜奶油、樱桃汁、樱桃酒。这样制作出的蛋糕便融合了樱桃的酸、奶油的甜、巧克力的苦、樱桃酒的醇香。

黑森林火腿原产于德国西南部的黑森林，这种火腿薄得如同头发丝一般粗细，用的是最好的猪后腿肉，抹上调味料后再搽上一层牛血，再腌渍一段时间，味道极为独特。

（十三）爱琴海

明媚的阳光融进那清澈湛蓝的海底，缠绵着波浪，此时金色的粼粼波光像五彩玉石浅现，海鸥悠然地划过，花儿悄然绽放，纯净的天空，纯净的人，一切美得令人牵魂。

希腊半岛和小亚细亚半岛之间的一片蔚蓝海域，便是著名的爱琴海。从古至今，这片海域孕育了太多太多浪漫的故事，充满着传奇的色彩，于世人有着致命的吸引力。

在爱琴海，马林·索雷斯库吟诵：“依然在打听大海的下落，我感到自己仿佛变得蔚蓝，变得无边无际，眼睛和指尖上，栖息着无数星辰”；在爱琴海，李玟歌唱：“我在蔚蓝色的爱琴海，回来中古世纪的住宅，离开一千里外的无奈……”

1. 蓝与白之间，唯美的酒色日落

在爱琴海，5月启夏起，明媚的阳光融进那清澈湛蓝的海底，缠绵着波浪，此时金色的粼粼波光像五彩玉石浅现，海鸥悠然地划过，花儿悄然绽放，纯净的天空，纯净的人，一切美得令人牵魂。

海是湛蓝的，天是湛蓝的，连远方岛屿上民居的门窗也漆成一色的湛蓝，加上雪白的墙壁与白色的屋顶，令人有种说不出的心神荡漾。

爱琴海的海域，有着“世界上最美的日落”。每当夏季晚上八九点钟，夕阳在斑斓岩礁之后缓缓沉降，蓝色的天空渐渐被彩霞抹红，碧蓝的海水镀上了一层橘红色的光辉，爱琴海被渲染成绚烂的紫色，好像杯中的葡萄酒，在盛夏的天空下，极尽浪漫。这被诗人荷马形容成是“醇厚的酒的颜色”。据说，圣托里尼岛上的小镇伊亚能看到世界上最美的海滩落日。每年游人纷至沓来，挤满了海湾，沐浴在落日的光辉里，喟叹着这充溢浪漫气息的神奇海域。

2. 那些湮没于时间的古老传奇

爱琴海海岸线蜿蜒曲折，港湾众多，岛屿星罗棋布，是世界上拥有岛屿数量最多的海域，所以爱琴海又有“多岛海”之称。

米科诺斯岛被西方游客比作“最接近天堂的小岛”。米科诺斯岛是爱琴海基克拉泽斯群岛东部的小岛，属希腊管辖。米科诺斯的天堂滩，情侣喜欢在这里晒晒太阳，晒个无拘无束的天体浴；米科诺斯镇有“迷宫”之称，杂乱的建筑，错综复杂的巷道和蛇一样盘旋扭曲的拐弯处，却总能找寻到迷失的种种回忆。

波罗斯岛是位于希腊萨洛尼克斯湾中部的一个小岛，有“白屋森林”之称。波罗斯岛风光秀美，沿着山城的石板道蜿蜒而上，古拙的白色建筑掩映在柠檬树和橄榄树的翠绿中，不时透出烂漫的花丛，竟有着乱花渐欲迷人眼的味道。登临山顶，海水、白屋、蓝天，朦胧里，云涛海浪中，渐行渐远，延展到了历史记忆的深处，想起了英雄历史，想起了阿伽门农的舰队……

爱琴海上再没有比圣托里尼更神秘、更特别的岛屿了。它有着传说中于公元1500年因火山爆发而失落的文明。在圣托里尼，雪白的墙壁，蓝顶的教堂，像积木般层层叠叠的房子，临着悬崖而建。每家的门窗、楼梯、装饰物乃至烟囱都是精心设计的杰作，到了这里，会感叹希腊人的艺术感是天生的。这童话的世界，会不由自主地想起自己曾经纯纯的、傻傻的爱恋，会想起那些与爱有关的，或愉悦或伤感的青春……

3. 阿提加半岛：海神殿的瑰丽映像

在阿提加半岛，海神波塞东的神殿巍然屹立，与天相邻，碧海蓝天间散发着神话的光芒。都说希腊的神殿选址考究严谨，必有景观相伴，海神庙与爱琴海的相衬，真可谓是完美得无懈可击。

历经几千年的强风与海水侵蚀，神庙盖顶随着历史没了踪迹，殿内也是空空如也，如今只剩下这大理石柱了。白色大理石建造的神殿以多利安式的柱子来支撑，排列之匀称、结构之雄伟，着实令人赞叹！最早的海神殿建于公元前7-10世纪，然而公元前5世纪时曾遭到波斯人的严重破坏，现在我们所看到的也只是重新修复后的样子。

海神殿如今尽管已是残垣断瓦，然而神柱依然享受阳光雨露，尽揽海天壮阔，守护神灵庙台，粗犷而神秘，饱含岁月的痕迹，在风起云涌中弥散着一种沧桑雄伟的壮美，诠释着古希腊的辉煌。

（十四）意大利·彩色岛

走在这样的“幸福”旁边，会不经意地停住脚步，内心都会有最柔软的感动：或许是红的白的小花，或许是绿的紫的嫩叶，或许仅仅因为那些颜色各异形状各异的花盆……

彩色岛是意大利威尼斯东北部一座名叫布拉诺的小岛，这里可能是世界上颜色最瑰丽的地方。夏天，清风带着四周的海水的味道在彩色岛上空游弋。此时，彩色岛就像一拱童话般的彩虹，任海鸟穿梭，凭海水来来回回触碰，梦幻而迷人……

1. 倒映在海水中的斑斓色彩

在彩色岛上，房屋色彩多样，整齐划一。檐下人行小道蜿蜒曲折，青石铺砌，道旁是窄窄的河流。河水被五颜六色的房屋倒影装点。这绚丽的色彩源自政府的有意规划：当地地方政府规定居民每年要刷一次房子的外墙，而且必须采用政府指定的颜色，居民若想变更色彩，必须经过严格的审批。

夏日的阳光吐露着某种特别的气息，将整个小岛笼罩，到处弥漫着芬芳——色彩的芬芳。这样一片如彩虹般的房屋在大海中央站立又静静地倒映，不辨天地。行走其中便宛若进入了一个美丽的童话世界。

紫色的、白色的、黄色的……走进小岛，你就走进了充满魔法与梦幻的彩虹世界。走在屋前，每一堵墙面都在阳光下更显明朗。面朝彩色的墙壁，你会发现双眼再也装不下其他的色彩；合上眼眸静静聆听岛岸的哗哗海水，你会觉得你不是站立在小岛之上，而是飘飞在大海之中，被浩瀚的蓝色紧紧拥抱。若是碰到一面橘红的墙壁，你会有一种若有若无的幻觉，仿佛自己的手、衣物，就连自己的心都被染得橘红。

当然，彩色岛是浪漫的。“我以为我走进了一个海上的桃花源，回首时，却发现不过是做了一场色彩缤纷的梦。没有情人的彩色岛是带着遗憾的。”单身游览彩色岛的朋友都会这么说吧。在那些彩色房子前后，总有很多蜿蜒曲折的小路。无论是朝阳初升，抑或夕阳西下，总有情侣手挽着手在浪漫的色彩下漫步，留下一路风景。在道旁的栏杆边，偶尔能看到一对老者，岁月将原本乌黑发亮的头发漂白，一张张满带皱纹的脸庞似乎在讲过去的历史……

当地居民的日常生活便是一幅温馨的画面。当地的女人们忙于编制花边，男人们全身心地照料渔网。道旁的多彩墙壁、多彩河流、多彩小船总会使你眼花缭乱。还有一些咖啡厅、蕾丝店的特色招牌，阳台上高挂的各类旗帜或衣物，墙根或两窗之间的好看的装饰物，如陶制的七个小矮人、抱着幼童的圣母像、Baldassare Galuppl 的雕像……

2. 摇曳在窗台上的幸福

“如果说彩色岛一开始吸引我前往的原因是它五彩缤纷的色彩，但当我真正走进这个小岛，与之亲密接触之后，才发现更多足以打动人内心深处最柔软部分的一些感动的细节。这里每家每户的窗台上都种满了‘幸福’……”有人这样描述彩色岛那独特的窗台，所谓的“幸福”就是窗台上那些缤纷的花朵。

彩色岛所有的窗户都被涂上了彩色的外框，再加上绿色或者褐色的窗板。窗台上必会有那么几盆美丽的花草。这些花草，在当地夏天并不刺眼的阳光下泛着幸福的笑容。每一家的窗台都有不一样的花草，当然也就有不一样的颜色，与这里的彩色房屋和蔚蓝海水辉映。走在这样的“幸福”旁边，会不经意地停住脚步，内心都会有最柔软的感动：或许是红的白的小花，或许是绿的紫的嫩叶，或许仅仅因为那些颜色各异形状各异的花盆……

若是在夜里观看，金黄色的灯光从窗里射出来，直直地落在花束上，就好像你在远处看到夜里的彩色岛一样美丽，颜色在灯光下绚烂，这或许就是“幸福”的极致味道吧。

若是闲不住，还可以与朋友亲手在某一家的窗台上种上一株花草。当然，这得征求当地热情的主人的同意。种下你对彩色岛的祝福，种下你对未来的祈愿，种下你心中的幸福。

3. 蕾丝的华贵与妖娆

走在小岛的大街小巷，高雅的蕾丝与鲜艳的颜色一样随处可见。民居的门帘镶嵌着大的小的颜色各异的蕾丝；咖啡厅、装饰店门前飘着各种悠悠然的蕾丝：就连餐桌上的桌布，座椅上搭着的布套都是带有蕾丝花边的。或许，你恰好转过某一个小小的转角，会惊异地遇到一个穿着美丽白色蕾丝裙的倾城女子。她身姿婀娜，裙边扎着好看的蕾丝，帽檐舞着妖娆的蕾丝，在夏日的阳光里极其明媚……

小岛以前主要的经济来源便是手工制造蕾丝。19世纪时有过一间蕾丝制作学校，现在成为知名的蕾丝博物馆。博物馆承载着当地华丽的蕾丝历史，那些蕾丝本是妇女们思念出海打鱼的丈夫而一针一线刺绣下来的，却一度流行竟成为近代欧洲各皇室的御用品牌。所以，人们也称彩色岛为“蕾丝岛”。如今，岛上最热闹的大街 Viadi Gaiuppi，还有不少蕾丝店。作为旅游者，把对彩色岛浪漫幸福的记忆，包裹在一团优雅的蕾丝之中带回家慢慢品味，不失为一种雅趣。

（十五）泰国·普吉岛

一时之间，那慵懒的海水、海滩、海岛一下子在灿烂的骄阳之下明媚了起来。夏日的普吉岛，正是一年中最好的风景。

当夏季踏着热烈的舞步降临普吉岛，一时之间，那慵懒的海水、海滩、海岛一下子在灿烂的骄阳之下明媚了起来。夏日的普吉岛，正是一年中最好的风景。此时，不管是繁华的芭东海滩，还是秀美的皮皮岛、西美兰群岛，抑或是清丽而个性十足的攀牙湾，都洋溢着和其他季节不一样的风情。

1. 海滩：极致的热闹和繁华

在普吉岛，最有魅力的海滩便是热闹繁华的芭东海滩。在炎热的夏日，芭东海滩清澈见底的海水显得异常清爽，而海风也并不燥热，反而带着丝丝凉意。海滩上游人如织，他们有的穿着清凉夏装，踏着人字拖，在遍植了棕榈树的海滩上戏耍白色的沙子；有的换了泳衣在蓝色的海水中游泳或者冲浪；有的穿着露脐T恤和五分裤惬意地享受阳光浴，或者在太阳伞下悠闲地消遣时光。

普吉岛

芭东海滩附近有几条街道，聚集了普吉岛上大多数的酒店、旅馆、度假村以及各种娱乐、商业场所。度假村与度假村之间的建筑都带着浓烈的欧洲风格，但却各不相同，有的是洛可可式的，有的是哥特式的，走入其中，就像走入了充满欧洲风情的城市一般。

但芭东海滩的特点并不仅仅只体现在建筑上，如果不体验一下泰式SPA，那么可以说这趟旅游就不是完美的了。芭东海滩街道上的按摩店很多，每家店前都有穿着不同衣服招揽顾客的按摩女，风情万种。普吉岛的SPA技艺独特，相传秉承了以前泰国皇族放松身心的独特的按摩方式。当按摩女细嫩的手划过你的肌肤时，是不是在心底会燃起一丝别样的情怀？到了夜晚，街道上的各种夜店会陆续亮起招牌，里边的游人总是慵懒地品着杯中色彩靡丽的红酒，看台上美丽的人妖精彩魅惑的表演，兴起之时便投身舞池中尽情地释放自己内心的激情。

2. 岛屿：在斑斓阳光里放歌

如果看过莱昂纳多主演的电影《海滩》，就一定不会忘记普吉岛上最著名的景点之一——皮皮岛。夏天的温度本应很高，但不断吹拂的阵阵海风却使皮皮岛上的气候十分凉爽宜人。走在热闹的街道上，到处都充满着带有泰国特色的纪念品和美食。如果想饱览美丽的海岛景色，那么便爬山吧。站在皮皮岛的制高点，可以一览皮皮岛的全景，尤其是在海边，成群的棕榈林和散落的小船在蓝天白云海水下，定格成了一幅极富艺术魅力的画。但在普吉岛上，最深得游人喜欢的却是西美兰群岛。在西美兰群岛，视线所及处，除了成荫的绿树、风格独特的建筑，还有沙滩上的各色帆船和独木舟，乘着独木舟或者小船，在波光粼粼的湛蓝海水上飘荡，让人快活得想大声放歌。

3. 攀牙湾：在粼粼波光中泛舟

去过普吉岛的人们都知道，在普吉岛旅游，一定不能错过攀牙湾。攀牙湾山水嶙峋，有“泰国小桂林”之誉。比起桂林山水的清丽，攀牙湾更多了一丝壮丽。

乘一艘长尾船，驶入万顷粼粼水波之中。在这秀美的海湾，首先映入视线的，是连绵不绝的红树林，在夏日的骄阳下越发显得绚烂多彩。而后，抓住人们心扉的是大自然用石灰岩堆砌的奇峰，耸峙的嶙峋怪石在荡着波光的海水里星罗棋布。它们有的像驼峰，有的似倒栽的芜菁，有的如巨大的狼牙棒，形态不一，风姿各异。一场雨过后，攀牙湾的海面会飘起一层薄薄的水雾，这种情景不由得会让人以为身在仙侠世界一般。

当长尾船穿过奇峰怪石，到了屏干岛时，大多数游人会发现，这里的景色和中国的桂林山水更为相似。入目的是由两面山峰倾斜相叠的依靠山。呈倒“V”字形，山壁如削，平滑若镜。游人们在石壁下抬首仰望时，只能看到天之一线。与依靠山同样美丽的是塔布山，高30多米的塔布山上阔下窄，就像铁钉一样直插海底，巍峨地立在壮阔的海上，显得大气而凛然。

继续划桨慢慢前进，当越过明快的山水之后，便会来到攀牙湾的幽深之处了，此时入目的便是攀牙湾的胜景之一——溶洞。走进洞口看着那千奇百怪的石笋，从穴顶垂泻而下的青绿、白色的钟乳石，就像看见了一帘帘被冰冻了的瀑布。流水淙淙的声

音也悠闲宁静地响起，让人感觉就像走进了神秘而壮观的异世界。

（十六）古巴·哈瓦那

在阳光的温暖里，随意地在一块石阶上坐下，点燃一根雪茄，深深吸上一口，让香醇的烟雾在鼻腔中稍做回味，再让它慢慢从鼻腔中喷出。

“我热爱这个国家，感觉像在家里一样。一个使人感觉像家一样的地方，除了出生的故乡，就是命运归宿的地方。”对于没有去过哈瓦那的人来说，它只是一个盛产雪茄的地方，但是当你去过以后，一定会为其柔美的海滩，带着怀旧味道的建筑和城堡，以及带着浓郁芬芳的雪茄文化所迷醉。

也许，大文豪海明威也正是在那样的情况下说出这句话的吧。

1. 蓦然回眸，街头道路里的城市剪影

总有人说，“哈瓦那的一天，是从嘴里吐出的雪茄烟圈开始的”，也许大多数人只能从这句话中看到哈瓦那盛产雪茄，却鲜少有人明白这句话其实是表达哈瓦那是一座能够优哉游哉抽着雪茄烟生活的闲适之城。在旧城区，你也许能充分体会到这种融进了城市骨子里的生活方式。

旧城区位于哈瓦那湾西侧的一个半岛上，面积不大，曲折狭窄的道路将大多数韵味十足的欧式老建筑联系在一起。

当夏季的第一抹阳光在哈瓦那上空绽放之时，这些老建筑也投下斑驳的剪影。空气中酝酿着的，也尽是怀旧的味道。旧城区的老建筑多集中在兵器广场、圣弗朗西斯科广场、大教堂广场以及老广场附近。

踏着凹凸不平的石板路漫步其中，仿佛走进了旧日时光。街道上的人力三轮车是一道不错的风景线，黝黑的古巴汉子卖力地蹬着车穿过大街小巷，街边椅子上的老人们则把帽子扣在脸上闭目养神，细碎的阳光从老建筑的间隙中洒下来，一切都充满了懒洋洋的味道。

作为哈那瓦历史的见证，旧城区最有味道的莫过于那一座座城堡了。建于 1538 年的拉富埃尔萨城堡是古巴最为古老的城堡，这座城堡呈方形，四周被厚厚的城墙围绕，高高的塔楼上竖立着一座名叫“哈瓦那”的少女的铜像，这座城市也由此得名。

莫罗城堡是当初防范海盗袭击而建造，它高耸在旧城区临海陡峭的悬崖上，十二尊漆黑的大炮至今仍然完整地保存着。如今，它们安静地沉睡在夏日的阳光里，但当你轻轻触摸这些斑驳沧桑的炮身时，仿佛仍然会有轰鸣声在耳边响起。

2. 曼妙沙滩圣地，人间的伊甸园

古巴的海滩被许多西方国家的游客认为是“世界上最美的沙滩”。哈瓦那的海滩更是集大成者。如果去拉丁美洲旅游，不少人都会在旅游日程里加上“去哈瓦那看海”这一项。不过，想要在海边度过一段美丽的时光，漂亮的海滩是必不可少的。

作为哈瓦那海滩的佼佼者，圣玛利亚海滩不得不去。夏日里的圣玛利亚海滩比其他任何一个季节都要活跃，都要美丽。海滩的沙面非常洁白，在晴朗的天气里甚至会反射阳光，显得尤其耀眼。海浪翻着小卷涌上海滩，爬过人们的脚背，又慵懒地返回海中。圣玛利亚海滩上的游客很多，大多都躺在太阳伞下闭目养神，身材惹火的比基尼女郎则和帅哥们乐此不疲地打着沙滩排球。还有一些游艇爱好者则在烈日下驾着游艇飞驰，蔚蓝的海水在船身折射出动人的水光……

虽不如圣玛利亚海滩出名，巴拉德罗海滩却另有一番味道。巴拉德罗海滩有着“象牙粉”的美誉，它的沙面就跟象牙磨成的粉一样细腻而洁白，映衬着湛蓝的海水，苍翠蔽日的棕榈树，洋溢着浓浓的加勒比情调。踏上这片沙滩，白沙细软地在脚趾间轻柔徘徊，脚底尽是柔软触感。难怪到过古巴的人都称“不到巴拉德罗就不知道古巴的秀美”。

3. 古巴风情里的雪茄之都

如果说老建筑和海滩只是哈瓦那的皮相之美，那么雪茄则是哈瓦那的内在，它不仅仅是一种文化，更是一种古巴式的浪漫风情。

说到哈瓦那雪茄，就不得不说丘吉尔。英国首相丘吉尔爱抽雪茄，跟丘吉尔有关的漫画或者照片里，他总是叼着一根大雪茄，可以说，丘吉尔是哈瓦那雪茄的忠实粉丝。至于丘吉尔为什么偏爱雪茄而不抽纸烟呢，则有这样一则有趣的传闻。据说早年的丘吉尔也是抽纸烟的，但是有一次在去古巴哈瓦那访问时，意外地发现雪茄竟然是在古巴女人的大腿上卷制的，于是丘吉尔为了贪图这一抹裙下的风情，从此以后只抽雪茄了。甚至他的孙子也说“我爷爷的癖好显然起自他瞥见古巴女人撩起她们的裙子……”

这则传闻，也从侧面证明了哈瓦那雪茄的魅力。对于雪茄爱好者来说，优质的哈瓦那雪茄如同天籁一样妙不可言。刚制成的雪茄犹如血气方刚的青年，烟味刺鼻而浓烈，伴着年复一年阅历的增加，味道开始逐渐透出香醇。因此，在哈瓦那生产的雪茄，绝大多数都是生产两年以后才正式贩卖的。如果再多放个三五年，就好像年数久远的葡萄酒一般，越发甘醇醉人。所以，人们通常把最上等的雪茄直接称为“哈瓦那”。

哈瓦那的雪茄和它那古老土地上色彩缤纷的新式风情，吸引着世界各地的游客来到这里驻足。在阳光的温暖里，随意地在一块石阶上坐下，点燃一根雪茄，深深吸上

一口，让香醇的烟雾在鼻腔中稍做回味，再让它慢慢从鼻腔中喷出，然后把身体倚靠在石阶旁斑驳的石头墙壁上，在氤氲开来的烟雾分子中想起那些曾随风而去的往事……

（十七）澳大利亚·昆士兰

一群群色彩斑斓的鱼时不时会同你来个亲密接触，美丽的珊瑚礁会向人展现身姿……

当北半球还在忍受严寒肆虐之时，夏季的南半球则正是阳光明媚，此时，来到昆士兰实在是再好不过了。在透明的海水里，尽情释放着身心，和色彩斑斓的鱼群在一种缓慢而有致的节奏里畅游，在大海之上冲浪漂流，在原始丛林里冒险，在热气球里体验飞翔……这种种感受都是如此的妙不可言。

1. 心灵歇息地，大堡礁

大堡礁被称为世界七大奇景之一。由上千个大小不同的珊瑚岛组成，是世界上最大的珊瑚礁群，它地域广大，其水域面积达到 34 万多平方公里。在这片广阔的海域里，从不同的角度观看大堡礁，你都会发现不同的美。其千变万化的景致，总带给人无尽的新鲜感。

乘着船从凯恩斯出发，一路上伴随着略带咸腥的海风和在夏日阳光下湛蓝的海浪，或许还有几尾偶尔掠过的飞鱼——它们的每一片鳞片都反射着太阳的光芒。建在大堡礁上的海上浮动平台是到达大堡礁的第一站。围绕大堡礁的观光活动都是以浮动平台为基地的。乘坐玻璃船遨游海底是最普通的方式，360°全方位的体验绝对会让人惊叹不已。如果觉得不够刺激，那么不妨尝试一下“海底漫步”，穿着特制的潜水服，带上玻璃头盔，在海中央顺着船放下的楼梯慢慢沉入海底，然后放开步子在海底行走，仿佛走进了凡尔纳的科幻小说里，一群群色彩斑斓的鱼时不时会同你来个亲密接触，美丽的珊瑚礁会向人展现身姿……

心形岛是大堡礁最著名的岛屿，从飞机上俯瞰，它宛如一块碧翠心形的翡翠镶嵌在纯蓝的大海之上，在夏日阳光的照射下，散发着令人着迷的浪漫气息，不妨和爱人相拥，在这灿烂的季节许下爱的诺言……

在大堡礁潜水是必不可少的。水下仿佛就是另一个世界，夏季温暖的阳光普照在海面上，海水变得晶莹透亮，海底光彩闪烁，整个世界就都浸润在阳光的味道里，时间在这里也似乎披上了一件多彩的外衣。珊瑚在阳光的照耀下不断地变幻着颜色，眼前是应接不暇的各类鱼群，鱼儿一群群地从你眼前游过，它们对人类没有丝毫畏惧。身材曼妙优雅的蝴蝶鱼旁若无人地游弋而过，色彩华丽的狮子鱼成群结队，黝黑巨大的色眉鱼游得大摇大摆，还有憨态可掬的小丑鱼瞪着一对大眼，安静地摆动着双鳍。四周静谧得仿佛时间已经停止，在这里，一切事物被抛诸脑后，这里是海洋生物的伊甸园，也是人类幻想中的自己的伊甸园。

2. 黄金海岸：冲浪者的天堂

黄金海岸在昆士兰是极负盛名的，从布里斯班一直延伸到新南威尔士，长达 40 多公里，在这里，不管男女老少，不管贫富贵贱，都在平等地享受着南半球最为温暖的金色阳光。他们在夏日的阳光下尽情地展示着自己的活力，自由而安适。如果你想打沙滩排球、游泳或者是潜水，只要你打个招呼，就能加入他们当中去。同时，这里也是冲浪者的天堂，每天天还没亮，陆陆续续就有冲浪爱好者抱着冲浪板来到海边，在沙滩上或做着热身运动，或相互谈笑，当太阳露出地平线，将海面染成金色的一瞬间，这群冲浪爱好者们便纷纷抱着冲浪板冲入海中，享受第一抹阳光和第一朵海浪的洗礼。随着时间的推移，越来越多的爱好者加入他们的行列，于是在这黄金海岸，一块块五颜六色的浪板和一个个矫健的身影组成了一幅绝妙的风景。

要想总览黄金海岸的美景就要去 01 观景台，那里是黄金海岸最高的地方，无论你身处黄金海岸的何处，都可以看到这座建筑。搭乘电梯，抵达观景台的顶部，站在 360°全方位的玻璃大厅里，向外极目远望，远处是这里最为有明媚的阳光、连绵的金色沙滩、湛蓝透明的海水、葱茏浪漫的棕榈林，繁华的城市景观，纵横的河流和在海水里玩耍的人群。天气好的时候，甚至还会远远看到布里斯班呢！

3. 布里斯班：美丽的活力之城

布里斯班是澳大利亚第三大城市，它没有堪培拉的政治氛围和悉尼的商业气息。布里斯班是一座年轻而富有活力的城市，到处充满着自由而闲适的生活氛围。布里斯班河从城市中穿行而过。它的城市建设独具匠心，河流两岸的建设极为漂亮，新昆士兰美术馆、大会堂、餐厅、联合演出剧场、昆士兰博物馆和州立图书馆等众多的文化设施，构成了布里斯班最富魅力的城市天际线。

如果你喜欢冒险，可以到河岸冒险中心游玩，这里有划独木舟、攀岩、绳索速降和漂流等冒险而刺激的运动。一般会有事先的一些简短培训和指导，然后自己试划，之后就可以几个人一块进行比赛，和你的朋友或家人在布里斯班河里，尽情玩耍，直到过瘾为止。

海滨公园和海滨大道是最适合休闲的去处，岸边是高大青翠的棕榈树，白色的细沙组成了连绵不绝的海岸沙滩，人们总是全家出动，小孩三五成群地互相追逐，大人一边聊天边烤肉，这就是独属于布里斯班的悠闲与情调。

4. 原始野性的土著文明

澳大利亚至今依然居住着许多原始的土著民族，他们借着旅游的机会，向外面的世界展示着他们古老而神秘的文化。

昆士兰的热带丛林里有着众多的原始村落，如位于凯恩斯西北的库兰达，被称为澳大利亚热带雨林第一村，它是一个原住民色彩极浓的村子，因火车而兴盛起来。河流从小镇边穿行而过，郁郁葱葱的森林遮天蔽日，铁道两旁的花朵四季开放。当地有着很多极具风情的商店，还有着众多的艺术集市，在这里可以观看原住民舞蹈、乐器和掷回力镖的表演。对古老文化感兴趣的游客，还可以到这里的自然生态博物馆及工艺品店参观，里面有很多关于原始人生活、狩猎和风俗禁忌的一些知识和古老实物，值得一看。最为吸引人的旅游项目是热带雨林水陆两栖车，游客可以在导游的带领下穿梭于热带丛林的河流与密林里，在水底可能还会遇见正觅食的鳄鱼。这里有全世界最大的蝴蝶农场。农场里面有 15000 多种热带蝴蝶；其中，蝴蝶农场有一座巨大的铝窗玻璃屋，成千上万的蝴蝶就在里面自由飞舞，场面看起来十分壮观、美妙。

如果想要近距离体会原始部落的神秘，就要去离凯恩斯最近的查普凯原始住民文化公园，它坐落在优美的雨林中。这个公园已有 20 多年的历史，有着载入吉尼斯纪录的“澳大利亚最长寿的舞台表演”。公园分为五部分：神秘天地、创世剧场、历史剧场、查普凯歌舞剧场和传统营地，你会在这里学会土著舞蹈、画土著人图腾脸谱。

到了夜晚，土著人会燃起热烈的火把，在美丽的夏夜纵情歌唱，尽情舞蹈。你也可学着用土著乐器演奏出一段美妙音乐，体会一下土著乐器的魔力与奇妙。总之，只要你想要去了解，你就能触摸到那个古老世界和土著部落的灿烂而迷人的文化。

（十八）加拿大·枫叶大道

古城魁北克郡是枫林大道的起点，这里有着“全球红叶季节开始的地方”的美誉。每至初秋时节，灿烂的枫景就如星星之火，逐步从魁北克蔓延至加拿大全境，再将红色“枫情”推移至全世界。

世界上没有一个国家如加拿大这般对枫叶痴醉，加拿大国旗中央绘着的那枚巨大的红色枫叶图案足以说明一切。枫叶绘就了加拿大的文化，谱写着加拿大秋天的童话。

深秋时节，从饱经沧桑的魁北克古城出发，途径加拿大著名的枫叶大道，伴着流水潺潺的圣劳伦斯河，经过宝石般的安大略湖，领略枫叶织就的斑斓画卷。一路上各种色彩如跳跃的音符毫无征兆地闯入视线，如火焰般艳丽绚烂的明红，如落霞般羞涩的橘红，似油画师无意却又惊艳的一幅画作……

1. 安大略湖：枫叶大道上的宝石，熠熠生辉

安大略湖是世界上第十四大湖，北接加拿大安大略省，南靠尼亚加拉半岛和美国纽约州，湖岸线长 1 380 千米，纵深 244 米，最宽处有 85 千米。安大略湖是北美五大湖中面积最小的。“安大略”这个名字来源于印第安语，意为“闪光之湖”，有着“枫林大道上的宝石”的美誉。因为从空中鸟瞰，安大略湖的形状像极了一块橄榄形的蓝宝石。在秋日的阳光照耀下，安大略湖上的点点波光掩映着绚丽飘扬的枫叶。

来到安大略湖，最佳的游览方式便是乘船。乘一叶小船，在湖光秋色中摇曳，仰躺于船中，碧波荡漾，秋风轻拂，整个人似被灿烂的枫海包裹，不经意间驱散了秋的凉意。合上双眼，聆听风吹枫林的低喃，慢慢飘往丛林深处、世界尽头，仿佛远离了尘世的喧嚣，世间只剩下静谧。

也可以一个人光着脚丫漫步在湖畔细致的黄沙上。嗅着枫叶的气息，远眺湖中的枫林倒影，那一丛丛、一簇簇的靓丽色彩在水波中一圈圈地荡漾开来，更显生动。此刻便是“树树皆秋色，山山唯落晖”的真实写照了。

若是旅途劳累，还可以在此处露营留宿。漫天的星光散落湖中，映着湖岸星星点点的枫红，如梦似幻，在枫叶铺就的松软地毯上沉沉睡去……

2. 圣安妮峡谷：在凌空吊桥上，满眼灿烂伙色

魁北克北郊的圣安妮峡谷是枫叶大道上绝对不能错过的胜地。圣安妮峡谷是圣安妮河长期冲刷、切割，由 74 米高的悬岩崩落而成。巨大的落差为瀑布营造了尽情挥洒能量的舞台。瀑布咆哮着从高处倾泻而下，气势磅礴、汹涌澎湃，激烈的水流拍打着岩岸，激起千层水雾，眼前一片苍茫。在艳阳高照的晴朗日子里，水花上映现出数道彩虹横跨瀑布上，仿佛是为天神观赏谷内风光而造。

圣安妮峡谷

峡谷里的枫树林生长在谷底、山腰和山巅不同的地理位置。受海拔影响，枫叶的转红时间也有快慢之分，放眼望去，层层叠叠覆盖山谷的都是枫叶，色彩斑斓而有层次感。在枫叶变色的秋季，橘红、金黄、鹅黄、深绿、淡绿等美丽色彩组合，衬托着雪白的飞瀑，如无意打翻却配合熨帖的颜料，只需稍加勾勒，便是一幅旷世奇作。

峡谷里横空架有三座吊桥，人们可以从最高处的吊桥拾级而下，瀑布的激流疯狂

地砸在耳边。听着瀑布的奏鸣曲，看着四周高高低低色彩绚丽的枫林，满目是灿烂的秋色，虚虚实实、远远近近，仿若置身画中……

3. 魁北克古城：世界红叶开始的地方，北美大地的法式风情

古城魁北克郡是枫林大道的起点，这里有着“全球红叶季节开始的地方”的美誉。每至初秋时节，灿烂的枫景就如星星之火，逐步从魁北克蔓延至加拿大全境，再如多米诺骨牌般将红色“枫情”推移至全世界。

魁北克郡是加拿大的法语区，有着独有的法式风情。有魁北克郡的“香榭丽舍大道”之称的魁北克古城大街，保留了大量独具特色的古建筑。在这里可以欣赏到典型的法兰西第二帝国时期风格的议会大厦、修道院。人们可坐在路边的咖啡馆里，品着加了枫糖的咖啡，听着留声机里飘扬的典雅歌剧，看着漫天的火红秋色，仿佛有一股清流涤荡心间，洗去世事烦扰，只剩宁静安详。

魁北克古城扼守大西洋与加拿大内陆的入口，在历史上是兵家必争之地。作为历史上的军事要塞，魁北克也是北美唯一一座有城墙的古城。古城墙与黑黝黝的炮台现如今都已成为游人参观的景点。古城斑斑驳驳的石头上写满了往昔的时光。

4. 亚加华大峡谷：乘坐小火车徜徉枫海里

亚加华峡谷坐落于安大略省东北部的阿尔格玛区。亚加华峡谷的秋是苍茫肃杀的，但是大山深处掩映的枫林肆无忌惮地燃烧，却给这个静穆的峡谷带去了勃然向上的力量，在满山枯枝的衬托下有种明朗的艳丽。

乘坐老式小火车在山林间穿行赏枫是这里最诗意的游览方式。赏枫专列沿着蜿蜒山道突突行进，时而紧邻万丈深渊，让人心惊肉跳，时而驶过高耸两山间的高架桥，惊险刺激；最后驶入莽莽枫林，成排成片的枫树如火红的大海，那随风摇曳的枝叶如无垠大海上翻滚的朵朵浪花，在观赏者的心中激荡着。在列车中赏枫，因视线阻隔，姿态各异的枫树总是在毫无征兆中闯入眼帘，反而更增添了一番“柳暗花明”的情趣。

5. 尼亚加拉大瀑布：雷神之水卷起点点残红

在枫叶大道上最壮观的风景，是号称世界七大奇景之一的尼亚加拉大瀑布。“尼亚加拉”在印第安语中意为“雷神之水”，因为印第安人认为瀑布的轰鸣是雷神的怒吼。

尼亚加拉大瀑布位于加拿大和美国交界的尼亚加拉河中段，巨大的落差、澎湃的气势，犹似千军万马，声若雷吼。19世纪英国著名作家狄更斯在他的文章中如此描绘尼亚加拉大瀑布：“即使特纳在其全盛时期创作的最好的水彩画，也未能表现出我所能看到的如此清灵，如此虚幻，而又如此辉煌的色彩……光还没有遵从上帝的命令而弥漫宇宙的时候，就在这里庄严地呈异显灵……”

到了深秋时节，可搭乘直升飞机或热气球从空中观看尼亚加拉大瀑布。整个大瀑布如怒吼的战士，两岸的枫林如同战士的殷红披风。从几百米的上空观看，瀑布、湖、河、山、峡融为一体，而那些随着山势起伏的枫叶，飘入水中，被瀑布卷着点点残红……

若想从陆上观赏，最理想的地点还是彩虹桥。这座以钢建成的拱形结构的桥，位于加拿大与美国边境上，游人可在桥上分界处脚踏两国土地欣赏瀑布全貌。站立于桥上，身前是巨大轰鸣着的尼亚加拉大瀑布，四周环绕着的是被红枫点燃的群山，刹那间有置身画中的错觉。

（十九）加拿大·菲沙河

菲沙河流域物种丰富，各种各样的动物悠闲地在这片土地上生活，当你走进这个世界，一定会为这些生生不息的生命而惊喜不已。

作为加拿大的著名旅游景点，菲沙河流域以瑰丽的自然景观吸引着来自世界各地的游人，特别是到了秋季，菲沙河流域的树林都被时光染成了金色，落日的余晖洒满群山，洒满树林，显得尤为壮丽，所以菲沙河流域又有着“金色王国”的美誉。漫步林间，踩在厚厚的落叶之上，每一步，都会发出阵阵脆响，每一步，都酥软得恰到好处。

1. 缤纷美丽的彩林

菲沙河流域因“金色王国”而闻名世界，其金秋阳光下的彩林也必然成了菲沙河最大的看点之一。每到秋天，秋色将河流附近的山脉染成一片金红，在茂密的林间投下斑斓的剪影。在傍晚时分，这里的景色更为诱人，夕阳将最后一丝温暖洒向整片山林，在金红色之上又镀了一层金色，交错的光影使得山林氤氲着迷离而朦胧的金色雾霭。此情此景，不知会谋杀多少摄影师的菲林，又会俘获多少少女的芳心。

而丛林深处，细碎阳光投射不到的地方依然是一片浓绿，林地上积满了厚厚的苔藓，散落着些许鸟兽的翎毛，这使得整个菲沙河都充满了原始而自然的气息，让人不经意间产生一种浩渺幽远的感觉。

菲沙河流域的彩林得益于它特殊的地理环境，这里森林覆盖率高，植被种类繁多，拥有上万顷莽莽苍苍的原始森林，随着季节的变化，进入金秋时节时，森林中呈现出各种奇丽风貌。两岸密林中的枫树、槭树、桦树、鹅掌松、黄栌、落叶松等渐次经霜，树叶被和煦的秋风染成绚丽的金黄色，或鲜红色，或翠绿依旧。每一片森林，都犹如天然的巨幅油画，光怪陆离，使人目眩。躺在这美丽的树林中，倾听树叶的沙沙声或是鸟兽的鸣叫，都是一份最惬意舒适的享受。

2. 流动的红绸

菲沙河流域物种丰富，各种各样的动物悠闲地在这片土地上生活，当你走进这个世界，一定会为这些生生不息的生命而惊喜不已。三五成群的棕熊慵懒地卧在草原上，或是静静地等待在河岸边，目不转睛地盯着鲜肥的鲑鱼；远处土地边的土拨鼠偶尔探出小脑袋瞅瞅草原上的庞然大物；各色鸟类在树枝上叽叽喳喳，或者一同展开翅膀扑向蓝天……在这其中，又以鲑鱼的大洄游尤为壮观。

这些鲑鱼出生于菲沙河流域，春季去到大海，秋季为了完成传宗接代的使命，它们会从大海返回河流。当平静的河面开始微微泛起涟漪时，便是成群鲑鱼到来的前兆，然后，三三两两的鱼儿便出现在眼前，慢慢地越来越多，越来越密，直至河水都好似被染成了红色，此情此景异常壮观。然而在这壮观背后，却有着可歌可泣的故事。

从大海返回河流，路程约几千公里，在这期间它们不眠不休，不吃不喝。首先是要逃脱杀人鲸、海狮、鲨鱼的追捕，找到菲沙河的入海口后，还要跨越礁石，与激流和瀑布拼搏，躲避灰熊和鸟类的魔爪，以及人类的渔网……最终到达目的地后，它们全都奄奄一息，伤痕累累，然后它们还要奋力交配，直到力竭而死。

每年秋季，菲沙河流域的鲑鱼都要上演这样一段惊心动魄的故事，在令人震撼之余，更多的是对它们百折不挠、勇往直前、无所畏惧的精神而生出的深深敬畏之情。

3. 与沙漠融为一体的小城

除了缤纷斑斓的彩林，甘露市也淋漓尽致地体现着秋日的美。甘露市又名灰熊镇，位于不列颠哥伦比亚省最美丽的高山公路——高贵哈拉公路的北端，处于南、北汤普森河的交汇处，是从温哥华到菲沙河流域的必经之地。这个人口不足 10 万的城市，是哥伦比亚省第三大内陆城市和重要的交通枢纽。

甘露市处于一种名叫“半沙漠地形”的特殊地形中。入秋时，树叶都纷纷变黄、凋落，树干也开始干枯，失去了光彩，整个甘露市与沙漠融为一体。傍晚时分，在夕阳的照射下，黄色的沙漠和丛林镀上一层橘黄色的光，闪烁着诱人的光芒，远远望去，看不到泥土，天与地都成了一个颜色，好像全世界都是无穷无尽的金黄，甚是迷人。

秋天是吃参的季节，到了甘露市除了欣赏秋景，不妨尝尝这里的特产花旗参。因为甘露市的气候和土质非常适合花旗参生长所需要的环境，所以甘露市的人们便开始纷纷种植，后来逐渐成为花旗参在北美最大的产地。游客在甘露市除了欣赏其金色秋景还可以观看甘露市的花旗参种植基地和加工工厂。市中心也有不少餐馆经营以花旗参为主的菜肴，即使是在微凉的秋季，也能让你的心灵和胃得到十足的温暖。

（二十）新西兰·皇后镇

瓦卡蒂普湖斑斓的色彩也不见杂糅，反而呈现出了由深到浅，逐次渐变的朦胧效果，好像是画师笔下随意挥洒出的一笔，末尾隐入了群山的夹角，只余下若隐若现的一道弧线，留给人无限遐想。

南半球的温和气候给予了皇后镇天高气爽的秋季，作为屏障的阿尔卑斯山阻挡了来自尘世的纷扰。皇后镇是一块被众星环绕的宝石，衬着新西兰的天鹅绒般的天空与秋季明媚到肆意的阳光，在浩瀚的大西洋中央闪闪发光。藏身于瓦卡蒂普湖深处的巨人，用呼吸撼动着每年湖水的潮汐涨落。秋季林木深深，被染红的树叶交错相间，层林尽染，美不胜收。

1. 人间仙境瓦卡蒂普湖

紧紧包围着皇后镇的瓦卡蒂普湖，曾是电影《指环王》的取景地。荧幕上那个如同仙境般美丽的湖泊，并不是导演故意添加的特技影像。亲眼证实过的人们都知道，碧波荡漾的瓦卡蒂普湖，比画面上那雾气缠绕的仙境不知美上多少。秋季时分，周围树木都被染上了或艳红或橙黄的鲜亮色彩，唯有瓦卡蒂普湖的湖水仍旧如同倒映着同样澄澈的天空，呈现着醉人的宝石蓝。浅处的湖水清澈见底，布满棱角的石块静静躺在水底，瓦卡蒂普湖斑斓的色彩也不见杂糅，反而呈现出了由深到浅，逐次渐变的朦胧效果，好像 是画师笔下随意挥洒出的一笔，末尾隐入了群山的夹角，只余下若隐若现的一道弧线，留给人无限遐想。

秋季草木枯萎，却是湖边白杨树与芒草最为迷人的时刻。在瓦卡蒂普湖的四周有大片的白杨林，随着秋天的到来，白杨树的树叶逐渐由绿变黄，在湖水的映照下显出了错落有致的暖暖秋意。不必担心秋风锦瑟，因为皇后镇的阳光充足，毫不吝啬地泼洒在波光粼粼的湖面上。这时候，你可以选择乘着古老的安斯罗号蒸汽船去湖上观光，体验一把与湖水近距离的接触。荡漾在碧绿的湖水中央，四周是巍峨连绵的山脉，雾瘴在山脊处缭绕，湖面平静无澜，而袖珍安详的皇后镇渐渐远去，好像真的要远离了世俗一般。

2. 上帝的眼睛鲍伯山

皇后镇四周簇拥着众多名山，鲍伯山并不是其中最高的山脉，却因为拥有良好的视野而成了皇后镇的著名景点之一。那些想要在阳光充足的午后享受悠闲时光的人们，在踏遍了皇后镇的每一条街道、每一处美景后，如想要一览自己为之深深着迷的小镇全貌，登上鲍伯山绝对是最好的选择。

和新西兰众多山脉一样，每到秋季时分，鲍伯山上树木葱郁，层林尽染，山势并不险峻，反倒流露出了一丝柔和的线条，默默地潜站在瓦卡蒂普湖和皇后镇的背后。在山顶有奇特的缆车餐厅。人们可以直接乘坐缆车到达山顶，一边就餐，一边欣赏皇后镇在秋季清澈的天空下美得犹如油画的景色。从餐厅往下看，皇后镇的大部分景色被收入眼中：依山而建的各种旅馆和商店鳞次栉比，整洁的街道穿插其中，蔚蓝的湖泊精致如宝石，围绕在湖泊周围已被染成霜色的芒草呈现出秋季苍凉而又极致的美。远处山脉绵延，还未融化的积雪映衬着幕布般毫无褶皱的天空，似乎秋天的天空总是那么干净得没有一丝杂质。即使已离夏天远去，皇后镇的阳光也并没有一丝的褪色，毫不吝啬地在游人之间肆意漫洒。

3. 世界蹦极发源地

皇后镇用一种宁静国度的表象来吸引所有渴望安逸平静的游人，却也释放着她内里惊险刺激的活力来愉悦所有热爱冒险与极限运动的人。作为世界蹦极的发源地的卡瓦劳大桥，每年都有数以万计的极限运动爱好者来到这里，体验一把蹦极带来的惊险刺激。

卡瓦劳大桥位于皇后镇的边界上，处于两大峡谷的中间。当年，一位新西兰青年阿伦约翰·哈克特在这里首创蹦极运动。当你迫于平常琐事的压力而得不到缓解时，不如选择用这样一个极致的方式来向世界尽情发泄一次。在弥漫着清爽气息的秋水的浸浴下，似乎疲劳在你飞身一跃时一同被带走。到了秋季，天气已经凉爽下来了，徐徐的秋风掠过碧蓝的湖面，人们早就穿上了温暖的秋装，却总有那么些人，迎着横吹过卡瓦劳大桥的瑟瑟秋风，从 47 米高的桥上跳下，一跃没入在秋天已显得冰冷的湖水中，颇有些“风萧萧兮易水寒，壮士一去兮不复还”的悲壮意味，这才是只能在皇后镇的秋天才能体会到的别样经历。作为世界冒险运动的圣地，这里汇聚着来自世界各地的冒险者和游人，那些无论是出于热爱或是只为排遣心中烦闷而来参加这项运动的人们，当他们从卡瓦劳大桥纵身一跃时，仿佛世界都在为他们喝彩。

（二十一）秘鲁·科亚奥高原

浓浓的秋意，或许会加几片落叶，在蒂亚瓦拉科文化遗址的上空飞舞，再缓缓降落，打在这些古老的建筑上，砸起千层历史的尘埃。

秋日里的阳光恰恰使高寒的科亚奥高原变得舒适，好像再暖一点则热，再寒一点则冷。的的喀喀湖静静地躺在高原之上，包容来自四面八方的河流。印加文化沉积了多年的蒂亚瓦拉科文化遗址以及此处的每一方土地，都在被秋风擦得干净的天空下安详宁静。就连芦苇丛中吃芦苇、穿芦苇、用芦苇的土著乌鲁斯人都只是轻轻地生活。

或许，他们担心会惊动了的的喀喀湖伟大的神吧！

暖阳下，宁静如初。只有秋风会不厌其烦地一遍又一遍地泛起的的喀喀湖的涟漪，就好像翻阅着一本厚厚的书籍，品味一个个美丽的故事。这个面积8 330平方公里，南美地势最高、面积最大的淡水湖是当地人的圣湖。传说，湖中水神的女儿伊喀喀与前来捕鱼的善良却贫穷的男孩的的托相爱，水神勃然大怒。于是翻腾着湖水将的的托活活淹死，使其化为湖中山丘。伊喀喀伤心至极，整天以泪洗面，最终变成泪湖，生生世世山水相拥。的的喀喀湖便由此诞生。

在这空气稀薄的海拔3 821米的高原，的的喀喀湖享受着阳光。湖水澄澈，湖面湛蓝，似乎与天空混为一体。厚厚的白云俯身亲吻，好像在聆听的的喀喀湖的声音。的的喀喀湖中有四五十座岛屿，形态各异，大小不一，星罗棋布。相传，湖中的太阳岛便是伟大的太阳神诞生印加民族祖先的地方。人们生活安逸幸福，意想不到的是太阳神的儿子却在野外被山神的豹子吃掉。太阳神伤心欲绝，泪溢满湖。当地人痛恨恶豹，纷纷上山捕杀祭祀亡者。岛上还建起了太阳神庙，庙里放着一块名为石豹的大石头，作祭祀之用。

的的喀喀湖芦苇丛生。每当秋季时分，芦花飞雪，整个湖面，包括那些小岛，还有古老传说，似乎都笼罩在迷蒙的意境中……

走在的的喀喀湖周围，秋天傍晚凝重的斜光将人影拉长。脚下的每一寸尘土都无言于一切，只是在世上沉默，只是在史上沉没。饱经历史的事物都那么从容地看待眼前的种种。蒂亚瓦拉科文化遗址在的的喀喀湖东南21公里处，不言不语。

雨神“维提科恰”的石塑像多少年来不曾发出一言一语，只是每时每刻回忆着印加文化的始与终。巨大的石柱就好像西方魔法巨龙一样，世间的一切显得渺小。只是在秋天的傍晚用它那深邃的目光望穿世事，望穿印加过往。

举世闻名的“太阳门”同样不语，俨然伫立，守卫着这段不为人知的历史。巨大石块上的人形浅浮雕泛着夺目的光彩。秋天，特别能反衬这样厚重的感觉。阳光把影子拉得很长，宛若“太阳门”历经的岁月。

印第安克丘亚语称之为“卡拉萨塞亚”的祭坛就在“太阳门”旁边。长118米，宽112米。它是整块的巨石砌成，庄严挺立，落日下拉长钝影。不得不惊叹劳动人民的智慧，不得不惊叹印加文化的伟大啊！

浓浓的秋意，或许会加几片落叶，在蒂亚瓦拉科文化遗址的上空飞舞，再缓缓降落，打在这些古老的建筑上，砸起千层历史的尘埃。

秋风起，苇浪滚滚，浩浩荡荡。偶尔溅起层层苇絮，飞舞在海的上空，湖的上空。

当地的乌鲁斯人以湖为生，以芦为生。的的喀喀湖的又一胜景便是湖中一座又一座的“浮岛”，勤劳朴实的乌鲁斯人在“浮岛”上安居乐业，幸福生活。炊烟起，又是秋风为伴，在湖的上空弥漫，在湖水中弥漫，不知谁上谁下，天地一体。“浮岛”是

由芦苇编成，乌鲁斯人编制芦苇的技术堪称一绝。他们的装饰品，他们的穿戴，他们的捕鱼船都是由芦苇编制而成。据说12吨的芦苇，8小时后就会编成一艘船。

秋天临夜的最后一丝阳光下，乌鲁斯女人还忙碌着手中的芦苇，乌鲁斯男人正从湖中驾着芦苇船满载归来，乌鲁斯小孩手中拿着可口的芦笋在“浮岛”之间嬉戏打闹……

（二十二）澳大利亚·坎加鲁岛

漫游在静静的坎加鲁岛上，每一次不经意的驻足，都会发现世外桃源一般的美丽；而阳光灿烂的秋季则无疑是动物最快活的时光……

坎加鲁岛远离城市喧嚣，在澳大利亚南部似乎显得孤独。其实，这里却是一片悠闲而自在的天地：活蹦乱跳精力十足的袋鼠，一副与世无争的样子晒着太阳的海豹，枝丫上只顾打瞌睡的考拉和夕阳下庄严伫立的灯塔，还有沧桑的沉船残骸以及炊烟飘起的村落……

1. 可爱的动物，坎加鲁的忠实伴友

坎加鲁岛就是动物的天堂。漫游在静静的坎加鲁岛上，每一次不经意的驻足，都会发现世外桃源一般的美丽；而阳光灿烂的秋季则无疑是动物最快活的时光…

桉树叶打着旋儿从深空稳稳落地，古老的坎加鲁沉睡在秋日的阳光中。考拉便是坎加鲁岛忠实的伴友。考拉每天要睡19个小时左右。它们的大半人生都在树上抱着枝丫沉沉睡着，就算是像桉树叶一样掉在了地上，也会缓缓起身合着睡眼上树继续美梦。

与贪睡的考拉不同，袋鼠却总是充满无尽的生命力。常常能看到袋鼠妈妈带着口袋里的孩子，在一片浩浩荡荡的草地上玩耍，它们借着强有力的后腿跳来跳去，自得其乐。特别是小袋鼠，可爱的小眼睛滴溜溜直转，不知疲乏地高高跳起似乎要看看远处的大海。坎加鲁岛袋鼠数量众多，随处可见，所以也不惊异它有着“袋鼠岛”的别名了。

走在坎加鲁岛海豹湾保护公园长长的栈道上，放眼望去全是懒洋洋的海豹。秋日里不太灼热的太阳打在沙滩上海豹的身上，还熠熠反光。海豹的眼睛当属最美的眼睛，水汪汪的。小海豹的样子让人不禁喷笑，一副副萌萌的表情任谁都把持不住。

而到了晚上，金斯科特湾的小蓝企鹅成群结队地在银色的月光下一摇一晃地回家。海水将小蓝企鹅的羽毛洗得一尘不染，在月色下绽放出格外绚丽的色彩。它们敏捷地挥舞着身上残留的海水，水珠里装着一轮轮月亮洒在沙滩，伴着它们优美的歌声，宛若一场大型舞蹈，让人流连忘返。

2. 苍茫的落日，让人感动欲泣的秋色……

在坎加鲁岛这样一个古老的地方，要欣赏它的美丽，则需要一轮美丽的落日，一轮秋天的落日。那种原始而苍茫的景色，会让敏感的人感动欲哭……

坎加鲁西南角有许多花岗岩临海矗立，这里的岩石因为海风和海水的侵蚀而嶙峋兀立，形状各异。伴着夕阳，余晖洒在巨石之上，落下些橘黄色的光芒，那些巨石仿佛一位位穿越历史风月的沉默老人。尤其不能错过的是“战舰拱门”，那是无数年风雨侵蚀后形成的一道天然拱门，它浸泡在秋天浓郁的诗意当中，带着一种时间的沧桑感，令人迷醉……

沉船遗骸和灯塔也是岛上的知名风景。在托伦斯角沉没的波特兰号，在毛佩求斯湾失事的斯洛伊湖号以及在西湾沉没的维那恰湖号，这些沉船的遗迹都满带历史的沧桑。夕阳下，海水泛着白色的泡沫涌向岸头又缓缓归去：沉船的残骸在眼前展现，沉船的故事在耳畔回荡……

1852 年在坎加鲁东段达德利半岛的威洛比角上，建立了南澳的第一个灯塔，后来相继有博尔达角的灯塔建筑和杜考迪克角灯塔。海水在海岸线那头响起与海鸥一样好听的声音，游客尽可在夕阳下踏着通往灯塔的石板小路缓缓地走。秋风，卷集着落木微醺的芬芳在灯塔周围往返，站在这高塔之下，向着塔顶仰望，一种莫名的敬畏之情油然而生。

落日还属于更多地方：海豹湾、凯利山岩洞、小撒哈拉、默里潟湖以及帕德那野生公园，沐浴在秋日的阳光中，同样肃穆而美丽……

3. 不散的炊烟，悠闲的澳式乡村生活

“长长弯弯的泥土路将你带到一片沙漠、一片沼泽地、一片树林。”在坎加鲁岛，能够完全回归到大自然，亲吻来自太阳最直接的温度。

走在泥土路上，可能会被突然奔来的袋鼠挡住去路，或许被一大群牧民赶着的羊群挡住去路。当地牧民穿着独具特色的衣服，嘴里喊着听不懂的号子，甩着手里的长鞭吆喝着羊群前行。羊们咩咩乱叫，在没有草的红坡上寻找吃食。若是带着相机，不妨拍下这一幕，将坎加鲁居民的悠闲的澳式乡村生活定格……

当然，作为澳式乡村生活的样板，在坎加鲁岛，还可能误入一大片一大片的葡萄种植园。秋天的时候，葡萄仿佛紫晶一样闪烁着光华。农人们正在采摘，他们会微笑着请你品尝这些“大自然和阳光的结晶”……

（二十三）日本·北海道

天、地、山、雪，白茫茫地连成一片，身临其中，人仿佛被裹在一团混沌的云雾之间。

看过岩井俊二导演的著名电影《情书》的人，一定会对那个白雪茫茫的北海道有着深刻的印象。不过北海道的特色，并不仅限于白雪。暖意融融的温泉、美丽的湖泊、热闹的冰雪节以及舞动的精灵丹顶鹤，都是不可错过的风景。

1. 雪姬的华衣

在北海道当地传说中，冰雪是雪姬仙女的华衣。北海道因其瑰丽的雪景闻名于世。冬季的北海道是一个银装素裹的世界，整个冬季全都埋藏在雪的世界里，就好像一个闺中待嫁的少女，无论何处都透着晶莹。隆冬时节，走在街上，一地新雪，更衬出当地建筑色调的多样化。小樽筑港，有漂亮的观光缆车，平静的港湾中泊着各式游艇，在冬天厚厚的积雪映衬下，简直可以称得上世界最美丽的雪景，就连电影中的精美雪景画面，在北海道面前都失去了风采，平淡得跟一张白纸似的。

雪山作为北海道雪景中最重要的一个组成部分，是游客必须要去的，而且也是最具神韵的。在下雪天爬山，更是别有一番滋味。天、地、山、雪，白茫茫地连成片，身临其中，人仿佛被裹在一团混沌的云雾之间。整个世界万籁俱寂，心神也静到极点，单纯得无知无觉、无欲无求。

2. 烟雾迷蒙的深山密汤

“最温柔的茫茫雪原，最曼妙的鹤舞风华，人们不着寸缕地泡在热气升腾的温泉中，让雪花像温柔的舌舔舐自己的肌肤……”这是对北海道最美的赞誉。

北海道从每年的 9 月到第二年的 4 月，都一直被冰雪覆盖，茫茫雪原，整个冬季几乎都沉浸在雪国之中。北海道因为多火山，火山地热处咕嘟咕嘟地冒着烟，山岩覆盖下的硫黄就混着山泉流出，这便形成了北海道美丽的温泉。

洞爷湖温泉位于支笏湖洞爷国家温泉中心，四周青山耸翠，漫漫山风浮起温泉的热气，温泉的水珠划过肌肤，滴落在泉水中荡起圈圈涟漪，难怪人们形容北海道是“深山密汤”。

而定山溪温泉则另有一番景致。定山溪温泉位于札幌西南 30 公里处，是北海道最有名的温泉之一，因为远离喧嚣，所以时常能看见新婚夫妇来这里度蜜月。冰雪如银，大地泛着光华，一对对穿着和服的新婚夫妇牵手前行，风拂动温泉的水雾，显得既虚幻又浪漫。

3. 山尖上的阿寒湖，天上的阿伊努人

在北海道东部，有一个神秘的火山口湖，被当地人叫作阿寒湖。阿寒湖位于阿寒山岳顶端，湖水深约 45 米，阿寒湖旁边居住着日本唯一的少数民族——阿伊努人。

阿伊努人是日本最早的居民，在阿伊努人中流传着一个说法，传说他们是“天上的人”，是天神派遣到人间的使者。阿伊努人面貌十分像欧洲人，穿着与极北地区的部族相似，语言又与中国人相似，在文化上却与大洋洲的土著文化有许多共同点，这种奇怪的现象至今仍是人类学家们难解的一个谜。

大多数阿伊努人都居住在阿寒湖。阿伊努人对雪有一种天生的钟情，当冬天的阿寒湖结上一层厚厚的冰块时，游客们可以与阿伊努人一起参加电单车和烟花大会，与冬天结下深厚的情谊。除了阿寒湖这一大观赏点外，还有些阿伊努人保留下来的传统庆典仪式可以让游客们参与其中，像“点火把祈福仪式”“熊祭”这些阿伊努人特有的习俗都是游客不能错过的冬天的盛礼。

4. 冰雪雕刻的宫阙

在每年 2 月的第一个星期，札幌便会举行“札幌冰雪节”，札幌冰雪节闻名世界，让无数游客钟情。札幌冰雪节与加拿大魁北克冰雪节、中国哈尔滨冰雪节、挪威冰雪节并称世界四大冰雪盛会。

札幌冰雪节不光可以欣赏雪雕冰雕，还有丰富多彩的文化展览和别开生面的艺术盛会，日本各地颇具名气的艺人们都会汇聚札幌，在雪制舞台上倾力表演。

在冰雪节上，还可以看到与美轮美奂的冰雕交相辉映的北海道辣妹。走在北海道的暴风雪里，在零下十几摄氏度的严寒中，随处可见辣妹们以短裙热裤示人，连丝袜都不穿。

冰雪节上最大的看点当然是各式各样的冰雕，冰雕数目庞大，室内室外均有。冰雕规格多样，大者如拔地而起的宫阙，小者如蜜蜂。人们还会制作一种精致玲珑的冰戒指送给恋人，虽不能真的戴在手上，却也是一种美好的祝福。

5. 歌舞升平的丹顶鹤

在北海道，不曾见着美妙脱俗的雪姬，却已听到空灵缈远的丹顶鹤鸣音，仿佛在召唤幽幽的灵魂。北海道冬季的另一大看点便是钏路湿原的丹顶鹤。

钏路湿原是日本最大的湿原，其间的河流和湖泊像毛细血管一样细密，因而这里成了一切生物最理想的生存之地。每年冬天，气温往往会在零下 20℃以下。钏路湿原栖息了超过全世界一半的丹顶鹤，数量在 1000 只以上。偶尔的一些小乔木果实尖上晶莹的水珠在不堪重负的时候滴下，“啪”的一声，惊起群群丹顶鹤在湖心扑腾，溅起蔚

蓝色的湖水；接着，丹顶鹤们盘旋在空中，一群受惊的丹顶鹤扑腾在乔木树枝间，鹤群飞翔时头顶着点点红色乔木果实，仿佛天空中七彩的星辰；最后，鹤群们栖落在水泊里，优雅地闲庭信步……

探胜路是观赏丹顶鹤的最佳之地，这也是钏路湿原专门为游客观赏丹顶鹤修建的。在路的尽头，搭有深入水泊的观鹤木架“鹤见台”。游人们可以沿着深胜路缓行，偶尔甚至会有丹顶鹤从你头顶飞过。

（二十四）日本·地狱谷

雪猴们将身体浸在温泉中，享受着大自然的恩赐。

地狱谷位于日本长野县东北部的志贺高原，茂密的森林被厚厚的白雪覆盖，白绿夹杂的山峦远远望去呈现出一片墨色，胜似一幅恢宏壮阔的水墨画。地狱谷便在这蜿蜒起伏的山峦之中。白雪覆盖着的世界只剩下纯净肃穆，而那些林间攀爬跳跃着的雪猴给这苍茫的天地增添了几分灵气与生机。

地狱谷一年中有四个月都被白雪覆盖，冬季平均气温在零下10℃以下。雪花给整个山谷罩上了件银白的轻纱，在林间小道穿行，树枝承受不住积雪的重量，扑簌簌地掉落下来。晴天时冬日的暖阳将金色的光辉洒向山林，山谷间便升腾起了片片氤氲的雾气，那是地狱谷的温泉。

日本处于环太平洋火山地震带，地壳活动异常活跃，地热能丰富，强大的能量冲出地表，形成了大大小小的温泉池。地狱谷的温泉星罗棋布，含有丰富的矿物质，纷纷然落下的大雪接触到温泉奔腾而出的热气瞬间化为雪水，流入池中，给温泉更添了几分清冽，吸引了大量游客前往泡温泉，被誉为“温泉天堂”。活跃的地热使得河谷里的泉眼喷射出高达20米的喷泉，雪积的木质围栏如同白莲底座，晶莹纯白，煞是好看。这里的温泉既有室内的也有露天的，在寒冷的冬天里，享受一池热汤，“突突”冒泡的温泉水按摩着全身，全身经络顿时舒缓了。合上双眼，趴在浴池边，冰凉的雪花一片片融化在泡得发热的脊背上，用心灵感受了一场冰与火的舞蹈。山谷林间的温泉池，仿若一个小小的世外桃源，纵使四周大雪下得纷纷扬扬，温泉池内依然一片澄澈，缩在水池的一角，静看天地伦常，世事变化。

除了温泉，这里受世人瞩目的主要原因是在地狱谷的野猿公苑生活着的200只雪猴。雪猴泡温泉是该处的最大看点。雪猴又叫日本猕猴，是生活在地球最北边的非人类灵长动物，该猴种并不畏寒，即使在零下15℃的酷寒环境里，它们依然非常活跃。泡温泉的行为也是因好奇，模仿当地人泡汤而逐步养成的。最初猴与人共泡一汤，考虑到卫生问题，才将这个温泉独立出去，专供雪猴享用。

野猿公苑的管理人员对这些活泼的小生灵极为爱护，为避免雪猴被高温烫伤，他们会在65℃的温泉里注入冷水，让泉温保持在41℃，让雪猴享受最舒适的温度。

到了冬季，日本雪猴便会成群结队地前往温泉池，扑通扑通跳下水，溅起朵朵水花。整个温泉池霎时间变成猴的王国。它们有的在池中四处游走，浮力使得它们两腿站立，仿若在池中漫步。有的慵懒地攀附在岩壁上，下半身浸泡在泉中，长长的皮毛顺着水波荡漾开来。肩上、头顶等裸露在外的部位积上了厚厚白雪，雪猴惬意地合上双眼，动不动，似乎宁愿被雪掩埋也不愿离开。有的霸占着池中，将全身浸泡入水中，只露出个小小的脑袋，脸被氤氲的热气蒸得红通通的，仿佛擦了胭脂一般，很是可爱。有的则调皮地隔一会儿便潜到水底觅食，找到吃的还爱干净地在水中洗洗再放进嘴里。有的小猴被它们的母亲怜爱地抱在怀中，一遍遍地清理毛发……

猴子同人一样不能在温泉池中久待，待身体慢慢回温，全身血液通畅之后，它们便一个个爬上岸。小猴子们呼啦一下跑开，像小孩子一样在雪地里追逐跳跃打闹，“吱吱”欢快地叫着，将雪团丢来扔去，或好几只跳到旁边的秋千上攀附在绳索上荡来荡去，绯红的小脸似是被愉悦涨红的。成年的猴子们则趴在木质栈桥上，借着池边热气烤干毛发中的水珠。它们三五成群地围在一起，两三只蹲着的给地上趴着的猴子挠痒，似乎在替对方做着按摩。接受按摩的猴子闭目养神，一脸的舒适。无怪乎人们说这里的雪猴过得比人还享受，该是世界上最幸福的一群猴子了。等到差不多干透了，雪猴们才抖抖全身的毛发，纵身跃入白雪覆盖着的森林。

（二十五）芬兰·拉普兰德

“凡是来过拉普兰德的人会变作驯鹿再回来”，这是拉普兰德古老的寓言。作为圣诞老人的好伙计，驯鹿是拉普兰德最具代表性的动物。

旅者说：世界上最美的冬景在芬兰，芬兰最美的冬景在拉普兰德。在拉普兰德看不到现代的工业污染，整个世界如雪一般纯净，极夜时24小时不灭的星光照亮了整片天空，绚丽的北极光如银蛇般悬挂在浩瀚的天幕上，皑皑的白雪为广袤的森林与湖泊披上一层晶莹透亮的薄纱……整个世界安静美好，仿若来自童话。

1. 流光溢彩的“狐狸之火”，24小时不灭的星光

冬至前后，天神给拉普兰德带去了他的礼物，满天的繁星爬上深邃的幽蓝天际，如同魔法师布满星点的漆黑斗篷。24小时不灭的星光将天地笼罩上一层莹莹的光辉，未被污染的天空澄澈幽蓝，似一块精美的画布，带状的银河似银钗划破苍穹，令人无法直视的璀璨光芒与寂静的天空相契合，美得令人窒息。漫天的星斗照耀在拉普兰德的广袤雪域上，纯白的冰体散发出微微的光亮，构成一幅绝美的冰雪画卷。

北极光在芬兰语中意为“狐狸之火”，古时的芬兰人认为那些光是狐狸在冬夜里奔

跑时，尾巴扬起的火花一路延伸到了天空。北极光是拉普兰德最动人的色彩，在寂静的冬夜，绚烂的极光忽而出现在天幕之上，整个夜空瞬间变得流光溢彩，祖母绿、玫瑰红、宝石蓝、水晶紫……极光时时变幻着色彩和形状，一会儿如飞舞的彩带，一会儿如扭动的银蛇，一会儿如绚丽的烟霞，一会儿如迷彩的旋涡。这极致的瑰丽和妖娆仿佛天神遗落在人间的玩具，若亲眼见上，你一定会惊叹世上竟会有如此摄人心魄的美，这种美使人震撼，颤动着心灵，仿佛裹挟着人的灵魂，只剩下了迷醉。

极光发生时人们驾着狗拉雪橇来到星空下，选一块舒适的地方仰躺下，边数着天上的星星边讲述遥远的关于星星的故事，或支起望远镜，贪婪地近距离探索星空的奥秘，浪漫而梦幻。

2. 圣诞老人的故乡，拉普人驾着驯鹿奔驰

传说每年的圣诞节前夜，红衣红帽大白胡子的圣诞老人会坐着由 9 只驯鹿拉的雪橇，从烟囱爬进屋里，在袜子里偷偷塞满给孩子们的礼物。而这位可爱老人的故乡就在拉普兰德。在拉普兰德首府罗瓦涅米有个圣诞老人村，横跨北极圈线，每年都有源源不断的来自世界各地的游客来到这里，只为一睹圣诞老人的风采，人们纷纷排队与“圣诞老人”合影，得到跨越北极圈的证书。游客们可以在圣诞老人邮局里买到特别的贺卡和礼品，所有从此处寄出的信件，都会特别盖上圣诞老人村的邮戳，若想给亲朋好友意外的惊喜，还可以预订一封由圣诞老人亲笔签名的信，圣诞节时寄到他们手上，特别有纪念意义。

“凡是来过拉普兰德的人会变作驯鹿再回来”，这是拉普兰德古老的寓言。作为圣诞老人的好伙计，驯鹿是拉普兰德最具代表性的动物。芬兰的土著游牧民族拉普人世世代代以驯鹿为生，冬季气候严寒，拉普人就会带领着自己的鹿群向着温暖的内陆草原南迁，将驯鹿圈养在用圆木和单皮建成的栏棚里。有的拉普人家会接待旅游者，游客们可以在拉普人的帮助下乘坐驯鹿雪橇在林海雪原里穿行，在清脆的鹿铃声中感受拉普人独特的游牧生活。

3. 森林与湖泊的冰雪童话世界

从前有一对非常要好的朋友：男孩加伊和女孩格尔达。魔鬼镜子的碎片掉进了加伊的眼睛里，美丽而孤独的冰雪皇后带走了变得无情的加伊，住进了冰雪所造的宫殿里，格尔达最后救回了加伊，在拉普兰德老婆婆的帮助下回了家。这是安徒生童话《冰雪皇后》里描绘的童话故事，但在拉普兰德，真的有一座安徒生的冰雪城堡，城堡由冰雪筑造，大殿里的巨大水晶吊灯将整座城堡照得流光溢彩，让人仿若置身在童话世界中。

拉普兰德被誉为“原始保留区”，因为冰川作用，这片区域水系发达，广袤的森林

和众多的湖泊遍布全境。到了冬季，在冰雪的覆盖下，整个大地银装素裹，如世外仙境。面积达 1 300 平方公里的伊纳里湖是这里最美丽的湖泊，湖岸陡峭，有 3 000 个蓊郁的岛屿分布其中，有些岛屿只有岩石般大小。湖里渔产丰富，鲦鱼、鳟鱼、鲈鱼、北极茴鱼等味道鲜美，不仅是餐桌上的佳肴，还是北极燕鸥与野鸭的首选食物。湖的四周是原始森林和沼泽，可以看见麋鹿、大山猫、狼獾等野生动物在林间穿梭，是良好的生态乐园。

（二十六）冰岛·黄金圈

瀑布落地时四溅而起的水汽在晴天下化身一条七色的彩虹，十分绚丽。

在世界的最北端，冰岛首都雷克雅未克以北，有一块贫瘠且荒凉的土地，这里没有树木，没有飞鸟，绵延的火山岩，低矮的灌木丛和苔藓，一望无际的冰川荒漠，磅礴的喷泉和瀑布，嶙峋的雪峰就是这里的全部。然而上天有大美而不言，这些看似贫瘠的地貌反而组成了一幅生动而壮烈的图画，充斥着一种坚韧的美。这里，便是冰岛黄金圈了。

1. 间隙喷泉：大地之心馈赠的间歇喷泉

在冰岛黄金圈，无处不在的间歇喷泉是最有特色的景观。间歇喷泉类似于地热温泉，有的喷泉温度甚至高达 80~100℃。目前，科学家对于间歇泉的形成原理至今还没能给出一个统一的答案，大多数人认同的是，间歇泉是因为隙洞里的水被底部的岩浆不断加热，加上地表部分与空气接触的水层还达不到沸点，当底部的水变得滚烫接近沸腾时形成气柱涌出表面所形成的。在冰岛，大多数的间歇泉的间歇时间不是固定的，有的时候会连续喷射几次，有的时候，需要等上几分钟才能够观看到。游客若要与间歇泉亲密接触，可以尽量靠近间歇泉，然后等上几分钟，等待场大暴雨似的喷泉从高空中洒落到自己的身上，然后闭上双眼，静心体味冰岛冰与火相融的神奇。

黄金圈的南方平原西北边，有一个大喷泉区，那里到处热气弥漫，如烟如雾，这便是号称冰岛众多间歇喷泉中的王者的盖锡尔间歇喷泉。盖锡尔间歇喷泉是一个直径约 18 米的圆池，水池中央的泉眼直径约 10 厘米。泉水安静地在泉窝里“咕噜咕噜”地翻滚着，愈响愈欢。在泉水喷发的瞬间，“轰”的一声巨响，一股洁白的喷泉拔地而起，直冲云天。片刻之后，泉水又化作琼珠碎玉落下，渐渐归于平静，为下一次喷发积蓄能量……

2. 壮丽无比的黄金瀑布

由靓丽而闻名的黄金瀑布，是冰岛最大的断层瀑布，位于间歇喷泉以北 10 公里处，宽约2500米，其水势分成两段，上层高11米，下层高21米，气势磅礴，景色尤为壮观。黄金瀑布的源头为“白河”，这名字形象地突出了其洁白的水色。天气的阴晴变化往往将汹涌的瀑布映照成或灰或靛蓝的不同色调，每秒130立方米的超大水量冲击，使得整个大地仿佛都在跟着摇晃，瀑布落地时四溅而起的水汽在晴天下化身一条七色的彩虹，十分绚丽。到了冬天的时候，瀑布中有时会夹杂着一块一块的冰柱，在阳光的照射下，一股股蓝色的冰柱和一片片的白雪使得整个瀑布显得层次分明，引得不少游客赞叹不已。

黄金瀑布

黄金瀑布有段颇为传奇的历史。相传20世纪初，一个英国开发商曾打算在黄金瀑布建立座水力发电站，他不惜开高价向冰岛人收购了这片黄金之地，然而土地的主人却拒绝了他的商业建议，其女儿更是发誓用投河来抗议。这个女人用了一生的时间向政府请愿挽救黄金瀑布，终于如愿让政府否决了在这里开发水电站的提案。直到现在，黄金瀑布边仍竖立着一块纪念碑，用以表达对这个女人保护自然的敬意和谢意。

3. 美丽而深沉的议会旧址

冰岛黄金圈的又一美丽景观便要数议会旧址，该旧址位于辛威里尔平原，在首都雷克雅未克东北50公里处，是冰岛享誉世界的国家公园和旅游胜地，亦是冰岛的政治摇篮，同时也是西方政治发源地之一。

相传，在公元930年，在此定居的39位戈狄（酋长）建议树立冰岛议会，从此以后，冰岛便开始作为一个独立国家而存在。没有去过议会旧址的，大多数会因议会旧址而望文生义，便以为这里应该有庞大的古建筑之类的遗址，而当你亲临议会旧址时。却发现根本就不是想象的那样。议会旧址光秃秃的一片。只有耸立在大岩石上的旗杆上飘扬着一面冰岛国旗。据说那块岩石就是议会讲坛，因此而叫作议会原址。

议会旧址处在一个又长又宽的地壳断层旁，这正是亚欧板块与美洲板块的交界处。亚欧板块像被大地之神高高举起，高出了美洲板块10多米，于是此地便形成了一面绵延的斜坡。这面斜坡，被地理学家们看作两大板块的分界标志，也有人称它为“地球之界”。现如今，亚欧板块与美洲板块仍然以年均2厘米的速度在分离，但来来往往的游客，似乎忘却了这种地壳运动的存在……

站在两大板块的交界处，极目远眺，由于远古时代的火山活动，整个议会旧址的岩石地表便成了黑褐色，岩石上面裂缝横纵相交，宛如衣衫褶皱。眺望远处，可以看到远处平原上镶嵌着弯弯的国会湖，这是冰岛最大的天然湖，面积为 83 平方公里，湖面平静，如明镜一般。在冬天淡淡的雾霭和飘零的雪花中，湖泊若隐若现，不时增添几分神秘。宁静的湖泊成了人们放松的最佳地方，在这里，人们可以远离尘世的喧嚣，远离那些人世间凡俗的东西，静心品一品大自然的安宁。

4. 轻盈起舞的北极光

英国著名诗人科尔里奇在《水手之歌》一诗中如此描写北极光："太空高处突然充满生气，一百面火旗的光辉照向大地；它们在天空跳跃飞舞，来也匆匆，去也匆匆；淡淡的光在其中黯然失色。"在冰岛黄金圈，因为其贴近北极的缘故，冬季除了白雪与冰原等美景外，还有夜空中翩翩起舞的北极光。

当皎洁的月光照亮夜空与茫茫雪地时，夜空中足够明亮的缤纷极光，或蓝色，或绿色，或白色，或黄色，犹如轻盈曼姿的舞蹈在天空中欢跳。北极光神秘而玄妙，它常常突然间轻盈飘荡在天空，忽明忽暗，数秒之后便又悄无声息地没了踪影。想象一下，夜晚的荒原静谧而美丽，天空一道道绚丽的北极光如跃动的精灵，它们翩翩起舞，大地一片华彩……

第七章　世界地理之谜

一、宇宙星球之谜

（一）地球是怎样诞生的?

地球是目前人类所知道的唯一有生命存在的星球，也是目前人类生存的唯一家园。她广袤丰沃的胸膛，哺育了千千万万的生灵；她巍峨挺拔的肩膀，承载着亘古绵长的历史重托。人类在自身不断发展和演化的过程中对其所生存的星球从来就没停止过探索。她的诞生就是一个神秘莫测的谜团，她的存在就是一个撼人心魄的美丽传奇。在浩渺的宇宙中，为何只有小小地球能适合人类居住？地球到底是如何形成的？

早在远古时代，人类就对地球充满了好奇。那时的人们认为大自然里存在的一切都是由上天创造的，一切都是与生俱来的。西方的“上帝创世说”曾经在相当长一段时间内占据统治地位，人们都相信有一个超乎人力之上的上帝创造了一切。然而，随着人们认识水平的提高和科学技术的发展，人们已经远远不相信“上帝创世说”那样的答案了。

在关于地球起源的各种理论中，较早就产生且比较普遍被人接受的是星云说。科学家们认为在距今约 50 亿年前，太阳系星云收缩，形成了以太阳为中心的太阳系。约 4 亿年后，地球开始形成。

大概在 46 亿年前，发展成现在的大小和形状，其后可能再过了 15 亿年，地球上的环境才适宜早期的生物生存。

另外，法国生物学家布丰在 18 世纪就创造了“彗星碰撞说”。他认为彗星落到太阳上，把太阳打下一块碎片，碎片冷却以后形成了地球，即地球是由彗星碰撞太阳所形成的。这一学说打破了神学的禁锢，曾一度引起人们的注意。此后，其他科学家继承和发展了布丰的学说，将地球形成原因的研究又向前推进了一步。

然而，1920 年，英国天文学家阿瑟·斯坦莱·爱丁顿却指出，从太阳或其他恒星上分离下来的物质都很热，以至于它们扩散到宇宙空间前还来不及冷却就消散掉了。即使在某种未知的过程下凝聚成了行星，运行的轨道也不会像现在太阳系中的轨道那样有规律。1936 年，美国天文学家莱曼·斯皮特泽又证实了这一理论。

1944 年，德国科学家卡尔·夫兰垂·克·冯·韦茨萨克对以往的“星云假说”进行了进一步发展，他认为是旋转的星云逐渐收缩形成了行星。如果把星云中的电磁作用考虑进去，就可以解释角动量是以什么形式由太阳转移到行星上去的。

随着人们在该领域研究的不断深入，目前科学家们提出的有关地球起源的学说已多达十余种。除以上两种外，主要还有以下一些学说：

1. 陨星说　1755 年，康德在《宇宙发展史概论》中提出了该学说，他认为太阳系最初是一团由尘与气形成的冷云，并不停地旋转。今天的天文学家利用现代望远镜，看到遥远星际间漂浮着暗黑的尘云，这种云看起来就像康德想象中的太阳系旋转云。

2. 双星说　此学说认为行星都是由除太阳之外的另一颗恒星产生的。假定太阳最先产生，还没有行星。后来太空中有另一个星球从太阳附近掠过，把一块物质扯了出来。掠过的星球继续飞行，而那些被扯出来的物质则凝聚成了太阳系的行星。

3. 行星平面说　该学说认为所有的行星都在一个平面上绕太阳转，原始的星云盘产生了太阳系。

随着人们认识水平的提高和科技水平的进步，人类对地球的形成的认识将越来越深入和趋向统一。我们有理由相信，揭开地球起源之谜并不是一件遥远的事情。

（二）探寻地球内部的奥秘

一直以来，人们力图探寻地球内部的奥秘。18 世纪，人们计算出地球的平均密度后发现：地球内部的平均密度为 5.52 克/厘米^3，而地球表面岩石的平均密度是 2.67 克/厘米^3，两者相差 1 倍多。这说明地球内部一定存在着重物质。

19 世纪中期以后，人类开始大规模地探索地球内部的奥秘。地球物理学家通过地震仪测量发现，每当发生巨大地震时，受到强烈冲击的地下岩石会产生弹性震动，并以波的形式向四周传播。

这种弹性波就是地震波，地震波分为纵波（P 波）和横波（S 波）。纵波可以通过固体、液体和气体传播，且传播速度较快；横波只能通过固体传播，传播速度较慢。由此可知，随着所通过物质的性质的变化，纵波和横波的传播速度也会发生变化。

1909 年 10 月 8 日，萨格勒布地区发生了一次强烈地震，南斯拉夫的地震学家莫霍洛维奇经过研究发现地震波在传到地面下 33 千米处发生了折射现象，于是他认为这个发生折射的地带正是地壳和地壳下面物质的分界面。1914 年，在一次地震中，美国地震学家古登堡又发现在地表下面2900千米处，纵波的传播突然急剧变慢，横波则完全消失了，这说明存在着另一个不同物质的分界面。后来，人们为纪念他们，将以上两个不同的界面分别命名为“莫霍洛维奇不连续面”（莫霍面）和“古登堡不连续面”（古登堡面）。

地球内部以莫霍面和古登堡面为分界，分为地壳、地幔和地核三个圈层。地壳是地球的最外层，指从地面到莫霍面之间很薄的一层固体外壳。地壳主要由各种岩石组成，高低不平，平均厚度为17千米，大陆部分远比海洋部分厚，平均厚度为33千米，高山、高原地区甚至厚达60~70千米，海洋地壳平均厚度仅有6千米。

地幔位于地壳和地核之间，是从莫霍面以下到古登堡面以上的一层固体物质。这一层的主要成分是铁镁的硅酸盐类，其含量由上而下逐渐增加。这一层分为上地幔和下地幔，深度为从地下5~70千米以下到地下2900千米以上，从莫霍面到1000千米深处是上地幔，地下50~250千米是上地幔顶部，这里存在一个软流层，岩浆可能就是发源于此。地下1000~2900千米深处是下地幔，其温度、压力和密度都比上地幔大，物质状态可能不再是固体，而是可塑性固体。

地核是地球的中心部分，位于地球的最里层。1936年，丹麦地质学家莱曼通过对地核中传播的地震波速度的测量，发现地核又可分为外核和内核两部分。外核在2900~5000千米深处，物质状态接近液体。内核又叫“铁镍核心”，在5000千米以下深处，其温度、压力和密度更高了，物质成分近似于铁镍陨石。

美国科学家做了大量的模拟试验后发现，地核温度从内到外温度逐渐降低，地球中心的温度大约是6880℃；内外核相交面的温度是6590℃，略低于地球中心；外核与地幔的相交面的温度更低，是4780℃。除此之外，科学家还发现，地球内核的压力极大，每6.5平方厘米为2200万千克，是海平面的地球大气压的330万倍。

近年来，借助大型计算机，研究人员从地面上3000个监测站收集到了大量的地震观察情报，并对之进行了综合分析，描成一张总图，结果发现，地核表面布满“山头”和凹凸不平的地带，结构与海洋相似，充满了低密度流体。

人们总希望亲眼看到地球内部的情形。直到20世纪90年代，在中欧的一个小城温迪施埃中巴赤，人们钻探出了一个直径22厘米、深14千米的世界上最深的洞。这个地区地理情况十分特殊，这里的岩石有30千米厚，并向地表突出。历史上古老的欧洲板块和非洲板块在这里相互碰撞，彼此推挤和啮合。正是由于这种地理情况的存在，地质学家们打算用管状的、中空的特殊钻孔器旋出岩心，把这些岩心提取上来，但这次努力最后还是以失败而告终。

经过多次的失败，人们不得不暂时承认，肉眼不能直接看到地球内部的情景，只能通过火山喷发出来的物质来了解地球内部的化学组成和物理性质，或采用先前采用过的地震观测等间接方法来观测地球内部。我们相信，总有一天人类能够揭开地球内部的奥秘。

（三）地球未来的命运如何？

据日本东京技术学院的一项研究，在10亿年之后地球的海洋将会完全干涸，地球表面一切生物都会灭绝，地球将会有与火星一样的命运。

在研究报告中这项研究的责任人、东京技术学院地球及自然科学教授村山成德指出，大地板块与海洋正逐渐向地幔处下沉。地幔位于地球高热核心（地核）的外层，是地壳中的疏松岩石。

村山说，这项研究报告是建立在测量地表下温度的实验以及2000项以计算沉积岩生成时间为目的的学术工作的基础之上所得出的有关结论。报告指出，大量海水自7.5亿年前就已经开始从外围向地幔方向流动，导致今天大陆露出水面。报告还称，这样就为为何大部分大陆在7.5亿年前还在海底沉睡带来了新的解释。

倘若上述理论正确，那么关于那段时期大气中氧的含量急速增加的原因就可以得到进一步地解释了。报告称，生活在石头上的制氧浮游生物，因为大陆露出水面而在空气中暴露，把大量氧气释放进大气层，不同的生命形态也逐渐被充沛的氧气所孕育。但是村山指出，自此地面的水量不断减少，这种情形意味着最终这个星球上的生物将会成为历史。

不过，村山所指出的地球终会“干涸”的预言并不可以说明地球人类将会面临所谓的“世界末日”。第一，对人类而言10亿年实在太漫长了，漫长到令世人没有办法去想象；第二，以地球人类的智慧，相较于10亿年而言，在不到弹指一挥间人类即能找到在地球以外的新的定居点。人类目前所掌握的空间技术就已经对这一蓝图进行勾画。

（四）地球磁场为什么会“翻跟头”？

为什么指南针会始终指向南方，这在古代曾是一个无法解答的谜，一直到1600年才由英国宫廷医生吉尔伯做出科学的解释。原来地球本身就是一个大磁场，北磁极（N极）在地球的南端，南磁极（S极）在地球的北端。正是这个大磁场，吸引着磁针始终指向南方。

但是，法国科学家布容1906年在法国司马夫中央山脉地区对这里的火山岩进行考察时，却意外地发现那里的岩石的磁性与磁场的方向相反。此后，这一类现象被越来越多地发现，对它的研究也越来越深入。人们终于发现，地球的磁场并非永恒不变的，现在位于南端的北磁极会转到北端去，而位于地球北端的南磁极则会转到南端去。这就是物理上所称的“磁极倒转”。

在研究中科学家还发现磁极倒转的现象曾在地球的历史上发生过许多次。据统计，仅在最近的450万年里就有四次，即“布容正向期”“松山反向期”“高斯正向期”和“吉尔伯反向期”。但是，地磁场方向在每一个磁性时期里，也并不是始终如一的，有时会发生被人们称为“磁性事件”的短暂的极性倒转的现象。

当然，在更古老的地质历史时期里也同样存在着地球磁场的这种“翻跟头”式的变化，只不过太过久远，我们还没有办法对其变化的具体时限进行确定。

那么为什么地磁场会发生变化呢？有人认为，这可能是地球被巨大的陨石猛烈撞击后导致的结果，因为猛烈的撞击能促使地球内部的磁场身不由己地翻转一个跟头；也有人认为，这与地球追随太阳在银河系里漫游相关，因为银河系自身也带有一个磁场，这个更大的磁场会对地球的磁场产生影响，从而促使地球的磁性会像罗盘中的指南针一样，随着银河系磁场的方向而不断地变化；还有人认为，由于地球本身的演变导致了磁极倒转的发生。总之，关于地磁场变化的原因，众说纷纭，莫衷一是。

（五）地球上的岩石是怎样形成的？

岩石分布在地球的各个地方。有些地方虽然从表面上看是泥沙，但下面则是岩石；还有海洋、江河，在水层底下也是岩石。岩石紧紧地裹在地球的外面，人们把它叫作岩石圈。岩石圈最厚之处已超过100千米，换言之，不但地壳是由岩石构成的，就连地幔的最上端也是由岩石构成的。

为什么地球上会有如此多的岩石呢？

林耐，这位瑞典著名博物学家曾经说过这样一句名言：“岩石并非自古就有，它们是时间的孩子。”的确，地球上每一块岩石都是在地球的演变过程中渐渐形成的。

根据岩石不同的形成作用，我们能够把所有的岩石划分为火成岩、变质岩、沉积岩三大类。

火成岩是地球岩石圈的主要组成部分。地壳中大约3/4的岩石以及地幔顶部的全部岩石属于火成岩。火成岩是由炽热熔融的岩浆冷却凝固之后形成的。

早先形成的包括火成岩、变质岩和沉积岩等在内的岩石，在地面暴露以后，会受到侵蚀和风化作用的破坏，逐渐转化为化学分解物和泥沙。这些化学分解物和泥沙经过水、风或者是冰川等搬运，最后在湖海盆地或者其他低洼处堆积，再经过漫长的时间的压紧胶结和地球内部热力的影响，再一次固结成为岩石，形成沉积岩。

岩石在地球的演变过程中，受到强烈的挤压或高温的影响，或者被注入外来物质，从而发生面目全非的变化，一种新的岩石由此产生，我们把这种岩石称为变质岩。

总之，地球上的所有岩石的形成，都无法脱离以上三种途径。

（六）是谁驱使地球在运动？

远古时代，人们认为地球是平的，太阳落到地平面下面，天就黑了。也有人认为，地球是不动的，太阳嵌在天幕上，由于天幕不停地转动才引起太阳东升和西落。现在，人们已经明白，每隔 24 小时经历的一次白天和黑夜是由于地球自转造成的。那么是什么力量驱使地球如此永不停息地运动，在围绕地轴自转的同时，又在一个椭圆形远轨道上环绕太阳公转，带来昼夜交替和季节变化，使人类及万物繁衍生息。

宇宙间的天体都在旋转，这是它们运动的一种基本形式，但要真正说明这个问题，首先要弄清楚地球和太阳系是如何形成的，因为地球自转和公转的产生与太阳系的形成密切相关。

天文学家认为，太阳系是由古代的原始星云形成的。原始星云是非常稀薄的大片气体云，因受到某种扰动影响，再加上引力的作用而向中心收缩。经过漫长的演化，中心部分物质的气温越来越高，密度也越来越大，最后达到了可以引发热核反应的程度，从而演变成了太阳。太阳周围的残余气体，慢慢形成了一个旋转的盘状气体层，经过收缩、碰撞等复杂的过程，在气体层中凝聚成固体颗粒、微行星、原始行星，最后形成了一个完整的太阳系天体。

大家知道，如果要测量物体直线运动的快慢，应该用速度来表示，但是如何来衡量物体旋转的状况呢？有一种办法就是用“角动量”。一个绕定点转动的物体，它的角动量就是质量乘以速度，再乘以该物体与定点的距离。物理学中有一条非常重要的角动量守恒定律，就是说，一个转动的物体，只要不受外力作用，它的角动量就不会因物体形状的变化而发生变化。例如一个芭蕾舞演员，当他在旋转的时候突然把手臂收起来（质心与定点的距离变小），他的旋转速度就会自然而然地加快，因为这样才能保证角动量不变。这一定律在地球自转速度的产生中有非常重要的作用。

原始星云原本就带有角动量，在形成太阳系之后，它的角动量仍然不会损失，但已经发生了重新分布，各个星体在漫长的演变过程中都从原始星云中得到了各自的角动量。由于角动量守恒，行星在收缩的过程中转速也将越来越快。地球也是这样，它获得的角动量主要分配在地球绕太阳的公转、地月系的相互绕转以及地球的自转中。

我们很容易产生错觉，常常以为地球的运动是匀速运动，否则每一日的长短也会改变。物理学家牛顿就这样认为，他把宇宙天体的运动看成是上好发条的钟，认为它们的运行准确无误。而实际上地球的运动也是在变化的，而且非常不稳定。有人研究“古生物钟”时发现，地球的自转速度逐年变慢。距今 4.4 亿年前的晚奥陶纪，地球公转一个周期需要 412 天；而到了 4.2 亿年前的中志留纪，每年只有 400 天；到了 3.7 亿年前的中泥盆纪，一年为 398 天；到了 1 亿年前的晚石炭纪，每年大约是 385 天；到了

6500万年前的白垩纪，每年是376天；而现在一年是365.25天。科学家认为，产生这种现象的原因，是由于月球和太阳对地球潮汐作用的结果。在地球上，面向月球及其相反方向的海面会因潮汐力而发生涨潮现象，面向月球一侧的涨潮是因月球的引力大于离心力之故，而相反一侧则是因为离心力大于引力的缘故。再加上，当发生潮汐时，海水与海底产生摩擦，使得海面发生变化需要一段时间，因而对地球的自转产生牵制作用。这种牵制力会使地球自转减慢。

由于人类发明了石英钟，便可以更准确地测量和记录时间。通过一系列观测和研究发现，在一年内，地球自转存在着时快时慢的周期性变化：春季自转比较缓慢，秋季则加快。科学家认为，这种周期性变化的原因，与地球上大气和冰的季节性变化有关。另外，地球内部物质的运动，如重元素下沉，轻元素上浮等，都会影响到地球的自转速度。

除此之外，地球公转也不是匀速运动。地球公转的轨道是椭圆形的，最远点与最近点相差大约500万千米的距离。当地球由远日点向近日点运动，离太阳近的时候，受太阳引力的作用就会加强，速度也就变快。由近日点到远日点时则相反，地球的运行速度会减慢。

另外，地球自转轴与公转轨道并不是垂直的，地轴也并不是稳定的，而是像陀螺一样在地球轨道面上作圆锥状旋转。地轴的两端也不是始终指向天空中的某一个方向，而是围绕着一点不规则地画圆。地轴指向的不规则，是地球运动所造成的。

由此可知，地球的公转和自转包括了许多复杂的因素，并不只是简单的线速或角速运动。

地球还同太阳系一起围绕银河系运动，并随着银河系在宇宙中飞驰。地球在宇宙中运动不息，这种奔波可能在它形成时便开始了。地球仍然在运动着，它的加速、减速与太阳、月亮以及太阳系其他行星的引力有关。那么，地球最初是怎么运动起来的呢？是否存在所谓的第一推动力呢？17世纪，意大利科学家伽利略发现了惯性定律：一个运动的物体，只要不再受到外力的作用，惯性就会使它保持着原来的速度和方向一直运动下去。后来，物理学家牛顿在发现了三大运动定律和万有引力定律之后，曾用他后半生的全部精力来研究和探索第一推动力。他得出了这样的结论：上帝设计并塑造了这完美的宇宙运动机制，且给予了第一次动力，使它们运动起来。但这显然与现代科学格格不入。

（七）地球上的水来自何处？

地球其实名不副实，它表面积约5.1亿平方千米，其中陆地面积占地球表面积的29.2%，海洋的面积占70.8%，是一个实实在在的水球。

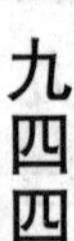

地球上有多少水？联合国统计资料显示，地球上总共有138.6亿立方米的水。

长久以来，人们对地球上水的来源问题一直争论不休。对此，有两种完全相反的看法，一种观点认为水是从天上（雨雪）掉下来的；另一种观点认为，雨雪是地面上的水蒸发后才到了天上的。

有些科学家说，太阳风导致了水的产生，地球水是太阳风带来的，是太阳风的杰作。首先提出这一观点的科学家是托维利，他认为太阳风是太阳外层大气向外逸散出来的粒子流，电子和氢原子核——质子是其主要成分。根据计算，托维利得出这样一个结论：从地球形成到今天，地球已从太阳风中吸收的氢的总量达1.70×1023克。我们知道，氢和氧结合就会产生水，如果把这些氢全部和地球上的氧结合，就可产生1.53×1024克的水，地球水现在的总量145亿吨与这个数字是十分接近的。更重要的是，地球水中的氢与氚含量之比为6700∶1，这同太阳表面的氢氚比也是十分接近的。因此托维利认为，根据这些计算和成分对比，可以充分说明地球水来自太阳风。

研究地球物质成分和内部构造的科学家认为，地球上的水其实是从地球内部挤压出来的，地球表面原本是没有水的。水最早是从星云物质中带来的，在地球形成时，通过地球的演化，后来不断从地球深处释放出来。几乎在每次火山喷发时总会喷出大量气体，水蒸气要占到75%以上。地下深处的岩浆中有水分，即使是由岩浆凝固结晶而成的火成岩，水也以结晶水的形式存在其中。

但是，随着人们对火山现象研究的深入，上述观点被推翻。人们发现同火山活动有关的水，是地球现有水循环的一部分，并不是什么从深部释放出来的“新生水”。

科学家克莱因分析了世界各火山活动区与火山有关的热水中的氚，证明它们与当地的地面水是相同的，从而确认它们是渗入地下的地面水，在火山热力的作用下重新变为水蒸气上升。

后来，科学家根据对某些地区火山热力所导致的氚进行分析，发现人工爆炸能够导致氚含量的升高，这就进一步说明其实是新近渗入地下的雨水变成了火山热水。这些研究成果使那些主张地球水来自“娘胎”的研究者修正了对火山水的看法。

水的来源并无定论，美国衣阿华大学的弗兰克等科学家还提出了一个引人注目的新理论：太空中由冰组成的彗星才是地球上水的来源。

原来，科学家发现，大气中水蒸气分子在太阳紫外线的作用下，会分解成氢原子和氧原子。氢原子向外飘扬，当它到达80~100千米气体稀薄的高热层中时，氢原子的运动速度会超过宇宙速度，能摆脱地球引力离开大气层从而进入太空。这样一来，地球表面的水就流失到了太空。人们经过计算发现，飞离地球表面的水量差不多等同于进入地球表面的水量。

可是，有一个奇怪的现象似乎不符合这种说法，那就是地质学家发现，2万年来，世界海洋的水位涨高了大约100米。地球表面水面为什么不断增高呢？这至今还是个谜。

自1918年以来，弗兰克等人通过对从人造卫星发回的几千幅地球大气紫外辐射图像仔细研究，发现总有一些小黑斑出现在圆盘形状的地球图像上。每个小黑斑面积约有2000平方千米，大约存在2~3分钟。经过仔细研究和检测分析后，弗兰克等人发现这些黑斑是由一些肉眼看不见的由冰块组成的小彗星，撞进地球大气层，融化成水蒸气造成的。

这些小彗星频繁地坠入大气层，每5分钟大约有20颗平均直径为10米的这种冰球进入大气层，每颗融化后能变成100吨左右的水，地球因此每年可增加约10亿吨水。地球从形成到今天，大约有46.5亿年的历史，照此计算，这种冰球一共为地球提供了460亿吨水，比现在地球水体总量还多。

关于地球水的来源有许多各不相同的认识，各有各的道理，但真相究竟如何，还有待于科学家们收集更多的客观证据，以揭开这个谜。

（八）追寻地球的年龄

我们知道，树有年轮，一棵树生长的年数会在树干横切面上的圆圈数上显示出来，层与层之间的界线非常清晰。与此类似，地球也有“年轮”。科学家通过对地球上岩层的性质和变化的研究，测定地球至少有46亿岁了。地球形成以后，在其不断运动、变化和发展的演变中留下了许多痕迹。组成岩层的主要成分火成岩、沉积岩和变质岩等，其来历都各不相同。通过对各种岩层的探测，人们就可以知道一些地方的地质历史。

20世纪放射性元素和其衰变成的同位素的发现，使人们找到了一个比较精确计算岩石年龄的方法。

根据科学方法鉴定出，在格陵兰岛西部地区发现的阿米佐克片麻岩是地球上最古老的岩石。英国牛津大学的研究人员使用铷—锶放射性同位素法，测定它已有38亿岁。不久前，科学家把放射性年代测定法运用到对陨星碎块年龄的测定中，发现太阳系碎屑的年龄大都在45亿~47亿岁间。他们认为，在同一时期，太阳系的成员大多形成了，因此也可以推测地球大约有多少岁了。

最近澳大利亚地质学家在澳大利亚西部的纳耶山沙石中发现了4块岩石晶粒，它们是锆石碎块或锆的硅酸盐。探测研究表明，这些锆石大多是地球原始表壳的碎块。人们使用离子探针谱分析法，测定了这些矿物样品中铀和铅的同位素离子的相对度，从而对这些岩石的年代做出了判断。这种岩石晶粒至少已有41亿~42亿年的历史，它比格陵兰西部岩石还要早3亿年。

根据这一发现地质学家们认为，早在46亿年前地球就同太阳系的其他行星和月球一起形成了，而且地球在它起源以后一直受到陨石的重力冲击，时间至少长达5亿年，从而使得地球原始表壳的全部形迹遭到毁坏。

在发展过程中，地壳形成了各个不同年代的地层，保存在各种地层中的各种岩石从低等走向高等，从简单走向复杂。

地质学家把地球的历史分成太古代、元古代、古生代、中生代和新生代五个时期：

太古代 从地球诞生到25亿年前。那时，地球上是一片汪洋，海面散布着一些火山岛；陆地面积还很小，上面尽是些秃山。地球上的生命刚刚孕育发生，原始细菌开始繁衍发展。

元古代 距今24亿~6亿年前。这个时候大片陆地出现，在海洋中海洋藻类和无脊椎动物开始繁衍。

古生代 距今6亿~2.5亿年前。地壳运动剧烈，亚欧和北美大陆已形成雏形。最早出现的三叶虫兴盛一时，随后大批鱼类繁殖起来。两栖动物作为陆上脊椎动物之一，已成为当时最高级的动物，爬行类动物和有翅昆虫也出现了。

中生代 距今2.5亿~0.7亿年前。大陆轮廓基本形成，太平洋地带地壳运动剧烈，大山系和丰富矿藏开始形成。那时候是爬行动物的时代，以恐龙为盛。原始的哺乳动物和鸟类也开始出现了。

新生代 1亿年前到现在。地球上出现规模巨大的喜马拉雅造山运动，使得地球上海陆面貌同现在基本相似了。新生代的第三纪哺乳动物开始大量繁殖，第四纪则是人类起源和发展的时代。

随着科技的进步，人类一定能更加准确地测定地球的年龄。

（九）撩开黑洞的神秘面纱

我们经常会听到“黑洞”这个名词，“黑洞”很容易让人望文生义地想象成一个“大黑窟窿”，其实不然。那么所谓的黑洞到底是什么呢？迄今为止，人们只能从理论上来对它进行推断。在过去，科学家把黑洞描述成一个有去无回的视界包裹着密度无限大的奇点。黑洞不停吸入类似于恒星这样的物体。新理论则将黑洞看作一个暗能量，吸入的物体在密集的壳体处分解。认为它是一种引力场非常强，就连光也无法从中逃逸的天体。“黑洞”究竟是什么？它是怎样形成的？又位于宇宙中的何处？这些都是人们关心的话题。黑洞以其特有的魅力吸引着广大的理论物理和天体物理学家。“黑洞”无疑是20世纪最具有挑战性，也是最让人激动的天文学说之一。许多科学家正在为揭开黑洞的神秘面纱而努力地工作着。

关于黑洞的成因，迄今有很多理论。有人提出了黑洞是由巨大星体演变而成的理论。他们认为黑洞跟白矮星和中子星一样，极有可能也是由恒星转变而来的。宇宙早期的星云物质——绝大部分是氢的极其稀薄的气体——由于自身的引力作用而收缩成恒星。由于收缩过程中原子相互碰撞的频率和速度越来越高，导致气体温度上升并最终使恒星发光。当温度升高到一个极点，以至于氢原子碰撞后不再离开而是聚合成氦，这一过程被称为“热核聚变”。聚变释放出的巨大能量使恒星气体的压力进一步升高，并达到足以平衡恒星内部引力的程度，于是恒星的收缩停止下来，并在相当长的时间里稳定地燃烧。当恒星耗尽了这些氢之后，由于核反应的减弱而开始变冷，恒星气体的压力不足以抵抗自身引力时，恒星重新开始收缩。恒星中的氦原子发生聚变形成碳或氧之类较重的原子。但这一过程并没有释放太多的能量，恒星继续收缩。并逐渐凝结而形成了黑洞，这个过程就像水变成冰一样。这一解释为研究量子引力理论提供了新思路，而量子引力理论有可能将爱因斯坦的广义相对论和量子力学统一起来。

也有理论认为大黑洞是由小型黑洞集合而成的。由日美两国科学家组成的科研小组最近就巨大黑洞的诞生提出了新见解，认为巨大黑洞是由“中质量黑洞”集合而成的。黑洞成因新见解为研究银河系的形成和演化提供了新的理论基础，也有助于研究宇宙的诞生和进化。

科学家斯尔克和里斯就黑洞提出了全新的观点。在这种观点中，他们认为每一个早期气体云团的中心后来都发生了坍缩，最终形成了超级黑洞。超级黑洞一旦形成，就会立即开始吞食周围的气体，形成明亮的类星体。斯尔克认为，刚刚形成的类星体会产生能量，从而在周围气体中产生剧烈的温度变化，导致黑洞周围的气体和刚刚形成的类星体相互挤压、聚合成恒星。通过上述记述，我们知道，通过黑洞演变成了星系。也就是说，黑洞并不只是贪婪的恶鬼，因为它对星系的形成产生了积极的影响。

由于光线很难从黑洞中逃逸，因此观测黑洞有些困难。但令人欣喜的是，黑洞的引力效应仍将继续作用到其临近的星体上。人们观测到一些伴星系统是由一颗可见恒星和一颗不可见恒星互相围绕旋转组成。这类系统中的有一些是强 X 射线源。对这种现象最好的解释是，物质从可见星的表面被吹起来并落向不可见的伴星，这些物质在强大的引力作用下发展成螺旋轨道，同时变得非常热而发射出 X 射线。这颗不可见伴星必须小到像白矮星、中子星或黑洞那样，才能引发上述机制。“天鹅 X-1”就是这样一个伴星系统。通过对其可见星轨道的研究，科学家们推算出了不可见星的最小质量——大约是太阳的 6 倍。按照钱德拉塞卡的结果来看，它只能是一个黑洞。

黑洞与别的天体相比，显得尤其特殊。黑洞有“隐身术”，在地球上，由于引力场作用很小，这种弯曲是微乎其微的。而在黑洞周围，空间的这种变形非常大。这样，即使是被黑洞挡着的恒星发出的光，虽然有一部分会落入黑洞中消失，可另一部分光线会通过弯曲的空间并绕过黑洞到达地球。所以，我们可以毫不费力地观察到黑洞背面的星空，就像黑洞不存在一样，这就是黑洞的隐身术。通过这种手段，人们无法对它进行直接观察，科学家也只能对它的内部结构进行种种猜想，无法进行准确判断。黑洞是怎么把自己隐藏起来的呢？是通过弯曲的空间！我们知道，光是沿直线传播的。

但是广义相对论告诉我们，空间会在引力场的作用下发生弯曲。所以在引力场的作用下，光虽然仍然沿两点间的最短距离传播，但已经是曲线传播了。客观地看来，光本来是要走直线的，只不过强大的引力把它拉得偏离了原来的方向。

在宇宙漫长的岁月中，许多恒星已经耗尽了燃料，并且坍缩了。但是黑洞的数目却比可见星要多得多。就拿银河系来说，数量众多的黑洞的额外引力就可以解释银河系会有如此的转动速率的原因，所以不能仅考虑可见星的质量。有资料证明，银河系中心有非常巨大的黑洞，科学家认为，黑洞能够将活动星系核旋转着吸入，并且为黑洞气体盘旋建立一个模型。根据这个模型，星系核活动性的差别由黑洞的大小和单位时间被吸入黑洞的气体量决定。为了证明多种星系核的活动性，黑洞的质量必须达到太阳质量的1000万倍到10亿倍的程度。恒星若是太靠近这个黑洞，它近端和远端的引力差就会将它撕开，并被黑洞吸引而落到里面去。

尽管黑洞神秘的面纱还未被完全揭开，但可以预期，随着天文观测技术的不断提高和理论研究的进一步深入，人类对黑洞的探索必将取得巨大的进展。黑洞，这一困扰我们的世纪之谜，迟早会被解开。

（十）暗物质之谜

宇宙大爆炸理论认为：宇宙诞生之前，没有时间，没有空间，没有物质，也没有能量。约150亿年前，一个很小的点爆炸了，逐渐膨胀，形成了空间和时间，宇宙随之诞生，并经过膨胀、冷却演化至今，星系、地球、空气、水和生命便在这个不断膨胀的时空里逐渐形成。

最近的天文观测和膨胀宇宙论研究表明，宇宙的密度可能由约70%的暗能，5%的发光和不发光物体，5%的热暗物质和20%的冷暗物质组成。也就是说，宇宙中竟有九成是看不见的暗物质，其中被称作可能是宇宙早期遗留至今的一种看不见的弱相互作用的重粒子——冷暗物质正是支持膨胀宇宙论的关键。

正因为宇宙中的暗能、暗物质至今尚未被发现，所以科学家们给我们留下了一系列关于宇宙中的暗物质问题的谜团。人类共同关心的问题是：宇宙中的暗物质究竟有多少？它们在宇宙中占有多大的比例？目前天文学家还无法确知。只是给出了一些估计的数字：在宇宙的总质量中，重子物质约占2%，也就是说，宇宙中可观测到的各种星际物质、星体、恒星、星团、星云、类星体、星系等的总和只占宇宙总质量的2%，98%的物质还没有直接观测到。在宇宙中非重子物质的暗物质当中，冷暗物质约占70%，热暗物质约占30%。

紧接着，下一个问题又来了：宇宙中存在的大量非重子物质的暗物质组成成分究竟是些什么粒子？它们的形成及运动规律又是怎样的呢？于是寻找暗物质，探求暗物质的性质就成了世界高能物理研究的热点之一，寻找的途径包括在超大型加速器上的实验，还包括在地下、地面和宇宙空间对宇宙线粒子的测量。中国科学院高能物理研究所在寻找暗物质的研究方面在国际上一直处于领先地位。1972 年高能所云南高山宇宙线观测站曾观测到一个奇特现象，即观察到一个从宇宙射线中来的能量大于 3000 亿电子伏特的粒子碰撞石墨中的粒子后，产生了 3 个带电粒子。分析表明，其中一个是一介子，一个是质子，还有一个是能量大于430 亿电子伏特、寿命长于0.046 纳秒的带电粒子。许多科学家认为若此事能被证实，它将肯定是超出标准模型的新粒子，而这个新粒子就可能是暗物质的粒子。

1979 年，科学家发现，在仙女座背景方向的温度比天空其他方向的要高，那里存在着巨大的未知质量。“失踪”的物质哪里去了呢？按照牛顿物理万有引力定律，星系中越往外的行星绕该星系中心的转动速度越慢。太阳系中的行星运转正是这样的。但已观测到有许多星系，其外边缘行星比中心附近行星绕转得更快。这说明除看得见的星系或星系团外，还有大量暗物隐藏在其中，它们像晕一样包围着星系和星系团。那么这些像晕一样的东西是由什么物质构成的呢？有人认为是 X 射线和星系际云，但它们远没有估算的暗物质那么多；也不是年老的恒星，如体积很小的中子星和白矮星，它们行将死亡时会抛出大量物质，但人类并未观测到。英国剑桥大学的物理学家霍金认为有可能是黑洞。还有不少科学家认为是“中微子”，并提出了暗物质的“中微子”模型。但研究这个模型还存在一定的困难，例如，按此模型只有在超星系团周围才有晕，但实际上在星系周围也观测到晕；而且中微子是否有质量，科学实验也未最终确证。

20 世纪 80 年代，美国和苏联的一些科学家提出了暗物质的“轴子”模型。按照这个模型，混沌伊始（宇宙爆炸后不久有一个混沌不分的时期），宇宙就如一坛重子和轴子混合交融的块汤。后来重子由于辐射能量，慢慢地转移到团块中心去了，结果普通发光物质的核被冷子晕包围，形成了星系似的天体。这个模型简洁美妙，有人用计算机对这种模型进行了模拟演算，最终得到的宇宙演化图像与我们今天观测到的宇宙十分吻合。但这个模型毕竟是假想的产物，它能否成立，还需要更多的实验来验证。

从理论上说，冷暗物质粒子应该具有一种质量很重的中性稳定粒子，它不直接参与电磁相互作用，但可以参与弱相互作用和引力相互作用。这种粒子肯定是超出标准模型的粒子，如果能在实验中直接观测到这种粒子，将是探讨物质微观世界结构和基本规律方面的重大突破。目前中科院高能所参加了由意大利罗马大学牵头的意中 DAMA 合作组的冷暗物质粒子研究。为了避免各种信号干扰，意大利国家格朗萨索实验室建在一个高速公路穿过的山洞下，岩石厚度有 1000 米。中意科学家研制的 100 千克低本底碘化纳晶体阵列安装在意大利格朗萨索国家地下实验室，经过 8 年的实验，已经探测到这种物质粒子偶尔碰撞碘化钠晶体中的原子核时发出的微弱光线，已获得了这种信息的3个年调制变化周期，并据此推算出这种粒子很重，它的质量至少是质子的50倍。实验的初步结果提供了宇宙中可能存在一种重粒子，即冷暗物质粒子的初步证据。

科学家们认为，这种粒子的存在将非常有力地支持暴涨宇宙论和超对称粒子模型，困扰天文学家70多年的谜团就能澄清，粒子物理、天体物理、宇宙学将会有突破性发展。但实验上要确认冷暗物质的存在及特性，尚需进一步的观测数据和可靠证据，我们期待着关于暗物质的一系列谜团早日揭开。

（十一）氧气是否会被耗尽？

在空气中氧气占21%，我们和其他生物呼吸空气中的氧，释放出二氧化碳，即体内废气。一个健康的成人每天大约需吸入500升的氧气，呼出约400升的二氧化碳；除人类外大部分其他生物同样也吸收氧而释放二氧化碳。通常，大气中的水蒸气和二氧化碳的含量是不变的。一般二氧化碳含量为百万分之三，但是生产的发展使煤、石油、天然气等含碳燃料被大量使用，造成了大气中的二氧化碳逐年增加。美国世界观察研究所公布了一份报告统计，100年前全世界每年进入大气的二氧化碳仅为9600万吨，而目前则达到50亿吨，预计在最近10年将递增到80亿吨，增长速度惊人。

早在100多年前，就已有人为二氧化碳含量的增加而担心了。1898年，英国物理学家凯尔文曾指出，随着工业的发展和人口的增多，这种情况十分让人担心。地球上的氧气500年后将全部被消耗光，只剩下日益增多的二氧化碳。

二氧化碳增多的直接后果是地球的“温室效应”。同时，它还使地球的温度上升，冰川融化。据科学家预测，如果南极大陆的冰川因高温而融化，其增加的水量则可使美国的摩天大楼淹没20层，并淹没掉荷兰等一些地势较低的国家，使它们不复存在。那时的陆地面积很可能只占地表面积的5%~10%。在更为狭小的陆地上将生存全世界60亿~70亿的人口，人类恐怕也会逐渐灭绝。

那些和凯尔文一样担心氧气将会被耗尽的人们，只看到了问题的一个方面。事实上，除了绿色植物在消耗二氧化碳外，科学家们还发现在二氧化碳和水的作用下，岩石中所含的碳酸钙会变成酸式碳酸钙，这种形式的碳酸钙可以溶解在水中。据分析，每年由于岩石风化耗掉大约40亿~70亿吨二氧化碳，这些风化的岩石随着江河流入大海，它再与石灰化合并重新形成石灰石，并以新的岩石的形式沉入海底。

当然不必担心氧气会被耗尽的主要理由是，地球上生长着种类丰富、数量众多的绿色植物。世界上大量的绿色植物在光合作用中会吸收大量的二氧化碳，同时排出氧气。据科学家们实验分析，三棵大桉树每天吸收的二氧化碳，相当于一个人每天所呼出的二氧化碳的量。因而一些人乐观地认为，地球不会变成二氧化碳的世界，但二氧化碳的含量也会略有增加。各国科学家积极探索一些新途径，希望能减少二氧化碳的排放量，并尽可能将其再生利用，但是却没有更好的方法增加氧气的生成。专家们认为，减少森林面积的流失、保护绿色植物就是人类最好的保护氧气的方法。这些大量的绿色植物生产了我们人类赖以生存的氧气。

我们可以想象，如果有一天地球上的氧气被消耗殆尽的话，将会出现多么恐怖的场景。而地球上的氧气是否真的会耗尽，则取决于人类的努力程度。如果人类不加克制地乱砍滥伐林木，破坏生态平衡，势必会造成氧气生成机制的阻碍，那么人类真的可能会在某一天面临缺乏氧气的危机。反之，若人类能未雨绸缪，尽早地采取相应措施，就有可能避免氧气被耗尽的窘境。一切都取决于我们人类自身的行为。

（十二）金星上的神秘城墟

据人类目前所知，相对于火星来说，金星的自然环境要严酷得多。其表面温度高达500℃，大气中的二氧化碳占到90%以上，时常降落巨大的具有腐蚀性的酸雨，还经常刮比地球上12级台风还要猛烈的特大热风暴。金星的周围是浓厚的云层，以至于二十余年间（1960~1981年）从地球上发射的近20个探测器仍未能认清其真面目。20世纪80年代，美国发射的探测器发回的照片显示金星上有大量城墟。

经分析，金星上共有城墟2万座，这些城墟建筑呈“三角锥”形金字塔状。每座城市实际上只是一座巨型金字塔，门窗皆无，可能在地下开设有出入口；这两万座巨型金字塔摆成一个很大的马车轮形状，其圆心处为大城市，呈辐射状的大道连着周围的小城市。

研究者认为，这些金字塔式的城市可以有效地避免白天的高温、夜晚的严寒以及狂风暴雨。

苏联科学家尼古拉·里宾契诃夫在比利时布鲁塞尔的一个科学研讨会上首次披露了在金星上发现城墟的消息。1989年1月，苏联发射了一枚探测器。该探测器带有能穿透浓密大气的雷达扫描装备，也发现了金星有2万座城墟这一重大秘密。

刚开始的时候，人们还不敢断定这就是城墟，认为可能是探测器出了问题，也可能是大气层干扰造成的海市蜃楼的幻象。但经过深入研究，人们确信这些是城市的遗迹，并推测是智能生物留下来的。不过，这些智能生物早已绝迹了。

里宾契诃夫博士在会上指出，“我们渴望弄清分布在金星表面的城市是谁造的，这些城市是一个伟大的文化遗迹”。这位苏联科学家详细地介绍说：“在那些以马车轮的形状建成的城市的中间轮轴部分就是大都会。根据我们推测，那里有一个庞大的呈辐射状的公路网将其周围的一切城市连接起来。”他说：“那些城市大多都倒下或即将倒塌，这说明历史已经很悠久了。现在金星上不存在任何生物，这说明那里的生物已绝迹很久了。”

由于金星表面的环境极差，因此不具备派宇航员到那里实地调查的条件。但里宾契诃夫博士强调说，苏联将努力用无人探险飞船去看清楚那些城市的面貌，无论代价多大，都在所不惜。

而在 1988 年，苏联宇宙物理学家阿列克塞·普斯卡夫则宣布：金星上也存在“人面石”，这一点与火星一样。联系到金星上发现的作为警告标志的垂泪的巨型人面建筑——“人面石”，科学家推测，金星与火星是一对难兄难弟，都经历过文明毁灭的悲惨命运。科学家还说，800 万年的金星经历过地球现今的演化阶段，应该有智能生物的存在。后来，金星中的大气成分中二氧化碳越来越多，以至于温室效应越来越强烈，进而使得水蒸气散失，最终使得金星的环境不再适合生物的生存。

迄今为止，人们在月球、金星、火星上都找到了文明活动的遗迹和疑踪，甚至在距离太阳最近的水星表面也发现了一些断壁残垣被发现。地球、月球、火星、金星上都存在金字塔式的建筑。人们将这些联系起来后认为，地球并不是太阳系文明的起点，而是其终点。

倒塌的金星城市中，究竟隐藏着什么秘密呢？那个垂泪的人面塑像到底是否经历了金星文明的毁灭呢？由于这实在太令人捉摸不透了，所以只有等待人类未来的实地探测，但愿这一天能尽早到来。

（十三）寻找火星生命

1890 年，美国天文学家珀西瓦尔·罗威尔利用大型望远镜观测火星，偶然发现在火星表面存在着一些沟壑，这些东西和地球上人工开凿的运河看起来极为相似。人们开始怀疑有“火星生命”的存在。大量关于“火星人”的科幻故事从此也广为流传。科学家们一直相信火星上有水资源的存在，而且可能是在火星两极或大气高层中以冰雪及水蒸气的形式存在。甚至有许多科学家相信，火星上也可能曾分布有河流和冰川。因为从目前观测到的照片来看，火星上有许多峡谷和沟壑看起来应该是水流冲击而成的。

为了证明火星上的确有生命之源——水的存在，美国和苏联两个超级大国从 20 世纪 60 年代起就开始了大量的火星探测工程。

1960 年 10 月，苏联先后两次发射了火星探测器，但不幸的是都没有飞到火星的轨道就失事了。

1962 年 11 月 1 日，苏联又发射了 3 个火星探测器，其中一个在飞往火星的途中与地球失去了联系，而另外 2 个只飞到火星的轨道上便停留在那里了。

1964 年 11 月 28 日，美国发射了“水手 4 号”探测器在 1965 年 7 月 14 日飞至距火星 9280 千米的地方，成功地在近距离拍到了 22 张这颗红色星球的照片。

1971 年 5 月 19 日和 5 月 28 日，苏联连续发射了“火星 2 号”和“火星 3 号”探测器。同年的 12 月 15 日，苏联的“火星 3 号”首次在火星上着陆，并从火星表面向地球发送数据达 20 秒。

1971 年 5 月 30 日，美国又成功发射了“水手 9 号”探测器，同年 11 月 14 日驶入距火星 1280 千米的轨道，并在该轨道上运行将近 1 年时间，拍摄照片 7328 张。依据这些照片资料，美国第一次为火星上的高地、火山、洼地和峡谷等地形命名。

1975 年 8 月 20 日和 9 月 9 日，美国又分别发射了“海盗 1 号”和“海盗 2 号”探测器。1976 年 7 月 20 日和 9 月 3 日，这 2 个探测器依次在火星上成功着陆，大量新的宝贵数据和图像被发回了地球。其中的“海盗 1 号”在火星上工作了 6 年，两次登陆都没有在火星上找到任何有生命的特征或痕迹：

由上述事实可看出，在这些早期的火星探测中，最成功的应该是美国的“海盗 1 号”和“海盗 2 号”探测器。美国宇航局 1975 年发射了这两艘“海盗”号火星探测器。探测器经过为期一年的星际旅行，终于成功进入了火星大气层，并分别在火星软着陆。科学家们在这两个着陆器上装备了人量的精密仪器。利用这些仪器能分析火星的土壤，同时也能对火星上的气压、风速、温度等指标进行测量，并确定了组成火星大气的元素构成。为了探测火星上是否存在生命的迹象，还专门设计了一些实验。在这些实验中，先是用机械手臂挖掘采集了火星的土壤样本，再通过实验来对土壤样本进行分析研究，结果发现火星土壤中释放出气体。然而那时的科学家却将之归因于化学反应。

在 1999 年，曾为美国宇航局工作过的南加利福尼亚大学的神经生物学家约瑟夫·米勒却要求美国宇航局重新研究 20 多年前的实验结果。因为米勒坚信，美国宇航局在 1975 年发射的“海盗”号火星探测器探测收集到的资料中，有可以证实火星上存在生命的证据。但后来有关的资料丢失了，致使人们知道这个发现时，已经晚了 25 年。到目前为止，美国宇航局的研究还只能证明火星表面发生过化学反应。米勒进一步指出，是美国宇航局把实验的数据弄丢了。美国宇航局考虑了米勒的意见，彻底查找了档案里的资料，终于有一份被忽视已久的电脑记录被找了出来。由于这份记录所用的是极为陈旧的编码格式，已经没有能识别这种编码程序的设计师在世。因此米勒只能靠美国宇航局人员保留下来的数据备份进行自己的研究工作。那些数据很少，只是原来的 1/3 而已。米勒把资料集中起来进行分析，终于得出结论，认为在火星上很可能有生命出现。2001 年 11 月 28 日，他在参加在圣迭戈召开的科学研讨会时，将研究成果公布于世。

进入 20 世纪 90 年代以后，由于苏联的解体，火星探测几乎成了美国人的“专利”。美国在这期间先后进行了多次火星探测。

1992 年 9 月 24 日，为了考察火星的地理和气候状况，美国发射了“火星观察者”号探测器，为载人飞船今后飞往火星探测道路。

1996 年，美国将“火星探路者”号探测器发射到太空中，并把相当多的火星照片发回地球。3 个月后，美国“火星全球测量者号”探测器进入火星轨道，开始绘制火星地图。

2001 年 10 月 29 日，美国火星探测器“2001 火星奥德赛”又在火星上取得了大量的探测结果。

2001 年 11 月底，美国科学家对火星探测器发回的新照片进行了研究，后来提出了火星表面部分地区很可能存在水的固态形式即冰的设想。火星上曾经有水的猜测终于为这项新研究所证实，同时这项新研究也支持了火星早期时候有可能存在生命的假设。这项研究结果认为，火星表面在早期也是分布着广阔的海洋，甚至估计火星上每平方千米拥有的水量比地球还多。

美国布朗大学的科学家在英国《自然》杂志上发表文章说，“火星环球勘探者”探测器仍在围绕火星飞行，并向地球发回了 8000 多张高清晰度照片。在对这些照片进行研究后，发现有一种地形较为光滑。科学家认为，这种地形表明该区域的土层是多孔的土壤里面渗入了水后结冰、凝固而成的，或者是水混合了冰、尘土和岩石所成的状态，在火星表面形成了一层厚度达 90 厘米的覆盖层。在庞大的火星表面，从火星寒冷的南极直到大约南纬 60°的很大一片区域里都被含水区所占据。

研究显示，在火星大气高层中包含着大量的氢原子。组成水分子的主要元素便是氢原子，这些氢原子应该是水分子分解后形成的，而且由于氢原子的质量相比较于同样构成水分子的氧原子比较低，所以氢原子最后才会升至大气高层。

研究还表明，早期的火星上有一个海洋，其深度最深可达 1.6 千米。由于发生了化学反应，加上小行星和彗星的撞击，致使火星在过去几百万年中逐渐失去了足够覆盖火星 27 米高的水分。

2008 年 6 月 15 日，美国“凤凰”号火星着陆探测器在挖掘火星表面的红土时发现了一些发亮的小方块，在阳光的照射下，四天后这些小方块消失了。之后，“凤凰”号在加热火星土壤样本时鉴别出有水蒸气产生，从而确认火星上有水存在。接下来，美国“凤凰”号火星探测器项目小组准备研究两个重要课题：一是火星上的水冰在过去长时间内是否曾大量融化，从而能支持生物存在；二是火星上是否存在含碳化学物质或其他可能构筑生命的“原材料”物质。

说不定有一天，人类就会成为“火星生命”呢！

（十四）木星上有生命吗？

也许我们能十分有把握地断定，在太阳系的诸天体中，除地球外，没有任何一个天体拥有智慧生物，但仍无法肯定，在这些天体中也不存在任何生命活动，特别是那些低等的原始的微生物。除火星外，如今木星也被列入了“怀疑名单”。

木星之所以被怀疑可能有生命存在，是因为它的生态条件与地球比较接近。但是，这颗太阳系体积最大的行星上根本没有可供登陆的固态地表，这是一颗由气体构成的巨大星体，大气层中充满了氢气、氦气、氨、甲烷、水，这样的条件对生命的生存有着极大的障碍。

随着科学技术的进步，人们对木星了解得越来越多。科学家们对木星大气层的成分进行研究后发现，木星大气成分和形成于早期地球海洋的物质十分相似。因此，木星上存在生命形式也成为一种可能。

然而，进一步的调查显示，木星大气层内具有强烈的乱流，而且大气下方温度极高，在这种情况下，很难形成生命。任何生物只要一碰到这股乱流，就会被卷入下方的高温中，化为灰烬。

科学家认为，唯一可以在这种环境下维持生命的办法就是在被烧焦之前复制新的个体，并且借助气流的力量把后代带到大气层中较高、较冷的地方。这种极少的生命形态可以在大气层外侧飘浮，其生命活动的能量主要来自所取用的食物。

令科学家欣喜的是，美国“伽利略”号探测器前不久拍摄的照片显示，在木星的一颗卫星（木卫二）的表面下可能隐藏着一片海洋。如果这片海洋真的存在，那么其中就可能存在生命现象。“伽利略”号探测器拍摄的照片揭示出木卫二表面上有一个网状系统，该系统中的一些山脊和断层很像地球上板块构造形成的形态。有人在“旅行者”号飞越木星以后就猜测木卫二经历过火山活动，此次“伽利略”号拍下的近景照片为这一猜测提供了有力的证据。

据此，某些理论工作者假定，有一片深达 200 千米的液态海洋被掩盖在木卫二的冰壳之下。这一观点进一步论证了下述推测：木卫二可能存在类似于在地球深海温泉处富含矿物质的水中繁衍生息的那些有机体的生命形态。

总之，对于木星是否存在生命这一问题，目前我们还无法做出肯定的回答。

（十五）太阳系地外生命探疑

地球是幸运地拥有生命的唯一天体吗？人类是孤独的吗？在广袤无垠的宇宙中，是否还有同样具有生命的天体？

自从人们知道了地球不是宇宙的中心，就开始猜测有地外文明的存在，也创造出了关于外星生命的神话传说。

随着现代天文学、生物学、无线电技术和航天技术的日益发展，更多的人开始接受这样的观点：宇宙中的天体数目如此庞大，其中不可能没有适合生命生存的另一个天体，不可能没有与我们地球人相似的、有智慧的、能创造自己文明的生物存在；甚至很有可能有些地外生物创造出的文明比我们地球上的人类文明更为先进，更为优秀。对地球外文明的研究早已不是人们所传说的神话故事，而成为一门严肃的科学。

人类对地外生命的研究由来已久，离地球较近的月球首先进入了人类的视野。早年有人猜想月球很可能是一个空心体，里面居住着外星人。其主要理论依据是因为当年阿波罗登月飞船在月球上登陆的时候，指令舱中的记录仪记录到的持续震荡波长达15分钟，这一结果使科学家感到极为惊异。有学者认为，如果月球是实心体，那么在碰击后产生的震荡波不会回荡这么长时间，至多维持5分钟。由此，便出现了月球可能是空心体的设想。但在仔细研究月岩标本后，科学家发现其中金属含量较高，而且其中的亲氧金属如铁等并没有被氧化。据此有人居然得出了一个大胆的结论，说月球很可能是一个空心体，而且是外星人人工制造的。也有了诸如月球的内部可能是一个奇特的生态系统，也许居住着一些比人类更文明的“月球人”，那里可能是外星生命为了监视地球而设置的一个巨大的航天站等各种奇思妙想。但是这种种设想都被无情的事实推翻了，一切不过是人类依据科学观测所做出的主观猜想，也可以认为是半真半假的神话故事。

而在19世纪30年代，曾出现过一个“月亮骗局”的故事，影响极大，轰动一时。事情的经过是这样的：1835年8月美国新创办了《纽约太阳报》，该报为吸引读者和打开销路、扩大销量，便诚邀英国作家洛克为自己撰稿。

当时英国天文学家约翰·赫歇耳正前往非洲南部的开普敦去观测研究南天星空。洛克便选中了这件事，用自己的生花妙笔杜撰出了一个神奇而又引人入胜的月亮的理性生物的故事。他在故事中说，赫歇耳的望远镜在不久以前已能分辨出月球表面有约18英寸，即大小约45厘米的物体。用这样高分辨率的望远镜，他看见了月亮上有鲜花和紫松等树木，也有一个碧波千里的湖泊，还有一些类似野牛、齿鲸等动物的大型动物。他还惊讶地看到了一种长有翅膀并且外貌有些像人的动物。文章这样写道：“他们的姿势看上去充满了热情而且很有力度，因此我们推论这种生物是有理性的。”结果许多人对这一重大新闻深信不疑，人们奔走相告，该报一度成为当时最畅销的报纸。

天文学家们很快把这个骗局拆穿了。科学证明，如果要把月面上45厘米大小的物体分辨出来，光学望远镜的口径至少需要570米那么大，这么大的望远镜到今天人们仍没有能力造出来。同时，当时虽然还没有一位天文学家登上月球亲眼目睹月球的样子，但由地面天文观测分析也能推知，月球上没有水，也没有大气，是一个死气沉沉的荒凉世界。

随着科学技术的发展，人类对地外生命的研究也变得更加科学。为了寻找地外生命，科学家们首先研究了地球人的进化过程。他们认为，地球人虽是“万物之灵”，具有很高智慧，但起源也和地球上的动植物一样，是从地球上进化出来的。换言之，地球上的碳、氢、氧、氮等元素，先是发生了长期的化学变化和物理变化，后来又经历了复杂而漫长的生物演化过程，最后才演化出了人类。科学实验也已经证明，人类生命的化学基础是蛋白质和核酸，而蛋白质又是由各种氨基酸构成的，氨基酸则是由复杂的有机分子组成的。在宇宙中，不仅碳、氢、氧、氮等元素广泛存在，而且在温度极低的星际空间也发现了几十种复杂的有机分子，在许多陨石中甚至还找到了十几种重要的氨基酸的存在。这就可以认定，只要地球外的星球环境适于生命体的存在，那么很可能会发生大量的有机体演化。

当然，如果以我们地球生命的形成、演化历史作为标准，还需要很多条件才能从氨基酸逐渐演化成生命。如合适的温度、足够厚的大气层的保护、水的存在、液态的氨或甲烷的存在、足够长时间而且较为稳定的光和热。

在宇宙中，地球只是一个再平凡不过的行星，但对于我们人类来说，它是我们生命的摇篮，是最重要也是最熟悉的天体。地球是如此适合我们人类生活，有充足的水，空气中富含氧气，温度不冷不热，这与它距离太阳的位置等条件有关系。譬如水星和金星是离太阳最近的两颗行星，水星的白天热得如火，夜晚却冷得比冰还凉；厚厚的金星大气成分以二氧化碳为主，温室效应很明显，导致环境极为恶劣，任何生物根本就生存不下去。火星在地球轨道以外，虽说距离太阳并不是很远，但比起地球来，不但气候极其寒冷，而且根本没有水，生物在这种情况下也不可能生存下去。土星和木星上没有任何生命存在，这一点十几年前宇宙飞船的空间探测就已证实了。位于太阳系边远空域的两颗大行星是天王星、海王星，科学家们通过空间探测以及各种地面观测知道，它们同样不具备适宜智慧生命生存的环境。到目前为止，所有的太阳系探测结果都表明，太阳系中的行星中只有地球是适于像人类这种智慧生命生存繁衍的星球。

不过一些科学家，尤其是化学家认为，生命可能不需要以碳和水为基础。在高温情况下，生命的化学基础有可能是硅。另一种有理性的生命不一定有物质外壳，其可能是以能的形式存在。

由此看来，太阳系中是否存在有生命的星球，至今仍无定论。不过，随着科学技术日新月异的发展，人类探索太空的足迹将会出现在更多的星球上，到那时这个问题一定会有答案。

（十六）奇异的“哈雷彗星”鸡蛋

宇宙间的万事万物都是有联系的，月球围着地球运转，使得地球的表面出现大海的潮汐现象。而每当明亮、巨大的哈雷彗星拖着它那美丽的长尾巴造访地球的时候，人们总会惊奇地发现一种奇特的现象，地球上会随之出现蛋壳上“印”有哈雷彗星图案的鸡蛋。这是不是哈雷彗星对地球影响的表现呢？

1682 年，哈雷彗星经过地球时，在德国马尔堡的一只母鸡生下了一枚蛋壳上布满星辰花纹的蛋。76 年以后，哈雷彗星重访地球时，英国霍伊克附近乡村的一只母鸡也下了一枚带有哈雷彗星图案的蛋。又过了 76 年，哈雷彗星再次出现在苍穹中，希腊有一只母鸡下了一枚“彗星蛋”，图案像雕印在上面的，怎么擦也擦不掉。

哈雷彗星为什么会和奇异鸡蛋周期性地一起出现呢？一个在太空中遨游，一个在大地上诞生，它俩之间有联系吗？科学家一般认为二者之间一定存在着某种因果关系，这种现象或许和免疫系统的效应原则，甚至与生物的进化是有关的。但这终究只是猜测，仍需要进行科学验证。

但是这个神秘现象依旧在重演。1986 年，还是在哈雷彗星光顾地球的时候，意大利博尔戈一户居民家里的母鸡下了一枚彗星蛋。在科学技术日新月异、突飞猛进的当今世界，这枚蛋已经成为价值连城的稀世珍宝，也成为最有价值的实物资料。从这里我们可以联想到，中国古代关于灾异和彗星相互联系的丰富记录，虽然其中包含不少封建迷信的东西，但也有相当一部分是古代人们对自然的一种朴素认识和直观反映。

在科学发达的当今社会，这些材料将有助于我们解决一系列科学难题。因此，它们是古人留给人类的一份珍贵的科学文化遗产。

（十七）宇宙中相互“残杀”的星星

一般人都知道，宇宙中星体之间的距离非常遥远，彼此接近的机会很少。但经过天文学家的观测和研究，发现星球之间也存在彼此吞食、互相残杀的现象。科学家们把这类星球称为宇宙中的“杀星”。

美国天文学家就发现了这种互相吞食的现象。主角是两颗恒星，本来是一对双星，都已进入衰亡期，均属白矮星。这两个星球体积很小，可质量要比太阳大得多。经观测发现，这两颗星体靠得很近，彼此围绕着对方旋转运动。其中一颗大的恒星，在不停地吞吃比它小的那一颗。大恒星把小恒星的外层物质剥下来吸到自己身上来，自己变得越来越胖，质量和体积不断增大。而那颗被吞食的恒星，变得越来越小，现在只剩下一个光秃秃的星核了。

不只是星球之间存在着彼此吞食的现象，星系之间也在互相吞食和残杀。现在有一种理论认为，宇宙中的椭圆星系就是两个旋涡扁平星系互相碰撞、混合、吞食，从而形成的。有人曾经用计算机做过模拟实验：用两组质点代表星系内的恒星，分布在两个平面里，由于引力作用，在一定的规律作用下相向而行，逐渐融合成一个整体。由此可见，在一定条件下，两个扁平星系经过混合的确可以发展成一个椭圆星系。

加拿大天文学家科门迪通过观测还发现，某些巨大的椭圆形星系，其亮度分布异常，仿佛中心部位还有一个小核。他认为，这是一个质量较小的椭圆星系被巨椭圆星系吞食的结果。

但由于星系之间、天体之间距离都极为遥远，碰撞和吞食的机会很少。所以，要想证实以上说法是不是成立，还需要一段时间。

（十八）难窥其实的月亮背面

自古以来，人们就喜欢仰望月亮，然而无论何时何地人们看到的总是月亮的同一面。为什么人们无法观察到月亮的另一面呢？原因在于月球绕轴自转的周期与绕地球公转的周期刚好相同，因此人们用肉眼始终只能观察到月球的半个球面。

地球的公转轨道面和月亮的公转轨道面存在一个交角，这就使月亮自转轴的南端和北端，每月轮流朝向地球，因而在地球上有时也能看到月亮两极以外的一小部分，占月亮表面的59%。那么其余的41%的月面（月亮的背面）呢？有人说，月亮的背面，也许有空气和水的存在，重力可能要比正面大一些；也有些人预言那里有一片既广阔、又明亮的环形山；还有一部分人认为月亮正面的中央部分是最高地，而背面的中央部分则是一片“大海”——呈暗色的平原。

1959年1月2日，苏联发射的“月球1号”探测器在1月4日飞抵离月亮6000米的上空，并拍摄了一些照片传回地球。1959年10月4日，苏联又发射了“月球3号”。它于10月6日开始进入月球轨道飞行。7日6时30分，转到月亮背面大约7000米的高空。当时在地球上的人们看到的是“新月”景象，而在月亮上正是太阳照射其背面的白天，是照相的大好时机。就这样有史以来拍摄到的第一批月亮背面的照片公之于众。

月亮的背面也像正面一样，中央部分没有“海”，绝大部分是山区，其他地方虽有一些“海”，也都比较小。背面的颜色相较于正面稍红一些。

1966年美国“月球太空船”所拍摄的照片，使人们能够仔细地看清同美国西北部的圆丘相似的月面上那些大量错落、形状不一的圆丘。科学家认为，是月亮内部熔岩向月面鼓涌形成了这一月貌。

科学家对现代科学仪器观测的结果和宇航员带回的月亮岩石进行分析，得出了这样的假设：在月貌的形成过程中，火山活动和陨星撞击这两种自然力量都起了作用。在火山活动中形成了许多圆丘和较小的环形山，而那些大环形山则是陨星撞击月亮时造成的。

而随着科学家观测的深入，产生的有关月背的疑团却愈发复杂。第一件怪事是月球的最长半径和最短半径都在月背。月球半径最大处比平均半径长4000米，最小处比平均半径短5000米，而月球半径的平均值是我们通常所说的1738千米。

第二件怪事则是月球的正面集中了所有的月瘤。月瘤也叫月质量瘤，是月球表面重力比较大的地方。科学家们估计，在这些地方的月面以下有许多高密度物质。此外，月球上还有些地方重力分布小于平均值。令人不解的是，月瘤所在的正异常区和重力偏小的反异常区都在正面，而月背上却没有一处。

另外，月球"海洋""湖""沼""湾"等凹陷结构占了月球正半球面积的一半，共有30余处这样的凹陷分布在月球上，但90%以上都集中在正面，完整的"海"只有两个是在月背上，不足背半球面积的10%，月背其余90%的面积都是由起伏不平的山地所组成，山地的分布结构呈现出几个巨大的同心圆，地形凹凸悬殊，剧起剧伏，而这种地势是正面所没有的。

人们不禁要问，月球正面与背面的这些差异是怎样形成的？自从看到了月球背面的"本来面目"，科学家便对这一问题从各种角度展开了研究。经过长期的努力，科学界形成了几种不同的见解。

有人认为，在地球引力的作用下月球发生了"固体潮"，即月球地层也出现类似地球上的潮汐现象，结果就导致了正背面的差别。也有人认为，月球正背面的差异是由巨大的温差所造成的。当地球运转到太阳与月亮之间，月亮上便会发生日全食，此时月球正面的温度会急剧降低，因而形成巨大温差，反复的温度骤变引起了正背面的差别。

（十九）银河系的中心到底是什么？

在科学技术不发达的古代，无论是中国人还是西方人，都毫无例外地把人类居住的地球看成是宇宙的中心，这就是有名的"地心说"。直到16世纪，哥白尼才提出了"日心说"向"地心说"挑战。经过长时间艰苦的努力，哥白尼的"日心说"才逐渐占了上风，取得了这场争论的胜利。"日心说"的主要贡献是把地球降为一颗普通行星，而把太阳作为宇宙中心天体。到18世纪，赫歇尔又进一步指出，太阳是银河系中心。到20世纪，卡普利批驳了太阳是银河系的中心的说法，他把太阳流放到银河系的悬臂上，认为太阳离银河系中心有几万光年之遥。

当太阳"离开银心"之后，谁坐镇银河系的中心就成了天文学家特别关注的大问

题。因为，银心距离人类并不算太遥远，理应把它的“主人”搞清楚。但是，由于银心处充满了尘埃，对银心的观测并不容易，要想透过这层厚厚的面纱，看清银河系中心的真相，实在不容易。

随着科学技术的进步，观测银河系的手段也在不断改进，人们对银心的了解也在不断增加。这种方法主要是接收尘埃无法遮挡的红外线和射电源，然后再对之进行分析研究。就像医生测人体心电图一样，天文学家们从红外线和射电波送来的大量有用信息来观测银河系的内部结构。

最先接收到银心射电波的科学家是美国贝尔实验室的工程师詹斯基。

由于银心核球的红外线和射电波信号很强，詹斯基认为，它似乎不是一个简单的恒星密集核心，而很可能是质量极大的矮星群。

1971 年，英国天文学家提出了这样的假设：核球中心部有一个大质量的致密核，或许还是一个黑洞，其质量约为太阳质量的 100 万倍。这种假设有一个前提，那就是如果核球中心真有一个黑洞，那么银心应有一个强大的射电源。于是，天文学家们开始了对银心射电源的探测。

20 世纪 80 年代，美国天文学家探测到以每秒 200 千米的速度围绕银心运动的气体流，这种气体流离中心越远速度越慢，他们估计这是银心黑洞射电源的影响造成的。另一些美国天文学家也宣布探测到银心的射电源，这说明银心可能是一黑洞：

但这种说法遭到了苏联的天文学家的质疑，他们认为证明银心是黑洞的证据不足，并提出了另一种假设：银心可能是恒星的诞生地，因为其中心有大量的分子云，总质量为太阳质量的 10 万倍，温度为 200~300K。

由于天文学家对于银心是否为黑洞的问题争论不休。为了解决这个问题，美国天文学家海尔斯提出了一个假设，即一对质量与太阳相当的双星从黑洞旁掠过时，其中一颗被黑洞吸进后，另一颗则以极高速度被抛射出去。这个判据得到了天文学家们的认同。但经过计算，根据掠过黑洞表面的距离，这样的机会并不大。海尔斯的判据虽不能最终解决问题，但不失为一条探测的路子。然而，要最终搞清楚银心的构成仍有许多工作要做。

（二十）大陆漂移的争论说

16 世纪末荷兰学者麦卡托依据人类长期积累的地理资料，并结合地理大发现，绘制出一张世界地图，是人类第一张绘制完整的世界地图，由此，人们对地球表面的基本地理状况有了比较准确的概念。许多人还因此对大陆形状产生了兴趣。自古以来地球上的陆地和海洋就是这样分布的吗？这种分布的形成过程具体情形是怎样的呢？

1910 年，30 岁的德国气象学家魏格纳生病住院。有一天，他躺在床上对着墙上的一幅世界地图出神。突然他发觉大西洋两岸的轮廓非常吻合，而且非洲一边的海岸线与南美洲一边的海岸线凹凸相对，看上去就像一张被撕成两半的报纸。一个美洲与非洲原来连在一起的念头在他脑海里一闪而过，不过，他当时没有去深究这个想法。

直到1911年秋，他从一个学术刊物上得知，美洲与非洲的某些生物是同种的。这个学术刊物还推测在两个大陆之间有陆桥连着它们。这大大启发了魏格纳。他全面阅读了当时的地质学与古生物学著作，经过仔细思考，他认为陆桥说是没有根据的。他推测美洲与非洲原本就是一个大陆，后来由于美洲向西漂移导致两者分开，才形成了今天的世界地理格局。为了证实这一想法，他从古生物学、地质学、古气候学等多方面着手，深入研究考察，结果发现大西洋两岸在对应的位置上有着对应的山脉、物种以及矿产。1912年魏格纳发表论文，提出了“大陆漂移说”。三年后他出版了《大陆与海洋的起源》，这本书引起了地质界的轰动。

大陆漂移学说认为，在距今2亿年前的古生代时期，世界各大陆是彼此相连的，即全球只有一块名叫“泛大陆”（又称联合大陆）的原始大陆，泛大陆周围的汪洋大海被称为“泛海洋”。后来到了中生代，在地球自转的离心力和天体的引潮力作用下，原始大陆被分成若干块，这些分裂出来的大陆块形成彼此分隔的大陆、岛屿。具体地说，美洲脱离了非洲和欧洲慢慢向西漂移，越漂越远，这样，它们之间就形成了大西洋；非洲原来有一半与亚洲相连，在漂移过程中，它的南端沿着顺时针方向略有转动，渐渐与印巴次大陆分离，在其中间便形成了印度洋；澳大利亚和南极洲则各自脱离了亚洲和非洲向南移动，分别形成了现在的澳大利亚和南极大陆。大陆板块的漂移奠定了现今海陆分布格局的基础。当然，各大陆可能还会继续漂移，使将来的全球海陆布局与现在又大不相同。

由于当时的人们对这个新学说存在种种疑问，而且这一学说也没有解决大陆漂移的动力机制问题，因此，地质界广泛抨击魏格纳的新思想。大陆漂移说没几年就销声匿迹了，人们也不再关注这个问题了。

随着海洋地质研究和古地磁研究的深入，20多年后，魏格纳大陆漂移学说又在新的理论基础上重新获得生命力。1954年，研究古代地磁学的英国物理学家布莱克特找到了大陆位移的直接证据。1961年，美国人赫兹依据磁性条带是沿大洋海岭对称分布的这一新发现提出了地幔对流和海底扩张说。他设想大洋的海岭是新地壳的诞生地，地幔中不断地从海岭当中的裂缝里流出来的物质凝结在海岭两边，使海岭不断向外扩张，形成了一浪接一浪、后浪推前浪的运动方式。赫兹还认为，迄今为止这种运动仍在继续进行，例如大洋底部的运动还处在这样一种不断更新的过程中。1965年，加拿大地球物理学家威尔逊提出“板块构造理论”。他将全球分成太平洋板块、印度洋板块、欧亚板块、美洲板块、非洲板块、南极板块等6大板块，地球板块的运动是引起大陆漂移的主要原因。1968年，法国人勒皮雄提出，20来个大板块组成了地球的外壳，但只有上面的6大板块是最基本的。由这个板块构造理论可以推知，整个地质时代，在地壳的不断变化中，载着大陆的板块都在不停地运动。

后来，大陆漂移学说不断得到现实中更直接、更有力的证据支持。1984年5月21日，《华盛顿邮报》报道：美国航天局的科学家5年来一直在十多个国家测量大陆漂移情况，他们通过激光和射电望远镜取得丰富的资料，研究发现：大西洋宽度每年扩大1.52厘米；加利福尼亚南北两部分处于不同大陆板块，它们以每年60厘米的速度相互挤压；夏威夷和南美洲以每年5.08厘米的速度在靠拢，而澳大利亚和北美洲则以每年1.02厘米的速度漂离。科学家们认为，这些事实准确无误地证实了大陆漂移学说。这样，大陆漂移学说被继承并不断完善，最终形成了具有广泛影响的“板块构造学说”和“海底扩张说”。

不过时至今日，人们对这一理论仍不断提出质疑。如一些科学家就持不同的观点，认为“大陆漂移假说”以及相似的“板块构造说”是以地球体积和地表总面积固定不变为前提的，是从对地壳变动的认识来分析问题的，因而有许多疑点无法解释。

（二十一）火焰山之谜

在《西游记》中，唐僧领着他的三个徒弟来到火焰山下，他们被这座燃烧着熊熊烈火的火焰山挡住了去路，无奈之下，只得由孙悟空千方百计借来了铁扇公主的芭蕉扇，师徒四人在把火焰山的烈火扇灭之后，顺利西行。

当然这只是神话传说而已，不过既然火焰山无论是过去还是现在，都不曾燃烧过熊熊大火，那么它为什么会被称为火焰山呢？

火焰山位于中国新疆吐鲁番盆地。仔细观察一下火焰山的地貌，它的山体全部由红色的页岩和砂岩组成。这些页岩和砂岩是由距今1.1亿年前或7000千万年前的中生代侏罗纪和白垩纪以后的新生代第三纪时的泥土和沙粒堆积而成的。

那时天气非常炎热，在沙石泥土中沉积的铁元素经过雨淋、高温氧化之后，形成了很多红色的氧化铁。在喜马拉雅山运动时，这些堆积物褶皱隆起，抬升成山，火红底色的火焰山山体由此而构成。

但是，除了火焰山之外，还有其他的山也是由红色岩体构成。火焰山较为出名，主要是因为当地自然环境衬托火红的山色的缘故。

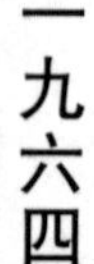

吐鲁番盆地是中国西部夏季著名的“火炉”，这里的气候高温炎热。吐鲁番在元代时就曾被称为“火州”。这里的岩石在十分强烈的风化作用下，山石造型极为奇特，沟壑滴水不流，山上寸草不生，山麓沙砾堆积，与一望无际的茫茫灰白色戈壁沙滩相映，灼人的阳光在山势奇特的红色岩石上照射着，烈焰蒸腾，红光闪耀，正如在燃烧着的熊熊烈火。也许正是因为如此，才给了《西游记》的作者吴承恩以创作灵感。

（二十二）探索火山爆发的规律

公元79年的一天下午，意大利的维苏威火山突然爆发，附近的两座小城全部埋葬在火山爆发喷出的火山灰底下。直到1600年后，这座被火山灰湮灭了的城市才被人们发现。

1902年5月8日，加勒比海东部的培雷火山，在沉睡了50年后爆发了。大量的气体和火山灰变成的高温黑烟在向水平方向推进时，正好经过距火山8000米的圣皮埃尔城，整个城市在猛烈的火焰横扫下被夷为废墟。约有2.8万人在火焰的侵袭下窒息而死，整个城市除了一个关在地牢里的囚犯侥幸逃了出来外，其他人全部丧生。

1980年，美国圣海伦斯火山连续发生4次大爆发。当时，火山灰同气体在空中摩擦，冲击波穿透云层，产生了雷鸣、闪电和强烈的暴风雨，并有大规模的山崩发生，使原火山的顶部降低了200米。

自古以来，火山爆发给人类造成了巨大的危害，它的破坏力足以彻底摧毁火山附近的村庄、城市。因此，人们渴望了解火山爆发的规律，以期最终战胜它。

古罗马人普林尼安是世界上最早详细地考察和记载火山情况的人。公元79年，维苏威火山大爆发，普林尼安对这次大爆发进行了实地考察，并且详细地记录了爆发的全部过程，为后人了解这次灾难留下了宝贵的资料。不幸的是，由于他在考察时吸入了过多的火山喷出的有毒气体，做完这个伟大的贡献后不久就去世了。人们为了纪念这位火山研究的先驱，决定以他的名字来给维苏威型火山喷发命名。因此，维苏威型火山喷发又叫“普林尼安型火山喷发”。

20世纪以来，伴随着科学技术的飞速发展，人们对火山的研究也取得了重大进展。1944~1945年，苏联东部堪察加半岛一带的克留赤夫火山开始了大规模的喷发，这次喷发持续了很长时间，而且十分猛烈。喷发停止后，一支探险队深入火山口内，进行了为期近30年的系统研究，大大加快了人类预测火山爆发的步伐。1955年，苏联科学院的火山研究站综合许多前人研究的成果以及他们自己的经验，对堪察加半岛进行了一番实地考察，预测该岛的另一座火山将要爆发。果然，10多天以后，这座火山爆发了。

1982年3~4月，埃尔奇琼火山突然爆发，大量气体和尘土被喷射到距地面42千米的高空，然后降落到北美和南美之间的广大地区，附近的村庄无一幸免地遭受了火山灰和熔岩的袭击。

埃尔奇琼火山的爆发最早是由美国的人造卫星探测到的。火山喷发后地球高层大气中的二氧化氮、臭氧和水汽的含量以及海洋的表面温度都出现了异常，天空中还出现了由几百万吨火山灰和烟气形成的厚达3000米的巨大云层。科学家经过分析后认为，由于大量阳光被厚厚的云层所阻挡，使一些地区得不到照射，造成了地表温度的变化，甚至有些地方出现了干旱、热浪和暴雨等灾害。为了彻底研究这个现象以及它所带来的后果，研究人员乘飞机降落到火山口，对火山口进行实地调查。

虽然几个月前大规模喷发已经停止，但仍有水蒸气和有毒的气体从湖水中和地面上大大小小的裂缝中不断地冒出。到这里的人必须戴防护面具，否则几分钟内就会倒毙，但即使戴上了防护面具也只能坚持几小时。这使得考察队员们不得不把营地建立在火山口外，然后每天冒着极大的风险乘直升机出入火山口。但用这种方法也很困难，因为火山口经常有大风，使得直升机飞行困难，加上云层很厚，导致驾驶员很难看清周围的情况，根本无法使直升机安全降落……

在如此恶劣的环境中，考察队员们开始了对火山全面而细致的研究。美国科学家罗斯是第一个走进火口湖的人。火口湖湖面很宽，湖水很浅，只没到他的脚踝，可是热得让人受不了，罗斯咬牙坚持着，用取样管采集到湖水样品。同样毫不畏惧地走进火口湖的美国科学家汤姆斯·卡萨德瓦尔，则用一个小型温差电偶测出湖水的温度为52℃。这两名美国科学家对湖水进行检测，发现由于很多二氧化硫溶解在水中，使得湖水呈酸性。

美国科学家佐勒花了许多时间和力气才将一台重17千克的抽气装置安装在火山口。他利用这台装置，采集到几十管从裂缝中冒出的气体，经过测算他发现埃尔奇琼火山每天能喷出约400吨硫。

探险家的冒险取得了重大的成果，专家们根据他们收集的资料研究分析埃尔奇琼火山爆发对全球气候的巨大影响、政府应如何制定相关的农业政策等等。

在火山专家们和火山探险家的共同努力下，人们已初步掌握了一些火山活动的规律，并根据这些成果和已经积累的经验，多次成功地对火山爆发做出预测。

在意大利的西西里岛上，耸立着欧洲最高的火山——埃特纳火山，历史上这座火山曾多次爆发。1983年3月28日，埃特纳火山再次喷发。为了维护人民的生命财产安全，意大利政府决定采取积极的措施，人为地改变熔岩的流向，将它导入附近的一个死火山口里。

1983年5月14日凌晨4时，人类历史上首次成功使用人工爆破法改变火山熔岩流向。通过电视屏幕，无数人看到了这激动人心的过程。这是人类在征服火山、改造火山的进程中取得的一次伟大胜利。

（二十三）地震为何难以预测？

1976年7月28日深夜，位于中国华北地区的唐山市万籁俱寂，夜晚的凉爽使饱受白天酷暑困扰的市民们安然入睡。突然，空中划过一道诡异的光亮，紧接着响起十分刺耳的噪音。刹那间，地动山摇，地面轰轰裂陷，房倒屋塌，黑水从地下汩汩冒出，一座美丽的城市在顷刻间化为一片废墟。这就是震惊中外的唐山大地震。在那次地震中，共死亡 20 多万人，它的惨烈程度令世人震惊。

地震是一种自然灾害，它的破坏力十分强大，让人谈之色变，使居住在地球上的人们缺乏安全感。许久以来，人类一直渴望能找到一种可以准确预报地震的方法，以减少和预防地震带来的损失。但直到现在，这个愿望仍没能真正地实现。

地震的形成有两种原因，一是火山爆发，一是地下岩石运动。一些地震发生在地下至少 10~20 千米的岩石圈中，有的甚至深达数百千米，这种深度大的地震和坚硬的岩石圈给人类的观测造成了一定难度。更何况，地震是由多种因素引起的，人们很难一一预测到。所以，想要预测地震是件很困难的事，尤其是临震预报和近期预报。有许多历史资料记载了从自古至今的许多重大的地震的情况和损失，但少有说到抗灾防灾、预防地震的。

现在，科学家们终于找到了一种新的预测地震的方法——运用卫星预测地震，科学家们借助卫星遥感技术进一步了解和观测气象活动。

科学家们发现，当情况异常时，地表温度就会比周围正常温度高 2℃~6℃。这与地震的发生关系密切，因为，在地震将要发生的地区，地壳会先产生很大的力，挤压震中周围的岩石。这些岩石由于受挤压就会变形而产生裂缝，顺着这些裂缝会释放出二氧化碳、氢气、氮气和甲烷等气体。由此可知，如果一个地方将要发生地震，那么在震前，这个地方的低空大气会局部升温。又因为热物体向外辐射红外线（红外电磁波）时，它的强度大小是受物体温度影响的。所以，当一个地方产生热红外异常现象时，那肯定是因为这个地方的低空大气升温，而卫星上的红外探测器就是专门帮助科学家们探测并及时捕捉地球表面温度瞬间变化的。这样，就可以及时掌握地震前发出的信息，从而很好地预测地震。

当然，只有这种热红外地震前兆信息是不够的。地震专家还要结合地质构造、地震带分布以及气象等情况进行全面分析，这样才能准确预测地震发生的时间、地点和震级。

现在，这种新的预测方法已得到了实际的运用，并取得了初步的成效。例如，1997 年，地震工作者对日本列岛做过 7 次预报，除了 1 次失误，其余 6 次都是比较准确的。

在对“卫星热红外图像震兆”的研究中，地震工作者已经取得了引人注目的成就，虽然仍有许多难题没有解决，但地震预测技术必将日益完善。

（二十四）冰川是怎样形成的？

世界上的大河，多半都发源于冰川。全世界约3/4的淡水，都结成冰储存起来了。

那么，冰川究竟是怎样产生的呢？简单说来，每当下降的雪超过融解的雪就会形成冰川。雪暴接连降落，积雪日深，由雪片变成的冰晶便会越来越紧密，而重新结晶成为近乎球形的坚硬冰粒。随着积雪逐年增加，冰块逐渐增大，并且越来越坚硬。根据冰川的形态和分布特点，可分为大陆冰川和山岳冰川两大类。大陆冰川又叫冰被，多出现在两极地区。大陆冰川不受地形的影响，由于冰体深厚巨大，使得地面的高低起伏都被掩盖在整个冰川之下，表面呈凸起状，中间高，四周低。山岳冰川发育于山地，形态常受地形的影响，比大陆冰川小得多。它们有的静卧幽谷，有的如瀑布直泻而下；尤其是那些冰川上的冰塔、冰洞，形态各异。

这种像岩石般的大冰块又怎么会移动呢？许多科学家都认为，冰块厚度达到30~45厘米时，便会起变化。晶状冰在冰川深处遭受重大压力时，变为半可塑性，受到地心引力开始流动。大多数冰川每天只移动1~2英寸，有些冰川则全不移动。但也有例外的，1966年，有一位飞机师在加拿大上空飞越史提尔山时，看见一条非常壮观的冰川，正以每小时2英尺的速度有规律地向前冲行。

许多世纪以来，冰川已使地球面貌大为改观。冰川沿着峡谷向前移动时，把在谷底遇到的岩石及泥土都挖了出来。岩块碎石随着冰川前进，又把下面的基岩磨蚀，使冰蚀槽扩宽加深。北美洲五大湖、挪威沿海的峡湾、阿尔卑斯山高耸的马特杭峰，以及落基山脉都是冰川的杰作。

上次冰期在1.8万年达到最高点时，地球陆地大约有30%被冰原覆盖了。四个巨大的冰原相继侵袭北半球，在斯堪的纳维亚半岛积冰高达2500多米。冰原向南推进，掩盖了英格兰北部和德国，向东几乎到了莫斯科。在北美洲，积冰一直到把过半的大陆掩盖了才停止。约在1.3万年前上次冰期的冰才开始迅速消退。溶解后的水使各海洋的水面上升了120米左右，接近目前的水平。但至今仍存留着两个冰原，一个在南极洲，一个在格陵兰。南极洲几乎都被坚冰覆盖着，有些地方冰原厚达600多米。

格陵兰冰川整个面积为165万平方千米，占格陵兰总面积的90%，中心最大厚度达1860米，边缘仅45米。巨大的冰山从险峻的格陵兰高原崩裂下来，滑入海洋，漂流数百英里之外。

那么上期冰川又是怎样形成的呢？

太阳辐射说认为，太阳辐射放出的能量发生改变时，地球上的温度也随之变化。因此在太阳辐射减弱的时期，地球就可能变冷，冷得足以引起一次冰期。

另一种学说则认为地球大气成分中许多原因不明的变化，例如雪层增厚、空气污染、火山尘、陨星碎石或其他物质，都可能挡住一部分太阳辐射，而导致地球温度的降低。

那么地球上的冰川是否会大量融解，以致海面上升，把沿海各大陆淹没呢？地球是不是会逐渐变冷，进入另一个冰期呢？这类问题还有待进一步研究。

（二十五）探寻沙漠的形成

辽阔的大漠给人以壮美的感觉，但也吞噬了无数美好的生命。如今，沙漠正以非常快的速度向人类的生存地带延伸，人类的未来面临着严峻挑战。人们在治理沙漠的同时，也在思索沙漠的形成原因。

从地球上沙漠的分布来看，沙漠是地球上干旱气候的产物。然而，并不是所有沙漠的成因都能用这一观点来解释。例如，塔尔沙漠在平时上空总是湿润多云，而当西南季风来临时，空气中的水汽含量几乎可与热带雨林区相比，即使如此它仍然是一片沙漠。

经过研究，科学家们认为形成沙漠的主要原因是尘埃。塔尔沙漠上空平均每平方千米飘浮着1吨半多的尘埃，是芝加哥上空的好几倍，而且尘埃分布高度也较高。塔尔沙漠没有降雨的条件，也没有成露的条件：白天尘层增温，空气因地面缺少加热而不能上升；夜间，尘埃以散热冷却为主，空气下沉使地面散热减弱。尘埃使空气变得十分干燥，地面只能形成沙漠。

那么，这么多的尘埃又源于何处呢？有的学者指出，人类是破坏生态环境、制造沙漠的真正凶手。

世界上最大的沙漠——撒哈拉沙漠的演变进一步证实了这一观点。谁能想到，在远古时代，撒哈拉的大部分地区曾经是一片植物茂盛的肥沃土地。然而，人类常常为了眼前的利益，乱砍滥伐，大肆破坏自然，造成了土地的严重沙化，从而加快了沙漠化的进程。

也有人反驳说，有些沙漠产生时，地球上还没有人类。人类不适当地开发自然，固然会使丰美的草原、森林退化成沙漠，但沙漠本身作为一种生态类型，早在人类出现以前就存在了。

到底是人类还是气候制造了沙漠？或是他们共同制造了沙漠？人们对这个问题仍然争论不休。但有一点是无须争论的，那就是为了人类的将来，当务之急应抓紧治理沙漠，努力保护我们的地球家园。

（二十六）海洋是怎样形成的？

海洋总给人以广阔深邃之感，海洋面积为 36100 万平方千米，占全球总面积的 70.8%，而陆地则小得多，仅为 29.2%。可是你是否想过，这么多水是从哪里来的呢？

对于这个问题，自古以来人们就一直在思考。在科技不发达的古代，人们常将无法解释的事物、现象同神话联系起来，对于海水的来源、海洋的成因，同样有许多美丽、离奇的传说。

关于海洋形成的神话在古代的巴比伦流传着这样的故事：月神马尼多克在与恶魔狄亚马德搏斗中杀死了他，并把他的尸体分成两半。月神将一半向上高举，这一半变成了太阳和月亮；将另一半向下沉落，则变成了山岳、河流和海洋。

中国古代同样有一个关于海洋形成的神话，在神话中有个力大无比的英雄名叫共工，他一怒之下触倒不周山，不周山是支撑天地的一根支柱，天地因此失去支撑而倾斜。天倾西北，石头从天上掉下来，从此西北多高山；地陷东南，于是海洋在中国东南方形成了。

时至今日，科学有了巨大的飞跃，但在海水来自何处这一问题上还没有定论。

大众较为熟知的是“同生说”，即地球产生的同时，海洋也相伴而生了。这种观点将海洋的形成同地球形成的地质演变紧密联系在一起。

太阳星云在 60 多亿年前产生了分化，地球物质在太阳的分化时期独立了出来。最初，这些物质以一个个团块的方式混杂在一起，团块在运动过程中互相碰撞结合，逐渐由小变大，一个原始的地球在这个过程中发展到一定的程度时就产生了。原始地球没有现在大片大片的蔚蓝色的海洋以及严严实实地包裹着地球的厚厚的大气。它是没有生命的，一切都未成形，地球温度也不高，各种物质混杂在一起。后来它的内部逐渐变暖，其原因是地球的增长和绝热压缩作用。地球内部的一些放射性元素开始衰变，释放出大量的不断积累的热量。地球内部不断升温，物质在高温下开始熔解。重者在重力作用下下沉，轻者则上浮，在高温下水汽与大气从其他物质中分化出来，飞升进入空中，形成地球上的厚厚的大气层。后来水汽与大气的温度在地球表面逐渐变冷的影响下降低，水汽凝结成云，行云致雨，通过千沟万壑，雨水在原始的洼地中汇集成江河、海洋。原始水圈就是这样形成的。

研究地球内部构造和物质水分的科学家在海洋形成的问题上提出了自己的观点，他们认为地球表面本来没有水，水是后来从地球内部“挤”出来的，这就是著名的内生说。

科学家推测，原始海洋中海水只是目前的 1/10，经过长期积累才有了今天这样的规模。海水增加的最主要方式是火山活动。火山爆发时，喷射出以氯化钠、氯化钾等大量氯化物和大量水汽为主要成分的高温气体。有时这种气体喷发时甚至伴随有沸腾的水柱，因而火山活动释放出十分惊人的水分。现在每年火山爆发喷出大量温泉，其水量就高达 6600 亿吨。地球在几十亿年的生命史中经历了漫长的地质历史时期，许多次的火山爆发产生了大量的水，它们汇集在一起，便形成了今天的海洋。

水是不断从地球深部释放出来的，因为几乎总会有大量气体在每次火山爆发时喷出，其中水蒸气最多时要占到 75%以上。水分也存在于地下深处的岩浆中，火成岩由岩浆凝固结晶而成，里面也含有一定数量的结晶水。

但是，随着人们对火山现象研究的不断深入，发现同火山活动有关的水是地球现有水循环的一部分，并不是什么从深部释放出来的“新生水”。在世界各火山活动区与火山有关的热水中存在一种成分，叫作氚。科学家克莱因对其做了分析，证明与当地的地面水一样，具有相同的同位素比，从而确认了渗入地下的地面水在火山热水的作用下，它们重新上升产生了氚。后来，有些科学家分析某些地区火山热力的氚，发现人工爆炸产生了高含量的氚，这就进一步说明有些火山热水只不过是新近渗入地下的雨水。那些主张地球水来自“娘胎”的研究者根据这些研究成果修正了对火山水的看法，认为在地球演化的早期，现有的地球水从深部释放出来。

与同生说、内生说不同，一些学者认为地球自身没有“能力”产生这么多的水，他们认为海洋中大量的水来自地球之外，于是提出了外生说。但是在外生说内部，也有很大的分歧。

有些科学家说，地球水是太阳风带来的，是太阳风的杰作。科学家托维利首先提出，太阳风是太阳外层大气向外逸散出来的粒子流。他还认为电子和氢原子核——质子是太阳风的主要组成成分。托维利根据计算得出结论：地球从形成到今天，已从太阳风中吸收了大量的氢，其总量达 1.70×10^{23} 克。如果把这些氢全部与地球上的氧结合，就可产生 1.53×10^{24} 克的水，这个数字十分接近现有地球水的总量 145 亿吨。更主要的是，地球水中的氢与氚的含量之比同太阳表面的氢氚比是十分接近的，为 6700∶1。因此他认为，地球水来自太阳风的最有力的证据就在于此。但是一些科学家发现，大气中水蒸气分子在太阳紫外线的作用下，会分解成氢原子和氧原子，从而造成地球表面的水向太空流失。当氢原子到达 80~100 千米气体稀薄的高热层中，氢原子就会离开大气层而进入太空，其运动速度会超过宇宙速度。人们的计算结果表明，飞离地球表面的水量大致等于进入地球表面的水量。但地质学家发现，世界海洋的水位在 2 万年间涨高了大约 100 米，至今人们还不能解释地球表面水不断增多的原因。

当人们怀疑海洋中的水形成于太阳风时，美国弗兰克等科学家提出了地球上的水来自太空中由冰组成的彗星这样一个理论。这个理论引起了科学界的广泛关注。

弗兰克等人自 1981 年以来研究了从人造卫星发回的几千幅地球大气紫外辐射图像，他们发现总有一些小黑斑在圆盘形状的地球图像上。每个小黑斑大约存在 2~3 分钟，面积约有2000平方千米。仔细研究和检测分析之后，科学家们认为这些黑斑是由一些看不见的冰块组成的小彗星撞进地球大气层后破裂和融化成水蒸气造成的。每5分钟大约有20颗这种冰球进入大气层，它们平均直径为10米，每颗融化后相当于100吨左右的水，从而每年可增加约10亿吨水。地球大约有46亿年的历史，也就是说，地球从这种冰球中可获得460亿吨水，超过了现在地球水体总量。

在海水自何处来这一问题上，学者们的看法截然不同，每一种假说都有其合理之处，但每一种学说又都会遇到无法解释的现象，海水的真正源头至今还是一个谜。